Francesco Iarrera Giorgio Pilotti

2 I paesaggi del turismo

Europa

PER IL COMPUTER E PER IL TABLET

L'eBook multimediale

1 REGÌSTRATI
Vai su **my.zanichelli.it** e regìstrati come studente

2 ATTIVA IL TUO LIBRO
Una volta entrato in **myZanichelli**, inserisci la **chiave di attivazione** che trovi sul bollino argentato in questa pagina

3 CLICCA SULLA COPERTINA
Puoi:
- **scaricare l'eBook offline** sul tuo computer o sul tuo tablet
- **sfogliare un'anteprima** dell'eBook online

LOSAI? Ripassa con lo smartphone prima della verifica

1 SCARICA LA APP DA:
Scarica su App Store
DISPONIBILE SU Google Play

2 AGGIUNGI IL LIBRO
con le tue credenziali **myZanichelli** e con la **chiave di attivazione**

3 CLICCA SUL CAPITOLO
che vuoi ripassare

4 SCEGLI LA TEORIA O IL TEST
Trovi:
- **sintesi di capitolo** per rivedere la teoria
- **test** per metterti alla prova

ZANICHELLI

Realizzazione editoriale:
- Redazione: Francesca Zanasi Panza; E2T Studio
- Ricerca iconografica: Ginevra Massari, Francesca Zanasi Panza, E2T Studio
- Progetto grafico e impaginazione: Sara Travella/Galline a pois, Milano
- Disegni: Allegra Agliardi
- Cartografia: Studio Aguilar, Milano

Contributi:
- Le lezioni 3, 4, 5, 6 delle unità sugli Stati europei sono a cura di:
  Rossella Delucia: La Francia, Il Benelux, La Germania, I paesi alpini, Le isole britanniche, La penisola iberica, La Russia
  Alberto Pagani: I paesi del Nord, I paesi dell'Europa centro orientale, I paesi baltici, I paesi balcanici, I paesi orientali
  Carmela Curzio: I paesi del mediterraneo orientale
- *Sei pronto per la verifica?* a cura di: Cinzia Scaccianoce
- Le pagine CLIL, *Geography Highlights* a cura di: Daniela Davino e Olga Cibelli

Realizzazione delle risorse digitali:
- Redazione e correzione: E2T Studio
- Progettazione esecutiva e sviluppo software: duDAT srl, Bologna
- Carte interattive: Elisa Domenichini

Copertina:
- Progetto grafico: Miguel Sal & C., Bologna
- Ideazione: Studio 8vo, Bologna
- Realizzazione: Roberto Marchetti e Francesca Ponti
- Immagine di copertina: PHOTOCREO Michal Bednarek/Shutterstock. Artwork Studio 8vo, Bologna

Prima edizione: aprile 2017

Ristampa:
5 4 3 2019 2020 2021

Zanichelli garantisce che le risorse digitali di questo volume sotto il suo controllo saranno accessibili, a partire dall'acquisto dell'esemplare nuovo, per tutta la durata della normale utilizzazione didattica dell'opera. Passato questo periodo, alcune o tutte le risorse potrebbero non essere più accessibili o disponibili: per maggiori informazioni, leggi my.zanichelli.it/fuoricatalogo

File per sintesi vocale
L'editore mette a disposizione degli studenti non vedenti, ipovedenti, disabili motori o con disturbi specifici di apprendimento i file pdf in cui sono memorizzate le pagine di questo libro. Il formato del file permette l'ingrandimento dei caratteri del testo e la lettura mediante software screen reader. Le informazioni su come ottenere i file sono sul sito http://www.zanichelli.it/scuola/bisogni-educativi-speciali

Grazie a chi ci segnala gli errori
Segnalate gli errori e le proposte di correzione su **www.zanichelli.it/correzioni**.
Controlleremo e inseriremo le eventuali correzioni nelle ristampe del libro.
Nello stesso sito troverete anche l'errata corrige, con l'elenco degli errori e delle correzioni.

Zanichelli editore S.p.A. opera con sistema qualità
certificato CertiCarGraf n. 477
secondo la norma UNI EN ISO 9001:2008

Questo libro è stampato su carta che rispetta le foreste.
www.zanichelli.it/chi-siamo/sostenibilita

Stampa: La Fotocromo Emiliana
Via Sardegna 30, 40024 Osteria Grande (Bologna)
per conto di Zanichelli editore S.p.A.
Via Irnerio 34, 40126 Bologna

INDICE

SEZIONE 4 L'EUROPA FRANCO-GERMANICA

SEZIONE 5 L'EUROPA DEL NORD E LE ISOLE BRITANNICHE

SEZIONE 6 L'EUROPA MERIDIONALE

Com'è fatto il libro

GLOSSARIO
Il glossario contiene le spiegazioni dei termini sottolineati nel testo.

SEZIONI E UNITÀ
Il testo è suddiviso in 4 sezioni. Ogni sezione è composta da una o più unità. Le unità affrontano un argomento suddiviso in lezioni distinte.

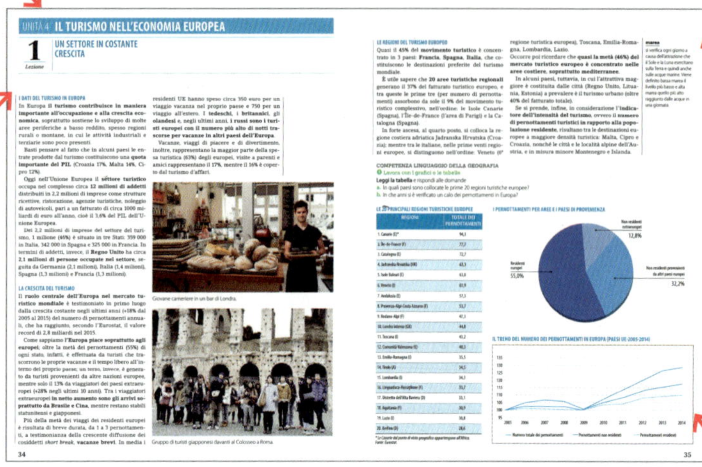

LEZIONI
Le lezioni, sempre di due pagine a fronte, sono suddivise in paragrafi. Le parole e le frasi più importanti sono evidenziate in grassetto.

ATTIVITÀ
Gli esercizi sono pensati per lavorare con le competenze. Osservando le immagini, leggendo le carte, interpretando grafici e tabelle, facendo ricerche online potrai acquisire le competenze per svolgere, al termine del tuo percorso scolastico, professioni legate al mondo dei servizi turistici.

IL TURISTA CONSAPEVOLE
Alla fine delle unità delle prime tre sezioni, una doppia pagina ti guida a imparare ad avere un approccio critico al fenomeno turistico e a leggere la geografia del turismo in modo nuovo e consapevole.

LE RISORSE TURISTICHE
Una carta tematica evidenzia le risorse turistiche di ogni singolo paese europeo.

L'ITINERARIO
Per sviluppare le competenze necessarie alla progettazione di itinerari, vengono proposti percorsi preparati e descritti tappa per tappa, arricchiti da attività operative.

IL TURISTA CURIOSO

Una rubrica di notizie insolite sui luoghi di interesse turistico che stai studiando è presente in tutte le unità.

VERIFICHE

Una doppia pagina di esercizi da svolgere in un'ora ti mette alla prova sulle conoscenze e competenze acquisite sugli argomenti studiati. Puoi utilizzare il punteggio per autovalutarti.

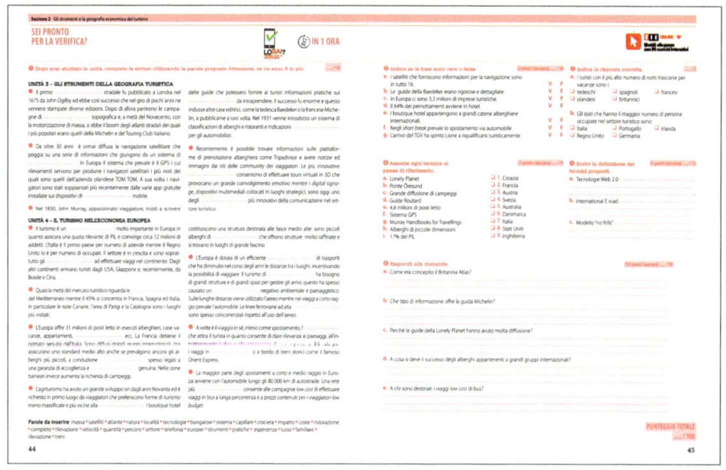

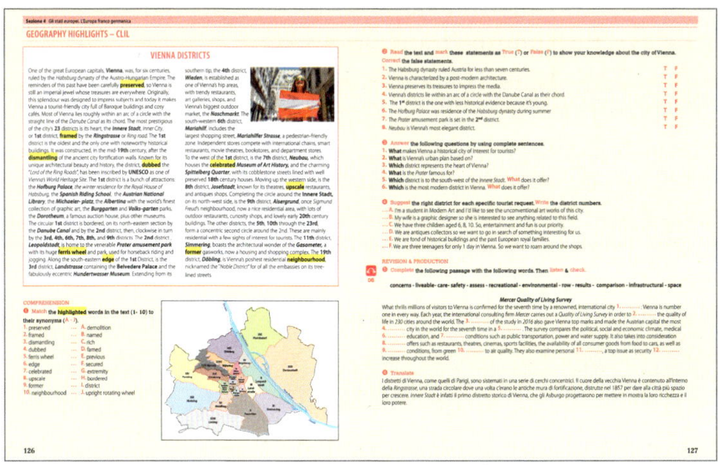

GEOGRAPHY HIGHLIGHTS – CLIL

Una doppia pagina di esercizi in inglese su argomenti di geografia del turismo, ha il duplice obiettivo di farti apprendere il contenuto disciplinare e, contemporaneamente, la lingua inglese, indispensabile nel settore turistico.

ATLANTE

Alla fine del libro si trova un atlante turistico dell'Europa arricchito con carte tematiche.

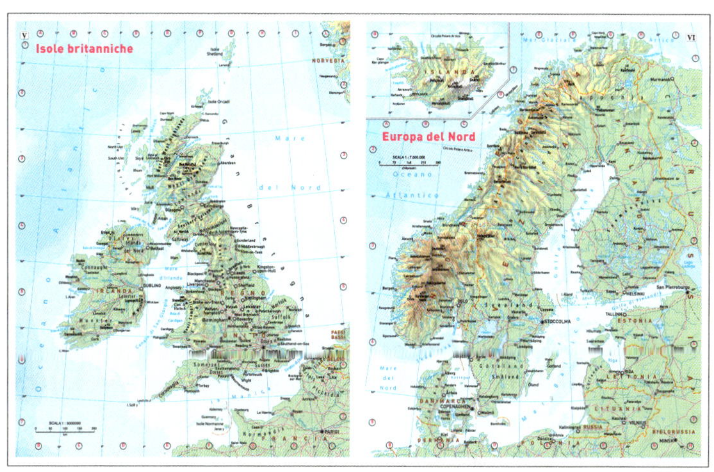

UNITÀ 1 LE RISORSE DEL TURISMO IN EUROPA

1 Lezione — UN PRIMATO MONDIALE

LA PRIMA REGIONE TURISTICA AL MONDO

L'**Europa,** con oltre 600 milioni su 1,2 miliardi di arrivi turistici internazionali (dati 2016), è da sempre **il continente con il maggior numero di visitatori del mondo**. Le zone che attraggono i flussi turistici più importanti sono l'area mediterranea e l'Europa occidentale, ma in costante crescita sono anche l'Europa settentrionale (75 milioni) e quella centro-orientale (126 milioni). Più in generale circa i 4/5 del movimento turistico avvengono all'interno dei paesi UE.

L'aspetto interessante è che l'Europa è soprattutto amata dagli europei, che costituiscono tuttora oltre l'80% dell'intero flusso turistico continentale.

LA STRAORDINARIA RICCHEZZA DELLE RISORSE TURISTICHE

Il **costante successo del Vecchio Continente**, nonostante la globalizzazione abbia aperto la strada alla crescita di numerose altre destinazioni nel mondo, è da ricercarsi innanzitutto nella **straordinaria ricchezza e varietà delle sue risorse turistiche**. L'Europa offre, infatti, una irripetibile commistione di risorse naturali e storico-culturali: a cominciare dal **Mediterraneo,** il maggiore bacino turistico europeo, con le sue spiagge e le innumerevoli testimonianze delle civiltà del passato, o dalle montagne alpine, con i loro parchi naturali e le stazioni sciistiche. L'offerta si arricchisce poi con le **grandi capitali europee** e la loro straordinaria dotazione di **musei e opere d'arte**, la rete di **piccole città, borghi, castelli medievali** nonché dei **siti archeologici dell'età classica**, a cui si aggiungono gli armoniosi **paesaggi tradizionali delle campagne europee**, con le loro **risorse enogastronomiche**, e poi ancora le grandi mete del **turismo religioso** (Santiago de Compostela, Lourdes, Assisi ecc.).

IL TURISMO VOCAZIONALE

Inoltre l'Europa si è adeguata alle nuove richieste del cosiddetto turismo vocazionale, che intende la vacanza o il **viaggio come esperienza di arricchimento personale** e di soddisfazione dei propri interessi. L'offerta turistica si è, quindi, costantemente arricchita di nuove tipologie di turismo e nuove destinazioni. È il caso degli itinerari del **trekking e del cicloturismo**, piuttosto che del **turismo religioso e letterario**, delle località sede di **grandi eventi**, manifestazioni culturali e sportive o kermesse popolari come per esempio l'Expo, le Fiere commerciali, la Fiera del Libro, il Festival del cinema a Cannes, l'Oktoberfest, oppure ancora dei **grandi parchi a tema** (Disneyland Paris, Legoland, Europa park), delle **location del cinema e delle serie tv**, per non parlare delle località del **turismo della salute** e del benessere (spa, centri termali). L'Europa ha quindi cercato di rispondere alle esigenze sempre più variegate e specifiche di un turista moderno che si sposta e visita una destinazione, spinto dalla ricerca di stimoli per la propria crescita intellettuale e fisica.

UNA RETE EFFICIENTE DI INFRASTRUTTURE

Il primato dell'Europa nel settore turistico poggia, oltre che sulla qualità e la quantità delle attrazioni offerte, anche sulla **disponibilità di una rete invidiabile di vie e mezzi di trasporto**, nonché di **strutture alberghiere** che rendono assai confortevoli gli spostamenti e i soggiorni dei viaggiatori. Nel continente, infatti, è facile spostarsi con qualsiasi mezzo, grazie a decine di migliaia di km di autostrade, alle modernissime reti ferroviarie ad Alta Velocità, alle estese linee dei bus interna-

Bristol, in Inghilterra, è una delle città più visitate d'Europa anche per le sue case colorate.

zionali, senza dimenticare i traghetti super veloci e, soprattutto, i numerosissimi voli offerti dalle **compagnie aeree *low cost***, presenti ormai anche negli angoli meno frequentati. Le richieste dei turisti sono anche soddisfatte dalla presenza di numerosi uffici di informazioni, di efficienti servizi sanitari, di una capillare rete di servizi di telecomunicazione (web, antenne telefonia mobile), di centri commerciali ed esercizi pubblici in grado di soddisfare ogni tipo di esigenza.

Completa il quadro la disponibilità di una varietà notevole di strutture per l'accoglienza. L'Europa, infatti, è in grado di offrire **soluzioni per tutte le esigenze**: dai lussuosi **grand hotel**, ai **bed & breakfast (B&B)**, fino agli **ostelli della gioventù**; dai **resort** più esclusivi fino alle **case-vacanza** e ai **campeggi**. Anche le tipologie offerte sono in continua evoluzione: dal turismo rurale alle dimore storiche, dagli alberghi eco-sostenibili ai *design hotel* più alla moda, si percepisce uno sforzo continuo per offrire **esperienze sempre nuove** ai turisti.

L'IMPATTO AMBIENTALE DEL TURISMO

La pressione di milioni di persone che ogni anno visitano l'Europa, tuttavia, ha reso problematica la fruizione delle risorse naturali e culturali che il nostro continente offre e in taluni casi, nelle aree più frequentate, ha determinato **problemi ambientali** non trascurabili in termini di affollamento e traffico eccessivi, consumo di risorse naturali, smaltimento di rifiuti, cementificazione del territorio, perdita dell'identità culturale tradizionale. Lungo le affollate coste del Mediterraneo, specie in Spagna e in Italia, il **paesaggio originario** in più luoghi è stato irrimediabilmente **stravolto dalla speculazione edilizia**, ovvero dalla costruzione incontrollata di gigantesche strutture alberghiere estranee alla tradizione architettonica locale.

Una delle belle baie di Voutoumi, ad Antipaxos in Grecia.

LE MIGLIORI SPIAGGE D'EUROPA

1.	Jaz beach, Montenegro
2.	Peniche, Portogallo
3.	Rondinara, Corsica
4.	Cale Goloritzé, Sardegna
5.	Vik beach, Islanda
6.	Bentham beach, Inghilterra
7.	Sandwood bay, Scozia
8.	Cala Macarella, Spagna
9.	Voutoumi, Grecia
10.	Curonian Spit, Lituania

fonte: Lonely Planet

Negli ultimi decenni, tuttavia, sono state intraprese diverse iniziative e progetti da parte dell'Unione Europea per promuovere uno **sviluppo turistico sostenibile**, ovvero **rispettoso degli equilibri ecologici e delle culture locali**.

La perdita, infatti, degli ambienti naturali originari e del patrimonio storico-culturale non può che danneggiare l'offerta turistica e quindi lo sviluppo del settore.

COMPETENZA DIGITALE

1 Lavora con internet

Fai una ricerca su Google Street View: ci sono diverse "gallerie" di luoghi che sono stati fotografati e si possono visitare online. Trova una località europea e descrivi, in un breve testo, quali sono i 5 luoghi da non perdere.

Un hotel di design a Barcellona progettato dall'architetto Ricardo Bofill.

2 Lezione — LE CITTÀ EUROPEE

UN CONTINENTE URBANIZZATO

Il principale elemento umano che caratterizza il territorio europeo è la presenza di una **fitta rete di città**. Il nostro continente è una delle regioni più urbanizzate del mondo con oltre 200 città con più di 300 000 abitanti, anche se la densità urbana varia molto da paese a paese.

Oggi tre quarti degli europei, oltre 500 milioni di persone, vivono in città, soprattutto di piccole e medie dimensioni, e almeno un quinto di essi, invece, nelle **grandi metropoli**. La presenza di tante città non è casuale, ma è il frutto della ricca storia del continente. Fin dall'età antica, infatti, la **città** è stata il **cuore dell'organizzazione del territorio e delle società europee**.

LE DESTINAZIONI DEL TURISMO URBANO IN EUROPA

Le città europee, grandi, medie e piccole, costituiscono da tempo una rete di attrattive turistiche grazie al loro patrimonio artistico, al fascino dei loro centri storici, all'offerta di molteplici opportunità di svago, nonché alla presenza di servizi e mezzi di trasporto efficienti. Le destinazioni più frequentate, da oltre un secolo, sono le **grandi capitali europee,** come per esempio **Parigi, Londra, Roma, Madrid, Berlino**; ad esse si affiancano le città d'arte di più antica e consolidata fama come **Amsterdam, Salisburgo, Siviglia, Granada, Firenze, Verona, Venezia**; oppure **grandi centri di più recente affermazione turistica** come **Barcellona** e, dopo il 1989, **Praga, Cracovia** e altre città storiche dell'est europeo.

Bisogna sottolineare che, a partire dal terzo millennio, il turismo urbano ha conosciuto un ulteriore e considerevole sviluppo in Europa e che questo è avvenuto anche grazie all'irruzione nel mercato turistico di **nuove destinazioni**.

Si tratta di città che hanno saputo reinventare la propria immagine turistica e diventare mete frequentate dai viaggiatori, basando spesso il proprio sviluppo sulla **riqualificazione dei centri storici o di vecchi quartieri industriali in chiave turistico-culturale,** come è successo per Lione e Glasgow, o sulla costruzione di **grandi e moderni musei,** come il Museo Guggenheim a Bilbao e il Centre Pompidou-Metz, un ampliamento di quello di Parigi. Infine si organizzano sempre più di frequente **grandi eventi** come i giochi olimpici, l'Expo, le manifestazioni culturali che si sono svolte negli ultimi anni a Barcellona, Siviglia, Torino, Milano, Valencia.

LE 10 CITTÀ EUROPEE PIÙ AMATE DAI TURISTI

Destinazioni	Numero di visitatori 2016
Londra	16 784 000
Parigi	15 200 000
Roma	8 608 000
Praga	8 608 000
Milano	5 873 000
Barcellona	5 524 000
Mosca	5 439 000
Amsterdam	5 204 000
Vienna	5 187 000
Venezia	5 159 000

LONDRA E PARIGI: "LE EVERGREEN"

Al primo e al secondo posto tra le città europee più visitate nel 2016 ci sono rispettivamente Londra e Parigi, due mete classiche del turismo urbano, che insieme totalizzano **circa 100 milioni di pernottamenti ogni anno.** *L'appeal* di **Londra** è basato sul suo ruolo di **centro finanziario globale,** sul suo **multiculturalismo** – eredità del passato impero britannico – nonché sul fascino della **corona reale**. Importante è anche la presenza di **grandi musei** e di mostre che vengono organizzate sempre con maggiore frequenza.

Parigi, la capitale francese, pur essendo abituata a cifre da capogiro, continua a proporre idee e spunti di viaggio sempre nuovi, allo scopo di veicolare l'immagine di una **città in continuo movimento**. La sua attrattiva è legata al **romanticismo**, all'**arte**, al **cosmopolitismo,** alla **bellezza** e ai piaceri in senso lato (gastronomia, moda, *joie de vivre*).

Il Big Ben a Londra.

La Torre Eiffel a Parigi.

DESTINAZIONI EMERGENTI

Notevole è la quantità delle città europee di piccole e medie dimensioni che anno dopo anno riescono ad affermarsi nel settore turistico grazie alle proprie attrazioni e alla capacità di creare un'immagine turistica vincente. Di seguito alcuni esempi di città emergenti nel turismo.

Breslavia, capitale europea della cultura per il 2016, è una graziosa città situata nel sud-ovest della **Polonia**, famosa per la sua **vitalità culturale** e la grande quantità di attrazioni che offre ai visitatori. Il suo centro è ricco di chiese, ponti e palazzi storici che vantano una grande varietà architettonica e che fanno da scenario all'atmosfera giovane e moderna della città che offre molti concerti, festival di musica, teatro, cinema e letteratura, grandi mostre d'arte internazionale.

Una veduta del centro storico di Breslavia.

Göteborg è un'altra destinazione emergente. Situata nel sud della **Svezia**, costituisce il cuore pulsante delle **attività creative del paese** e da anni attrae artisti e giovani da tutto il mondo. È una città portuale profondamente cosmopolita, nelle cui strade si mescolano edifici neoclassici e ardite sperimentazioni di architettura contemporanea. Tra le sue manifestazioni più popolari vi sono il *Göteborg International Film Festival* e il *Gothenburg Green World*, una grande esposizione internazionale di fiori, piante e tutto ciò che di verde si può trovare negli ambienti urbani.

Il Canale Stora Hamn, a Göteborg, in Svezia.

IL BOOM DEL TURISMO URBANO

Il movimento turistico verso le grandi capitali europee e le città d'arte ha origini antiche, risale all'epoca del Grand Tour del XVII secolo. Nel nuovo millennio, però, alcuni fattori specifici hanno determinato un incremento notevole degli arrivi di turisti nelle città europee. Innanzitutto alcuni **eventi storico-politici** come la caduta del muro di Berlino e la fine della Guerra Fredda, l'inclusione dei paesi est-europei nell'Unione Europea e l'avvento dell'euro in 19 paesi, hanno sicuramente facilitato soprattutto nei centri urbani la circolazione delle persone e le transazioni commerciali. La diffusione dei **voli *low cost***, che collegano aeroporti di città minori, ha poi notevolmente diminuito il costo dei viaggi; così come l'avvento di **piattaforme digitali di prenotazione alberghiera** ha ridotto il costo degli alloggi. Decisive sono state poi la tendenza nel mondo del lavoro al **frazionamento delle ferie** durante tutto l'arco dell'anno e la conseguente affermazione delle **vacanze brevi** (*short break* o weekend lungo) spesso trascorse in centri urbani.

IL *CITY BREAK*

Fenomeno di tendenza tipico del movimento turistico europeo degli ultimi anni è il cosiddetto ***city break***, ovvero le **vacanze di un weekend o poco più in una città d'arte europea**. Di solito **il turista è attratto da uno specifico evento** (un match sportivo, un concerto, una fiera commerciale, un festival teatrale) oppure è mosso dalla curiosità di visitare un luogo di cui ha letto un articolo su una rivista di viaggi, o in cui è ambientato un film o un romanzo.

Ovviamente **la città deve essere facilmente raggiungibile** attraverso un volo *low cost* oppure treni ad Alta Velocità, e i suoi hotel prenotabili tramite le più note piattaforme digitali di offerte alberghiere. Secondo alcune rilevazioni circa il 40% dei pernottamenti in Europa è oggi originato dalle vacanze brevi a medio raggio (1 o 3 ore di volo) in centri urbani di richiamo. Un ruolo importante è svolto dai cosiddetti **repeaters,** coloro che tornano spesso nella stessa città, anche per pochi giorni, un fenomeno che riguarda soprattutto le capitali e le città d'arte più note.

COMPETENZA DIGITALE

1 Lavora con internet

Fai una ricerca sulle città di Praga e Budapest e trova i dati sui flussi turistici degli ultimi cinque anni.

a. Gli arrivi sono in crescita?

b. Quali sono i luoghi di interesse turistico più visitati delle due città?

3 Lezione IL MEDITERRANEO, AREA CENTRALE DEL TURISMO EUROPEO

UN LUOGO DI INCONTRO

Il **Mediterraneo** è un mare chiuso e facilmente navigabile che gode di una posizione geografica unica, in quanto è un **punto di intersezione tra tre continenti**: **Europa, Africa, Asia**.

Per questo è da sempre uno spazio di **condivisione tra culture diverse**, in cui i commerci e gli scambi culturali tra le diverse sponde sono sempre stati fiorenti.

In quest'area il turismo di massa si è diffuso a macchia d'olio fin dal secondo dopoguerra, interessando gradualmente tutti i paesi rivieraschi, compresi quelli delle sponde extraeuropee.

Tuttora il *Mare Nostrum*, ovvero il Mediterraneo, rappresenta il **principale punto di forza dell'Europa** (228,3 milioni di arrivi nel 2016) in termini sia di **turismo balneare**, che di **turismo storico-culturale**, grazie al suo clima straordinario e alle sue spettacolari spiagge, nonché alla sua **storia millenaria**. Le principali nazioni balneari europee in termini di movimento turistico sono nell'ordine: **Spagna, Francia, Italia** e poi, con un numero di arrivi meno elevato, Grecia, Croazia (in forte ascesa con il Montenegro), Portogallo, Cipro e Malta.

UNA REALTÀ INSTABILE

Il Mediterraneo è anche però, al giorno d'oggi, una **realtà politicamente variegata e instabile**, attraversata da conflitti e problemi drammatici.

I paesi nordafricani (Tunisia, Libia, Egitto, Algeria), a partire dal 2011 sono stati oggetto di devastanti **guerre civili e atti terroristici**; lo stesso accade nelle coste mediorientali, dove Israele, Palestina, Libano, Siria e, in parte, la Turchia versano in condizioni di costante insicurezza. A ciò si aggiunge il **dramma del traffico clandestino dei migranti** che, a bordo di imbarcazioni precarie, attraversano il Mediterraneo spesso trovandovi la morte. Le **guerre**, il **terrorismo** e l'instabilità politica **hanno di fatto cancellato, in questi anni, il turismo dalle coste mediterranee africane e mediorientali**, verso cui ogni anno si dirigeva una massa di circa 18 milioni di turisti europei e americani.

Oggi questo notevole flusso di viaggiatori si è in buona parte spostato lungo le coste dell'Europa mediterranea, che ha di fatto tratto vantaggio dalla crisi politico-economica del mondo arabo e del Medio Oriente.

Benidorm, nella Costa Blanca vicino Alicante, in Spagna. È un tipico esempio del modello di sviluppo turistico degli anni Sessanta, in cui il paesaggio è stato stravolto dalla costruzione incontrollata di edifici di grandi dimensioni.

IL MODELLO TURISTICO "SOLE E MARE"

Negli anni Sessanta del Novecento le coste mediterranee dell'Europa avevano visto l'affermazione di un **modello di turismo di massa** basato sul noto binomio **"sole e mare"**. Era un'epoca in cui per lunghi periodi di vacanza di più settimane o un mese, milioni di famiglie da tutta Europa si riversavano sulle coste mediterranee alla ricerca di svago e relax. Quello che i turisti chiedevano era semplicemente la disponibilità di grandi spiagge, alloggi e strutture per il divertimento a prezzi accessibili. Un modello che ha prodotto nei territori gravi squilibri sia ambientali, sia economici che culturali, alcuni dei quali irreversibili. L'edificazione di alberghi, case vacanze, infrastrutture viarie ha causato, infatti, una **cementificazione piuttosto rapida e selvaggia dei litorali** (specie in Spagna e Italia). Questa situazione ha spesso determinato la **distruzione di gran parte degli ecosistemi originari del Mediterraneo**, nonché lo stravolgimento dei paesaggi umani tradizionali e delle culture locali.

UN NUOVO MODELLO DI TURISMO

Negli ultimi decenni, però, si è fatta strada nella società europea una **maggiore consapevolezza riguardo al valore della salvaguardia dell'ambiente e del patrimonio culturale locale** e questo mutamento della mentalità comune ha prodotto la richiesta di una **fruizione turistica del territo-**

rio più consapevole e di un'offerta turistica più variegata ed evoluta. La presenza di un'agguerrita concorrenza da parte di regioni turistiche balneari extraeuropee (Caraibi, Thailandia, Maldive, Kenya) ha poi spinto gli operatori turistici a **curare più attentamente il rapporto qualità/prezzo**.

Rispetto al modello "sole e mare" del turismo di massa, oggi il mercato richiede un **modello di sviluppo turistico più equilibrato**. Più concretamente le destinazioni turistiche mediterranee devono far fronte a queste nuove esigenze:

- spiagge e acque più pulite, non inquinate da rifiuti o scarichi urbani;
- protezione degli ecosistemi costieri originari;
- presenza di zone pedonali, piste ciclabili, sentieri litoranei praticabili;
- salvaguardia e valorizzazione dei centri storici e dell'architettura tradizionale;
- autenticità e originalità dell'offerta culturale;
- qualità della gastronomia;
- stimoli e occasioni di divertimento, creazioni di eventi in grado di intrattenere i turisti (festival, concerti, fiere, competizioni sportive);
- sviluppo di una ricettività che va oltre l'albergo tradizionale o il villaggio con formula "tutto compreso", a favore di bed and breakfast, agriturismo e ittiturismo (soggiorno presso pescatori).

Veduta aerea della Baia di Rondinara nella Riserva Naturale delle Bocche di Bonifacio, in Corsica meridionale. Il divieto di edificazione in prossimità del litorale marittimo ha consentito la salvaguardia di ambienti mediterranei dell'isola.

LE COSTE ATLANTICHE DELL'EUROPA

Le coste atlantiche, pur offrendo paesaggi straordinari, a causa delle meno favorevoli condizioni climatico-ambientali, attirano un pubblico molto più ridotto, costituito perlopiù da un'affezionata clientela locale e da giovani che praticano sport come il surf o il kite nei mesi estivi. Le località più note e i paesaggi più pittoreschi si trovano in Francia (Golfo di Biscaglia, Bretagna, Manica), Spagna settentrionale (Galizia, Paesi Baschi), nel Regno Unito (Cornovaglia e sulla Manica). Nel Mar Baltico sono piuttosto note le numerose e minuscole isole (oltre 30 000) degli arcipelaghi svedesi, gremite di turisti locali nei mesi estivi.

Un'altra destinazione emergente è **San Sebastian; seconda capitale europea della cultura per il 2016**, è situata in **Spagna**, nella regione dei Paesi Baschi. È un'affascinante cittadina che si affaccia sulla **costa atlantica**, famosissima per la sua offerta enogastronomica e amata dai giovani per la **intensa movida notturna**, il **surf**, le feste popolari e una vivace atmosfera.

Surfisti sulla spiaggia della Côte des Basques a Biarritz, in Francia.

Il molo di Hastings, città dell'East Sussex, in Inghilterra, Regno Unito.

4 Lezione — LE ALPI E GLI ITINERARI DEL TURISMO NATURALISTICO

LE MONTAGNE EUROPEE

Le montagne in Europa coprono il 14% del territorio, ma hanno un ruolo fondamentale nella salvaguardia di tutti gli altri ecosistemi. Regolano il clima e il ciclo dell'acqua che viene immagazzinata e poi rilasciata nei ghiacciai sotto forma di neve e nei laghi alpini. Le montagne custodiscono ambienti naturali ancora intatti e ospitano gran parte delle specie animali e vegetali di questo immenso territorio.

Le montagne sono da almeno due secoli una risorsa turistica per la bellezza dei luoghi, la sfida che le grandi cime da sempre propongono, l'avventura e il divertimento per le discese sulla neve.

Nel complesso **le aree montane assicurano circa l'8% del movimento turistico continentale**. Le **Alpi sono la principale destinazione turistica montana dell'Europa**, seguono i Pirenei, sul confine tra Spagna e Francia, le Alpi scandinave, a cavallo tra Svezia, Finlandia e Norvegia, i Carpazi, i Balcani e i Rodopi nella penisola balcanica. Infine ci sono anche gli Appennini, che corrono lungo la dorsale italiana.

La stazione sciistica Les Deux Alpes, in Francia.

Il ghiacciaio di Hintertux con piste da sci e impianti di risalita nelle Alpi dello Zillertal in Austria.

LE ALPI, AREA LEADER DEL TURISMO MONTANO MONDIALE

L'arco alpino si estende nel cuore dell'Europa per 190 912 km^2, con una popolazione di circa 16 milioni di persone. Ospita circa 30 000 specie animali e 13 000 vegetali ed è **la più grande riserva d'acqua europea**: vi nascono grandi fiumi come il Reno, il Rodano, il Po, molti degli affluenti del Danubio. L'intera area è dotata di una vasta rete di 6000 km di superstrade e autostrade oltre che di un'efficiente rete ferroviaria ricca di trafori e ponti panoramici come l'*Europa Brücke*.

Notevole è inoltre la presenza di appartamenti e case-vacanza, di strutture alberghiere, soprattutto a gestione familiare, oltre che di un crescente numero di sistemazioni nell'ambito del turismo rurale.

La regione alpina è visitata ogni anno da decine di milioni di turisti (80 milioni di cui 50 milioni di sciatori). Da sola assorbe quasi il 5% del movimento turistico europeo e costituisce la maggiore regione sciistica mondiale (43% del mercato mondiale con l'84% degli impianti di risalita di tutto il mondo). I principali paesi in termini di numero di pernottamenti sono la Francia, l'Austria, l'Italia e la Svizzera.

Per decenni, tuttavia, **questo territorio** di straordinaria bellezza e ricchezza naturale **è stato sfruttato in modo incontrollato**, senza molta attenzione agli equilibri spesso molto fragili, indispensabili per la sopravvivenza degli ecosistemi alpini e delle tradizioni culturali locali.

Basti pensare che **solo il 13% del territorio** è **protetto e tutelato da parchi naturali**. A partire dagli anni Novanta del secolo scorso, tuttavia, le organizzazioni ambientaliste di tutta Europa, oltre a molte comunità montane e organismi dell'Unione Europea, stanno lavorando per prevenire ulteriori danni all'ambiente alpino e promuovere lo **sviluppo di forme di turismo sostenibile**.

I PARCHI NATURALI

L'offerta turistica europea comprende **359 parchi nazionali**.

Si tratta di ambienti naturali di vario genere che riflettono le **differenti fasce climatico-ambien-**

tali presenti in Europa: dagli ecosistemi lacustri a quelli fluviali, dai paesaggi rurali tradizionali agli ambienti collinari, marini e alpini; **41** di essi fanno parte della lista dei **siti naturali dichiarati patrimonio mondiale dell'umanità dall'UNESCO**.

I parchi naturali offrono spesso risorse sia per il turismo naturalistico che per quello storico-culturale, e hanno poi favorito lo sviluppo di nuove forme di turismo vocazionale come il trekking, il cicloturismo, il *birdwatching*, oltre che forme di ospitalità come l'agriturismo, gli ostelli per i più giovani e i rifugi montani.

IL TURISMO FLUVIALE

Anche gli itinerari fluviali sono destinazioni turistiche europee in fase di espansione: le navigazioni **lungo i fiumi** offrono, infatti, la possibilità di immergersi in un ambiente naturale autentico e di conoscere la storia e le culture dei territori che si attraversano.

Danubio, Volga, Senna, Reno, Loira sono alcuni esempi di corsi d'acqua di forte richiamo turistico, le cui **crociere fluviali permettono di conoscere le molteplici e sorprendenti risorse delle regioni visitate**. In particolare le **crociere sul Danubio**, secondo fiume europeo per lunghezza, permettono di conoscere **la storia dell'Europa centrorientale**. Lungo le sue sponde si possono scoprire le innumerevoli tracce delle civiltà romana, tatara, ottomana, russa, ungherese, oltre a **splendide città** come Vienna, Budapest, Passau, Ratisbona, Tulcea. Ci si può inoltre immergere nella **natura incontaminata** di Donau-Auen e nella straordinaria riserva naturale del delta del Danubio che sfocia nel Mar Nero.

I PARCHI EUROPEI

Laghi di Plitvice (Croazia)
È stato il primo parco a essere istituito in Croazia ed è dal 1991 un sito patrimonio dell'UNESCO. Ospita 16 laghi che si formano dall'incontro del Fiume Bianco e del Fiume Nero e si raccolgono in dighe naturali formatesi dalla sedimentazione di sali calcarei. I colori delle loro acque sono spettacolari: variano dal blu turchese al verde smeraldo. In quest'area protetta vivono animali come l'orso bruno, il cinghiale e il capriolo.

Dartmoor National Park (Regno Unito)
È un parco del sud dell'**Inghilterra**, nella contea di Devon, che tutela il **tipico paesaggio della campagna inglese** e custodisce tra le sue terre i **complessi megalitici** di Stall Moor, testimoni delle popolazioni che abitavano queste terre nell'età della pietra. Queste distese verdi hanno ispirato scrittori come Arthur Conan Doyle e Agatha Christie.

Parco Sarek (Svezia)
Il Parco Sarek è situato nella **Svezia** settentrionale e fa parte dell'**area lappone dichiarata patrimonio dell'umanità dall'UNESCO**. Presenta un paesaggio spettacolare con foreste vergini di pini e abeti centenari, vallate ricoperte di boschi di betulle, delta fluviali, torbiere, ghiacciai e massicci montuosi alti 2000 metri. La sua fauna è costituita da orsi, linci e ghiottoni che vivono insieme a renne ed alci. Da secoli questo territorio è utilizzato dai Sami come zona di caccia e come pascolo per le mandrie di renne.

Il parco nazionale Sarek, in Svezia.

COMPETENZA LINGUAGGIO DELLA GEOGRAFIA

1 Lavora con la tabella

Osserva la tabella, completala indicando il paese in cui si trova la località turistica e rispondi alla domanda.

a. Quale paese ospita le principali destinazioni del turismo alpino?

10 DESTINAZIONI TURISTICHE DI SUCCESSO NEL 2015	
1. Weggis	....
2. Ferienregion Alpsee-Grünten	....
3. Region Hall - Wattens	....
4. Ferienregion Tirol West	....
5. Alta Pusteria	....
6. Lavanttal	....
7. Seefeld	....
8. La Plagne - Les Arcs	....
9. Saalbach-Hinterglemm Arcs	....
10. Monti di Tennen	....

Il turista consapevole

Una coppia di sposi si scatta una foto con alle spalle uno scenario considerato nell'immaginario collettivo uno tra i più romantici e suggestivi: una chiesa bianca sullo sfondo di un cielo blu in una giornata di sole.

IL CASO DELL'ISOLA DI SANTORINI

Guardando l'isola da satellite si può vedere bene la caldera.

Santorini (Thira)	Isola delle Cicladi Mar Egeo meridionale (Grecia)
superficie	80 km^2
abitanti	13 670
densità	151 ab./km^2
arrivi turistici (in un anno)	2 000 000

Una "top destination"

L'isola greca di Santorini con 2 milioni di arrivi all'anno, pari a circa il 10% degli arrivi dell'intera Grecia, si è affermata come una delle destinazioni turistiche più frequentate del mondo, in sostanza è una "**top destination**".

La piccola isola dell'Egeo è raggiunta da 75 linee aree, 57 voli al giorno durante la stagione estiva, e da marzo a dicembre è meta di molte navi da crociera che vi portano fino a 25 000 turisti al giorno. Negli ultimi decenni è stata, infatti, costruita l'immagine di Santorini come "isola dell'amore", ricca di scenari romantici, con panorami mozzafiato che anche durante il periodo invernale attira coppie in luna di miele da tutto il mondo.

Una storia geologica particolare

Il paesaggio spettacolare di Santorini è stato originato dall'**esplosione e conseguente sommersione dell'isola vulcanica di Strogili**, avvenuta nel VII secolo a.C., che ha dato vita a tre piccole isole: Thira (l'odierna Santorini), Aspronissi e Thirassia che hanno poi formato una caldera vulcanica, cioè un'ampia conca di forma circolare, intorno a una grande laguna centrale.

L'isola, instabile e a rischio sismico, nel 1956 fu colpita da un violento terremoto che rase al suolo oltre la metà delle abitazioni e costrinse gran parte della popolazione a migrare ad Atene e nelle altre isole dell'Egeo.

Un paesaggio modellato dalle civiltà mediterranee

Nel corso della sua storia Santorini ha subito il **dominio di diverse civiltà**.

Si sono susseguiti i cretesi, gli achei, gli ateniesi e, nel Medioevo, i crociati, i veneziani, i turchi che hanno dato la loro impronta ancora visibile nell'architettura di palazzi, fortezze e torri.

La popolazione di contadini e pastori, invece, aveva costruito fin dall'antichità abitazioni sotterranee, cioè scavate nella roccia, con soffitti a volta e chiuse all'esterno da piccole pareti in muratura. Infine le tipiche chiese ortodosse dai colori bianco e azzurro sono moltissime.

Gran parte di tutte queste costruzioni andarono distrutte nel terremoto del 1956 e il paesaggio tradizionale dell'isola fu seriamente compromesso.

La costruzione del paesaggio turistico di Santorini

In seguito al terremoto, a partire dagli anni Sessanta, nelle zone rase al suolo dal sisma si decise di ricostruire nuove abitazioni, riproducendo lo stile tradizionale originario degli edifici distrutti. Si costruirono, in sostanza, case nuove che apparissero antiche e di origine popolare. Si simulò quindi, scientemente, l'**ambiente tradizionale originario**. Anche in zone precedentemente non abitate, sui pendii più ripidi dell'isola, e con uno stile definito "neotradizionale" o "neopopolare", vennero costruiti alloggi incastonati nelle pareti rocciose, dal tipico colore bianco, finalizzate all'accoglienza dei turisti. Si è preferito quindi realizzare piccoli hotel inseriti nell'abitato antico anziché grandi alberghi come è accaduto in Spagna o in Tunisia nello stesso periodo. In questo modo si è gradualmente costruito il paesaggio "tipico" di Santorini oggi noto ai turisti di tutto il mondo.

Dall'agricoltura al turismo

In pochi decenni le attività tradizionali come le coltivazioni di pomodori e la produzione vinicola sono state soppiantate dall'enorme sviluppo del turismo. Aree sempre più ampie sono state occupate, infatti, da nuove attrezzature alberghiere e seconde case per turisti, sempre costruite secondo i canoni dell'architettura neotradizionale. Oggi le **antiche strutture conserviere e vinicole sono state recuperate in funzione turistica** come spazi museali o gallerie di arte o per la realizzazione di itinerari enogastronomici.

I flussi turistici

È possibile che l'accesso all'isola di Santorini divenga a numero chiuso. Nel 2016, infatti, l'isola è stata la destinazione di 636 navi, per un totale di circa 800 000 crocieristi. Con una media estiva di 3,6 navi al giorno. Questo "filtro turistico" potrebbe diventare attivo nei prossimi anni e imporrebbe un numero massimo di 8000 crocieristi al giorno.

Il mito di una delle più belle isole dell'Europa

Santorini è considerata uno dei luoghi europei più belli per una vacanza romantica, ma è ormai una meta che attira anche gli amanti della mondanità e del lusso. Soprattutto durante i mesi estivi ci si diverte perché vengono organizzate tantissime feste nei numerosi locali notturni, ma cresce anche quella fetta di europei che la sceglie per la luna di miele.

Merito delle splendide spiagge, dei tramonti da fiaba e delle acque limpide e cristalline. Fira è la pittoresca cittadina principale, arroccata sul bordo della caldera, da dove si gode una splendida vista sul vulcano semisommerso. Altri famosi villaggi più piccoli sono Akrotiri e Mesa Vouno, con i loro celebri siti archeologici, Pyrgos, Karteràdòs, Emporio, Ammoudi, Finikia, Perissa. Alcuni di questi offrono bellezza, pace e tranquillità, con la presenza di vasti vigneti, borghi con castelli e panorami di scogliere a picco sul mare.

L'aeroporto

L'aeroporto di Santorini è situato sul versante orientale dell'isola in prossimità del villaggio di Kamari. Relativamente piccolo, è in grado di gestire il decollo e l'atterraggio di 6 aeroplani per volta. Dista 10 km da Fira, il capoluogo di Santorini.

Le tipiche case bianche costruite sui pendii rocciosi.

Le cupole blu delle numerose chiese ortodosse presenti sull'isola.

OBIETTIVO LAVORO

1 Lavora con internet

Fai una ricerca e trova informazioni sui collegamenti per raggiungere l'isola di Santorini.

a. Quali sono le compagnie aeree che raggiungono l'isola?
b. Ci sono voli *low cost*? Di quali compagnie? Sono tratte quotidiane?
c. Quali sono i traghetti che collegano Santorini alle altre isole? Che frequenza hanno?
d. Quali e quante sono le strutture alberghiere presenti sull'intera isola?

OBIETTIVO LAVORO

2 Lavora con internet

Fai una ricerca e trova informazioni su quali sono le attività che si possono fare sull'isola.

Immagina di dover preparare un viaggio di 4 giorni per due tipologie di turista:

- il turista che vuole fare una vacanza di divertimento
- il turista che intende fare una vacanza di mare.

Per la prima tipologia fai un elenco di almeno 4 ristoranti, 3 locali, 2 discoteche presenti nelle piccole cittadine dell'isola. Di ognuno sarebbe opportuno indicarne le caratteristiche per mettere il turista nella condizione di scegliere. Per la seconda tipologia indica quante e quali spiagge sono raggiungibili via terra dall'isola, se è possibile fare delle escursioni in barca, se sono previste attività di immersioni subacquee e di *snorkelling*. Alla fine prepara due brevi presentazioni in PowerPoint (al massimo 3-4 slide ciascuna), corredate di immagini, per i due tipi di turisti destinatari.

1 Lezione — IL TURISMO VOCAZIONALE: GLI ITINERARI CULTURALI E RELIGIOSI

IL TURISTA VOCAZIONALE

Il turista di oggi è spesso un **turista vocazionale**, sempre meno attratto dalle forme del turismo di massa. Egli sempre più **desidera che il suo tempo libero sia ricco di contenuti**, sul piano intellettuale piuttosto che dell'efficienza fisica e dell'equilibrio interiore, e gli permetta di aggregarsi a persone con gli stessi interessi. Scomparsa ormai l'idea di vacanza come tempo "vuoto", in contrapposizione al tempo "pieno" occupato dal lavoro, oggi sempre più vige la ricerca di stimoli con cui riempire il tempo libero dagli impegni lavorativi sempre più stressanti e **realizzare se stessi**. **Una località** quindi non **viene scelta** per ciò che offre in sé, ma **perché in quel luogo è possibile svolgere un'attività che si ritiene utile per la propria crescita**: vivere un'esperienza spirituale significativa, visitare i luoghi dove sono vissuti gli autori o i personaggi letterari preferiti, imparare una lingua, praticare uno sport, conoscere un ambiente naturale intatto.

IL TURISMO LETTERARIO

Tra le forme di turismo vocazionale sono in costante crescita gli itinerari culturali e tra questi si segnalano **i percorsi letterari**, che riguardano sia i **luoghi descritti nei romanzi** sia quelli in cui hanno vissuto i loro autori. Si tratta di un'attrattiva importante che arricchisce le risorse turistiche di città e luoghi e aumenta l'interesse dei turisti verso destinazioni insolite.

Innumerevoli sono gli itinerari letterari che sono stati proposti nelle diverse realtà europee. Basti pensare, per esempio, al **boom del turismo** nei luoghi in cui sono ambientati i romanzi di JK Rowling e i **film di Harry Potter nel Regno Unito**, oppure al successo **in Irlanda** degli **itinerari legati alle opere del celebre scrittore James Joyce**, la cui statua si trova nel centro di Dublino insieme a quelle dei più noti personaggi del suo romanzo *Ulisse*. In Spagna inoltre, nella **regione della Castiglia-Mancha**, è stata organizzata con successo la *Ruta de Don Quijote*, un itinerario ecoturistico di 2500 km che collega tutti i luoghi in cui si sono svolte le avventure del romanzo *Don Chisciotte della Mancia* di **Miguel de Cervantes**. Sempre in Spagna, è stato addirittura creato il *Camino de la lengua castellana*, ovvero un ambizioso itinerario che intende valorizzare l'intero patrimonio letterario in **lingua castigliana**, percorrendo i luoghi legati ai testi più importanti della tradizione iberica: dal *Cantar del Cid* al *Don Chisciotte* e a *Lazzarillo de Tormes*.

IL CINETURISMO: OVVERO IL TURISMO EMOZIONALE

Anche in Europa film e serie tv di successo alimentano il cosiddetto cineturismo, cioè viaggi e vacanze nei luoghi in cui si svolgono le vicende narrate nelle pellicole. È un'altra tipologia di turismo vocazionale, che alcuni definiscono anche **turismo emozionale,** poichè il turista, talvolta interessato più ai simboli che ai luoghi, tende a

La statua di James Joyce a Dublino.

La stazione di King's Cross a Londra, visitata dai fan di Harry Potter.

trasformare località concrete in contenitori simbolici, in modo tale che **la visita diventi un'esperienza molto coinvolgente**. Camminare, per esempio, nelle stesse vie di Praga dove è stato girato *Casino Royale*, della serie di James Bond, permette al cinefilo di immedesimarsi nei panni della famosa spia inglese; le architetture barocche della capitale ceca sono spesso per il cineturista solo uno scenario marginale. Numerosi sono **gli itinerari e le destinazioni di successo del cineturismo in Europa**: dalle spiagge della Normandia dove è stato ambientato *Salvate il soldato Ryan* di Steven Spielberg (in realtà girato perlopiù in Irlanda), alle fredde atmosfere di Stoccolma dove è stata girata la trilogia di *Millennium* tratta dai gialli dello scrittore Stieg Larsson, o ancora alle innumerevoli location del *Codice da Vinci*. Ogni film di successo, induce itinerari cineturistici. Più complessi e sofisticati sono le manifestazioni e gli itinerari dedicati invece alla **vita e ai luoghi di celebri registi**: è il caso dell'itinerario dedicato a Federico Fellini e ai luoghi della sua vita e della sua attività a Rimini, o la *Bergman Week* dedicata al celebre regista svedese Ingmar Bergman sull'isola di Faro.

IL TURISMO RELIGIOSO

Tra le forme di turismo vocazionale in costante crescita c'è sicuramente il **turismo religioso**, rivolto tradizionalmente verso le località sede dei **grandi santuari mariani** (Lourdes, Fatima, Loreto, Czestochowa, Medjugorje), delle cattedrali e dei monasteri più noti della cristianità europea. Negli ultimi anni, tuttavia, si è notevolmente sviluppato il turismo dei **grandi cammini** tracciati nel corso dei secoli dai pellegrini europei. Si tratta di percorsi che ormai si sono trasformati, di fatto, in grandi itinerari culturali frequentati sempre più anche da non credenti. I **moderni pellegrini**, infatti, pur spinti da motivazioni spirituali, sono di fatto turisti sensibili all'offerta del territorio in termini di risorse culturali, ospitalità, gastronomia, occasioni di svago. Le centinaia di migliaia di viandanti che ogni anno scelgono di percorrere a piedi o in bicicletta le antiche vie dei pellegrini hanno inoltre l'opportunità di effettuare un'attività salutare.

IL BOOM DEI "CAMMINI"

Il **Cammino di Santiago** è la via dei pellegrini più nota e frequentata d'Europa. L'itinerario (858 km) parte dai Pirenei e attraversa la Spagna settentrionale per raggiungere Santiago de Compostela, dove ha sede la **tomba dell'apostolo maggiore Giacomo (Santiago)**. Negli ultimi decenni ha conosciuto un vero e proprio boom, passando dai 2491 pellegrini del 1986 ai **277 000 del 2017**. Di questi ultimi solo 132 000 hanno dichiarato di aver svolto il percorso per motivi esclusivamente religiosi.

Soprattutto nel mese di agosto percorrere il Cammino è davvero un'impresa ardua a causa del numero incredibile di pellegrini che affollano alberghi, ostelli e punti di ristoro. Altri cammini noti sono la **Via Francigena** (o Via Romea), il tracciato dell'itinerario che il vescovo inglese Sigerico compì nel 994 tornando **da Roma a Canterbury** (Regno Unito); oppure il **Cammino di San Olaf**, re martire cristiano morto nel 1031, da Oslo a Trondheim in Norvegia. Molto popolari sono anche due centri della **religiosità greco-ortodossa**: **Le Meteore** e il **Monte Athos**, sede di antichi monasteri che ogni anno generano un flusso consistente di visitatori.

Il monastero di Osiou Gregoriou, Monte Athos, in Grecia.

Pellegrini lungo lo storico cammino di Santiago di Compostela. In primo piano la "conchiglia" simbolo del cammino.

2 Lezione

IL TURISMO D'ISTRUZIONE

Tra le forme di turismo che maggiormente hanno segnato la storia del turismo europeo in questi anni un ruolo importante è ricoperto dal turismo di istruzione, dalle **gite scolastiche**, ai **soggiorni estivi per apprendere le lingue** (perlopiù l'inglese), fino alle esperienze di studio più impegnative proposte dal celebre **programma Erasmus** promosso dalla Unione Europea per favorire le esperienze all'estero degli studenti. Si tratta di una **fetta importante del turismo giovanile** che ogni anno coinvolge milioni di giovani in tutta Europa.

IL FENOMENO ERASMUS

Dal 1987 quattro milioni di studenti europei hanno fatto le valigie per andare a studiare qualche mese all'estero: è la cosiddetta **Generazione Erasmus**, una generazione che da trent'anni ha la possibilità di fare scambi culturali in tutta l'Europa.

Nel 1987 furono 3244 gli universitari tra i quali 220 italiani, a varcare i confini del proprio paese per vivere una parentesi del proprio periodo formativo in un ateneo straniero. Si tratta di una delle iniziative di maggior successo dell'Unione Europea che ha avuto il merito di **promuovere l'integrazione culturale dei giovani**. È un progetto, nato dall'iniziativa di una insegnante italiana, che ha rivoluzionato la mobilità studentesca generando un flusso turistico non indifferente.

Per quanto concerne i dati italiani, solo **nel 2015 sono partiti dalla penisola 30 875 studenti,** con Spagna, Germania, Francia e Portogallo tra le mete preferite. Gli studenti ospitati in Italia sono stati 20 942, di cui circa 2000 provenienti da paesi extra-UE, in particolare Russia, Albania, Serbia, Georgia e Israele.

Il nuovo programma europeo denominato **Erasmus Plus** ha ampliato il raggio d'azione provvedendo, con finanziamenti destinati ai tirocini in aziende europee, alla mobilità degli insegnanti, a portali online per il gemellaggio tra scuole e a *partnership* con nazioni come Iran, Iraq e Yemen.

LE VACANZE STUDIO

La vacanza studio per l'**apprendimento di una lingua straniera** è ormai un'abitudine consolidata per molte famiglie europee e italiane appartenenti alle classi con un reddito medio-alto.

Il soggiorno dura di solito due settimane e si effettua durante le vacanze estive. Alcuni istituti d'istruzione superiore, tuttavia, prevedono nel proprio programma didattico uno stage all'estero per lo studio delle lingue straniere. La gran parte dei soggiorni studio è gestita da tour operator specializzati nel settore; un altro punto di riferimento sono inoltre gli istituti culturali dei diversi paesi come il **British Council**, l'**Institut français, l'Istituto Cervantes, o il Goethe Institut**, che nelle loro sedi estere organizzano corsi e soggiorni per studenti. Le strutture che ospitano gli studenti sono spesso **convitti studenteschi**, **college**, **residenze universitarie** che restano libere durante i mesi estivi. Un'altra soluzione è costituita dagli alloggi presso **famiglie locali**. I voli *low cost* hanno poi incentivato ulteriormente sia la partecipazione ai soggiorni studio, sia i successivi scambi di ospitalità che, spesso, si verificano dopo il soggiorno all'estero tra i giovani partecipanti all'esperienza di studio.

Alcuni studenti ungheresi sventolano le bandiere dell'Unione Europea per festeggiare l'ingresso dell'Ungheria nell'Unione Europea.

Gli studenti dell'Università di Oxford, nel Regno Unito.

LE GITE SCOLASTICHE

Sono circa **quattro milioni e mezzo gli studenti italiani** che nel corso degli ultimi anni scolastici **si sono spostati per effettuare viaggi di istruzione**, generando complessivamente un volume di affari pari a **un miliardo di euro**.

Bastano questi due dati per comprendere come il turismo scolastico, oltre che un'occasione di crescita culturale, rappresenti una voce importante per l'industria dei viaggi, anche in considerazione del fatto che il picco dei viaggi d'istruzione si registra nei mesi di marzo e aprile, meno praticati dal resto dei viaggiatori.

Secondo alcune rilevazioni, nel 2015 ogni famiglia italiana ha speso in media 250 euro per consentire a un ragazzo della scuola superiore di partecipare a un viaggio di istruzione di più giorni. La durata dei viaggi d'istruzione nelle classi del triennio terminale può arrivare anche fino a cinque pernottamenti, è di quattro notti per il 35,5%, mentre il 25% opta per tre pernottamenti. Nel biennio iniziale delle scuole superiori, invece, l'età degli studenti fa sì che la gran parte delle visite didattiche si esauriscano nel corso della giornata (81,7 per cento degli istituti). Per quanto riguarda le **mete** oltre confine, vanno per la maggiore **Francia** e **Germania**, con Parigi e Berlino, e la **Repubblica Ceca**, con Praga. Anche **Barcellona** registra un buon numero di preferenze.

Per quanto riguarda l'Italia, le destinazioni in cima alle scelte sono **Roma**, **Firenze** e **Venezia**. Da segnalare è che il modello tradizionale di viaggio d'istruzione è sempre più criticato e considerato insoddisfacente e poco produttivo; al suo posto si vanno gradualmente affermando **forme di turismo scolastico didatticamente coinvolgenti** che vedono una partecipazione più attiva da parte degli studenti. Si va dagli itinerari di **trekking** o di **cicloturismo**, a **itinerari letterari** o alla partecipazione a **progetti di intercultura**, **laboratori in musei**, **fattorie didattiche**, **istituzioni teatrali**.

Bambini in gita scolastica nella cittadina costiera di Plymouth a Devon, nel Regno Unito.

Studenti in gita al Vallo di Adriano, nel Regno Unito.

LE PRINCIPALI METE

La maggior parte dei soggiorni studio ha come scopo lo **studio della lingua inglese**, per cui le mete più frequentate sono i paesi anglofoni come il Regno Unito (600 000 studenti annui), l'Irlanda e Malta. **Londra** è ovviamente **la città più richiesta,** seguita dalle città universitarie di Oxford, Cambridge, o dalle città costiere del sud come Hastings, Brighton o da altri centri importanti come Canterbury o, in Scozia, Edimburgo.

Anche in Irlanda le mete privilegiate sono le città quali Dublino, Cork e Galway nella costa occidentale del paese. Piuttosto frequentato è anche il Distretto dei laghi, nella Contea di Cumbria, che offre un'immersione nello splendido scenario naturale descritto da William Wordsworth.

Malta, con 85 000 studenti all'anno, ha il suo punto di forza nell'ambiente mediterraneo, che in estate attira molti giovani che abbinano volentieri il corso di lingua con le attività balneari e la vita notturna.

COMPETENZA DIGITALE

1 Lavora con internet

Fai una ricerca e trova informazioni sulle fattorie didattiche.

a. Che cosa sono?
b. Quali obiettivi formativi si pongono?
c. A quale pubblico di studenti si rivolgono?

3 Lezione — IL TURISMO DEL DIVERTIMENTO E DEGLI EVENTI

I PARCHI A TEMA

I **parchi a tema sono un tipico prodotto della società occidentale**, essi hanno preso piede anche in Europa negli ultimi tre decenni. Essi in genere non hanno un legame stretto con la cultura o la storia di un luogo; si trovano in un posto ma potrebbero essere ovunque. I parchi a tema, infatti, costituiscono dei **microcosmi a sé stanti**, dei mondi alternativi che rappresentano una destinazione turistica, **indipendentemente dal contesto in cui sono situati**. Al loro interno nulla è lasciato al caso: i percorsi sono standardizzati, i tempi di attesa e di fruizione delle attrazioni sono programmati, anche il volume della musica è regolato. In questi luoghi il visitatore si sente rassicurato e parte di una comunità che cerca il divertimento.

Alla base del successo crescente dei parchi a tema ci sono **ingenti investimenti** per offrire attrazioni sempre nuove con tecnologie all'avanguardia; dietro ai giochi e alle attrazioni di maggior successo c'è il lavoro di numerosi *imagineer*, tecnici dell'immaginazione, che curano gli **scenari e le ambientazioni** dei parchi in modo da provocare un **impatto emotivo** significativo sul pubblico e far sì che i visitatori di ogni età possano per un giorno vivere nel mondo magico dell'infanzia.

IL TURISMO DEGLI EVENTI

Le trasformazioni degli ultimi decenni come l'avvento di voli e linee di bus *low cost*, la frammentazione delle ferie e la diffusione degli *short break*, hanno favorito lo sviluppo di **nuove tipologie di flussi turistici legate agli eventi**.

Si tratta di grandi manifestazioni culturali come i **festival del cinema** a Venezia, Cannes, Berlino, la **fiera del libro** a Francoforte (*Buchmesse)*, le **mostre d'arte** come la Biennale di Venezia, Documenta di Kassel, i **festival musicali** a Salisburgo o **teatrali** a Edimburgo. Sono molti anni che si or-

GLI ALTRI PARCHI EUROPEI

L'Europa presenta una vasta gamma di **parchi di divertimento a tema**, alcuni dei quali di antica data. Qui di seguito ne ricordiamo alcuni. Il parco più antico è **Tivoli** di **Copenhagen**, un'isola verde piena di attrazioni fondata nel 1843. In **Germania**, invece, il parco più amato si chiama **Europa park** e si trova a Rust (4 milioni di visitatori); attivo dal 1975 conta 100 attrazioni divise in 15 aree tematiche. In **Spagna**, vicino a Barcellona c'è invece **PortAventura** che vanta di avere lo scivolo acquatico più alto d'Europa.

Ingresso principale al parco divertimenti di Legoland a Billund, in Danimarca.

Molto amato dai bambini resta sempre **Legoland**: quello più antico è in **Danimarca**, quello più vicino all'Italia è invece a **Gunzburg in Germania**. In **Francia**, nato in opposizione a EuroDisney, a pochi km da Parigi c'è il goliardico **Parco Asterix** che conta ben 32 attrazioni e 6 ambientazioni, tra cui Vichinghi e Antichi Greci. **Efteling**, il più grande parco di divertimenti dei **Paesi Bassi**, è stato fondato nel 1952. In **Svezia**, il **Tom Tits Experiment**, è un particolare parco a tema, non legato a personaggi televisivi o dei cartoni animati: è infatti un **parco scientifico** in cui i ragazzi imparano i segreti della chimica e della fisica giocando. L'**Alton Towers** è il parco giochi più amato d'**Inghilterra**. Da provare le sue cinque montagne russe, tra cui *The smiler*, l'ottovolante che vorticosamente fa fare giri a testa in giù invitando a sorridere sullo slogan *Smile always*, sorridi sempre. Da non dimenticare, in **Italia,** i parchi a tema più amati: **Gardaland**, **Mirabilandia** e **Etnaland**.

ganizzano **kermesse popolari** come la *Oktoberfest* di Monaco di Baviera, la Fiera di San Firmin a Pamplona.

In alcuni casi, invece, si tratta di **grandi eventi** della durata di diversi mesi o un anno come nel caso dell'Expo, l'Esposizione universale, oppure di città che hanno un particolare patrimonio storico e artistico e sono quindi proclamate capitali della cultura europea.

Sempre più numerosi sono, inoltre, i soggiorni turistici brevi, indotti dai **grandi concerti delle stelle della musica pop**, da importanti incontri o **manifestazioni sportive**, raduni di fan o appassionati di auto d'epoca, fumetti, o di *cosplayer*, persone che interpretano gli atteggiamenti di un personaggio conosciuto, indossandone il costume.

LE CAPITALI DELLA CULTURA EUROPEA DAL 2017 AL 2019

2017	Aarhus (Danimarca) Paphos (Cipro)
2018	Leeuwarden (Paesi Bassi) La Valletta (Malta)
2019	Plovdiv (Bulgaria) Matera (Italia)

Visitatori alla *Buchmesse*, la fiera del libro di Francoforte.

EURODISNEY A PARIGI

Disneyland, Parigi.

Il parco a tema più visitato d'Europa, il quarto al mondo, è **Eurodisney-Paris**. Nonostante il calo subìto a causa della crisi economica che ha colpito l'Europa, ogni anno la struttura è visitata da circa **14 milioni di persone**. Il 60 % è costituito da famiglie, mentre il 40% da giovani coppie tra i 20 e i 25 anni. La struttura fu inaugurata nel 1992 sulla scia di altri tre parchi a tema della Disney presenti negli Stati Uniti e in Giappone. Nei primi anni però il parco non ebbe successo, soprattutto i suoi hotel erano sempre vuoti, perché il pubblico preferiva alloggiare nel centro di Parigi. Nel 2002 la struttura è stata potenziata e affiancata da un secondo parco, ma solo dopo un processo di parziale **europeizzazione delle attrazioni**, Eurodisney ha conosciuto un crescente successo. Oggi l'attrazione parigina conta due parchi a tema, 6 teatri, 50 punti di ristoro, 2 centri congressi, 7 hotel e un campo da golf. Occupa inoltre 10 000 addetti.

COMPETENZA DIGITALE

1 Lavora con internet

Fai una ricerca e trova notizie sulla Biennale di Venezia.

a. Quando è nata?
b. In quali zone della città si svolge?
c. Quali sono le sue caratteristiche?

La Biennale di Venezia è una delle più importanti rassegne d'arte contemporanea a livello internazionale.

4 Lezione IL TURISMO DELLA MEMORIA

UN'ESPERIENZA EMOTIVA FORTE

Il turismo della memoria è una forma di vacanza che a grandi linee si può associare al più vasto filone del turismo culturale, interessato alla visita di città d'arte e di monumenti di particolare pregio storico.

Il turismo della memoria, tuttavia, ha in sé un elemento in più: il turista, infatti, non si accontenta dell'osservazione di un edificio, di un'opera d'arte per quanto di valore, ma vuole ripercorrere il **passato**, ovvero desidera un'esperienza emotiva significativa che gli permetta di **conoscere situazioni, eventi, fatti anche drammatici e dolorosi della nostra storia**.

Nel filone del turismo della memoria si inseriscono diverse tipologie di destinazioni che implicano differenti **contenuti educativi e anche livelli di coinvolgimento emotivo** a seconda delle caratteristiche delle di rievocazioni storiche.

I CIMITERI COME DESTINAZIONE TURISTICA

Le visite culturali ai cimiteri costituiscono forse il primo esempio di turismo della memoria nella storia europea moderna. Esso affonda le sue radici culturali nel filone della **poesia sepolcrale inglese** del XVIII secolo e in Italia nel celebre carme *Dei sepolcri* di Ugo Foscolo, che dedica versi memorabili alla visita delle tombe di personaggi illustri quali Dante Alighieri o Niccolò Machiavelli nella basilica di Santa Croce a Firenze.

L'emozione di vedere la tomba di uno scrittore, un musicista, un personaggio storico a cui si è particolarmente affezionati è alla base del grande successo di cui godono alcuni cimiteri in Europa, primo fra tutti il **Père-Lachaise di Parigi**, il cimitero più visitato del mondo. Lì riposano Marcel Proust, Honorè de Balzac, Oscar Wilde, Edith Piaf e Jim Morrison, il mitico musicista rock statunitense, oggetto di culto di migliaia di giovani che ogni anno visitano i suoi resti lasciando graffiti e ricordi di ogni tipo.

Altri cimiteri frequentati dai turisti sono l'**Highgate di Londra**, dove sono stati sepolti Karl Marx e George Elliot, o il cimitero cattolico di Roma dove si trovano i due poeti romantici inglesi Shelley e Keats. Dal 2001 opera in Europa l'**ASCE** (*Association of Significant Cemeteries in Europe*) il cui scopo è la protezione e il restauro, nonché la valorizzazione dei cimiteri come beni culturali e mete turistiche.

I SANTUARI DEL DOLORE

Le mete oggi più frequentate in Europa in fatto di turismo della memoria sono, tuttavia, i cosiddetti santuari del dolore, ovvero **i siti dove sono avvenuti tragici eventi storici del XX secolo**. Si tratta per esempio dei **campi di sterminio nazisti** o delle località dove sono avvenuti eccidi di massa come in Russia, nella ex-Iugoslavia, oppure dei campi di battaglia della Prima e della Seconda guerra mondiale, o ancora dei luoghi dove sono avvenuti incidenti o catastrofi che hanno causato terribili stragi come nella miniera di Marcinelle, o nel crollo della diga del Vajont.

LA BATTAGLIA DELLA SOMME

La battaglia della Somme, durante la **Prima guerra mondiale**, durò circa 5 mesi e causò 1 milione di morti. Per vincere la resistenza dell'esercito tedesco, le **truppe britanniche** insinuarono squadre di scavatori sotto gli acquartieramenti nemici. I soldati britannici vi collocarono **numerose mine** che, esplodendo, distrussero le postazioni tedesche lasciando un cratere chiamato di Lochnagar largo 90 m e profondo 30 m, tuttora visibile.
Il sito, che oggi attrae più di 200 000 visitatori ogni anno, si trova a pochi chilometri da La Boisselle in Francia.

La giornata internazionale della memoria per ricordare le vittime della Shoah in Polonia.

I CAMPI DI CONCENTRAMENTO DI AUSCHWITZ E BIRKENAU

È uno dei luoghi del dolore più strazianti e visitati d'Europa; ogni giorno almeno 10 autobus di turisti vi si recano. Situato nei pressi di Oswiecim nella Polonia meridionale, Auschwitz era originariamente una prigione per detenuti polacchi; in seguito fu costruito il secondo campo di Birkenau destinato prevalentemente allo sterminio di ebrei. **Vi morirono 1,5 milioni di ebrei**.

IL CAMPO PERM-36: ARCIPELAGO GULAG

Perm-36 era un **campo di lavoro forzato** del cosiddetto Arcipelago Gulag, situato tra i monti **Urali** della Russia. Fu costruito da **Stalin nel 1946** per rinchiudervi, nelle sue celle umide e gelide, i **dissidenti politici** destinati a lavorare in condizioni disumane per preparare legna da destinare alla ricostruzione dei villaggi devastati dalla Seconda guerra mondiale. Chiuso nel 1987, è diventato un museo e un memoriale alle vittime della repressione staliniana visitato da 35 000 persone ogni anno.

LE SPIAGGE DEL D-DAY: LO SBARCO IN NORMANDIA

Il 6 giugno 1944 ebbe luogo in Normandia, nel nord della Francia, **la più grande operazione della storia** che impegnò circa 1 600 000 soldati delle **truppe alleate** e determinò una **svolta decisiva nella Seconda guerra mondiale** accelerando la fine del Terzo Reich. Benché siano rimasti solo pochi bunker, i luoghi del D-Day sono visitati ogni anno da un numero notevole di turisti. Le spiagge sono disseminate di targhe, cartelli, pannelli che ricordano le diverse fasi dello sbarco e i nomi in codice delle spiagge più importanti: *Omaha, Gold, Juno, Utah, Sword*. Nei dintorni vi sono anche diversi cimiteri con le tombe delle migliaia di vittime che caddero durante lo sbarco.

IL MURO DI BERLINO

Dal 1961 fino al 1989 il **Muro di Berlino**, lungo ben 155 km, ha diviso Berlino Est da Berlino Ovest ed è diventato il **simbolo della Guerra Fredda**. Era una struttura fortificata costituita da torri, recinzioni elettrificate e trincee.

Per tentare di attraversarlo da est a ovest **morirono circa 240 persone**. Oggi il muro non c'è più, è stato abbattuto nel 1989, ed è rimasto solo qualche tratto dell'originale custodito nel memoriale del Muro di Berlino, una delle attrattive turistiche più frequentate della capitale tedesca.

Il muro di Berlino a East Side Gallery.

Museo dedicato al D-Day a Arromanches-les-Bains.

LA STRAGE DI SREBRENICA

Nel 1991 la Repubblica Federale della Iugoslavia implose a causa di una serie di gravi conflitti etnico-politici che portarono al suo smembramento in tante repubbliche. Anche la Bosnia-Erzegovina dichiarò la sua indipendenza nel 1991, ma negli anni successivi si scatenò una sanguinosa guerra civile tra le componenti croata, serba e musulmana. Nel 1995 la città bosniaco-musulmana di Srebrenica, sebbene sede di un contingente militare ONU, fu attaccata dall'esercito serbo-bosniaco: circa 8000 civili musulmani furono barbaramente trucidati nei boschi circostanti. Oggi a Potocari, a circa 8 km dalla città, un memoriale aperto nel 2003 ricorda le vittime del tragico massacro.

COMPETENZA DIGITALE

1 Lavora con internet

A causa di un incendio scoppiato nelle gallerie sotterranee di una miniera di carbone, a Marcinelle, nei pressi di Charleroi in Belgio, l'8 agosto del 1956 perirono 262 minatori in gran parte italiani.

Fai una ricerca e descrivi il memoriale che oggi ricorda le vittime della tragedia.

Il turista consapevole

Una veduta panoramica del magnifico castello rinascimentale costruito vicino Chenonceau, nella Valle della Loira in Francia.

I CASTELLI "DA FIABA" DELLA VECCHIA EUROPA

I castelli nel paesaggio europeo

In Europa un grande interesse turistico è costituito dallo **straordinario patrimonio storico-architettonico** costruito nel corso dei secoli dalle civiltà europee. I castelli sono senz'altro una delle testimonianze più caratteristiche di un lungo periodo della storia europea che parte dall'Alto Medioevo e giunge fino all'Ottocento. Essi costituiscono una presenza importante e caratteristica dei paesaggi europei e dell'**immagine turistica del vecchio continente**. Furono dapprima edificati come **residenza fortificata del signore feudale** che aveva ottenuto il possesso di un territorio; spesso sorgevano in posizione sopraelevata o alla confluenza di due fiumi o comunque in una posizione che permetteva il **controllo militare del territorio**. Essi svolgevano anche un ruolo importante di organizzazione dell'economia delle campagne circostanti; i castelli più grandi divennero inoltre rilevanti centri di produzione culturale in cui vivevano numerosi letterati, musicisti e artisti alle dipendenze del signore.

I castelli e l'immaginario collettivo

Nei castelli di tutte le epoche si svolgeva una **vivace vita di corte** fatta di balli, ricevimenti, spettacoli di intrattenimento, che allietavano la vita quotidiana degli illustri residenti. Ciò ha fatto sì che il castello europeo e le vicende dei suoi antichi abitanti siano diventati uno **scenario importante di molte fiabe**, racconti, film e cartoni animati che hanno costruito l'immaginario collettivo di milioni di giovani e meno giovani nel mondo occidentale. Basti pensare ai castelli della **fiction della Walt Disney** o alla più recente **saga di Harry Potter**, o alla storia di **Lancillotto e Ginevra**.

Anche il fascino di queste storie ha fatto sì che al giorno d'oggi i castelli medievali siano diventati una delle mete turistiche più amate dal turismo, soprattutto familiare, sia europeo che extraeuropeo.

Molti vecchi castelli propongono **visite guidate** con **animazioni teatrali o musicali**, allo scopo di far rivivere ai visitatori lo spirito e il fascino della vita di corte con i suoi "principi azzurri" e le sue "cenerentole" o, se si preferisce il brivido, con i suoi fantasmi e i suoi draghi.

Il castello di Neuschwanstein in Germania

Situato in Baviera, nella Germania meridionale, è uno dei castelli più "giovani " d'Europa. Fu costruito infatti nel 1869, ma è quello che forse più di ogni altro con la sontuosità della sua architettura sollecita la fantasia dei visitatori e dà loro la sensazione di essere precipitati nel **mondo**

medievale dei cavalieri, dei maghi e delle belle principesse imprigionate. Fu costruito dal visionario e folle **Ludwig II di Baviera** sulla sommità di una roccia circondata da una fitta foresta, a cui si accede percorrendo una suggestiva strada in mezzo ai boschi che attraversa il Marienbrücke, un ponte costruito sopra una cascata. Si dice che Walt Disney si ispirò a questo castello per disegnare alcuni dei fantastici edifici della sua Disneyland.

Il "castello di Re Artù" in Gran Bretagna

Secondo *l'Historia Regum Britanniae* di Goffredo di Monmouth (1100 ca) l'isola di Tintagel, in Cornovaglia, fu il luogo del concepimento di **Re Artù**, il giovane che con l'aiuto del mago Merlino liberò la **spada conficcata nella roccia** e divenne il sovrano della regione.

Le rovine che oggi si possono ammirare sull'isola sono, tuttavia, riconducibili al castello che il Conte di Cornovaglia eresse nel XIII secolo, vari secoli dopo il periodo in cui visse Re Artù. Nonostante ciò, il castello è divenuto fin dall'Ottocento una frequentata destinazione turistica, grazie all'atmosfera irripetibile che si respira attraversando il ponte che collega l'isola alla terraferma e camminando lungo il ripido sentiero che, costeggiando le scogliere sferzate dalle onde, porta alle rovine della costruzione.

"La casa delle bambole" in Danimarca

Il castello di Egeskov, nei pressi di Odense, in Danimarca è uno dei manieri più suggestivi d'Europa, visitato ogni anno da oltre 200 000 turisti, perlopiù famiglie con bambini. È un **edificio in stile rinascimentale del XVI secolo** e sorge sull'isola di Fyn su un'area di 16 ettari. Comprende un corpo centrale di oltre 60 stanze, un lago, un giardino barocco ed un labirinto; soprattutto ospita il Palazzo di Titania, la casa delle bambole più grande del mondo, costruita con molta attenzione in ogni minimo dettaglio: c'è addirittura l'organo più piccolo del pianeta.

"Il castello delle donne" in Francia

Situato a Le Chateau de Chenonceau nella Valle della Loira, in Francia, è uno dei luoghi più visitati di Francia ed è considerato una delle testimonianze più raffinate ed eleganti del **periodo rinascimentale europeo**.

Viene chiamato "il castello delle donne" perché in effetti venne **progettato,** realizzato e più volte modificato **sotto la direzione di alcune donne di straordinario temperamento e cultura** come Caterina de Medici, Katherine Briconnet, Diane de Poitiers, Madame Dupin. Il solo giardino all'italiana curato da Caterina de Medici ospita oltre 130 000 specie botaniche e si estende per 5500 m^2.

Il Palácio Nacional da Pena in Portogallo

Uno dei castelli più bizzarri e sorprendenti dell'Europa è il Palácio Nacional da Pena, situato a Sintra e incluso tra i siti UNESCO patrimonio dell'umanità. **Costruito in origine dagli arabi**, fu a più riprese modificato e rinnovato da vari sovrani portoghesi, esso domina la cittadina portoghese con le sue **torri coniche dai singolari colori pastello**. Il risultato è un'irripetibile **mescolanza di stili** quali il **moresco**, il **gotico** e il **manuelino** (tipico del Seicento portoghese) che ha portato alla realizzazione di una struttura in cui si susseguono antichi *azulejos*, cortili costruiti in stile moresco e colonne tortili, soffitti ad arco acuto e affreschi in stile rinascimentale.

Lo scalone d'ingresso del Palácio Nacional da Pena, uno dei siti turistici più visitati del Portogallo.

Lo scenografico castello di Egeskov, in Danimarca.

COMPETENZA DIGITALE

❶ Lavora con internet

Fai una ricerca sulla mappa dei luoghi in cui è ambientata la saga di Harry Potter e in particolare sul castello di Hogwarts. Quale edificio storico è stato usato per le riprese in esterno del castello? Quali sono le sue caratteristiche storico-architettoniche?

OBIETTIVO LAVORO

❷ Lavora con internet

Fai una ricerca sull'afflusso turistico dei castelli europei descritti in queste pagine e compila una tabella con il numero di visitatori all'anno per ciascuna destinazione.

SEI PRONTO PER LA VERIFICA?

LOSAI? RIPASSA CON LO SMARTPHONE

IN 1 ORA

1 Dopo aver studiato le unità, completa la sintesi utilizzando le parole proposte. Attenzione, ce ne sono 5 in più. ...../ 10

UNITÀ 1 – LE RISORSE DEL TURISMO IN EUROPA

- L'Europa è il continente con più arrivi di turisti al mondo, ben 600 milioni ogni anno, diretti soprattutto nell'.................. mediterranea e nei paesi più occidentali. La maggior parte dei flussi è costituito dagli stessi europei. Ciò si deve alla grande ricchezza e varietà di risorse appartenenti a tutte le tipologie turistiche e ad una grande offerta di .... alberghiere e mezzi di trasporto.

- Purtroppo questa .... ha generato spesso un impatto ambientale negativo e solo negli ultimi anni, dopo che per decenni si sono ripetuti .... dannosi sull'ambiente e nell'edilizia che hanno deturpato il paesaggio e alterato gli ecosistemi, nella società europea si è fatta strada una maggior .... sul valore della salvaguardia, non solo dell'ambiente ma anche del patrimonio culturale locale.

- La ricca storia del continente ha generato un vasto e vario tessuto .... dove vivono i ¾ della popolazione. Tutto ciò costituisce una grande fonte di attrazione sia per i centri storici sia per le possibilità di .... Oltre alle grandi capitali come Londra, Parigi e Roma, anche Praga, Barcellona e Venezia sono centri di grande interesse in quanto hanno avviato grandi opere di riqualificazione dei centri storici o hanno organizzato eventi di portata .... Voli *low cost*, l'avvento dell'euro e efficienti piattaforme di prenotazione alberghiera hanno contribuito all'aumento dei flussi turistici.

- L'area mediterranea è il principale punto di forza dell'Europa, sia per quanto riguarda il turismo balneare sia per quello storico-culturale. Recentemente, a causa della situazione .... dei paesi africani e di quelli mediorientali che si affacciano sul Mar Mediterraneo, al traffico di profughi e agli atti di terrorismo, Italia, Spagna e Grecia hanno visto aumentare l'.................. di turisti.

- Alpi e, in misura minore, Pirenei e Alpi scandinave, rivestono un ruolo fondamentale nel movimento del turismo montano grazie alla bellezza paesaggistica, alla purezza dell'.................., al patrimonio della flora e della .... e alle efficienti strutture per gli sport invernali. Organismi della UE lavorano affinché non si ripeta, come in passato, lo sfruttamento incontrollato di queste risorse.

- Lungo il Danubio, il Volga o il Reno si sta espandendo il turismo fluviale che offre molte opportunità di godere della .... dei paesaggi e della storia dei territori attraversati.

UNITÀ 2 – LE TENDENZE DEL TURISMO

- Oggi il turista desidera riempire di contenuti le sue esperienze di viaggi e per questo motivo sono numerosi le visite a luoghi che ricordano un .... letto o un film appena visto. La regione della Castiglia-Mancha o le spiagge dove è avvenuto lo sbarco in Normandia, ne sono solo un esempio.

- In crescita è il turismo religioso non solo diretto verso le mete più note come Lourdes o Fatima, ma anche verso i cammini tracciati nei secoli scorsi dai .... europei come il Cammino di Santiago.

- Il turismo .... e i soggiorni all'estero per l'apprendimento delle lingue, costituiscono un'importante ruolo nel contesto europeo. Soprattutto il programma Erasmus ha visto negli ultimi decenni promuovere l'.................. di 4 milioni di studenti che si sono trasferiti per un periodo di formazione in un .... straniero. Per l'apprendimento della lingua, Londra è la città più richiesta, seguita da altri centri del Regno Unito e dell'Irlanda.

- Molti sono i parchi a tema che sono sorti negli ultimi 30 anni grazie ad ingenti investimenti impiegati per offrire attrazioni sempre all'.................. e scenari dal forte impatto emotivo. Molti flussi turistici si indirizzano verso città dove avvengano grandi .... come festival musicali o del cinema, grandi concerti pop o manifestazioni sportive.

- Il turismo della memoria implica da parte del viaggiatore l'intento di un .... al passato per rivivere situazioni ed eventi drammatici della nostra storia. Alcuni cimiteri, come il Père Lachaise a Parigi, dove riposano i resti di .... famosi, sono meta di molti turisti. Ma ad attirare il maggior numero di visitatori sono soprattutto i campi di concentramento risalenti al periodo .... o luoghi che ricordano momenti drammatici come i numerosi memoriali lungo le coste della Normandia dove è avvenuto lo .... o, ancora, il monumento a Srebrenica che ricorda l'eccidio di 8000 musulmani.

Parole da inserire: integrazione • ritorno • interventi • vegetazione • area • sbarco • fauna • romanzo • consapevolezza • pellegrini • scolastico • nazista • avanguardia • natura • instabile • avvenimenti • personaggi • mondiale • strutture • eventi • aria • affluenza • arrivo • ateneo • urbano • culturale • svago • nuove destinazioni • internazionale

ZTE ONLINE
Mettiti alla prova con 20 esercizi interattivi

2 Indica se le frasi sono vere o false. (2 punti ciascuna) ..... / 14

a. Nel mondo del lavoro c'è una tendenza al frazionamento delle ferie. ~~V~~ F
b. Il turismo della memoria è una forma di turismo culturale. ~~V~~ F
c. Il turismo di massa si è imposto sulle coste mediterranee attorno agli anni Sessanta. ~~V~~ F
d. Le montagne assicurano il 20% del movimento turistico in Europa. V ~~F~~
e. 41 parchi naturali sono stati dichiarati dall'UNESCO patrimonio dell'umanità. ~~V~~ F
f. Stalin, nel 1966, fece costruire un campo di lavori forzati sui monti Urali. ~~V~~ F
g. L'itinerario del Cammino di Santiago è lungo 1858 km. V ~~F~~

3 Indica la risposta corretta. ..... / 2

a. Le tre città europee più amate dai turisti sono:
☐ Vienna ☒ Londra ☒ Roma
☐ Berlino ☒ Parigi

b. Le tre destinazioni emergenti sono:
☒ Breslavia ☒ Göteborg ☐ Helsinki
☐ Zagabria ☒ San Sebastián

4 Associa ogni termine alla tipologia del turismo o alla località corrispondente. (1 punto ciascuna) ..... / 9

a. Birkenau
b. Egitto
c. Mostra del libro
d. Regione della Castiglia-Mancha
e. Danubio
f. Oktoberfest
g. Riqualificazione del centro storico
h. Grandi parchi a tema
i. Studio della lingua inglese

i ☐ 1. Malta
d ☐ 2. Turismo letterario
g ☐ 3. Lione
f ☐ 4. Monaco di Baviera
h ☐ 5. Parigi
b ☐ 6. Instabilità politica
a ☐ 7. Turismo della memoria
c ☐ 8. Francoforte
e ☐ 9. Turismo fluviale

5 Scrivi la definizione dei termini proposti. (5 punti ciascuna) ..... / 15

a. Turismo sostenibile, TURISMO RISPETTOSO DEGLI EQUILIBRI ECOLOGICI E DELLE CULTURE LOCALI
b. City break VACANZE DI UN WEEKEND O POCO PIÙ IN UNA CITTÀ D'ARTE EUROPEA
c. Muro di Berlino SISTEMA DI FORTIFICAZIONE UTILIZZATO DAL 1961 AL 1989 X DIVIDERE GERMANIA EST - OVEST, SIMBOLO DELLA GUERRA FREDDA

6 Rispondi alle domande. (10 punti ciascuna) ..... / 50

a. Su che cosa poggia il primato dell'Europa nel settore turistico?
L'EUROPA HA IL PRIMATO NEL SETTORE TURISTICO GRAZIE ALLA RICCHEZZA E VARIETÀ DELLE SUE RISORSE, INOLTRE DISPONE DI UNA VASTA RETE DI VIE E MEZZI DI TRASPORTO E DI STRUTTURE ALBERGHIERE

b. Che cosa ha provocato la pressione di milioni di turisti in visita in Europa ?
LA PRESSIONE DI MILIONI DI TURISTI IN VISITA IN EUROPA HA DETERMINATO PROBLEMI AMBIENTALI (CONSUMI ECCESSIVI DI RISORSE NATURALI, SMALTIMENTO DI RIFIUTI, AFFOLLAMENTO E TRAFFICO ECCESSIVI...) E IN MOLTI LUOGHI IL PAESAGGIO È STATO STRAVOLTO DALL'EDILIZIA

c. Che cosa si intende per turista vocazionale?
IL TURISTA CHE COMPIE UN VIAGGIO COME ESPERIENZA DI ARRICCHIMENTO PERSONALE

d. Come mai il punto di forza del turismo europeo è l'area del Mediterraneo?
PERCHÉ È UN MARE CHIUSO, FACILMENTE NAVIGABILE, CON UNA BUONA POSIZIONE GEOGRAFICA XCHÉ È IL PUNTO DI INTERSEZIONE TRA EUROPA, ASIA E AFRICA, QUINDI UNO SPAZIO DI CONDIVISIONE TRA CULTURE DIVERSE; INOLTRE PRESENTA SPETTACOLARI SPIAGGE CON UN CLIMA STRAORDINARIO

e. Sintetizza i punti principali del programma Erasmus.
L'ERASMUS È UNA INIZIATIVA CHE PROMUOVE L'INTEGRAZIONE CULTURALE DEI GIOVANI ATTRAVERSO SCAMBI CULTURALI PER QUALCHE MESE ALL'ESTERO

PUNTEGGIO TOTALE
..... / 100

GEOGRAPHY HIGHLIGHTS – CLIL

NEW TRENDS IN HOSPITALITY IN EUROPE

Airbnb is an online community marketplace that connects people looking to **rent** their homes with people who are looking for accommodation. **Airbnb** users include **hosts** and travellers. Hosts list and rent out their unused spaces, and travellers search for and book accommodation in more than **26,000** cities and **192** countries worldwide, online or from a mobile phone. Founded in August ***2008*** in San Francisco, California, Airbnb allows people to *list*, *discover*, and *book* unique spaces around the world, whether a flat for a night, a castle for a week, or a villa for a month. While connecting people to unique travel experiences, Airbnb is the easiest way for people to monetise their extra space and **showcase** it to an audience of millions. The co-founders of **"peer-to-peer"** company **Airbnb** for room and home rental, *Brian Chesky* and *Joe Gebbia,* initially launched what is now one of the biggest travel websites, with the name *"Airbed&Breakfast"*. The origin of the name is in the combination of "Airbed", which was the solution Brian and Joe adopted to accommodate their first guests, and "Bed and Breakfast", or "BnB", a warmer form of hospitality than hotels. As the company started growing and gained more **momentum**, the name **Airbnb** began being used as a catchier contraction of *Airbed&Breakfast*. Travellers, or guests, search the available **database** of properties by entering details about when and where they will travel. Travellers can **refine** their search by making selections for *Room type, Price, Size, Amenities*: wireless Internet, TV, kitchen, pool, pets..., *Property type*: flats, houses, Bed&Breakfasts, as well as castles, caves, igloos and tepees and more. Travellers need to create an Airbnb profile to search the database of properties and book any reservations. They can contact hosts using an online form, and can **submit** a reservation request by clicking the "**Book It**" button and entering payment details via a secure payment system. Any cost is charged only after the host confirms the reservation. **Airbnb** can benefit both hosts and travellers. In fact, hosts get to meet people from around the world and make a little extra money, while travellers can stay for less than the cost of a hotel room and enjoy the ***conversation*** with hosts, their precious ***local tips*** about the place, the ***personality*** and individual taste of the house, the ***authenticity*** of living in a real home. Besides**, Airbnb** is attracting more and more ***budget-minded*** tourists because it allows them to trade in the ***cookie-cutter*** hotel experience for one that offers the ***surprise*** to meet new, interesting people from a different country and culture. However, despite the benefits, the biggest concerns for guests may be that the property does not match the description, or that the host is unresponsive to guest needs.
It is possible to limit risks by using *Airbnb Verified IDs (Identity data), profiles, reviews, secure payment platform* and the *Host Guarantee.*

COMPREHENSION

❶ Read the text and identify which pictures refer to standard hotel or to Airbnb accommodation. Give reasons for your choice.

A. ....

B. ....

C. ....

D. ....

E. ....

F. ....

❷ Match the highlighted words from the text (1- 10) to their definitions (A - J).

1. **rent** *verb* ... A. being conscious of how much things cost and if you can afford them
2. **host** *noun* ... B. a collection of related information, generally in a computer
3. **showcase** *verb* ... C. improving something by making more precise selections
4. **peer-to-peer** ... D. exhibit; display
5. **momentum** ... E. consent to undergo a certain treatment or condition
6. **database** ... F. allow to use something you own (a house...) for regular payments
7. **refine** ... G. force or impetus
8. **submit** ... H. stereotyped, not original or mass-produced
9. **budget-minded** ... I. one that receives guests and provides them facilities
10. **cookie-cutter** ... J. a computer system that allows computers to send information directly to one another without passing through a centralised server

❸ Read the text and mark these statements as **True (T)** or **False (F)** to show your knowledge about Airbnb accommodation. Correct the **false statements.**

1. Airbnb is an online market to exchange used items. T F
2. Airbnb hosts can rent their home spaces worldwide. T F
3. Airbnb guests can use accommodation but not facilities. T F
4. Airbnb guests always sleep on inflated airbeds. T F
5. Airbnb guests have limited accommodation choice. T F
6. Io submit a reservation guests have to click the 'Book it' button. T F
7. Airbnb guests have to pay before the host confirms. T F
8. Airbnb website adopts a secure payment system. T F

❹ Answer the following questions by using complete sentences.

1. **Who** founded Airbnb **when** and **where**?
2. **What** is Airbnb?
3. **What kind of** accommodation does it offer?
4. **What type** of tourists is it more suitable for?
5. **How** does it work?
6. **What** are the *pros* and *cons* of Airbnb?

REVISION & PRODUCTION

01

❺ Reorder the following steps of **AIRBNB BOOKING** and complete the step sequence in Figure 1 with the following words.

contact – accept – search – book

Then, Listen & check.

...... As to the standard procedure, first, a visitor has to make a search.
...... At ***Airbnb,*** the booking flow is complex and follows the following four stages.
...... Finally, the guest has to actually book the place.
...... The next step is for a searcher to contact a host about a listing.
...... This four step flow is visualised in **figure 1**.
...... Then, the host has to accept an inquiry.

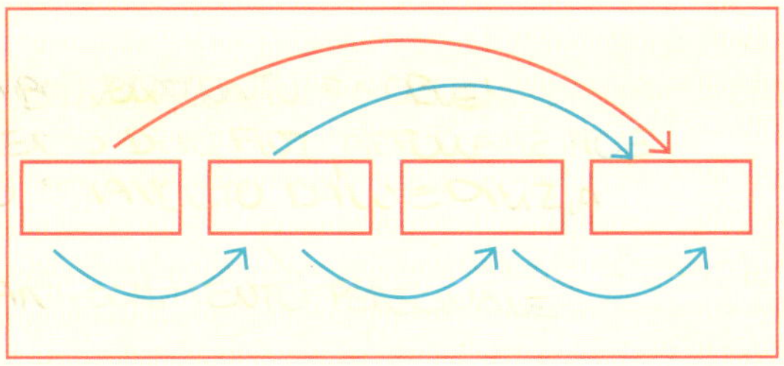

Figure 1

❻ Write a paragraph outlining the benefits of ***Airbnb*** by comparing it to accommodation in hotel and hostels as shown in figure 2 (about **200** words).

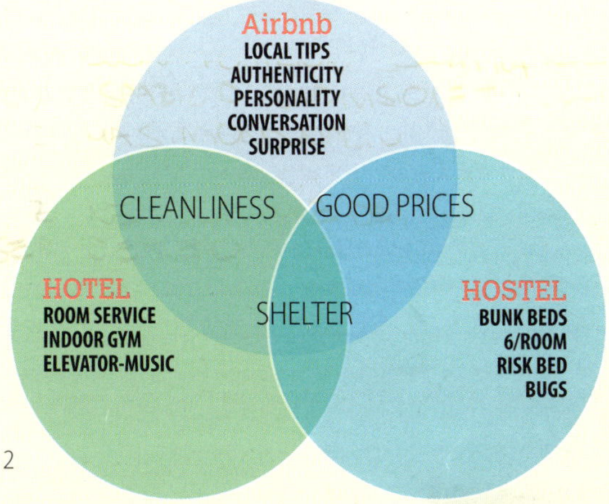

Figure 2

UNITÀ 3 GLI STRUMENTI DELLA GEOGRAFIA TURISTICA

1 Lezione — SULLE STRADE DELL'EUROPA: LA CARTOGRAFIA

IL PRIMO ATLANTE STRADALE DELLA STORIA

Il più antico modello di atlante stradale popolare della storia fu pubblicato a Londra dal topografo ed editore **John Ogilby**, che nel **1675** diede alle stampe il *Britannia Atlas* per aiutare i viaggiatori a percorrere in modo sicuro e diretto le strade allora insicure e mal segnalate del Regno. La sua soluzione fu molto originale: realizzò infatti **una serie di mappe costituite da strisce parallele**, ognuna delle quali rappresentava un **percorso stradale**.

Ogni striscia era minuziosamente disegnata e colorata e **preparava il viaggiatore e i cocchieri delle carrozze a tutto ciò che avrebbero potuto incontrare lungo il viaggio**: vi erano segnalati luoghi di sosta, paludi, foreste, terreni coltivati, fiumi, locande, chiese, dogane, castelli, villaggi.

Ogni miglio era chiaramente indicato sulla striscia (con una scala di un pollice per miglio); inoltre le differenze altimetriche erano indicate con una piramide di colline ognuna delle quali riportava la pendenza.

Per la prima volta era diventato possibile programmare accuratamente un viaggio, rendersi conto delle distanze e calcolare i tempi e i luoghi in cui fermarsi per pranzare o dormire. Il *Britannia Atlas* ebbe uno **straordinario successo** e nel giro di pochi anni furono stampate edizioni più piccole ed economiche, tra cui *The Pocket Book of Roads*, un'edizione non autorizzata da Ogilby, che però divenne il **primo atlante stradale tascabile** della storia.

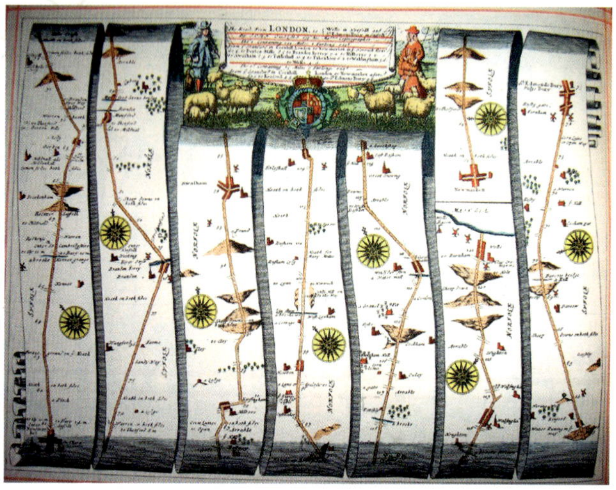

L'atlante stradale a strisce pubblicato nel 1675 da John Ogilby.

pollice
1 pollice inglese è uguale a 2,5 cm.

miglio
1 miglio inglese è uguale a 1609 m.

GLI ATLANTI STRADALI ALL'EPOCA DEL TURISMO DI MASSA

Dall'epoca di Ogilby è passato molto tempo: nel 1700 partirono, infatti, negli stati europei le grandi campagne di **rilevazione topografica** da parte dell'*Ordnance Survey* di sua Maestà britannica, dei cartografi al servizio della Prussia di Federico il Grande e della Francia di Luigi XV.

Esse consentirono la realizzazione di carte e mappe sempre più precise con percorsi stradali accuratamente segnalati, favorirono inoltre la produzione di un vasto assortimento di carte in diverse riduzioni di scala a seconda degli usi.

A metà del Novecento, con l'affermazione della **motorizzazione di massa,** si ebbe il boom degli **atlanti stradali con la tipica rilegatura a spirale**, che facevano parte dell'equipaggiamento di ogni automobilista europeo. Molto popolari erano le edizioni, di anno in anno aggiornate, degli atlanti stradali Michelin, Appleton, Touring Club Italiano, AA, Atlas AG. Il modo di viaggiare era tuttavia ancora molto simile a quello dei viaggiatori europei del Settecento. Prevaleva ancora l'**idea romantica dell'avventura**, della possibilità di trovare da soli, con l'ausilio di una carta, la propria meta e di programmare il percorso in modo autonomo.

LE DISAVVENTURE DEL TURISTA NELL'ERA DIGITALE

Il **GPS** è uno strumento utile e ormai irrinunciabile, ma **non è infallibile**. A volte non funziona per difficoltà di collegamento ai satelliti, perché le mappe non sono aggiornate, per un difetto del software o per un'errata impostazione della destinazione da raggiungere. Numerosi sono i **flop del navigatore satellitare** che hanno fatto il giro della rete. Il più noto è quello di uno svizzero che con il suo furgone si è perso in uno stretto sentiero di montagna, rimanendovi bloccato. Solo l'intervento di un elicottero lo ha salvato. Dei pellegrini diretti a Lourdes, invece, si sono ritrovati a Lourde, a 90 km dal santuario, mentre una coppia di americani che voleva andare a Capri per un errore di digitazione ha raggiunto Carpi, provincia di Modena: 600 km più a nord.

LA RIVOLUZIONE DEI NAVIGATORI SATELLITARI

Negli anni Ottanta del Novecento si è affermata la tecnologia della **navigazione satellitare** che ha rapidamente soppiantato l'uso degli atlanti stradali tra gli automobilisti, e poi via via tra i ciclisti e, persino, tra chi fa *trekking*. La navigazione satellitare è basata sulle **informazioni raccolte e inviate sulla Terra da un sistema di satelliti**: ne occorrono 16 per coprire l'intero pianeta.

Il **GPS** (*Global Positioning System*), sistema prevalente in Europa, nacque negli anni Sessanta negli Stati Uniti come sistema per la guida dei missili balistici intercontinentali. Terminata la Guerra Fredda, il GPS fu aperto definitivamente all'**uso civile**. Di lì iniziò l'era della cartografia elettronica e l'installazione sulle automobili dei primi navigatori di massa satellitari. In breve si vendettero decine di milioni di navigatori satellitari per automobili, 65 milioni di pezzi nel 2010. Un ruolo importante in questa rivoluzione cartografica fu ricoperto da un'azienda olandese, la **TOM TOM,** fondata nel 1991, che per prima sviluppò i software necessari per guidare in modo affidabile gli automobilisti con un sistema digitale.

Il navigatore satellitare ha avuto successo, infatti, non solo per le carte digitali, sia pure aggiornate, che offre, bensì per le **istruzioni vocali** che fornisce. Nell'era predigitale un automobilista in difficoltà si fermava e consultava una carta; oppure chiedeva informazioni ai passanti; ora la stessa funzione è svolta dal navigatore.

Oggi è così possibile percorrere centinaia di chilometri, senza avere la minima idea di come si è arrivati ad una meta. **È finita l'era romantica dei viaggiatori**: la geografia e la storia dei luoghi non sono più indispensabili, né la capacità di orientarsi e di trovare autonomamente un percorso. Il **viaggiatore moderno è efficiente**, non ha tempo per l'avventura.

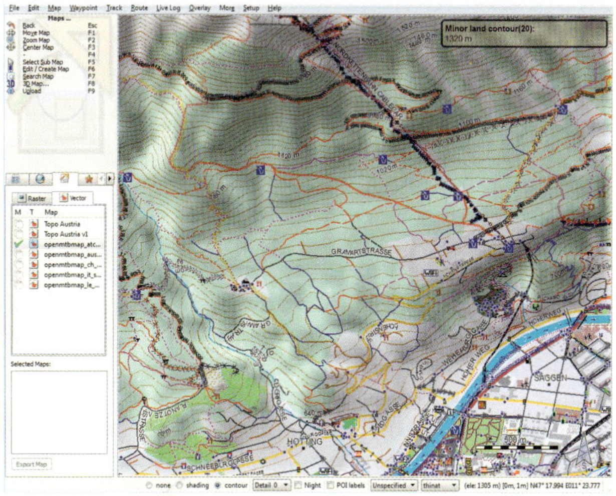

Ciclomappa di Innsbruck tratta dal sito openmtbmap.org.

APP E WEB 2.0: LE NUOVE FRONTIERE

Dal 2008 la domanda di navigatori satellitari è cominciata a diminuire in modo sensibile a causa della diffusione di siti e delle cosiddette **app gratuite installate sui dispositivi di telefonia mobile**. Google Maps, Waze, Altapedia, Bing Maps, Automap.it, Geoplan, Here.com sono solo alcune delle numerose possibilità che il web oggi propone agli utenti degli smartphone per visualizzare i luoghi e i percorsi stradali di tutto il mondo.

Si stanno inoltre diffondendo con successo una serie di siti e portali dedicati alle nuove forme di turismo oggi prevalenti come il cicloturismo e il trekking.

Essi sfruttano le opportunità offerte dal web 2.0, ovvero l'insieme delle tecnologie che permettono l'interattività degli utenti attraverso i *social network* e piattaforme digitali aperte ai contributi del pubblico. Si tratta di siti senza fini di lucro come **hikebikemap.org, hiking.waymarkedtrails.org, openmtbmap.org** che offrono carte e percorsi agli appassionati delle due ruote e degli itinerari a piedi sulla base di informazioni che sono postate da una vasta community di viaggiatori volontari.

L'applicazione di navigazione GPS e la mappa con l'itinerario programmato in uno smartphone.

Un navigatore satellitare per le automobili.

2
Lezione

VIAGGIARE INFORMATI

LA PRIMA GUIDA TURISTICA MODERNA

Dall'epoca del Grand Tour a quella dello *short break* sono passati oltre due secoli durante i quali il principale strumento di informazione dei turisti, la guida, è notevolmente mutato.

La **prima guida** turistica moderna **nasce nel 1836 in Europa**, per la precisione a Londra che è stata la città nella quale sono stati ideati i due principali strumenti del turista moderno: le mappe e le guide turistiche.

Fino agli inizi dell'Ottocento un viaggiatore per compiere il Grand Tour in Europa doveva servirsi di **guide**, cioè **persone istruite sulle caratteristiche del paese dove era diretto** e investire una considerevole quantità di denaro. Tutto cambiò quando John Murray III, un ricco editore inglese, intorno al 1830, intraprese diversi viaggi in Europa e si accorse che non c'erano libri o pubblicazioni con informazioni sufficienti che potessero aiutarlo a individuare i luoghi di interesse della destinazione raggiunta.

Decise quindi di scrivere lui stesso alcune guide dedicate a Olanda, Belgio, Svizzera e Francia. Nacquero così le *Murray Handbooks for Travellers* che ebbero un rapido e travolgente successo. Le guide erano scritte con caratteri minuscoli e dopo qualche breve cenno alla storia e alla cultura di un paese, fornivano **informazioni pratiche sui percorsi**, indicazioni su passaporto e moneta, alberghi e locande consigliate e qualche inserto pieghevole con mappe e disegni.

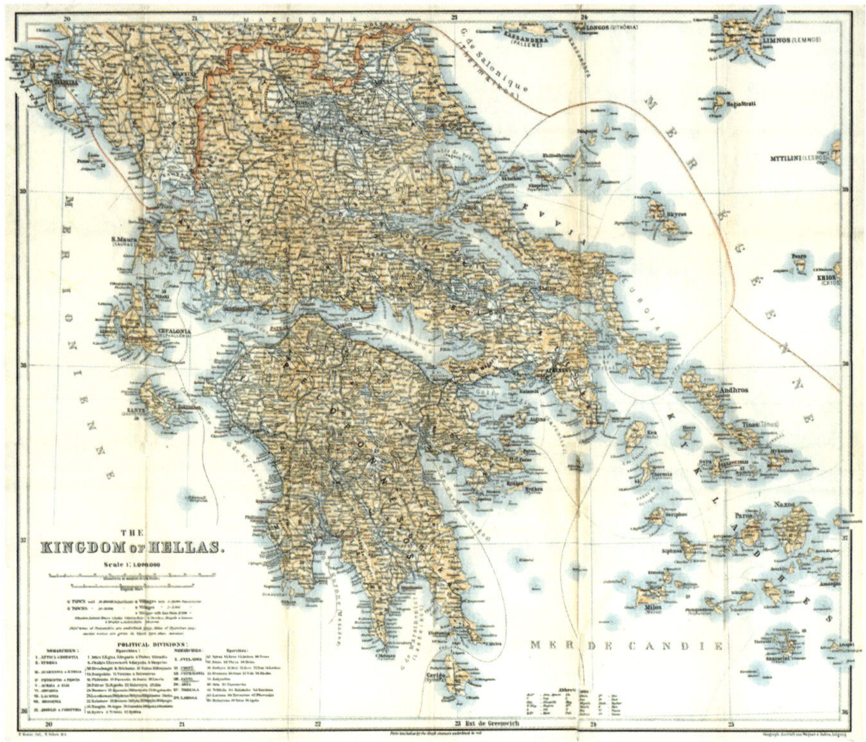

Mappa della Grecia di Karl Baedeker del 1894.

Targhe di "Le Guide du Routard" sul muro di un hotel a Bruges in Belgio.

LE GUIDE PER ANTONOMASIA: LE BAEDEKER

Il modello di Murray fu perfezionato pochi anni più tardi da **Karl Baedeker**, uno **stampatore della città tedesca di Coblenza**. All'inizio l'editore germanico fu addirittura accusato di plagio perché utilizzò le traduzioni del concorrente britannico. Malgrado ciò intorno al 1860 la Baedeker divenne il **simbolo per antonomasia della guida turistica affidabile**. I suoi testi erano rigorosi, le **informazioni aggiornate**, gli itinerari assai dettagliati e in più contenevano numerose **mappe** famose per la loro **accuratezza topografica**. Il termine Baedeker cominciò ad essere usato nel linguaggio corrente per indicare ogni genere di guida o manuale affidabile e completo.

LE GUIDE "STELLATE" MICHELIN

Le Baedeker scomparvero dopo la Seconda guerra mondiale; le Murray qualche decennio prima. In Francia, invece, si registrò il successo crescente della **Michelin**, un'azienda produttrice di pneumatici per biciclette e automobili, che iniziò la produzione di guide e mappe stradali. All'inizio venivano distribuite gratuitamente per promuovere la vendita di gomme, ma poi divennero sempre più ricche e dettagliate e cominciarono ad essere vendute. Introdussero nel 1931 un **sistema di classificazione di alberghi e ristoranti me-**

diante stelle**, a cui si affiancavano una serie di **indicazioni pratiche per gli automobilisti** come autofficine, distributori di benzina oltre a un apparato completo di informazioni storico-culturali e geografiche. Il mito delle guide Michelin resiste tuttora e la casa francese gode di una discreta presenza nel mercato editoriale turistico grazie sia alle celebri guide sui ristoranti, sia alle sue nuove pubblicazioni digitali.

LE GUIDE *LOW BUDGET*

Un altro capitolo importante dell'evoluzione delle guide turistiche cartacee si ebbe tra la fine degli anni Settanta e l'inizio degli anni Ottanta, nel pieno del **boom del turismo di massa**. È il periodo delle guide *on the road*, ovvero di pubblicazioni che proponevano soprattutto informazioni pratiche destinate a un pubblico giovanile di **turisti autostoppisti** e *backpackers* (saccopelisti) con un **budget limitato di spesa**.

In Europa il primo modello di queste guide fu realizzato nel 1973 dai francesi della ***Guide Routard***, *Guidu dell'autostoppista*, che a loro volta avevano preso esempio dalla statunitense *Let's Go*, pubblicazione degli studenti dell'Università di Harvard.

Più tardi a Londra nacquero nel 1982 le ***Rough Guides*** (*Guide ruvide*).

Le guide che oggi hanno più successo sono quelle pubblicate dall'australiana ***Lonely Planet***. Si tratta di pubblicazioni con poche e sintetiche informazioni di tipo storico e culturale e mappe semplificate. Il loro punto di forza consiste nelle **indicazioni pratiche molto utili per il pubblico giovanile**: alberghi e ristoranti economici, mezzi di trasporto a basso costo, locali pubblici, eventi musicali e teatrali e luoghi di incontro in cui poter conoscere viaggiatori affini, dalla mentalità "alternativa", sensibile ai temi dell'ambientalismo e del rispetto delle culture. Questo modello *on the road* ha avuto il suo massimo successo negli anni Novanta, finché internet ha rivoluzionato tutto il mondo del turismo.

LE GUIDE ONLINE

Con il nuovo millennio, nell'epoca dei voli *low cost* e delle vacanze *short break* le informazioni sugli alberghi si trovano su **Tripadvisor** o sulle **piattaforme di prenotazione alberghiera** (*Expedia, Booking.com, Trivago* ecc), allo stesso modo si cercano le informazioni sui luoghi da visitare sui portali online delle destinazioni stesse, sempre più ricche di mappe, immagini e notizie di ogni genere, nonché sui **siti delle community di viaggiatori** (come Zingarate, Paesionline.com, Turistipercaso.com ecc.).

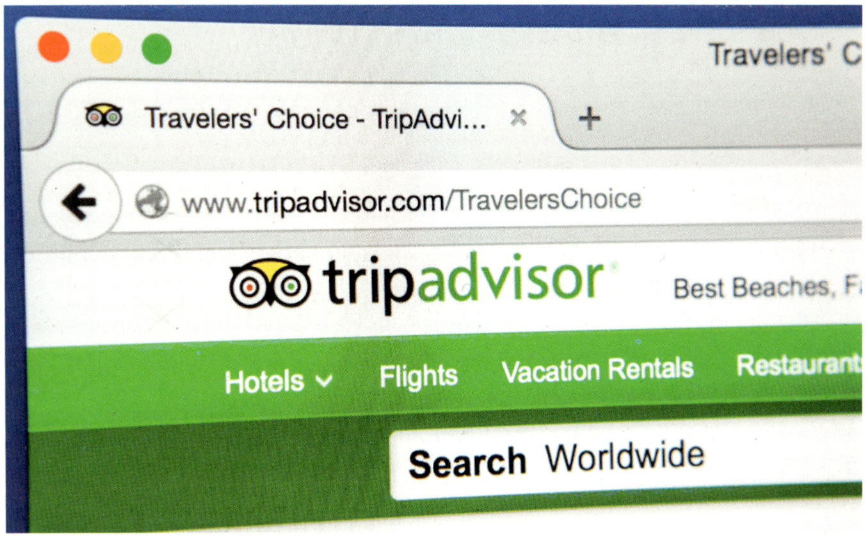

La home page del sito ufficiale Tripadvisor.

L'aspetto interessante è che alcuni editori delle tradizionali guide turistiche, pur mantenendo le loro edizioni cartacee, sono passati al web trasferendovi gran parte del *know how* acquisito nel corso della loro gloriosa storia. È il caso dell'australiana **Lonely Planet** e soprattutto della francese **Michelin,** che ha creato un **portale web**, *Viamichelin*, in grado di fornire agli automobilisti una quantità notevole ed accurata di dati e informazioni, oltre che sui percorsi stradali, anche sulle attrazioni turistiche, le specialità gastronomiche, il meteo di migliaia di destinazioni.

COMPETENZA DIGITALE

❶ Lavora con intenet

Metti a confronto i portali web di Lonely Planet e Michelin e analizza le differenze cercando informazioni per uno specifico itinerario.

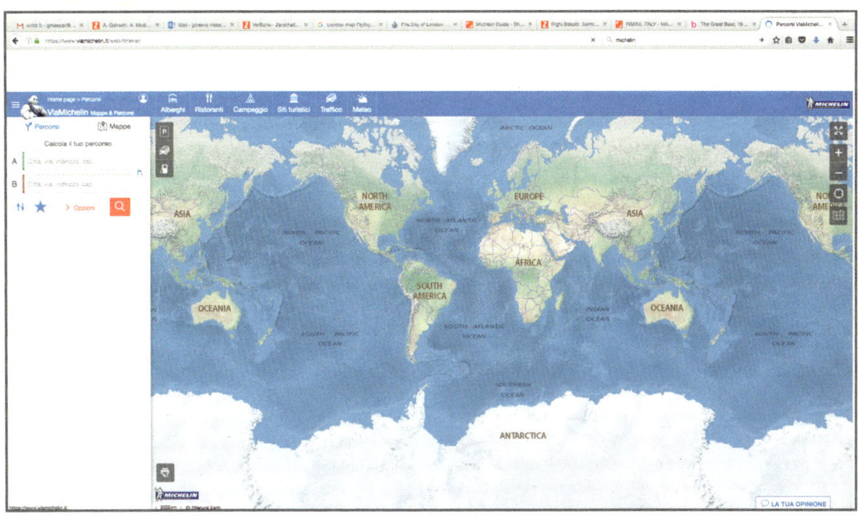

3 Lezione — LE APP TURISTICHE E IL TURISMO VIRTUALE

I TOUR VIRTUALI IN 3D

Il progresso digitale ha portato negli ultimi anni al servizio del turismo **nuovi strumenti** che vanno oltre l'**uso della rete** e delle **tecnologie del Web 2.0**; si tratta di nuove forme di fruizione dei luoghi e dei beni paesaggistici e culturali imperniate sulla convergenza delle tecnologie e dei principali mezzi di comunicazione come internet, telefonia mobile, tv, radio.

Tra le ultime acquisizioni si distinguono **i tour virtuali a 360° all'interno di edifici, spazi e territori**. Attraverso sofisticate tecnologie fotografiche e video riprese, infatti, l'utente è libero di muoversi e guardarsi attorno come se realmente stesse visitando il luogo che ha scelto.

Di solito le riprese sono in alta definizione e la navigazione all'interno dell'interfaccia digitale permette di passare agevolmente da un ambiente o da un particolare all'altro. Inoltre la navigazione è facilmente fruibile da qualsiasi dispositivo mobile o fisso. Si tratta di un **video 3D che produce un notevole coinvolgimento emotivo** e rappresenta un importante passo in avanti rispetto ai ***virtual tour*** di prima generazione, che prevedevano un solo punto di vista nella visita virtuale di un luogo.

La tecnologia alla base dei tour virtuali è quella della **navigazione 3D nelle mappe stradali**, resa celebre da Google con il marchio *Street View*, ma che in realtà è stata inventata in Italia. Nel 2006 su Pagine Gialle venne, infatti, pubblicata per la prima volta al mondo la mappa virtuale di otto grandi città italiane. Questa tecnologia si basa su un **sistema di riprese a rotazione**, caricato su un'auto che produce e registra **immagini a 360 gradi georeferenziate**, cioè riconducibili a precise coordinate geografiche. I tour virtuali vengono utilizzati non solo per visitare luoghi di interesse turistico, ma anche strutture alberghiere, padiglioni fieristici o grandi impianti industriali.

La videoguida di un museo disponibile su tablet.

L'immagine a 360 gradi da un molo sul Canal Grande a Venezia.

GLI ITINERARI TURISTICI POTENZIATI

Un'altra delle esperienze oggi tecnologicamente più avanzate è quella degli **itinerari turistici potenziati con visori virtuali**. Questi ultimi permettono al visitatore di un luogo d'interesse artistico o paesaggistico di **sovrapporre a ciò che vede realmente sul posto informazioni e contenuti multimediali** che arricchiscono di emozioni e di significati la sua visita. Uno degli esempi più avanzati in questo campo è un'applicazione realizzata per il sito UNESCO di Brescia, città che custodisce importanti testimonianze della civiltà romana.

L'utente, mentre visita il sito archeologico, vede in trasparenza i monumenti ricostruiti in età romana, proiettati in 3D. Gli itinerari turistici potenziati fanno parte insieme ai tour virtuali del mondo della **realtà aumentata**, ovvero un insieme di tecnologie che permettono di sovrapporre o aggiungere alla normale realtà percepita dall'utente, contenuti digitali di carattere sonoro, grafico e testuale che potenziano la rappresentazione della realtà.

Interfaccia ad ologramma.

IL *DIGITAL SIGNAGE* NEL SETTORE TURISTICO

Un altro aspetto innovativo della comunicazione legata al settore turistico è quello del cosiddetto ***digital signage***. Si tratta di **una serie di dispositivi multimediali sistemati in punti strategici** quali le sale di un museo, l'ingresso o le stanze di un edificio storico, le piazze o le vie centrali di una città, le hall degli alberghi, le stazioni o gli aeroporti. Laddove la comunicazione viene effettuata tramite monitor e proiettori ad alta definizione, il risultato è quello di trovarsi di fronte ad un canale televisivo in cui si alternano informazioni e filmati a inserzioni pubblicitarie; software specifici permettono di modificare i contenuti trasmessi via web,bluetooth o *wifi* ogni qualvolta si rende necessario. Questi dispositivi possono essere dei **chioschi interattivi**, degli **schermi al plasma o a led**, dei **totem** ovvero delle strutture verticali sulle quali sono collocati **schermi interattivi**.

Altre applicazioni ad alta tecnologia sono i **tavoli interattivi**, *glass table*, le **superfici *touchscreen*** orizzontali, o gli **stand ad ologrammi,** in cui le informazioni appaiono su pareti trasparenti.

In questi casi l'utente interagisce con il sistema toccando sullo schermo aree ben precise, attivando collegamenti ipertestuali, ovvero tramite la grafica Flash il movimento di immagini, testi, oggetti.

Sempre più sovente, in diversi musei o nei locali dove si allestiscono mostre o fiere commerciali in Europa, è facile imbattersi in grandi pareti interattive (*video wall*) che permettono l'attivazione di filmati, file audio e altri contenuti utili alla piena fruizione del luogo visitato.

Questi strumenti di *digital signage* veicolano informazioni, immagini relative al luogo o all'attrazione che si sta visitando, o anche notizie pratiche come orari di apertura di musei, orari di bus e treni, indicazioni riguardo agli itinerari, dati e informazioni di carattere culturale. Essi inoltre veicolano messaggi molto coinvolgenti sul piano emotivo (filmati, immagini in movimento) che vengono utilizzati per attirare l'attenzione verso una destinazione, un evento particolare (concerto, mostra, *happening*) o fare pubblicità a un territorio. Le tradizionali bacheche e i cartelloni di un tempo, così come i volantini e le brochure cartacee, sono destinati ad essere sostituiti dalle nuove tecnologie, che a fronte di un consistente investimento iniziale, garantiscono agli operatori turistici maggiore visibilità e la possibilità di raggiungere un pubblico più vasto con contenuti mirati.

COMPETENZA DIGITALE

1 Lavora con intenet

Fai una ricerca e descrivi gli strumenti di *digital signage* che si possono trovare in una capitale europea. Spiega le loro caratteristiche.

Il turista consapevole

LE MAPPE DI LONDRA

La prima mappa turistica di una città moderna

Le mappe turistiche delle città non sono nate nel Novecento con l'avvento del turismo di massa; la loro origine è da ricercare molto prima, nel **1593**, quando il **cartografo John Norden pubblicò la sua famosa mappa di Londra** che recava questo lungo ed eloquente titolo: *Una guida per i compatrioti nella celebre città di Londra, che con i suoi tracciati permette di sapere quanto sia distante ogni strada e come raggiungerla senza difficoltà*. Si tratta del **primo esempio di mappa di una città realizzata a fini dichiaratamente turistici**, nel significato moderno del termine. La mappa riproduceva l'area centrale della città di Londra con indicazioni precise riguardo a chiese ed edifici pubblici, aree verdi segnalate con alberi; la maggior parte dei toponimi riportati tuttavia sono oggi scomparsi. L'aspetto innovativo della carta consisteva nella presenza di un **primo esempio di stradario**: nella carta erano collocati numeri e lettere che corrispondevano a luoghi e vie importanti riportati in una legenda nella parte inferiore del foglio.

La mappa di Londra del 1677

La mappa di Norden ebbe un **clamoroso successo commerciale**, cosicché nel giro di pochi anni Londra conobbe un vertiginoso sviluppo della produzione e delle vendite di piante della città, grazie alla presenza crescente di commercianti, viaggiatori e collezionisti. Già nel corso del Seicento si contavano a centinaia gli annunci dei venditori di mappe, allora definite "commerciali", con indicazioni sempre più dettagliate riguardo a quartieri, parrocchie, strade, distanze tra i luoghi principali.

Tra le tante pubblicazioni un'altra carta di Londra fece la storia delle mappe turistiche: fu quella dello **stampatore-cartografo John Ogilby** che all'**indomani del Grande Incendio del 1666 si mise all'opera per raffigurare la nuova città ricostruita** "con curiosità e accuratezza superiori a tutto quanto finora tentato per qualsiasi altra città dell'Universo".

Ogilby, topografo ufficiale della corona britannica, con l'aiuto del matematico William Leybourn e del nipote William Morgan, anch'egli topografo, percorreva giorno per giorno le nuove vie della città e ne rilevava le nuove costruzioni che poi inseriva nella carta. Dopo anni di lavoro riuscì a pubblicare nel 1677 la sua mappa: si trattava di una carta stampata su venti fogli, per una superficie totale di 2,5 per 1,4 metri recante anch'essa un titolo curioso: *Una grande e accurata carta della città di Londra che riporta tutte le strade, le vie, i vicoli, i cortili, le chiese, le sale e le case, rilevate e rappresentate in modo realistico.*

Per facilitare l'orientamento dei visitatori, un corposo libricino, pubblicato a parte, conteneva una lista di centinaia di toponimi accuratamente indicati sulla carta con numeri e lettere. Si trattava dell'**indice toponomastico più dettagliato mai realizzato** per qualsiasi altra mappa dell'epoca.

Il lavoro di Ogilby e dei suoi compagni che lo affiancavano, fu considerato a lungo il **rilevamento topografico più completo della capitale inglese** ed un punto di riferimento per tutta la successiva cartografia scientifica della città.

La mappa di Londra di John Norden del 1593, incisa da Pieter Van den Keere.

The Great Bear di Simon Patterson, 1992.

La mappa di Beck: un modello esportato in tutto il mondo

La città di Londra ritornò poi ad esercitare un ruolo fondamentale nella storia della cartografia turistica nei primi decenni del Novecento, precisamente nel 1931. In quell'anno, infatti, Harry Beck, un disegnatore meccanico, tracciò una **nuova mappa della metropolitana di Londra**, che per la sua estrema praticità è diventata uno dei simboli turistici di Londra più conosciuti, nonché un **modello imitato in tutto il mondo per la rappresentazione schematica delle linee dei trasporti pubblici**. Ispirandosi alla rappresentazione dei circuiti elettrici, infatti, Beck elaborò una **visualizzazione in forma di diagramma** dei diversi itinerari della *London Underground*, utilizzando un reticolo di linee rette dai colori vivaci e un insieme di punti, rombi e quadrati per segnalarne tutte le fermate. Non si tratta di una vera e propria mappa geografica, in quanto la carta non rispetta le distanze reali tra i diversi luoghi rappresentati o tra una fermata e un'altra, né il reale percorso delle diverse linee metropolitane.

L'unico riferimento geografico riportato è il Tamigi: il resto è un'interpretazione grafica del disegnatore. Ciò che ne ha decretato l'immenso successo sono state l'estrema **chiarezza**, ovvero l'idea di far apparire ordinata e semplice una rete estesa e complessa, e la bellezza estetica, determinata dall'armonia dei colori e delle linee.

False mappe per divertirsi a Londra

Iconema turistico della città di Londra, la carta di Beck è stata oggetto nel corso del tempo di molte divertenti rivisitazioni. Nel 1992 l'artista Simon Patterson ha realizzato un'opera, *The Great Bear*, oggi esposta alla Tate Britain, in cui ha modificato la mappa di Beck sostituendo i nomi delle fermate con quelli di noti calciatori, star del cinema, santi e filosofi. Più recentemente, inoltre, il giornale satirico *The Poke* ha pubblicato un'improbabile *Daily Mail Moral Underground Map* in cui i nomi delle linee e delle stazioni riflettono le fobie e le manie della classe media inglese.

Mappa della città di Londra di Ogilby e Morgan del 1677.

Per esempio una linea è stata ribattezzata *Linea delle seccature* (le stazioni: twitter, navigatore satellitare, alcoolici 24 ore); un'altra è diventata *Linea degli arcinemici* (stazioni: lettori del *Guardian*, scrocconi, francesi ecc.), un'altra ancora è stata dedicata alle *malattie* più temute (stazioni: obesità, trombosi ecc.).

COMPETENZA DIGITALE

❶ Lavora con internet

Fai una ricerca e individua quali sono le false mappe di altre grandi capitali europee.

OBIETTIVO LAVORO

❷ Lavora con internet

Fai una ricerca sulla storia della metropolitana di Londra e quella di Mosca. Qual è quella più antica? Quali caratteristiche hanno? Come sono raffigurati i percorsi dal punto di vista grafico?
Alla fine realizza una presentazione in Power Point che illustri le specificità delle due metropolitane.

1 Lezione — UN SETTORE IN COSTANTE CRESCITA

I DATI DEL TURISMO IN EUROPA

In Europa **il turismo contribuisce in maniera importante all'occupazione e alla crescita economica**, soprattutto sostiene lo sviluppo di molte aree periferiche a basso reddito, spesso regioni rurali o montane in cui le attività industriali e terziarie sono poco presenti.

Basti pensare al fatto che in alcuni paesi le entrate prodotte dal turismo costituiscono una **quota importante del PIL** (Croazia 17%, Malta 14%, Cipro 12%).

Oggi nell'Unione Europea il **settore turistico** occupa nel complesso circa **12 milioni di addetti** distribuiti in 2,2 milioni di imprese come strutture ricettive, ristorazione, agenzie turistiche, noleggio di autoveicoli, pari a un fatturato di circa 1000 miliardi di euro all'anno, cioè il 3,6% del PIL dell'Unione Europea.

Dei 2,2 milioni di imprese del settore del turismo, 1 milione (46%) è situato in tre Stati: 359 000 in Italia, 342 000 in Spagna e 325 000 in Francia. In termini di addetti, invece, il **Regno Unito** ha circa **2,1 milioni di persone occupate nel settore**, seguito da Germania (2,1 milioni), Italia (1,4 milioni), Spagna (1,3 milioni) e Francia (1,3 milioni).

LA CRESCITA DEL TURISMO

Il **ruolo centrale dell'Europa nel mercato turistico mondiale** è testimoniato in primo luogo dalla crescita costante negli ultimi anni (+18% dal 2005 al 2015) del numero di pernottamenti annuali, che ha raggiunto, secondo l'Eurostat, il valore record di 2,8 miliardi nel 2015.

Come sappiamo **l'Europa piace soprattutto agli europei**; oltre la metà dei pernottamenti (55%) di ogni stato, infatti, è effettuata da turisti che trascorrono le proprie vacanze e il tempo libero all'interno del proprio paese; un terzo, invece, è generato da turisti provenienti da altre nazioni europee, mentre solo il 13% da viaggiatori dei paesi extraeuropei (+28% negli ultimi 10 anni). Tra i viaggiatori extraeuropei **in netto aumento sono gli arrivi soprattutto da Brasile e Cina**, mentre restano stabili statunitensi e giapponesi.

Più della metà dei viaggi dei residenti europei è risultata di breve durata, da 1 a 3 pernottamenti, a testimonianza della crescente diffusione dei cosiddetti *short break*, **vacanze brevi**. In media i residenti UE hanno speso circa 350 euro per un viaggio vacanza nel proprio paese e 750 per un viaggio all'estero. I **tedeschi**, i **britannici**, gli **olandesi** e, negli ultimi anni, **i russi sono i turisti europei con il numero più alto di notti trascorse per vacanze in altri paesi dell'Europa**.

Vacanze, viaggi di piacere e di divertimento, inoltre, rappresentano la maggior parte della spesa turistica (63%) degli europei, visite a parenti e amici rappresentano il 17%, mentre il 16% è coperto dal turismo d'affari.

Giovane cameriere in un bar di Londra.

Gruppo di turisti giapponesi davanti al Colosseo a Roma.

LE REGIONI DEL TURISMO EUROPEO

Quasi il **45%** del **movimento turistico** è concentrato in 3 paesi: **Francia**, **Spagna**, **Italia**, che costituiscono le destinazioni preferite del turismo mondiale.

È utile sapere che **20 aree turistiche regionali** generano il 37% del fatturato turistico europeo, e tra queste le prime tre (per numero di pernottamenti) assorbono da sole il 9% del movimento turistico complessivo, nell'ordine: le Isole Canarie (Spagna), l'Île-de-France (l'area di Parigi) e la Catalogna (Spagna).

In forte ascesa, al quarto posto, si colloca la regione costiera adriatica Jadranska Hrvatska (Croazia); mentre tra le italiane, nelle prime venti regioni europee, si distinguono nell'ordine: Veneto (6ª regione turistica europea), Toscana, Emilia-Romagna, Lombardia, Lazio.

Occorre poi ricordare che **quasi la metà (46%) del mercato turistico europeo è concentrata nelle aree costiere, soprattutto mediterranee**.

In alcuni paesi, tuttavia, in cui l'attrattiva maggiore è costituita dalle città (Regno Unito, Lituania, Estonia) a prevalere è il turismo urbano (oltre 40% del fatturato totale).

Se si prende, infine, in considerazione l'**indicatore dell'intensità del turismo**, ovvero il **numero di pernottamenti turistici in rapporto alla popolazione residente**, risultano tra le destinazioni europee a maggiore densità turistica: Malta, Cipro e Croazia, nonché le città e le località alpine dell'Austria, e in misura minore Montenegro e Islanda.

COMPETENZA LINGUAGGIO DELLA GEOGRAFIA

1 Lavora con i grafici e le tabelle

Leggi la tabella e rispondi alle domande:

a. In quali paesi sono collocate le prime 20 regioni turistiche europee?

b. In che anni si è verificato un calo dei pernottamenti in Europa?

LE 20 PRINCIPALI REGIONI TURISTICHE EUROPEE

REGIONI	TOTALE DEI PERNOTTAMENTI
1. Canarie (E)*	94,3
2. Île-de-France (F)	77,7
3. Catalogna (E)	72,7
4. Jadranska Hrvatska (HR)	63,3
5. Isole Baleari (E)	63,0
6. Veneto (I)	61,9
7. Andalusia (E)	57,3
8. Provenza-Alpi-Costa Azzurra (F)	53,7
9. Rodano-Alpi (F)	47,3
10. Londra Interna (GB)	44,8
11. Toscana (I)	43,2
12. Comunità Valenzana (E)	40,3
13. Emilia-Romagna (I)	35,5
14. Tirolo (A)	34,5
15. Lombardia (I)	34,3
16. Linguadoca-Rossiglione (F)	33,7
17. Distretto dell'Alta Baviera (D)	33,1
18. Aquitania (F)	30,9
19. Lazio (I)	30,8
20. Berlino (D)	28,6

** Le Canarie dal punto di vista geografico appartengono all'Africa.*
Fonte: Eurostat.

I PERNOTTAMENTI PER AREE E I PAESI DI PROVENIENZA

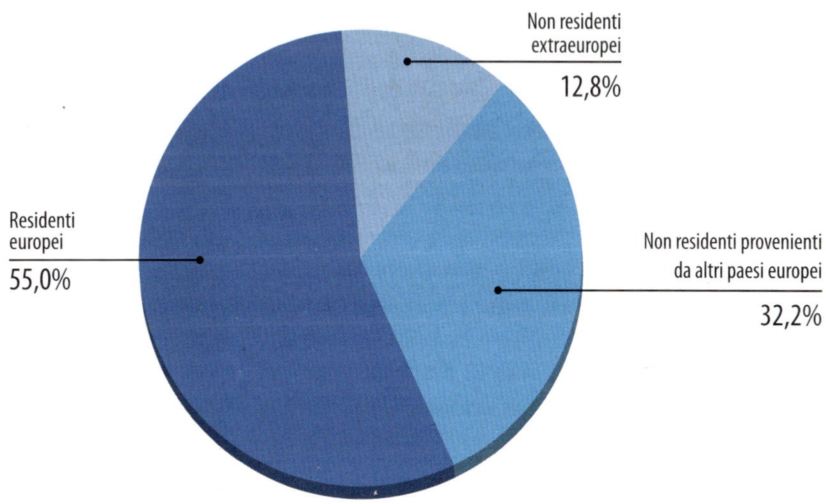

IL TREND DEL NUMERO DEI PERNOTTAMENTI IN EUROPA (PAESI UE 2005-2014)

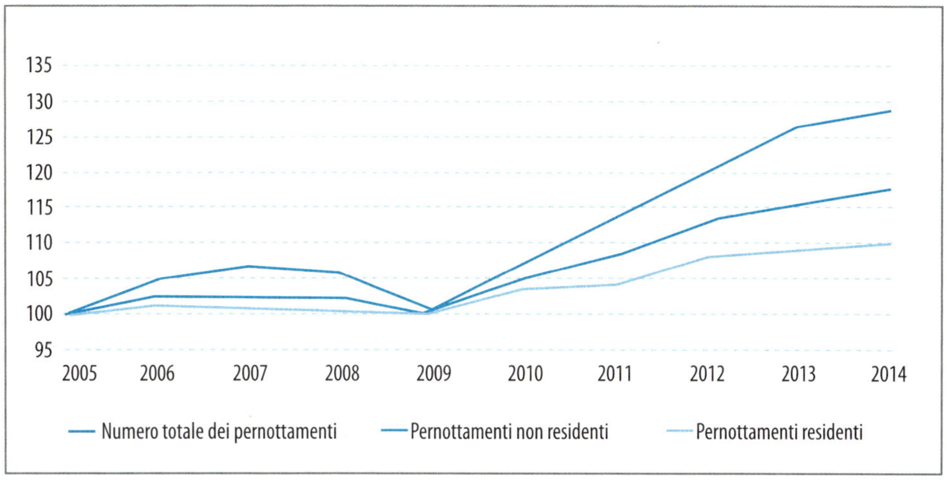

2 Lezione — LE STRUTTURE RICETTIVE IN EUROPA

UNA RETE MOLTO AMPIA

L'Europa dispone di un'ampia rete di strutture ricettive; si tratta nel complesso **di oltre 31 milioni di posti letto distribuiti tra più di 570 000 esercizi alberghieri, case vacanze, appartamenti, bed & breakfast, bungalow**.

In termini di posti letto Francia (5,1 milioni) e Italia (4,8 milioni) forniscono, da sole, circa un terzo delle strutture dell'ospitalità continentale. Anche in Europa cresce la **concentrazione delle strutture alberghiere in grandi gruppi internazionali** che acquisiscono ogni anno alberghi già esistenti o aprono nuove strutture in cui prevale l'idea di una ospitalità standard, di livello medio-alto più o meno identica in tutte le località. L'attrattiva degli hotel è quindi poco legata alle caratteristiche dell'ambiente locale, quanto piuttosto a un marchio, un **brand commerciale**, che offre un'idea rassicurante di ospitalità.

Nonostante ciò, in linea di massima prevalgono ancora nel continente gli **alberghi e le strutture mediopiccole**, con meno di 25 posti letto **(60%)**, spesso **a gestione familiare**, rispetto a quelle di grande dimensione che coprono solo l'8% degli esercizi.

È poi interessante notare che il 64% dei pernottamenti avviene in hotel o strutture similari, mentre il 22% in appartamenti in affitto e, infine, il 14% in campeggi o aree per caravan e camper. Nelle **zone costiere balneari**, tuttavia, sale il peso dei **campeggi** che coprono il 63% del totale dell'ospitalità. Ci sono inoltre molte differenze tra i diversi paesi: in Francia, Svezia, Danimarca l'incidenza dei campeggi è doppia rispetto alla media continentale, mentre a Cipro e Malta gli hotel coprono quasi per intero la domanda turistica.

Anche in Europa il mercato dell'ospitalità è stato profondamente trasformato dall'avvento dei **siti internet per prenotazioni alberghiere online** che da un lato hanno aumentato la concorrenza tra i vari operatori e dall'altro hanno reso più accessibili ai consumatori le informazioni in tempo reale circa la disponibilità o meno di stanze in una destinazione.

GLI ALBERGHI PICCOLI E L'OSPITALITÀ DIFFUSA

"Marchio di fabbrica" o caratteristica del *brand* turistico di molte regioni europee sono i **piccoli alberghi a gestione familiare,** garanzia di **accoglienza calorosa e ristorazione genuina legata al territorio.** È il caso delle regioni alpine dell'Austria o della Provenza in Francia. Tipici della ricettività europea sono anche i piccoli complessi residenziali o gli appartamenti in **case dall'architettura tradizionale** che caratterizzano il paesaggio turistico delle isole greche. Anche sulla costa croata una buona fetta dell'ospitalità è costituita da appartamenti privati in villette o piccole palazzine di recente costruzione. In molte regioni rurali, o in piccoli borghi storici si va diffondendo il **modello dell'ospitalità diffusa**, ovvero di una rete di case o di camere, anche lontane tra loro, messe a disposizione dei turisti tramite le piattaforme digitali di prenotazione alberghiera al fine di valorizzare un luogo di rilevante interes-

L'OSPITALITÀ DIFFUSA: IL CASO DI CHIOS

Chios, isola greca dell'Egeo nord-orientale, deve la sua millenaria ricchezza alla lavorazione della *masticha*, una resina ricavata da una varietà di lentisco, tipica pianta mediterranea cespugliosa. Questa preziosa resina, utilizzata per la preparazione di cosmetici e farmaci, dopo anni di declino delle colture è stata recuperata dagli agricoltori locali, che nel 1997 hanno ottenuto la tutela europea del marchio DOP. Nell'isola ci sono splendidi insediamenti medievali chiamati *mastichochoria*. Il più noto di questi, Mesta, è stato trasformato in una sorta di albergo diffuso, costituito dall'offerta di diversi alloggi e camere nelle case tipiche del villaggio, che permettono un interessante contatto con la vita e la cultura materiale della popolazione del luogo.

Il caratteristico borgo di Mesta in Grecia.

se storico o naturalistico. Si tratta di tendenze che cercano di soddisfare le esigenze del cosiddetto **turismo vocazionale**, di quei viaggiatori che intendono la vacanza come un'**esperienza appagante** che permetta di entrare in contatto diretto con l'ambiente e la tradizione locale.

L'AGRITURISMO

Un'altra struttura ricettiva tipica dell'offerta europea è l'**agriturismo**, cioè il pernottamento in fattorie, aziende agricole, casali o case rurali che, a partire dagli anni Novanta, ha conosciuto un rapido sviluppo in tutti i paesi europei. A seconda dei paesi si parla di *farmhouse, gites rural* o di *ferme, fincas, cottages hotel*. Si tratta anche in questo caso di sistemazioni **rivolte a viaggiatori che prediligono forme di turismo meno di massa** e più attente ai valori della natura, agli stili di vita tradizionali, all'enogastronomia, alla campagna in senso lato. La diffusione di case, appartamenti, camere in dimore rurali è stata agevolata dal fatto che le comunità rurali hanno visto nello sviluppo del turismo una opportunità per diversificare l'economia locale e che molti programmi nazionali e comunitari hanno finanziato la crescita di queste strutture.

I BOUTIQUE E DESIGN HOTEL

La differenziazione dell'offerta nelle strutture ricettive in Europa riguarda anche il **segmento del mercato di fascia medio-alta**, destinato a soddisfare le richieste sofisticate di una clientela di turisti con reddito e livello di istruzione piuttosto elevati.

In questo contesto si inquadra lo sviluppo dei cosiddetti *boutique hotel*, di dimensioni ridotte, generalmente di lusso, con un arredamento raffinato ed elegante. Si tratta di strutture che non rispondono al concetto di ospitalità standard tipico delle grandi catene alberghiere internazionali e tendono ad offrire un'esperienza unica e irripetibile. I loro punti di forza sono l'ambiente ricercato e la cura dei particolari, la **posizione in luoghi di *charme***, l'attenzione nei confronti del benessere della persona, dell'ambiente e delle tecnologie ecocompatibili e un'offerta enogastronomica di alto livello. A seconda dei luoghi e dei servizi offerti assumono di volta in volta nomi differenti: *lifestyle hotel, villas, boutique resort, boutique hotel, spa hotel, wellness hotel, design hotel*. In particolare i **design hotel** si distinguono per **l'architettura unica, frutto della creatività di grandi architetti**, che con il loro estro combinano elementi strutturali e arredamenti in modo da offrire agli ospiti un ambiente originale e confortevole.

COMPETENZA LINGUAGGIO DELLA GEOGRAFIA

1 Lavora con il grafico

Osserva il grafico e l'immagine e rispondi alla domande.

a. Quali sono i principali gruppi alberghieri operanti in Europa?

b. Quali caratteristiche hanno i design hotel in Europa?

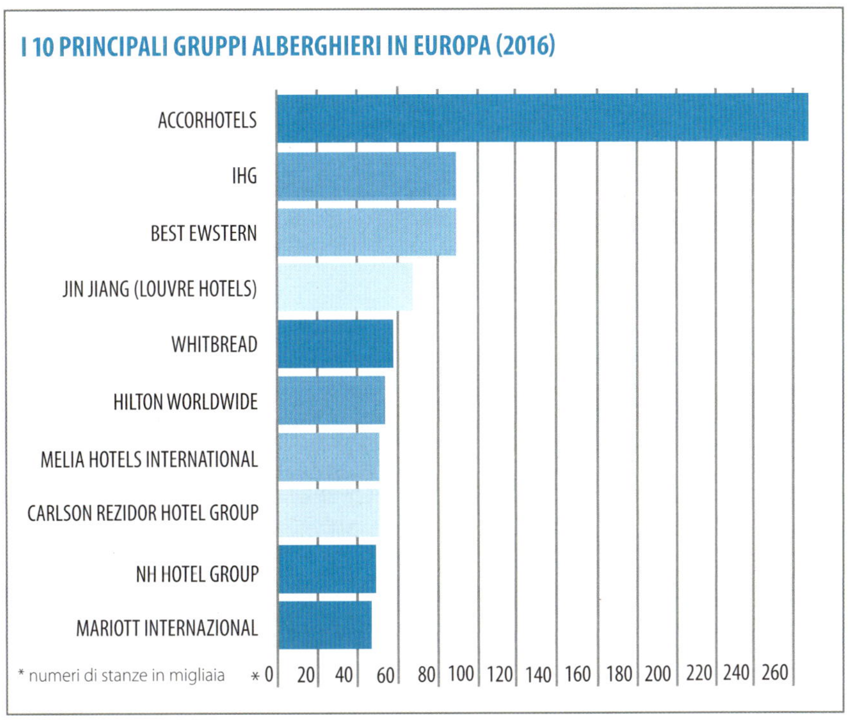

Un design hotel a Barcellona, in Spagna, progettato dall'architetto giapponese Toyo Ito.

3 Lezione I TRASPORTI E IL TURISMO

LE DIVERSE FUNZIONI DEI TRASPORTI

L'accessibilità di un territorio, ovvero la presenza di un'**efficiente rete di trasporti pubblici**, aeroporti, autostrade, scali marittimi, linee ferroviarie, svolge un **ruolo propulsivo** per le attività turistiche.

Il rapporto tra trasporti e turismo è, tuttavia, piuttosto complesso: bisogna infatti distinguere tra i mezzi di trasporto e le loro infrastrutture utilizzati per il turismo e i mezzi di trasporto e le infrastrutture che sono divenuti nel tempo essi stessi destinazioni o prodotti turistici.

Nel primo caso ci si riferisce, ovviamente, alla dotazione di mezzi e vie di trasporto che permettono a un turista di raggiungere la meta prescelta. Nel secondo caso, invece, si fa riferimento al fatto che sempre più spesso **i mezzi di trasporto costituiscono essi stessi l'oggetto di una vacanza**.

LA DIMINUZIONE DELLE DISTANZE

Quando si parla di trasporti come mezzo di spostamento, occorre ricordare che negli ultimi decenni diverse trasformazioni di carattere tecnologico ed economico hanno determinato nel nostro continente una **rilevante diminuzione delle distanze tra i luoghi, in termini di spazio-tempo e spazio-costo.**

Con la prima espressione ci si riferisce al fatto che l'avvento dell'aviazione civile di massa, dei treni ad alta velocità e dei *ferry-boat high-speed*, oltre che l'espansione della rete autostradale hanno notevolmente diminuito in Europa i tempi di percorrenza tra le destinazioni turistiche e i luoghi di residenza dei viaggiatori.

Al tempo stesso l'avvento di **compagnie *low cost*,** sia nell'aviazione che nelle reti internazionali di autobus, e l'evoluzione tecnologica dei vettori hanno portato a un **drastico calo dei costi dei trasporti** e quindi favorito un ulteriore **aumento del numero dei turisti e dei viaggi** da essi intrapresi durante l'anno.

MEZZI DI TRASPORTO E TIPOLOGIE TURISTICHE

Non si può parlare di trasporto turistico, tuttavia, senza tener conto delle diverse tipologie di turismo e, soprattutto, di turisti. Il **turismo di massa,** che coinvolge grandi numeri di viaggiatori ed è concentrato in alcune stagioni dell'anno, **necessita di grandi infrastrutture e di un'organizzazione complessa dell'accessibilità** per fare fronte a una pressione intensa in spazi e tempi ristretti. Le maggiori destinazioni estive, sono così dotate di spazi adatti a gestire il **flusso continuo di voli charter e *low cost*,** di **treni speciali,** di corse di **traghetti** e a sostenere il **traffico stradale e autostradale.** Di qui la costruzione di grandi scali aeroportuali o portuali, grandi parcheggi, viadotti, superstrade, aree di smistamento. Si tratta di **infrastrutture spesso di notevole impatto ambientale e paesaggistico**, che implicano anche l'emissione di notevoli quantità di sostanze inquinanti nell'atmosfera e nell'idrosfera.

Per le **lunghe distanze** il mezzo di gran lunga preferito del turismo di massa è l'**aereo**, mentre per gli **spostamenti a corto raggio** a prevalere è ancora l'**automobile**. Laddove, invece, sono diffuse **le linee ferroviarie ad alta velocità**, il treno fa

Il *Glacier Express*, il panoramico treno svizzero.

Il ponte sull'Öresund che collega la città di Malmö in Svezia a Copenaghen in Danimarca.

concorrenza all'aereo soprattutto nel turismo urbano e nei cosiddetti *short break*, le vacanze brevi. Le linee ferroviarie, infatti, a differenza dell'aereo, arrivano nel centro delle città e non prevedono tempi morti di attesa, di imbarco o di sbarco.

Il turismo vocazionale, o turismo di nicchia, tipico del viaggiatore che sfugge le forme massificate di vacanza, non implica infrastrutture o sistemi organizzativi particolari.

I MEZZI DI TRASPORTO COME PRODOTTO O DESTINAZIONE

Quando un mezzo o una infrastruttura di trasporto diventa un prodotto turistico, esso presenta caratteristiche completamente diverse rispetto ai trasporti tradizionalmente intesi come vettori per consentire il raggiungimento rapido ed economico di una meta.

Essi, infatti, non sono interessati alla velocità, ma propongono lo spostamento, **il viaggio in sé come un'esperienza turistica appagante**.

In questo quadro grande rilevanza assumono i valori del **paesaggio** e della **cultura** e, nel caso delle crociere, dell'**intrattenimento ludico**. Inoltre nel caso di crociere o lunghi viaggi in treno esiste la possibilità di **conoscere persone con gli stessi interessi**, durante il periodo di convivenza.

Al primo posto tra i mezzi di trasporto, intesi come prodotto turistico, ci sono naturalmente le **navi da crociera**, ma in crescita sono anche i viaggi su **treni storici o panoramici**.

È il caso di un viaggio a bordo dello storico *Venice Simplon Orient Express*, che collega Parigi a Istanbul, o dello svizzero *Glacier Express* che collega Zermatt a St. Moritz tra i meravigliosi panorami alpini. Come si è accennato, anche **alcune infrastrutture sono divenute meta di viaggio per molti appassionati**. È il caso del ponte sull'Öresund che collega Danimarca e Svezia, oppure il ponte sottomarino della Manica.

Una nave da crociera entra nel porto di La Valletta a Malta.

LE CROCIERE IN EUROPA

Con l'affermazione negli anni Settanta del modello americano di "**fun ship**", nave divertimento, anche in Europa, in particolare nel Mediterraneo, il **settore delle crociere ha conosciuto uno sviluppo crescente**. Tramontata l'epoca dei transatlantici di lusso, ha preso piede la formula della **crociera per giovani e famiglie su grandi navi** comode e sempre più grandi, con una vasta scelta di attività di intrattenimento e libertà di fare shopping, praticare sport, assistere a concerti musicali, godere di una qualificata offerta gastronomica.

Di fatto la nave si è trasformata **da mezzo di trasporto in una meta turistica**, con la possibilità tra l'altro di svolgere interessanti escursioni sulla terraferma, durante gli scali intermedi. Nonostante la grave crisi politica dei paesi nordafricani e mediorientali che si affacciano sul Mediterraneo e i cui scali sono stati cancellati dalle crociere, il settore è in continua crescita. L'avvento di navi dalle grandi dimensioni ha tuttavia suscitato molte **critiche e proteste da parte delle associazioni ambientalistiche, a causa dell'impatto ambientale** (inquinamento, scarico rifiuti) **e socio-culturale** generato dalla massa crescente di passeggeri che si riversano nelle località costiere.

COMPETENZA LINGUAGGIO DELLA GEOGRAFIA

1 Lavora con il grafico

Osserva il grafico e rispondi alle domande.

a. Quali sono i primi 5 porti passeggeri dell'Europa?
b. Quali sono i porti mediterranei ?
c. Su quali mari si affacciano gli altri porti?

PRINCIPALI PORTI TURISTICI PER CROCIERE NEL MEDITERRANEO 2015 (arrivi in migliaia)

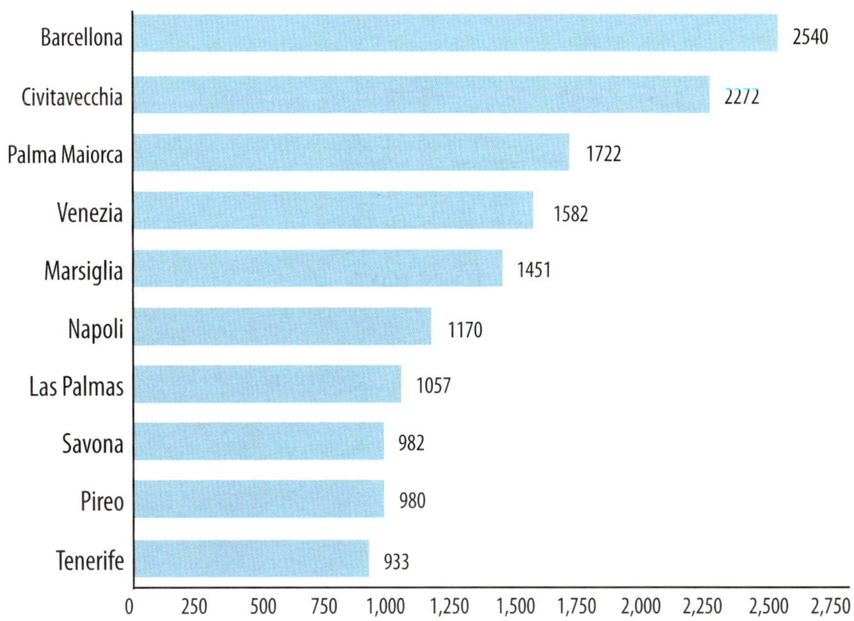

4 Lezione — LA RETE DEI TRASPORTI

LA RETE STRADALE

La rete stradale svolge tuttora un ruolo centrale nel turismo europeo, soprattutto per quanto riguarda gli **spostamenti a corto e medio raggio o le vacanze estive** (mare, laghi, monti) che molti europei trascorrono ancora perlopiù nel proprio paese o in località raggiungibili con l'auto.

In Europa ci sono, infatti, circa **80 000 km di autostrade**, a cui si aggiungono i circa 30 000 km della rete russa, che permettono di raggiungere pressoché tutte le regioni turistiche più frequentate. Esiste peraltro una **rete stradale internazionale europea**, *International E road*, costituita da un reticolo di grandi arterie coordinate dalla Commissione economica per l'Europa dell'ONU, che attraversano i confini nazionali.

GLI AUTOBUS *LOW COST*

La presenza di una rete autostradale capillare che negli ultimi decenni si è andata espandendo anche nell'Est europeo ha favorito il recente sviluppo di **compagnie *low cost* di autobus a lunga percorrenza, che collegano diverse località europee**, anche molto distanti tra loro, con viaggi che durano a volte diversi giorni. Una corsa da Milano a Bucarest, per esempio, dura circa 31 ore e può costare da 50 a 80 euro. Le linee degli autobus *low cost* sono controllate da gruppi internazionali che offrono **automezzi sicuri e confortevoli** e al tempo stesso **prezzi contenuti**; in questo modo riescono a fare concorrenza al treno e all'aereo.

IL RUOLO DELLE FERROVIE

Dopo un secolo di declino la **ferrovia è oggi in fase di rilancio in Europa,** grazie sia a processi di innovazione tecnologica come l'alta velocità, sia al fatto che la congestione crescente di strade e autostrade e le limitazioni al traffico nei centri urbani hanno spinto molti viaggiatori a utilizzare il treno. Inoltre nelle tratte inferiori ai 650 km **il viaggio sui treni ad Alta Velocità è diventato competitivo rispetto a quello aereo**. Oggi L'Eu-

AUTOBUS *LOW COST*

Le principali compagnie europee
1. Flixibus
2. Student Agency
3. National Express
4. Polsky Bus
5. Megabus

RETE STRADALE INTERNAZIONALE

ropa vanta **la rete ferroviaria ad Alta Velocità più estesa del mondo** e sta affrontando progetti per ampliare il passaggio dalla rete convenzionale a quella ad Alta Velocità. Si stanno realizzando **nuove e moderne stazioni, progettate da grandi architetti di fama mondiale** come Foster&Arup, Zaha Hadid e Santiago Calatrava, che offrono ai viaggiatori un'ampia gamma di servizi tanto da diventare esse stesse dei veri e propri centri commerciali. L'avvento dell'Alta Velocità in Europa ha inoltre mutato la geografia dei luoghi, nel senso che ha arricchito le città di nuove funzioni, trasformando alcune di esse in destinazioni turistiche. Per esempio in Francia la realizzazione, nel 1981, della **prima linea europea ad Alta Velocità**, la **Parigi-Lione**, ha non solo moltiplicato gli spostamenti per lavoro e affari, ma anche ha prodotto un significativo aumento dei viaggi legati al tempo libero. Grazie alla diminuzione delle distanze in termini di spazio-tempo, Lione è diventata un polo economico e, soprattutto, una meta turistica di notevole rilevanza. L'arrivo del **TGV** (*Train Gran Vitesse*) ha infatti spinto la città a cambiare volto, a riqualificare architettonicamente i quartieri storici e valorizzare le risorse turistiche.

IL TRASPORTO AEREO

La **diffusione dei voli *low cost*** in Europa sembra oggi inarrestabile, a testimonianza del successo di questo modello di business importato dagli Stati Uniti. Ryanair e Easyjet sono le due maggiori compagnie *low cost* operanti in Europa, con sede rispettivamente in Irlanda e Regno Unito. Si tratta di un modello commerciale *no frills* basato sulla **semplificazione dei servizi offerti** e sulla **riduzione dei costi**: niente pasti gratis a bordo, bagagli in stiva a pagamento, distribuzione dei biglietti via web o call–center, voli a corto raggio (2 o 3 ore massimo) e ricorso a aeroporti regionali poco utilizzati dalle compagnie tradizionali. Questo sistema ha compresso i prezzi dei biglietti e ha trasformato l'aereo in un mezzo di trasporto utilizzabile per milioni di persone prima escluse, determinando così **un aumento del traffico aereo in Europa.**

Il boom dei *low cost* ha mutato anche la geografia degli scali aeroportuali. **Molti aeroporti regionali, ubicati in zone periferiche** e prima quasi abbandonati, **sono stati potenziati** proprio per far fronte al traffico crescente delle compagnie *low cost*. Le regioni limitrofe a questi piccoli scali hanno tratto beneficio dall'incremento del traffico aereo che ha favorito i **flussi turistici verso regioni e centri minori**.

I PRINCIPALI AEROPORTI IN EUROPA

Il turista consapevole

Un viaggio in treno nel cuore dell'Europa.

INTERRAIL: UN FENOMENO EUROPEO

Un modo per visitare l'Europa a basso costo

L'InterRail è **un biglietto ferroviario** che consente **la libera circolazione sui treni della Inter Rail Community (IRC)** a chiunque risieda in uno dei paesi europei aderenti.

Il servizio è stato creato nel 1972 da 20 paesi europei, in occasione del cinquantesimo anniversario della International Railway Union e da allora **milioni di giovani europei** hanno utilizzato questa forma pioniera di viaggio *low cost*. Si calcola che ogni anno circa 300 000 giovani europei acquistino un pass InterRail e partano alla scoperta dell'Europa.

Nel 2016, inoltre, nel Parlamento Europeo è stata presentata la proposta di regalare un pass interrail gratuito a tutti i diciottenni europei, allo scopo di favorire la conoscenza di paesi e culture differenti dalla propria e l'integrazione tra le giovani generazioni del continente. Il costo dell'iniziativa dovrebbe raggiungere 1,5 miliardi di euro all'anno e ne potrebbero beneficiare oltre 5,8 milioni di cittadini dal giorno del compimento del diciottesimo anno d'età.

Esistono sostanzialmente **due tipi di pass** InterRail:
- **Global Pass**, che consente di circolare liberamente in 30 paesi aderenti all'offerta;
- **One Country Pass** che consente la circolazione solo all'interno di un singolo paese.

Biglietterie automatiche alla stazione di Victoria a Londra. Victoria è la seconda stazione ferroviaria più trafficata nel Regno Unito con 73 milioni di passeggeri in transito ogni anno.

Il prezzo varia in relazione al tipo di pass, alla durata e all'età dei passeggeri (il pass InterRail è un biglietto nominativo). In genere il costo di un pass varia dai **206 ai 496 euro per un biglietto di validità mensile**. Anche se la maggior parte dei viaggiatori è costituita da giovani under 26, sono disponibili 4 tipi di InterRail a seconda della fascia di età:

- InterRail CHILD (per i bambini 4-11 anni;
- InterRail YOUTH (per tutti quelli che hanno meno di 26 anni);
- InterRail ADULT (per chi ha più 26 anni ma meno di 60);
- InterRail SENIOR (per chi ha più di 60 anni).

Tutti gli InterRail sono disponibili di prima o seconda classe, tranne InterRail Youth (meno di 26 anni) che è disponibile solo di seconda classe. Inoltre il pass dà diritto a notevoli riduzioni su molte traversate in traghetto dai porti europei.

Il portale di InterRail, inoltre, mette a disposizione diversi strumenti online per poter meglio organizzare il proprio viaggio. Per esempio la **Rail Planner App gratuita** include una tabella degli orari consultabile ovunque. Tramite questa app, è possibile cercare gli orari dei treni e i collegamenti e scoprire se il treno necessita di prenotazione.

Il portale inoltre possiede anche una sezione **Diari di viaggio** dove è possibile postare il resoconto dei propri viaggi e fornire ad altri *interrailers* informazioni preziose sui luoghi da visitare. La sezione Forum, inoltre, consente di avere risposte a richieste di consigli o informazioni riguardo all'itinerario prescelto, al costo di ostelli, campeggi ecc. In pochi anni il portale InterRail è divenuto una community vivace e interessante di giovani turisti europei che utilizzano forme alternative di turismo.

COMPETENZA DIGITALE

1 Lavora con internet

Fai una ricerca sulla storia dell'InterRail: come è nato, quale sviluppo ha avuto nel tempo, quali sono stati gli indicatori del suo successo negli anni.

OBIETTIVO LAVORO

2 Lavora con internet

Organizza un viaggio di due settimane con interRail, prevedendo una sosta in 4 capitali europee.

SEI PRONTO PER LA VERIFICA?

LOSAI?
RIPASSA CON LO SMARTPHONE

IN 1 ORA

1 Dopo aver studiato le unità, completa la sintesi utilizzando le parole proposte. Attenzione, ce ne sono 5 in più. ...../10

UNITÀ 3 – GLI STRUMENTI DELLA GEOGRAFIA TURISTICA

- Il primo .... stradale fu pubblicato a Londra nel 1675 da John Ogilby ed ebbe così successo che nel giro di pochi anni ne vennero stampate diverse edizioni. Dopo di allora partirono le campagne di .... topografica e, a metà del Novecento, con la motorizzazione di massa, si ebbe il boom degli atlanti stradali dei quali i più popolari erano quelli della Michelin e del Touring Club Italiano.

- Da oltre 30 anni è ormai diffusa la navigazione satellitare che poggia su una serie di informazioni che giungono da un sistema di .... In Europa il sistema che prevale è il GPS, i cui rilevamenti servono per produrre i navigatori satellitari, i più noti dei quali sono quelli dell'azienda olandese TOM TOM. A sua volta i navigatori sono stati soppiantati più recentemente dalle varie app gratuite installate sui dispositivi di .... mobile.

- Nel 1830 John Murray, appassionato viaggiatore, iniziò a scrivere delle guide che potessero fornire ai turisti informazioni pratiche sui .... da intraprendere. Il successo fu enorme e questo indusse altre case editrici, come la tedesca Baedeker o la francese Michelin, a pubblicarne a loro volta. Nel 1931 venne introdotto un sistema di classificazioni di alberghi e ristoranti e indicazioni .... per gli automobilisti.

- Recentemente è possibile trovare informazioni sulle piattaforme di prenotazione alberghiera come Tripadvisor e avere notizie ed immagini dai siti delle community dei viaggiatori. Le più innovative .... consentono di effettuare tours virtuali in 3D che provocano un grande coinvolgimento emotivo mentre i *digital signage*, dispositivi multimediali collocati in luoghi strategici, sono oggi uno degli .... più innovativi della comunicazione nel settore turistico.

UNITÀ 4 – IL TURISMO NELL'ECONOMIA EUROPEA

- Il turismo è un .... molto importante in Europa in quanto assicura una quota rilevante di PIL e coinvolge circa 12 milioni di addetti. L'Italia è il primo paese per numero di aziende mentre il Regno Unito lo è per numero di occupati. Il settore è in crescita e sono soprattutto gli .... ad effettuare viaggi nel continente. Dagli altri continenti arrivano turisti dagli USA, Giappone e, recentemente, da Brasile e Cina.

- Quasi la metà del mercato turistico riguarda le .... del Mediterraneo, mentre il 45% si concentra in Francia, Spagna ed Italia. In particolare le isole Canarie, l'area di Parigi e la Catalogna sono i luoghi più visitati.

- L'Europa offre 31 milioni di posti letto in esercizi alberghieri, case vacanze, appartamenti, ... ecc. La Francia detiene il primato, seguita dall'Italia. Sono diffusi grandi gruppi internazionali che assicurano uno standard medio-alto anche se prevalgono ancora gli alberghi più piccoli, a conduzione ...., spesso legati a una garanzia di accoglienza e .... genuina. Nelle zone balneari invece aumenta la richiesta di campeggi.

- L'agriturismo ha avuto un grande sviluppo sin dagli anni Novanta ed è richiesto in primo luogo da viaggiatori che preferiscono forme di turismo meno massificate e più vicine alla .... I boutique hotel costituiscono una struttura destinata alle fasce medio alte: sono piccoli alberghi di .... che offrono strutture molto raffinate e si trovano in luoghi di grande fascino.

- L'Europa è dotata di un efficiente .... di trasporti che ha diminuito nel corso degli anni le distanze tra i luoghi, incentivando la possibilità di viaggiare. Il turismo di .... ha bisogno di grandi strutture e di grandi spazi per gestire gli arrivi; questo ha spesso causato un .... negativo ambientale e paesaggistico. Sulle lunghe distanze viene utilizzato l'aereo mentre nei viaggi a corto raggio prevale l'automobile. Le linee ferroviarie ad Alta .... sono spesso concorrenziali rispetto all'uso dell'aereo.

- A volte è il viaggio in sé, inteso come spostamento, l'................ che attira il turista in quanto consente di dare rilevanza ai paesaggi, all'intrattenimento ludico e alla conoscenza di nuove persone. Ciò vale per i viaggi in .... o a bordo di treni storici come il famoso Orient Express.

- La maggior parte degli spostamenti a corto e medio raggio in Europa avviene con l'automobile lungo gli 80 000 km di autostrade. Una rete più .... consente alle compagnie *low cost* di effettuare viaggi in bus a lunga percorrenza e a prezzi contenuti.

Parole da inserire: massa • satelliti • atlante • natura • località • tecnologie • bungalow • sistema • capillare • crociera • impatto • coste • ristorazione • completo • rilevazione • Velocità • quantità • percorsi • settore • telefonia • europei • strumenti • pratiche • esperienza • lusso • familiare • treni

ZTE ONLINE
Mettiti alla prova con 20 esercizi interattivi

2 Indica se le frasi sono vere o false. (2 punti ciascuna) ..... / 14

a. Bastano 16 satelliti per avere informazioni sulla navigazione per l'intero pianeta. V F
b. Le guide della Baedeker erano rigorose e dettagliate. V F
c. In Europa ci sono 3,3 milioni di imprese turistiche. V F
d. Il 64% dei pernottamenti avviene in hotel. V F
e. I boutique hotel appartengono a grandi catene alberghiere internazionali. V F
f. Negli *short break* prevale lo spostamento via automobile. V F
g. L'arrivo del TGV ha spinto Lione a riqualificarsi turisticamente. V F

3 Indica la risposta corretta. ..... / 2

a. I turisti con il più alto numero di notti trascorse all'estero per vacanze sono i:
❑ tedeschi ❑ spagnoli ❑ francesi
❑ olandesi ❑ britannici

b. Lo stato che ha il maggior numero di persone occupate nel settore turistico è:
❑ Italia ❑ Portogallo ❑ Irlanda
❑ Regno Unito ❑ Germania

4 Associa ogni termine al paese di riferimento. (1 punto ciascuna) ..... / 9

a. Lonely Planet
b. Ponte Öresund
c. Glacier Express
d. Guide Routard
e. 4,8 milioni di posti letto
f. Sistema GPS
g. Murray Handbooks for Travellings
h. Alberghi di piccole dimensioni
i. 17% del PIL

❑ 1. Croazia
❑ 2. Francia
❑ 3. Austria
❑ 4. Svezia
❑ 5. Australia
❑ 6. Svizzera
❑ 7. Italia
❑ 8. Stati Uniti
❑ 9. Inghilterra

5 Scrivi la definizione dei termini proposti. (5 punti ciascuna) ..... / 15

a. Tecnologie Web 2.0 insieme delle tecnologie che permettono l'interattività degli utenti attraverso i social network e piattaforme digitali
b. International E road rete stradale internazionale europea, costituita dalla commissione economica x l'europa dell'onu
c. Modello "no frills" semplificazione dei servizi offerti e sulla riduzione dei costi

6 Rispondi alle domande. (10 punti ciascuna) ..... / 50

a. Come era concepito il Britannia Atlas?
ERA UNA SERIE DI MAPPE COSTITUITE DA STRISCE PARALLELE E SOPRA ERANO SEGNATI I LUOGHI DI SOSTA, VILLAGGI, TERRENI COLTIVATI, FORESTE, FIUMI ECC. E LA DIFFERENZA DI ALTITUDINE ERA INDICATA CON COLLINE CHE SEGNALANO LA PENDENZA.

b. Che tipo di informazione offre la guida Michelin?
OFFRE INFORMAZIONI BASATE SU UN SISTEMA DI CLASSIFICAZIONE DI ALBERGHI E RISTORANTI ATTRAVERSO STELLE E INDICAZIONI PRATICHE X GLI AUTOMOBILISTI, COME LE AUTOFFICINE, DISTRIBUTORI.

c. Perché le guide della Lonely Planet hanno avuto molta diffusione?
GRAZIE ALLE INFORMAZIONI SINTETICHE E UTILI X I GIOVANI, IN QUANTO INDIRIZZANO ALBERGHI E TRASPORTI A BASSO COSTO, LOCALI E EVENTI.

d. A cosa si deve il successo degli alberghi appartenenti a grandi gruppi internazionali?
PERCHÉ NON PUNTANO ALLE CARATTERISTICHE DELL'AMBIENTE, MA AD UN BRAND COMMERCIALE CHE OFFRE UN'IDEA RASSICURANTE DI OSPITALITÀ.

e. Quali sono le caratteristiche degli autobus *low cost*?
COLLEGANO LOCALITÀ EUROPEE E OFFRONO AUTOMEZZI SICURI E CONFORTEVOLI, A PREZZI CONVENIENTI X FAR CONCORRENZA ALL'AEREO E AL TRENO.

PUNTEGGIO TOTALE ..... / 100

GEOGRAPHY HIGHLIGHTS – CLIL

AS GREEN AS BEAUTIFUL: THE BEST EUROPEAN NATIONAL PARKS

PLITVICE LAKES NATIONAL PARK

The PLITVICE LAKES NATIONAL PARK, founded in 1949, is in the mountainous **KARST** area in **Croatia**. This tourist attraction, has been a ***UNESCO World Heritage Site*** since 1979. The Park has **16** crystalline lakes inter-connected by a series of waterfalls, set in deep woodland with wildlife and rare bird species. The protected area spans over 300 km^2, while the lakes join together along 8 km. A **KARST** is an area of land made up of limestone that dissolves in water. **KARST** areas contain aquifers, which provide large supplies of water. It takes about 6 hours to explore the lakes on foot.

SAXON SWITZERLAND NATIONAL

The SAXON SWITZERLAND NATIONAL PARK, is a National Park in the German Free State of SAXONY near the capital city of **DRESDEN**. It covers 93.5 km^2 in the heart of the ***Elbe Sandstone Mountains***, called the ***Saxon Switzerland***, close to the Czech border, offering endless ways to spend your holiday in one of the most beautiful landscapes in Europe. More than 700 summits are available to expert rock climbers, while, for those who prefer to keep their feet on the ground, there are 400 km^2 of marked hiking-trails, steep treks, paths and some cycle routes through the National Park.

DOLOMITE NATIONAL PARK

The **DOLOMITES** are the most spectacular mountain range for beauty and shape marked by steeples, pinnacles and rock walls and also for the pale colour displayed at dawn and pink shades at sunset. They are a part of Southern Limestone Alps in north-eastern Italy and a ***UNESCO World Heritage Site*** since 2009 for the universal value of the distinctive monumental and colourful scenery. Here is a paradise for climbing. Not only skilled climbers can reach the top, as there are routes called "vie ferrate", supplied with steel wires, ladders and hanging bridges. The park is well worth a visit.

WILD TAIGA NATIONAL PARK FINLAND

WILD TAIGA is an area of pristine natural wilderness, ideal for viewing animals in the wild where you may spot brown bears, wolverines, wolves, elks, forest deer, flying squirrels, beavers and some predatory birds in their natural habitat. In summer, go canoeing, cycling, fishing and hiking. In winter, go skiing, snowshoeing, dog sledding.

ÉCRINS NATIONAL PARK

The ÉCRINS NATIONAL PARK is the fifth French National Park, covering a large portion of the ***Massif Des Ecrins***. The Park has been crowned "***European Park of the Mountain 2016***" by the Council of Europe as it is one of the highlights of the Southern Alps region; a haven for all sorts of wildlife as well as a magnet for outdoor sports enthusiasts at any time of year.

SAREK NATIONAL PARK

The SAREK NATIONAL PARK in Sweden looks like the Alps with high mountain massifs and deep valleys. The most known is the ***Rapa Valley*** with its magnificent delta and rich animal life. Some hundred glaciers form with the melted water, rapid mountain rivulets and small waterfalls. Six of the peaks are over 2000 metres over the sea. **SAREK** is not easily accessible for its demanding terrain conditions. Except for the ***Royal Trail*** that passes in the southern parts, there are no hiking trails.

COMPREHENSION

1 Match **these words from the texts with their Italian translation.**

1. wildlife ... 2. aquifer ... 3. limestone ... 4. sandstone ... 5. climbers ... 6. steep ... 7. wires ... 8. hanging ... 9. pristine ... 10. go hiking ...11. snowshoeing ...12. dog sledding ... 13. haven ... 14. rivulets ... 15. demanding ...

A. arduo B. andare in slittino trainato da cani C. ruscelletti D. cavi E. fare escursioni F. fauna selvatica G. ripido H. falda acquifera I. non contaminato J. calcare/co K. rifugio /oasi L. pendente M. roccia arenaria N. camminare con le racchette da neve O. scalatori

❷ Read the text and mark these statements as True (T) or False (F) to show your knowledge about The Best European National Park Correct the false statements.

1. The Plitvice Lakes National Park has been a Unesco Heritage Site since 1979. T F
2. The Saxon Switzerland National Park lies in Switzerland. T F
3. The Dolomite National Park is situated in the north-west of Italy. T F
4. There aren't any rapacious animals in Wild Taiga National Park. T F
5. The landscape in Wild Taiga is iced also in the summer. T F
6. The Ecrins national park has been awarded by the Council of Europe. T F
7. The Rapa delta is in a valley. T F
8. You can walk and stroll around on a relaxing day in Sarek National Park. T F

❸ Answer the following questions by using complete sentences.

1. **What** is the main feature of *Plitvice National Park*?
2. **What** produces its large water supply?
3. **How** can hikers spend their time in the *Saxon Switzerland National Park*?
4. **What** are the so-called "vie ferrate" in the *Dolomite National Park*?
5. **What** is the main reason why *Wild Taiga* is a haven for viewers of animals in the wild?
6. **Why** has the *Écrins National Park* been crowned *European Park of the Mountain 2016*?
7. **What** is the best known valley in *Sarek National Park* and where is it located?

❹ Suggest the right national park for each specific tourist request.

.... A. We are a couple of hikers used to steep treks.
.... B. My husband and I love trekking around green valleys in not too cold weather.
.... C. As a WWF member I look for places where I can view animals in the wild.
.... D. My friends like highlands with demanding treks and magnificent scenery.
.... E. The Bricks are an aged couple who enjoy a quiet mountain landscape with lakes.
.... F. Some non-professional climbers want a mountain location with safe climbing facilities.

REVISION & PRODUCTION

❺ Write questions to these answers.

1. ....? It takes six hours to explore the lakes on foot.
2. ....? This park covers an area of 93,5 km^2.
3. ....? It is marked by pinnacles and a colourful scenery
4. ....? It offers pristine nature with animals in the wild
5. ....? This park is situated in the southern Alps.
6. ....? No, it is not easily accessible for its hard terrain conditions
7. ....? This park was founded in 1949

2

❻ Complete the following passage with the words. Then listen and check.

food - reduce - haven - physical - accommodation - boost - visitors - heritage - threatened - benefits - mental - remains - established - committed

The first park in Europe was 1.... in Sweden in 1909, now, there are more than 300. The **EUROPARC Federation** (www.europarc.org) is 2.... to the protection and promotion of Europe's protected areas which represent all that 3.... of the once vast natural treasures of the European society. National Parks also deliver other invaluable ***natural, economic, social, cultural*** and ***health*** 4.... They safeguard the best of our ***natural*** 5.... : landscapes, forests and wildlife by preserving 6.... species and biodiversity. They are also the basis of our ***economic*** and ***social wellbeing*** by attracting millions of 7.... annually and providing an important 8.... to local economies through job creation and money spent on 9.... , fuel and 10..... There are also beneficial effects on 11.... , emotional health and wellbeing, away from the frenetic world. National parks are a 12.... where people can take time out, enjoy nature, get fit, relax and revitalise, 13. .... stress, anger, and frustration, providing an opportunity for social bonding, and serving as a place for learning and 14.... stimulation

UNITÀ 5 TURISMO E AMBIENTE IN EUROPA

1 Lezione L'IMPATTO DEL TURISMO

L'IMPATTO DEL TURISMO SULL'AMBIENTE EUROPEO

Il turismo è la quarta causa di produzione di anidride carbonica in Europa; più precisamente sono **i trasporti,** in particolare gli aerei e le auto private, che **causano circa il 75% delle emissioni nocive legate al turismo**, la seconda causa sono gli hotel, che sono responsabili del 21% delle emissioni di anidride carbonica.

A tutto ciò si aggiunge l'impatto ambientale dovuto ai **consumi di risorse idriche** e allo scarico e **smaltimento di rifiuti** liquidi e solidi generati nelle regioni turistiche, nelle stagioni di picco, da masse di milioni di visitatori.

Inoltre il turismo sta crescendo costantemente e si stima che nel 2020 ci saranno 1,5 miliardi di turisti nel mondo ogni anno.

Questo avrà un impatto enorme sugli ecosistemi se non si mettono in atto azioni preventive per **ridurre l'impronta ecologica dei nostri viaggi**.

LE ATTIVITÀ DELL'UNIONE EUROPEA

In seguito a queste considerazioni, la Commissione Europea ha incrementato negli ultimi anni gli interventi normativi nel settore, al fine di **promuovere un turismo europeo sostenibile e di qualità**. Fortunatamente si sta facendo strada una nuova sensibilità nei confronti dell'ambiente e dei paesaggi naturali, visti non solo come opportunità di profitto da sfruttare nel breve periodo, ma come beni da conservare e da preservare; si è inoltre compreso che le spiagge, le foreste, la pulizia dell'acqua e dell'aria, la flora e la fauna sono, oltre che valori ecologici, anche **valori economici da tutelare nel tempo** se si desidera mantenere un ruolo importante nel mercato mondiale del turismo.

Nel 1995 a Lanzarote sono stati proposti ben 18 principi e un piano d'azione nell'ambito della *Conferenza Internazionale sul turismo sostenibile*. Le indicazioni sono state accolte nel 2007 nell'*Agenda per un turismo europeo sostenibile e competitivo* elaborata dall'Unione Europea. Negli ultimi anni, di particolare importanza è stata l'adozione da parte della UE di un **sistema di indicatori per una gestione sostenibile;** questo sistema è messo a disposizione delle destinazioni turistiche europee che possano utilizzarlo, su base volontaria, come strumento per certificare e monitorare la sostenibilità delle loro attività e i progressi compiuti ed elaborare così politiche appropriate.

Una spiaggia inquinata da rifiuti di plastica nell'isola di Korcula in Croazia.

Un hotel di lusso nell'isola di Santorini, Grecia.

LA CERTIFICAZIONE DI QUALITÀ PER IL TURISMO SOSTENIBILE

In Europa vi sono oggi diversi schemi di **certificazione ambientale** su base volontaria che, con sempre maggiore frequenza, vengono proposti alle aziende nell'ambito del settore turistico. Tra questi ce ne sono tre che sono i più diffusi nel settore.

La **certificazione ISO14001** è per esempio una norma internazionale emanata da un organismo extra UE (*International Organization for Standardization*); essa analizza e certifica i processi produttivi e garantisce se un'azienda attui una vera e propria politica ambientale, definisca e renda pubblici i suoi obiettivi (per esempio risparmio energetico, consumi idrici controllati ecc.) e predisponga le procedure adatte per conseguirli.

La **certificazione EMAS** (*Eco-Management and Audit Scheme*) è, invece, una procedura creata dall'Unione Europea che ricalca a grandi linee lo schema ISO14001 e che analizza l'eco-sostenibilità di un'attività turistica soprattutto in merito a: efficienza energetica, efficienza dei materiali utilizzati nella costruzione degli edifici, gestione dell'acqua e dei rifiuti, salvaguardia della biodiversità.

Rispetto alla certificazione ISO14001 vi è una maggiore attenzione riguardo alle caratteristiche strutturali (materiali, sistemi costruttivi, arredamento, impiantistica) dell'immobile in cui si svolge l'attività turistica.

Il **marchio Ecolabel** è, infine, il marchio ufficiale di qualità ecologica europea; esso segnala i servizi e i prodotti che hanno minor impatto ambientale.

Nel settore turistico a partire dal 2003 può essere rilasciato a tutti i servizi di ricettività alberghiera, dai bed & breakfast fino agli hotel di lusso a 6 o 7 stelle, e dal 2005 alle strutture di campeggio.

LE REGIONI TURISTICHE EUROPEE SOSTENIBILI

Nel 2007 è stata poi fondata **NECSTOUR**, la **rete delle Regioni europee per il turismo sostenibile e competitivo di cui fanno parte 20 regioni turistiche europee** con lo scopo di perseguire lo sviluppo di un turismo basato su una crescita intelligente, sostenibile e sociale.

Minimo comune denominatore è la volontà di confrontare e scambiare buone pratiche e di applicare gli obiettivi di sostenibilità di Agenda 21, il programma di azione scaturito dalla Conferenza ONU su ambiente e sviluppo di Rio de Janeiro nel 1992, nelle regioni e nelle realtà turistiche.

Tra i problemi principali oggetto di attenzione sono stati presi in esame: l'impatto dei trasporti, la tutela del patrimonio culturale e ambientale e dell'identità delle destinazioni, la diminuzione e ottimizzazione dei consumi di risorse, soprattutto dell'acqua, oltre che dei consumi di energia e la gestione dei rifiuti. Le località turistiche sono valutate sulla base di **cinque indicatori**: **responsabilità sociale e ambientale**, **qualità della vita delle popolazioni residenti**, **tutela del patrimonio culturale e ambientale**.

Nell'ambito dell'inclusione sociale, la rete incoraggia lo sviluppo di **modelli regionali** che favoriscano il confronto tra giovani e anziani per favorire la trasmissione di valori umani essenziali al fine di preservare l'eredità dei territori e rafforzare l'identità europea.

COMPETENZA DIGITALE

1 Lavora con internet

Fai una ricerca e trova quali sono le località balneari in Europa che hanno le acque più pulite.

LE REGIONI NECSTOUR PER IL TURISMO SOSTENIBILE
Alentejo (Portogallo)
Algarve (Portogallo)
Aquitania (Francia)
Bretagna (Francia)
Calabria (Italia)
Catalogna (Spagna)
Cornovaglia (Regno Unito)
Emilia Romagna (Italia)
Belgio
Isole Baleari (Spagna)
La Rioja (Spagna)
Midi-Pirenei (Francia)
Paesi Baschi (Spagna)
Provenza-Alpi-Costa Azzurra (Francia)
Sud Ovest Inghliterra (Regno Unito)
Toscana (Italia)
Valais (Svizzera)
Västra Götaland (Svezia)
Veneto (Italia)
Vlaanderen (Belgio)

2 Lezione L'OSPITALITÀ "VERDE"

IL TURISMO SOSTENIBILE

Il turismo sostenibile è un turismo che rispetta la capacità di rigenerazione delle risorse naturali, valorizza le popolazioni, i costumi e gli stili di vita locali.

Una **struttura ricettiva** per dirsi sostenibile deve essere **integrata con il territorio** e presentare caratteri di unicità in termini architettonici, enogastronomici e paesaggistici.

In Europa, in sintonia con la crescente consapevolezza ecologica dei viaggiatori e con le misure promosse dalle istituzioni comunitarie, molti hotel, piccoli B&B, agriturismi o rifugi hanno investito molte risorse per preservare e valorizzare l'ambiente circostante, per ridurre al minimo le emissioni inquinanti, per limitare i consumi elettrici e i consumi idrici, grazie per esempio al sistema di rubinetti e docce a tempo. Si cerca anche di effettuare una rigorosa raccolta differenziata e di fare in modo che almeno una parte dei prodotti acquistati sia locale, biologica o proveniente dal commercio solidale. Ogni buona struttura ricettiva sostenibile cerca di garantire **pari peso alla componente economica, etica e ambientale**.

Diverse strutture ricettive "verdi" offrono esperienze di vacanza in armonia con la natura, dal trekking nelle aree incontaminate agli itinerari a cavallo, dai percorsi di cicloturismo, ai tour per scoprire la cultura locale e la biodiversità.

Altre, invece, sono più legate all'attività agricola locale e condividono con gli ospiti le conoscenze e le tradizioni contadine locali, oppure si caratterizzano come **fattorie didattiche**, con attività specifiche rivolte ai bambini. Molte strutture ricettive offrono gratuitamente le biciclette ai loro ospiti e sconti speciali per chi viaggia senza auto, o anche pass gratuiti per il trasporto pubblico locale.

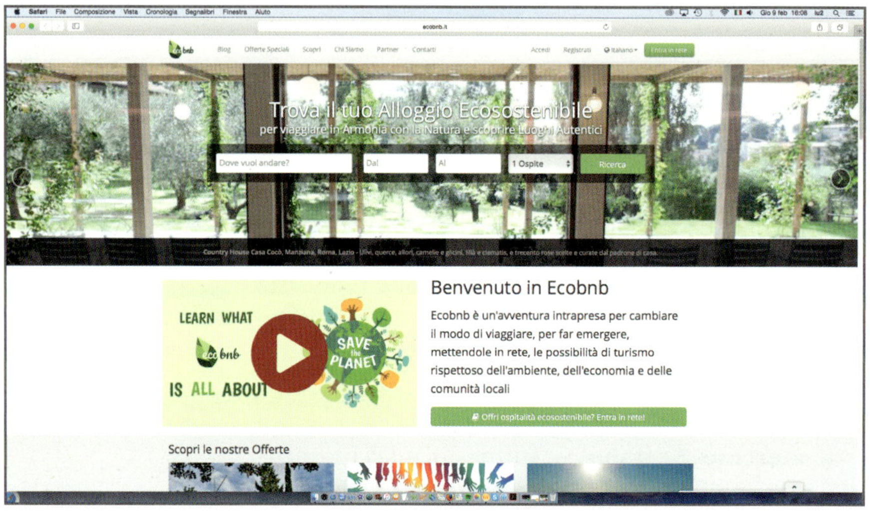

Il sito della piattaforma www.ecobnb.it che fornisce indicazioni su come trovare alloggi ecosostenibili.

Un "ice hotel" a Jukkasjärvi vicino a Kiruna in Svezia.

A pochi chilometri da Durbuy, cittadina di origini medievali del Belgio, è possibile dormire in una stanza che ha la forma del cavallo di Troia.

IL TURISMO SOSTENIBILE E LA RETE

Numerose sono le tipologie di strutture ricettive sostenibili che si sono sviluppate negli ultimi anni: dall'hotel ecologico, al piccolo B&B situato in un antico borgo, all'igloo di ghiaccio, all'agriturismo biologico immerso nella natura, alla fattoria didattica, all'ecovillaggio.

Si tratta di un ventaglio molto diversificato di strutture che rispondono alle esigenze di turisti differenti: dal centro benessere eco-sostenibile rivolto a una clientela esclusiva, alla malga isolata ad alta quota destinata, invece, al turista che desidera un'esperienza spartana di contatto con la natura.

Lo **sviluppo dell'ospitalità verde** è stato **incentivato da internet** che ha visto lo sviluppo di **piattaforme digitali** come www.Ecobnb.it, www.greenpearls.com, www.myorganichunter.com, www.mindbodygreen.com, www.biohotels.com, www.ecohotel.com.

Questi siti offrono ai viaggiatori più esigenti una rete di alloggi sostenibili, selezionati per il loro rispetto dell'ambiente, dei luoghi e delle persone che vi abitano. In alcuni casi si sono formate delle comunità digitali di operatori turistici e turisti *eco-friendly* che si scambiano informazioni rispetto non solo alle strutture alberghiere, ma anche alle località e agli itinerari verdi alternativi al turismo di massa tradizionale.

IL TURISMO ESPERIENZIALE E SOSTENIBILE

Lo sviluppo crescente del turismo eco-sostenibile si è spesso incrociato con la crescita altrettanto costante di forme estreme di **turismo vocazionale**, volte a offrire ai turisti un'**esperienza unica**, una sorta di *reality tourism* attraverso cui sperimentare emozioni inedite.

È il caso, per esempio, del *Kolarbyn Ecolodge*, situato in una fitta foresta a due ore di auto da Stoccolma e costituito da una dozzina di case in legno molto spartane sprovviste di acqua corrente. Queste capanne molti anni fa servivano ai contadini svedesi che vi soggiornavano temporaneamente e bruciavano la legna in apposite carbonaie per produrre carbone. L'ente turistico svedese ha approvato il recupero di questo antico insediamento che offre la possibiltà a chi lo desidera di prodursi il carbone da sé immerso nella foresta, e stare qualche giorno senza acqua corrente (ma c'è la possibilità di utilizzare le cristalline acque del lago Skaersjoen) e dormire su tavole di legno con coperte di lana di pecora. Ugualmente particolare è l'esperienza, sempre in Svezia, offerta dal *Treehotel*, cioè un albergo con camere costruite sugli alberi. In questa struttura comunque nessun albero viene danneggiato per realizzare gli spazi dell'ospitalità; inoltre l'elettricità viene prodotta in una centrale idroelettrica verde situata nei dintorni dell'hotel. Infine, da non dimenticare, in Italia, il *villaggio Igloo* di Misurina, incastonato nello splendido scenario delle Dolomiti. Qui, dopo un percorso con le racchette da neve o in slitta è possibile dormire in un vero igloo di ghiaccio come fanno gli eschimesi.

IL TURISMO RURALE IN PORTOGALLO

Negli ultimi decenni il Portogallo si è impegnato su una politica turistica diretta a valorizzare forme di turismo di qualità, discostandosi dal business del turismo di massa ormai logoro. Ha così avviato una serie di iniziative, sostenute da fondi statali e dell'Unione Europea, volte a promuovere il recupero di dimore d'epoca collocate in spazi rurali e aprirle al turismo.

È così nata un'associazione, *Turismo de Habitação*, che offre residenze private in campagna o in piccoli villaggi; di solito si tratta di ville antiche (*quintas*) con arredi d'epoca e di grande fascino o di casali di campagna che hanno conservato intatte le linee dell'architettura rurale originaria. La guida turistica *Guia Oficial do Turismo no Espaço Rural*, invece propone case contadine inserite in contesti rurali con servizi essenziali e standard simili a quelli di un agriturismo. Una regione particolarmente ricca di ville e casolari aperti all'ospitalità turistica è quella della valle del fiume Minho, considerata il giardino del Portogallo. Terra assai fertile e dalla natura rigogliosa, il Minho, infatti, presenta un territorio collinare assai suggestivo, ricco di insediamenti storici e di piccoli villaggi. In esso sono presenti oltre 80 000 proprietà agricole, perlopiù specializzate nella produzione di uve da vino da cui si ricava il celebre *vinho verde*, così definito perché frizzante e leggero.

La valle del Minho con le dimore rurali e i terrazzamenti delle coltivazioni.

COMPETENZA DIGITALE

1 Lavora con internet

Fai una ricerca e trova informazioni su strutture alberghiere ecosostenibili di due paesi europei a tua scelta.

3 Lezione — L'IMPATTO DEL TURISMO SUI PAESAGGI EUROPEI: LE BALEARI E LE ALPI

LE ISOLE BALEARI: LUOGO MITICO DEL TURISMO DI MASSA

L'arcipelago delle Baleari si trova nel Mediterraneo occidentale, di fronte alla costa meridionale della Spagna ed è formato da quattro isole maggiori: **Maiorca, Minorca, Ibiza e Formentera** più numerosi isolotti. A lungo è stata una meta poco frequentata finché negli ultimi cinquant'anni l'arcipelago è stato interessato da flussi turistici via via sempre più intensi. Ciò ha radicalmente trasformato l'ambiente, il paesaggio e l'economia, oggi quasi interamente basata sul turismo che incide per l'80% del PIL regionale.

Tutto è iniziato negli anni Sessanta, quando alcuni investitori stranieri hanno puntato sul turismo, potendo contare sul clima mite e soleggiato e sulle risorse paesaggistiche: spiagge bianche adatte alle famiglie, scogliere con scenari mozzafiato, ambiente mediterraneo e mare limpido e azzurro. In breve tempo i **mass media e l'avvento di collegamenti aerei rapidi** con l'Europa continentale fecero delle Baleari uno dei luoghi più tipici del **turismo balneare di massa**, legato al modello "sole e mare".

IL TURISMO DI MASSA HA STRAVOLTO L'AMBIENTE DELLE ISOLE

Milioni e milioni di turisti si dirigono ogni anno nell'arcipelago iberico, tant'è che nel 2016 gli arrivi sono stati di **16,5 milioni**. Si tratta di una massa enorme di persone che da aprile a novembre si aggiunge al milione di residenti in un territorio di soli 5000 km^2. Questa ondata travolgente di visitatori, da un lato ha fatto **crescere l'economia dell'arcipelago** – oggi le Baleari sono, infatti, la regione con meno disoccupati della Spagna – ma dall'altro ha anche prodotto la **cementificazione dei litorali**. Le grandi catene alberghiere internazionali hanno, infatti, rapidamente costruito edifici enormi e grattacieli direttamente sulle spiagge; una moltitudine di bar, ristoranti, caffè, negozi, centri commerciali, discoteche, pub ha trasformato radicalmente l'aspetto dei centri urbani tradizionali, che si riempiono soprattutto la notte quando esplode la movida.

Questo **sviluppo turistico senza controllo** ha causato **danni notevoli agli equilibri ambientali**, ha stravolto i paesaggi e le architetture tradizionali dei centri storici e ha finito anche per allontanare i turisti più attenti alle caratteristiche culturali dell'arcipelago e alla qualità dell'ambiente costiero.

UN NUOVO MODELLO DI SVILUPPO TURISTICO

Negli ultimi anni si è così fatta strada l'idea di **diversificare l'offerta turistica** puntando su un modello turistico più attento alle risorse ambientali e culturali locali. Si è sviluppato molto, per esempio, il **turismo rurale** che abbina il soggiorno in un luogo a contatto con la natura, alla vicinanza al mare e al ricco patrimonio culturale. Un ruolo centrale è stato svolto dalle **associazioni ambientaliste locali** che sono riuscite a impedire la cementificazione di isolotti incantevoli come Dragonera e Cabrera e a promuovere l'istituzione di numerosi parchi e aree protette. Attualmente alle Baleari vi sono 1 parco nazionale marittimo-terrestre (Cabrera), 6 parchi naturali regionali, 50 aree protette e 8 riserve naturali. Recentemente è uscita una legge che impedisce la costruzione di edifici a meno di 100 m dalla linea costiera, un provvedimento che non rimedia agli scempi edilizi degli anni Sessanta, ma che pone le basi per uno sviluppo urbanistico più equilibrato.

IL TURISMO DI MASSA NELLE ALPI

Anche **l'arco alpino, che copre il 2% del territorio europeo**, ha conosciuto a partire dagli anni Sessanta uno sviluppo rapido del turismo di massa. Da allora, la crescita di **insediamenti turistici poco sostenibili** con numerosi impianti di risalita e piste da sci, unitamente alla costruzione di au-

Turisti sulla spiaggia Magaluf a Maiorca, in Spagna. Alle loro spalle alberghi costruiti a pochi passi dal mare, un esempio di cementificazione del litorale.

tostrade e di impianti idroelettrici e alla **perdita di gran parte della cultura montana** come la pulizia dei boschi, la cura delle foreste e dei pascoli d'alta quota, hanno notevolmente alterato gli equilibri degli ecosistemi alpini.

Proprio la consapevolezza dei **danni non solo ambientali, ma anche sociali** inferti agli ambienti della montagna ha spinto i governi europei a elaborare politiche di sviluppo, anche turistico, più sostenibili. Un documento fondamentale è la **Convenzione sulla protezione delle Alpi** che, siglata nel 1991, per la prima volta considera un territorio montano transnazionale come uno **spazio comune tutelato dal diritto internazionale** e pone dei vincoli allo sfruttamento di questo fragile ambiente.

LE "PERLE DELLE ALPI"

Per rafforzare la nuova sensibilità nei confronti dell'ambiente è nato il **marchio *Alpine Pearls***, che riunisce **24 località turistiche delle Alpi** distribuite in 6 paesi (Italia, Austria, Svizzera, Slovenia, Germania, Francia) le quali si sono impegnate a promuovere un **modello di turismo ecocompatibile**, basato sulla cosiddetta "**mobilità dolce**".

Si tratta di un **modello di mobilità che privilegia i trasporti pubblici a basso impatto ambientale** e permette ai turisti di rinunciare all'uso della propria automobile. Se si giunge in una delle "Perle delle Alpi"con il treno o altri mezzi pubblici, è possibile usufruire di un servizio navetta con auto elettrica ed essere accompagnati in un hotel *eco-friendly*, che offre la possibilità di esplorare la natura in sella a biciclette elettriche ricaricate con l'energia solare o con altre fonti di energia pulita o di fare gite a bordo di un barca ecologica. È anche possibile spostarsi a bordo di un autobus elettrico con finestrini panoramici da cui godere dei bellissimi panorami alpini.

LE "PERLE DELLE ALPI"	
SVIZZERA	Le Diablerets, Disentis Muster, Interlaken-Arosa
GERMANIA	Berchtesgaden, Bad Reichenhall
SLOVENIA	Bled
ITALIA	Limone Piemonte, Ceresole Reale, Cogne, Chamois-La Magdalene, Valdidentro, Malles, Racines, Moso in Passiria, Funes, Moena, Forni di Sopra, Sauris
AUSTRIA	Neukirchen am Großvenediger, Werfenweng, Mallnitz, Weissensee, Hinterstoder
FRANCIA	Val Cenis- Termignon

GLI OBIETTIVI

Le "Perle delle Alpi", allo scopo di contrastare il riscaldamento climatico, si sono poste l'obiettivo di utilizzare al 100% **energie rinnovabili** e di **aumentare l'efficienza energetica**. Entro il 2030 tutte le "Perle delle Alpi" si sono impegnate a raggiungere un livello pari almeno all'80% per quanto riguarda l'autosufficienza energetica, diventando luoghi esemplari di sostenibilità ambientale, protezione della natura, del paesaggio e della biodiversità. Inoltre ci sono itinerari organizzati che collegano attraverso percorsi a piedi, in bicicletta o a cavallo, questi luoghi unici. Un primo esperimento è stato realizzato con successo tra Forni di Sopra e Sauris, due perle del Friuli Venezia Giulia, attraverso un percorso a cavallo che ha permesso ai turisti di visitare i due villaggi senza emissioni di CO_2.

Il lago Weissensee nella Carinzia in Austria.

La ferrovia nei pressi di Arosa, località di montagna in Svizzera.

4 Lezione

IL CICLOTURISMO IN EUROPA

LA RINASCITA DELLA BICICLETTA

In Europa l'uso della **bicicletta come mezzo di trasporto** sia nella vita quotidiana sia nell'ambito del turismo sta conoscendo negli ultimi anni un **grande sviluppo**. La congestione del traffico e l'inquinamento nelle affollate aree urbane, l'affermarsi di una maggiore cura per il proprio benessere fisico e quindi di un crescente interesse verso tutte le forme di attività all'aperto, hanno favorito il grande ritorno delle "due ruote". Anche le istituzioni pubbliche, l'Unione Europea in primo luogo, stanno favorendo lo sviluppo dell'uso della bicicletta attraverso la **creazione di piste ciclabili sia all'interno delle città sia in territori rurali** di interesse paesaggistico e culturale. La Commissione Europea, in particolare, ha sviluppato una serie di iniziative tese a incentivare l'uso della bicicletta nell'ambito urbano attraverso il ***bike sharing,*** ovvero la disponibilità di biciclette a noleggio in vari punti della città, e l'**intermodalità**, cioè la possibilità di portare la **bicicletta sui mezzi pubblici**.

IL PROGETTO EUROVELO

L'Unione Europea sta anche sostenendo lo **sviluppo del cicloturismo**, ovvero l'uso delle due ruote per percorrere **lunghi itinerari turistici in Europa**. È il caso del progetto **EuroVelo**, promosso da ECF (*European Cyclist Federation*), che intende realizzare una **rete di piste ciclabili di alta qualità** che collega tutte le regioni del continente.

Il progetto integra piste e strade già esistenti con altre di nuova costruzione ed è finalizzato sia all'uso quotidiano sia ai cicloturisti veri e propri. I **ciclopercorsi progettati sono 15** e saranno completati entro il 2020 per un totale di 70 000 km; attualmente sono già disponibili tracciati segnalati con i cartelli EuroVelo in 8 paesi: Austria, Francia, Germania, Ungheria, Serbia, Slovacchia, Svizzera e Regno Unito.

LO SVILUPPO DEL CICLOTURISMO

La diffusione del cicloturismo ha determinato lo sviluppo di **infrastrutture specifiche per questo tipo di turismo**: non solo piste ciclabili, ma strutture ricettive specifiche come i ***bed and bike,*** nati in Germania, o servizi come il trasporto dei bagagli dei cicloturisti da una tappa all'altra dei loro percorsi. Alcune ricerche di mercato hanno rilevato che i cicloturisti sono individui adulti, mediamente con più di 40 anni, desiderosi di vivere un'esperienza gratificante anche sul piano culturale, interessati alla natura, alle culture e alla gastronomia dei luoghi che percorrono in sella alle due ruote.

Secondo alcune stime il mercato del cicloturismo genererebbe in Europa circa **50 miliardi di fatturato all'anno**.

I PAESI BASSI, IL REGNO DELLE BICICLETTE

I Paesi Bassi sono il paese più ciclabile d'Europa. In un territorio di 41 543 km^2 ci sono, infatti, 32 000 km di piste ciclabili, contro 2274 km di autostrade.

Quella delle due ruote è una passione che affonda le sue radici nella storia del paese e si spiega in gran parte con la conformazione pianeggiante del territorio. Molti olandesi possiedono più di una bicicletta, una per l'uso quotidiano e un'altra per i percorsi più impegnativi. Per facilitare i ciclisti sono disponibili ampi parcheggi automatizzati. Le due ruote servono anche per il **trasporto di merci**, le *bakfiets*, biciclette con una sorta di bauletto davanti al manubrio che sono in uso da oltre un secolo: negli ultimi decenni il modello tradizionale è stato ridisegnato per trasportare i bambini. La città di Amsterdam, inoltre, vanta il primo esperimento di *bike sharing* del mondo, avvenuto nel 1965. Fu realizzato dai *provos*, un movimento di giovani alternativi olandesi che mise a disposizione della città cinquanta biciclette. All'inizio l'e-

EuroVelo 6, dall'Atlantico al Mar Nero, è una delle piste ciclabili più popolari. Il cartello si trova a Dole in Francia.

LA GERMANIA, PAESE LEADER DEL CICLOTURISMO

La Germania è il paese europeo che ha in assoluto **la più estesa rete di ciclovie** per un totale di 35 000 km e dove è più sviluppato il cicloturismo: circa il 20% dei tedeschi trascorre le sue vacanze in sella a una bicicletta percorrendo i suggestivi itinerari che costeggiano i fiumi più noti: dall'Elba, al Weser, al Danubio e alla linea Oder-Neisse. Particolarmente attrezzata è la regione della Foresta Nera con oltre 8000 km di ciclovie. Si calcola che il cicloturismo generi in Germania oltre **20 milioni di pernottamenti annui** e coinvolga oltre 3000 destinazioni turistiche locali.

L'AVENUE VERTE: LA CICLOVIA PARIGI–LONDRA

L'*Avenue Verte* o *Greenway London-Paris* è un **itinerario ciclistico di 406 km, di cui 246 km da Parigi a Dieppe**. L'itinerario comprende sia piste ciclopedonali, che coprono il 35% del percorso, sia strade normali. È accessibile alle famiglie in bici, ai rollers, ai pedoni e alle persone diversamente abili. Partendo da Parigi, il percorso attraversa in Francia un territorio di grande interesse architettonico e paesaggistico lungo la Senna e la valle dell'Oise, con abbazie, castelli, campagne e coste che hanno ispirato i dipinti di Van Gogh, Cézanne, Renoir, Pissarro e Degas. L'itinerario per molti tratti segue vecchie ferrovie abbandonate e stradine di campagna poco trafficate, offrendo scorci pittoreschi immersi in scenari suggestivi, fino a raggiungere il porto di Dieppe. Da qui si attraversa la Manica in traghetto, poi dallo scalo britannico di Newhaven si prosegue lungo le bianche e frastagliate scogliere di South Downs fino a Brighton, quindi si raggiunge Londra attraverso le verdi colline del Sussex. I tempi di percorrenza sono 5 giorni per ciclisti allenati, 10 per ciclisti adulti non allenati, 15 per famiglie con bambini.

Le piste ciclabili europee	
Germania	35 000 km
Olanda	32 000 km
Inghilterra	17 000 km
Danimarca	12 000 km
Italia	3227 km
Francia	2400 km

sperimento fu rifiutato e considerato una follia, ma negli anni Settanta l'uso delle biciclette fu approvato e incentivato dalle istituzioni pubbliche.

COPENAGHEN, LA CITTÀ PIÙ CICLABILE DEL MONDO

Secondo i dati dell'Unione Internazionale Ciclismo (Uci) Copenaghen è la città più ciclabile del mondo con 390 km di piste ciclabili per 520 000 abitanti. Questa **invidiabile rete di servizi** è il prodotto di una politica dei trasporti ultradecennale e di uno stile di vita tipicamente scandinavo che conferisce **grande rilevanza alla salvaguardia dell'ambiente e alla vita all'aria aperta**. Nella capitale il 55% dei pendolari va a lavorare o a studiare sulle due ruote, riducendo di oltre 90 milioni di tonnellate l'emissione di anidride carbonica. Le biciclette possono tra l'altro essere trasportate sull'intera rete delle metropolitane. Inoltre sulle principali arterie cittadine i semafori garantiscono ai ciclisti la precedenza nella circolazione nelle ore di punta e quindi una velocità media di circa 20 km/h nei tratti più frequentati. Anche i turisti hanno a disposizione un efficiente servizio di *bike sharing* in diversi parcheggi pubblici.

I 15 PERCORSI EUROVELO

Ciclisti attraversano la strada su una corsia dedicata di fronte al municipio di Copenaghen, in Danimarca.

Il turista consapevole

Uno spettacolare scorcio delle Cliffs of Moher in Irlanda.

IL PARCO BURREN E LE CLIFFS OF MOHER: IL GLOBAL GEOPARK UNESCO

Il Burren, un vasto tavolato calcareo nella Contea di Clare in Irlanda.

Il Burren and Cliffs of Moher Geopark (www.burrengeopark.ie)

Esteso per oltre 530 chilometri quadrati il Burren and Cliffs of Moher Geopark è situato nella contea di Clare, in Irlanda e offre una varietà di paesaggi e di testimonianze storiche fuori dal comune. Oltre alla **bellezza naturale delle scogliere di Moher**, possiede diverse specie floreali, tra cui fiori artici e alpini che crescono sorprendentemente a fianco di specie mediterranee.

La **regione del Burren inoltre offre una quantità notevole di testimonianze storiche** con oltre 2700 monumenti sia medievali sia preistorici. Questo ha fatto sì che il Burren sia stato definito come "un grande memoriale delle culture irlandesi del passato".

Nel 2011 il parco ha ottenuto un finanziamento di 1,1 milioni di euro da parte dell'Unione Europea per il progetto **Geopark-Life,** elaborato da diverse istituzioni pubbliche irlandesi al fine di cercare un **equilibrio tra le esigenze dello sviluppo turistico e la salvaguardia dei delicati ecosistemi locali.** Nel 2016 proprio per il suo progetto Geopark-life, il Geopark Burren and Cliffs of Moher è stato proclamato destinazione leader nel mondo per lo sviluppo del turismo sostenibile; ha infatti vinto il primo premio nella categoria *Destination Leadership del The National Geographic World Legacy Awards.*

Le scogliere di Moher

Le **Cliffs of Moher** hanno dimensioni notevoli: sono lunghe otto chilometri e raggiungono un'altezza massima di 214 metri.
Questa famosissima meta turistica rappresenta una tappa fondamentale da includere in un viaggio in Irlanda. **Camminare su scogliere che si trovano a picco sul mare è una sensazione unica**, soprattutto se si effettua la camminata quando si accendono i colori del tramonto. **Le scogliere di Moher sono una zona protetta speciale** (ZPS) tutelata sia dall'unione Europea sia dalla legislazione irlandese poiché durante la stagione di nidificazione ospitano oltre 30 000 coppie di uccelli marini, tra cui un certo numero di specie protette come la gazza marina, la pulcinella di mare e il falco pellegrino.

Il Burren, un paesaggio particolare

Il Burren (o *Boireann*, terra rocciosa), è un'area che si estende tra Corofin e Kinvara, fino al golfo di Galway. È costituito da un **tavolato calcareo**, spoglio di vegetazione, in cui la roccia si è solidificata quando la zona era sotto il livello del mare, 350 milioni di anni fa. Poi, 250 milioni di anni fa, il movimento delle zolle sulla crosta terrestre ha causato una serie ininterrotta di fenditure nel pavimento roccioso, conferendogli il caratteristico aspetto di un puzzle irregolare. Proprio tra le rocce del suolo calcareo nascono molti fiori e vi si trovano **piante alpine, mediterranee e artiche**; in estate fioriscono anche **numerose varietà di orchidee**. Questo **ecosistema unico** al mondo è stato possibile grazie alla combinazione di vari fattori, come il rapido assorbimento delle acque nelle fenditure, il clima oceanico mite e umido, l'assenza di distese erbose e l'estensione contenuta della macchia di arbusti dovuta al pascolo delle capre. Molte delle rocce sono state col tempo modellate dagli agenti esogeni che hanno contribuito a creare un paesaggio insolito.

Caverne e grotte sotterranee

La natura carsica del paesaggio ha fatto sì che il Burren diventasse noto anche per le **numerose caverne sotterranee** e le grotte, la maggior parte delle quali, tuttavia, sono accessibili soltanto da esperti speleologi. Solo le Aillwee Caves, a sud di Ballyvaughan, sono aperte al pubblico. Si tratta di un **labirinto sotterraneo di gallerie**, di corsi d'acqua che scorrono nel sottosuolo e di grotte con migliaia di stalattiti, meta di un pubblico numeroso di famiglie con bambini.

Dolmen e castelli

Nella preistoria la zona era abitata, come testimoniano le centinaia di **tombe sotterranee**, i **numerosi dolmen** e i forti circolari in pietra. Uno dei **monumenti neolitici** più notevoli è il ***Poulnabrone dolmen***: la testimonianza preistorica più famosa fra le 70 tombe megalitiche della regione del Burren. Risale al 3800-3200 a.C. e conteneva le ossa di 25 persone, oltre a gioielli e ceramiche. Tra i forti, invece, si segnalano il Cahercommaun Fort, costruito al margine della scogliera, vicino Carron, e il Ballykinvarga Fort, vicino Kilfenora.

La regione conserva anche vestigia del **periodo medievale** tra cui molti castelli come il Ballinalacken Castle vicino Doolin, il Leamanegh Castle vicino Kilfenora (dove si ergono anche alte croci ben conservate) e la Gleninagh Towerhouse su Black Head. Interessanti rovine monastiche sono quelle della Corcomroe Abbey, abbazia cistercense fondata nel XII secolo.

L'abbazia cistercense di Corcomroe Abbey.

Il nome *Poulnabrone dolmen*, la tomba neolitica situata nel Burren, significa "buco dei dolori".

COMPETENZA DIGITALE

❶ Lavora con internet

Fai una ricerca e trova un parco naturale patrimonio UNESCO in Europa. Realizza una presentazione in PowerPoint descrivendo le sue principali caratteristiche.

OBIETTIVO LAVORO

❷ Lavora con internet

Organizza un itinerario nel parco naturale europeo che hai scelto e imposta la giornata e la scaletta di visita immaginando di essere l'accompagnatore di una famiglia con due bambini piccoli. Pianifica che cosa visitare, i tempi e le soste.

1 Lezione LE CARATTERISTICHE DEL TERRITORIO

UNA PENISOLA DELL'EURASIA

L'Europa è un **continente piccolo**, il meno esteso dopo l'Oceania; ha una superficie di circa 10,5 milioni di km², pari a meno dell'8% del totale delle terre emerse. Situata interamente nell'emisfero boreale, a ridosso di Asia e Africa, l'Europa ha tra le sue caratteristiche principali quella di essere un **continente marittimo**, circondato su tre lati (nord, sud, ovest) dai mari: a nord il Mar Glaciale Artico, a ovest l'Oceano Atlantico e a sud il Mar Mediterraneo. Queste masse d'acqua, che a loro volta si articolano in diversi mari locali, penetrano all'interno delle terre europee tra numerose **penisole** (pari al 27% della superficie del continente), **isole** (8% del totale) e insenature.

Il profilo costiero dell'Europa è infatti pari a circa 100 000 km. Proprio questa caratteristica, con l'alternarsi di terre e acque, ha permesso all'Europa l'utilizzo del mare come fondamentale via di comunicazione e lo sviluppo di importanti civiltà marittime.

Va però detto che dal punto di vista strettamente geografico l'Europa non è un vero e proprio continente, bensì **un'ampia penisola dell'Eurasia**, ovvero di quella grande massa continentale costituita dalle terre emerse dell'Europa e dell'Asia, tra le quali non esiste una divisione fisica chiara.

L'Europa, tuttavia, è considerata un continente perché presenta delle proprie **caratteristiche storico-culturali**, assai differenti da quelle della vicina Asia. I **confini europei orientali sono quindi convenzionali** in quanto è comunemente accettato che essi partono dalla catena degli Urali, spingendosi a sud lungo il corso del fiume Ural e le coste occidentali del Mar Caspio fino a raggiungere i monti del Caucaso e gli stretti del Bosforo e dei Dardanelli tra il Mar Nero e il Mediterraneo.

UN CONTINENTE POCO ELEVATO, DOMINATO DALLE SUPERFICI PIANEGGIANTI E RICCO DI ACQUE

L'Europa, per la presenza di vaste pianure e di rilievi nel complesso poco elevati, ha un'altitudine media molto modesta, pari a soli 348 m e maggiore solo a quella dell'Oceania. Dal punto di vista morfologico **prevalgono le aree pianeggianti** che occupano più della metà del territorio europeo, mentre le montagne si estendono su una parte modesta del territorio. A grandi linee il continente si divide in **tre aree**:

- l'area delle enormi pianure, estesa al centro-nord e a est;
- la zona dei rilievi di modesta altezza, spesso a carattere collinare, al nord e al centro-sud;
- l'area delle elevate catene nelle regioni meridionali.

L'Europa è **ricca di fiumi**, anche se mediamente **sono meno lunghi** di quelli degli altri continenti per via della modesta estensione del continente e della vicinanza tra montagne e costa. Solo i fiumi che scorrono nelle vasta pianura russa, come il Volga e l'Ural, o che attraversano altre aree pianeggianti a est, come il Danubio, competono con i maggiori corsi d'acqua del pianeta e superano i 2000 Km.

Anche i **laghi sono numerosi** e l'Europa è il continente col maggior numero: circa 80 000. La maggior parte di essi ha **origine glaciale** ed è concentrata **nella penisola scandinava e nella pianura russa**, dove all'epoca delle glaciazioni l'azione erosiva dei ghiacciai ha formato numerose conche.

UN CLIMA IN PREVALENZA TEMPERATO

L'Europa presenta in prevalenza sul suo territorio un **clima temperato,** grazie soprattutto alla sua posizione, situata com'è in gran parte alle medie latitudini (tra il 60° e il 35° parallelo nord) e all'influsso mitigatore dei mari Atlantico e Mediterraneo. Un altro fattore favorevole è costituito dalle **condizioni meteorologiche** dell'Europa: masse di aria tiepida e umida – i cicloni – stazionano, infatti, sull'Islanda e in, inverno, nel Mediterraneo, muovendosi da ovest verso est e garantendo così le precipitazioni. Di contro masse di aria secca – gli anticicloni – gravitano sulle Azzorre (Oceano Atlantico) e sulla zona polare, spostandosi d'estate rispettivamente sul Mediterraneo e sull'Europa continentale e assicurando il tempo sereno.

I PRINCIPALI CLIMI EUROPEI

I principali climi europei sono quattro: oceanico, continentale, mediterraneo e alpino. Il **clima oceanico** comprende i territori affacciati all'Oceano Atlantico, dove è più forte l'influsso della Corrente del Golfo: il clima ha precipitazioni abbondanti, scarsa escursione termica annuale, inverni miti ed estati tiepide. Il **clima mediterraneo** interessa le terre più meridionali a ridosso del Mare Mediterraneo ed è caratterizzato da estati calde e aride e da inverni miti e piovosi. Il **clima continentale**, che coinvolge la gran parte del territorio europeo, è caratterizzato, pur con molte varianti al suo interno, da una forte escursione termica con inverni freddi ed estati calde e precipitazioni piuttosto abbondanti. Il **clima alpino** è un clima freddo di alta montagna con scarse precipitazioni, spesso nevose, inverni lunghi e molto gelidi ed estati fresche. Un clima simile a quello alpino è quello subartico, rilevabile alle alte latitudini nella fascia più settentrionale dell'Europa. Queste condizioni climatiche costituiscono un elemento favorevole per il turismo e ne determinano la specializzazione; per esempio il clima mediterraneo è ideale per la balneazione nei mesi estivi, mentre quello alpino per gli sport invernali e il soggiorno estivo.

GLI AMBIENTI NATURALI

I diversi climi determinano la presenza di **ambienti naturali differenti**, con una vegetazione che varia in base alla latitudine e all'altitudine; man mano che si procede verso nord o si sale sono diverse le specie vegetali in grado di adattarsi alle mutate situazioni climatiche. In Europa si possono individuare alcune grandi fasce di vegetazione originaria in cui il paesaggio naturale è abbastanza omogeneo. Da sud a nord esse sono la **macchia mediterranea**, la **foresta di latifoglie** e la **foresta di conifere**. Vi sono poi i due biomi della **tundra** all'estremo nord e della **steppa** nelle terre più aride del clima continentale. Va anche detto che la **vegetazione originaria è stata ampiamente modificata dall'uomo**.

COMPETENZA LOCALIZZAZIONE

1 Lavora con la carta e il grafico

Osserva la carta e rispondi alle domande.

a. Quali sono i due mari minori dell'Oceano Atlantico?
b. Cerchia le 5 principali penisole del continente europeo
c. Quali sono i due arcipelaghi del Mar Glaciale Artico, uno russo e l'altro norvegese?
d. Si trova più a sud l'isola di Creta o la Sicilia?
e. L'Europa ha un territorio prevalentemente montuoso o pianeggiante?
f. Traccia i monti Urali, il fiume Ural e gli stretti dei Dardanelli e del Bosforo, cioè i confini orientali dell'Europa.

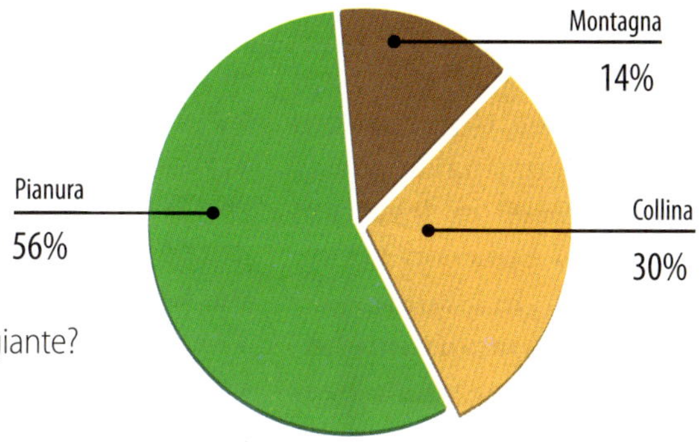

2 Lezione — I PAESAGGI A VOCAZIONE TURISTICA

I PAESAGGI DELLA MONTAGNA

Pur estendendosi su una parte ridotta del territorio europeo, le montagne hanno un ruolo importante sotto il profilo turistico. **A sud** si estendono i **sistemi alpini**, ampia fascia di **montagne giovani**, sorte nell'era terziaria, dall'aspetto aspro e aguzzo e con cime che superano i 3000–4000 m; si tratta delle catene iberiche, dei Pirenei, delle Alpi, degli Appennini, dei Carpazi, dei Balcani e dei monti del Caucaso. **Al centro e al nord dell'Europa** si trovano invece i **rilievi antichi** che, profondamente erosi e arrotondati dagli agenti esogeni, hanno una morfologia dolce e altitudini modeste. Tra queste catene vi sono il Massiccio Centrale francese, i Vosgi, la Selva Nera, i monti Boemi, i monti Urali e le Alpi Scandinave; queste sono le uniche che superano i 2000 m. I vulcani attivi sono concentrati in Italia (l'Etna con 3323 m è il più alto d'Europa), in Grecia e in Islanda.

Le montagne europee sono **un'importante attrattiva turistica**, sia per gli sport invernali legati allo sci, specie nella regione alpina e in quella scandinava, sia, un po' ovunque, come meta di soggiorno e villeggiatura nelle numerose località montane dotate di strutture ricettive. Molto spesso le aree montane sorgono all'interno di aree protette in cui si è anche sviluppato il turismo naturalistico. I vulcani, anche quelli spenti (come in Alvernia, in Francia), costituiscono un'area di forte attrazione per la spettacolarità dei loro paesaggi.

I PAESAGGI DI PIANURA

Le più **grandi pianure** si trovano **nell'Europa centro-orientale** e formano una fascia continua che va dalla Francia fino alla Russia, includendo il Bassopiano franco-germanico e il Bassopiano sarmatico (o pianura russa). Queste sterminate pianure, movimentate in alcuni punti da morbide ondulazioni collinari, corrispondono a terre molto antiche, formatesi in seguito **all'erosione durante l'epoca delle glaciazioni**. Nell'**Europa meridionale**, si trovano invece pianure dalle dimensioni ridotte; qui le aree pianeggianti sono di **origine alluvionale**, formatesi cioè per l'accumulo di detriti trasportati dalle acque dei fiumi: la pianura ungherese, la Valacchia in Romania, la Pianura Padana. Grazie alla mancanza di significativi ostacoli naturali, le pianure europee hanno da sempre rappresentato un'area forte dello spazio europeo, con la nascita di grandi città e di un sistema articolato di **comunicazioni stradali e ferroviarie** che oggi sono un elemento importante per gli spostamenti turistici su strada o ferrovia.

I PAESAGGI FLUVIALI E LACUALI

I fiumi rivestono da sempre grande importanza nella società e nell'economia europee, come dimostra il fatto che le **maggiori città** del continente **sorgono sulle rive di un corso d'acqua**, da Parigi a Londra, da Roma a Mosca, solo per fare alcuni esempi. Il fiume costituisce un elemento caratteristico nella visita di queste città e, le gite in battello sono una prospettiva suggestiva in chiave turistica per osservare il patrimonio artistico cittadino; il più famoso tour, per esempio, è quello sulla Senna a Parigi. Al di fuori dei grandi centri urbani i fiumi europei (dalla Senna, alla Loira, al Reno, al Danubio, al Volga, al Tago) offrono numerose proposte turistiche con **crociere fluviali** lungo il loro corso per ammirare i paesaggi naturali e le risorse artistiche custodite nei territori attraversati. Un turismo strettamente naturalistico, rivolto alla conoscenza di ambienti palustri e della loro fauna, si ha infine con le escursioni nelle **regioni deltizie**: è il caso del delta del Po, del delta del Danubio o della Camargue francese.

Anche i laghi costituiscono un'attrattiva turistica rilevante, offrono, infatti, numerose stazioni di soggiorno e villeggiatura e località balneari dotate di servizi di navigazione. Tra tutti spiccano i **laghi alpini**, con scenari di estrema bellezza, circondati

IL TURISTA CURIOSO

❶ Il nome Europa sembra derivare dalla parola assira "Irib" o "Ereb"(il tramonto) in opposizione alla parola "Ashas" (l'aurora, il levante) poi trasformatasi in Asia.

❷ L'Europa ha una superficie pari a circa 1/3 di quella dell'Africa; ha però uno sviluppo costiero (100 000 km) maggiore di quello africano (42 000 km). La Norvegia è il paese europeo con il maggiore sviluppo costiero, pari a oltre 25 000 km.

❸ Il Mar Caspio ha una superficie di 371 000 km^2 ed è grande come l'Italia e l'Irlanda messe insieme.

❹ La capitale più "alta" d'Europa è Madrid (656 m s.l.m.), quella più "bassa" Amsterdam (-4m).

da montagne boscose e con centri rivieraschi arroccati sulle loro pendici. I maggiori laghi sono quelli di Ginevra, di Lugano, Maggiore, di Como e di Garda dove il clima mite e la presenza di ville storiche con parchi e giardini ne fanno centri turistici ricercati. Il Lago di Garda è il più importante per la balneazione, così come in Ungheria il Balaton, maggiore lago di origine tettonica d'Europa.

I PAESAGGI MARITTIMI E COSTIERI

I paesaggi marittimi e costieri sono differenti a seconda che appartengano al Mar Glaciale Artico, all'Oceano Atlantico o al Mediterraneo. La regione del Mar Glaciale Artico, che bagna solo i litorali di Norvegia e Russia, ha acque molto fredde che ghiacciano per diversi mesi all'anno; il suo utilizzo turistico è del tutto irrilevante fatta eccezione nei mesi estivi per l'area di **Capo Nord**, il punto più settentrionale d'Europa che si affaccia al mare con una costa a strapiombo. La regione atlantica ha, grazie alla Corrente del Golfo, un clima più mite e piovoso; al tempo stesso presenta una notevole varietà costiera. Le coste atlantiche settentrionali di Norvegia, Scozia, Spagna sono alte, rocciose e incise da insenature molto profonde dette **fiordi** in Norvegia, ***firth*** in Scozia e ***ria*** in Spagna. Più a sud in Inghilterra e in Francia settentrionale prevalgono le **falesie**, rocce a picco sul mare alte fino a 100 m. In altri casi come in Francia meridionale, Belgio, Danimarca, invece, dominano le **dune**, cordoni di sabbia accumulati sulla costa dalle onde del mare. In alcuni punti delle coste atlantiche, **le maree** sono molto ampie e superano i 12 m, costituendo un forte richiamo turistico come a Mont Saint-Michel in Francia. Un'altra importante risorsa turistica è costituita **dai paesaggi atlantici** costieri e dalle crociere lungo i fiordi. Non mancano in tutta la regione atlantica le stazioni balneari, ma l'area per eccellenza destinata alla **balneazione estiva** è quella del **Mar Mediterraneo**, le cui coste beneficiano di un clima caldo secco adatto a questo tipo di turismo.

marea

si verifica ogni giorno a causa dell'attrazione che il Sole e la Luna esercitano sulla Terra e quindi anche sulle acque marine. Viene definito bassa marea il livello più basso e alta marea quello più alto raggiunto dalle acque in una giornata.

I NOMI DELLE LOCALITÀ CAMBIANO IN BASE ALL'AREA GEOGRAFICA DI APPARTENENZA

Quando stiamo visitando un paese straniero i nomi delle località che si leggono sui cartelli stradali, nelle mappe o nei depliant turistici sono scritti nella lingua locale e ovviamente non in italiano. Quindi, per esempio, se stiamo trascorrendo una vacanza a Parigi o siamo diretti verso la capitale francese dal territorio transalpino, non troveremo da nessuna parte il termine Parigi, ma dovremo naturalmente fare riferimento a Paris. Allo stesso modo gli inglesi si riferiscono a Roma con Rome e al nostro paese con Italy; i tedeschi chiamano Milano *Mailand*, i francesi Venezia *Venise*, e così via.
I nomi utilizzati dagli abitanti del posto o della nazione di appartenenza vengono detti **endonimi**, mentre i nomi adoperati da altre lingue sono gli **esonimi**. *Venedig* è l'esonimo tedesco dell'endonimo Venezia e per tornare al primo esempio Paris è l'endonimo dell'esonimo italiano Parigi. Esiste infine anche la situazione di città che hanno un doppio nome, in paesi bilingue: è il caso del Belgio, dove nella parte fiamminga di questo stato troviamo la doppia dizione in francese e in neerlandese; è il caso di città come Bruges (francese) o Brugge (neerlandese) oppure di Gand/Gent.

COMPETENZA DIGITALE

❶ Lavora con internet e la carta

Prendi spunto dalle crociere fluviali in territorio belga per organizzare un itinerario lungo uno o più fiumi del Mediterraneo a tua scelta.

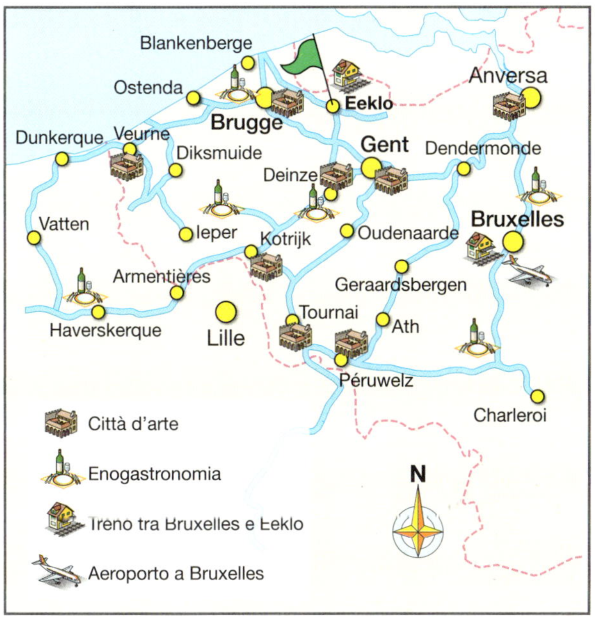

Un canale nel centro storico di Gent, in Belgio.

3 Lezione LA POPOLAZIONE E LA CITTÀ

UN CONTINENTE DENSAMENTE POPOLATO

L'Europa con **740 milioni di abitanti** (di cui 500 milioni residenti nei paesi dell'Unione Europea) è **il continente con meno popolazione dopo l'Oceania**; solo un abitante su 10 è europeo. In relazione alle dimensioni del territorio l'Europa è però densamente abitata: il valore medio è infatti pari a circa 70 abitanti per km^2, un dato inferiore soltanto a quello dell'Asia. L'elevata densità si deve alle favorevoli condizioni ambientali che hanno permesso fin dall'antichità lo sviluppo di floride civiltà e di importanti attività economiche. Le regioni più popolate sono situate nell'Europa centro-occidentale: Inghilterra meridionale, regione renana in Germania, area parigina, Belgio, Paesi Bassi, Pianura Padana. Notevoli concentrazioni di abitanti si registrano anche in alcune zone costiere dell'Italia e della Spagna. Le regioni europee meno popolate sono, invece, alcune aree interne della Spagna e della Francia, le zone montane più elevate come Alpi, Pirenei, Carpazi e poi la Scozia e i vasti territori settentrionali della penisola scandinava e della pianura russa.

POCHI GIOVANI E MOLTI ANZIANI

Da circa 4 decenni la popolazione europea è a **crescita zero**, situazione per cui i numeri delle nascite e delle morti si bilanciano, provocando nella maggior parte dei paesi una stasi naturale della popolazione. In molti stati poi il **numero delle morti supera addirittura quello delle nascite**: è il caso, tra gli altri, di Germania e Italia e di molti paesi dell'Est europeo come Estonia, Lettonia, Bulgaria, Romania e Ucraina. Queste ultime nazioni perdono popolazione in quanto **il calo naturale degli abitanti non è compensato dall'arrivo di immigrati stranieri** come invece avviene in Germania e Italia. Il calo delle nascite si accompagna alla costante diminuzione della mortalità con il conseguente **allungamento della speranza di vita**. Attualmente la durata media della vita di un europeo è di oltre 75 anni (nei paesi dell'Unione Europea la media è di 80 anni), che è un valore molto elevato se lo confrontiamo con quello di molte altre regioni al mondo. Questi fenomeni hanno portato in tutta Europa a un **invecchiamento della popolazione**, cioè a una prevalenza sempre maggiore degli anziani sul resto degli abitanti e alla diminuita presenza dei giovani.

UNA SOCIETÀ SEMPRE PIÙ MULTIETNICA A OCCIDENTE

Negli ultimi decenni l'Europa occidentale ha accolto moltissimi immigrati, provenienti soprattutto dal Nord Africa, dal Medio Oriente, dall'Asia meridionale e sud-orientale e dall'America Latina, ma anche dalle stesse nazioni dell'Est europeo. Si tratta di popolazioni giovani, il cui arrivo attenua l'invecchiamento della popolazione europea, andando incontro alla richiesta di manodopera delle impre-

COMPETENZA LINGUAGGIO DELLA GEOGRAFIA

❶ Lavora con le immagini

Riconosci e definisci la tipologia di quartiere delle seguenti immagini.

Plaza Mayor a Madrid, in Spagna.

Potsdamer Platz a Berlino, in Germania.

se. Al giorno d'oggi infatti oltre il 10% della popolazione attiva dei paesi dell'Europa occidentale è costituito da immigrati stranieri. Oltre agli immigrati per motivi di lavoro sono aumentati i flussi di **rifugiati e profughi provenienti dai paesi colpiti da guerre** (Siria, Libia) o catastrofi naturali. Nei paesi dell'UE si contano oggi circa **34 milioni di immigrati stranieri regolari**, la maggior parte dei quali è concentrata nei paesi occidentali più avanzati economicamente: Germania, Regno Unito, Francia, Italia. Va inoltre aggiunto il numero degli stranieri che ottiene la **cittadinanza** in uno dei paesi dell'Unione Europea, quasi esclusivamente in quelli occidentali, che procede a un ritmo di oltre 800 000 persone all'anno. Negli ultimi 20 anni ben 16 milioni di stranieri sono stati così "naturalizzati", cioè sono diventati cittadini del paese europeo che li ha ospitati. La società multietnica è ormai una realtà nei paesi dell'Europa occidentale, all'opposto di quanto avviene nelle **nazioni dell'Est**, essi stessi paesi di emigrazione e in cui il **peso delle comunità straniere è molto ridotto**. Nelle nazioni occidentali la presenza di comunità straniere ha arricchito il paesaggio urbano di ristoranti etnici, negozi, luoghi di culto, associazioni che sorgono nel territorio delle città occidentali. Essi costituiscono un notevole richiamo turistico, anche perché in questi quartieri si svolgono importanti manifestazioni culturali come per esempio il carnevale caraibico a Londra.

TANTE CITTÀ DALLA LUNGA STORIA

Una delle caratteristiche principali dell'Europa è la presenza di un **vasto e fitto tessuto di città**, molte delle quali hanno origini assai antiche. Il nostro continente è del resto una delle regioni storicamente più urbanizzate del mondo: tre quarti degli europei vivono oggi in aree urbane, per la maggior parte piccole e medie. Sono comunque una cinquantina le **metropoli**, ovvero città di grandi dimensioni che superano il milione di abitanti. Le città europee sono molto cambiate anche rispetto a un passato recente; oggi sono occupate in netta prevalenza da attività del terziario con le vecchie aree industriali che sono state abbandonate o riconvertite in quartieri residenziali, centri commerciali, uffici. Il loro nucleo più antico è il **centro storico** che conserva i monumenti e gli edifici cittadini più caratteristici. Esso svolge quindi una **funzione turistica rilevante**, funzione che è cresciuta negli ultimi decenni con lo svuotamento degli abitanti e l'arrivo di grandi magazzini, negozi alla moda, banche, ristoranti e la pedonalizzazione delle vie e delle piazze più importanti. Anche la costruzione di **prestigiosi musei** ha valorizzato città o quartieri prima trascurati: è il caso del museo Guggenheim a Bilbao o del Centre Pompidou a Parigi. Un certo interesse turistico è rappresentato in alcuni casi anche dai **quartieri degli affari** sorti al di fuori del centro storico; essi richiamano visitatori per la creazione di soluzioni architettoniche moderne e originali, per l'intrattenimento o lo stesso shopping: è il caso di La Défense a Parigi e del quartiere Garibaldi Isola a Milano. Anche i **quartieri etnici** in cui si sono concentrate le comunità straniere più numerose e dove si ritrovano negozi e ristoranti dei paesi d'origine costituiscono un elemento di attrazione: si possono citare le diverse Chinatown delle città europee o il quartiere bangladeshi di Brick Lane a Londra o quello turco di Kreuzberg a Berlino.

La facciata del Centre Pompidou a Malaga, collegato a quello di Parigi.

Chinatown a Londra, fondata nel 1880 da marinai e commercianti cinesi.

4 Lezione LA STORIA E L'ECONOMIA

DALLE GRANDI CIVILTÀ MEDITERRANEE AL DOMINIO EUROPEO SUL MONDO

Già nell'antichità l'Europa ha conosciuto lo sviluppo di importanti **civiltà mediterranee**, prima tra tutte quella **greca** che diede vita a una rete di **città-stato autonome** (*poleis*), dotate di una prima forma di governo democratico; esse costituirono la culla del pensiero europeo occidentale. Alla civiltà greca si sovrappose quella dei Romani che unificarono sotto un **unico stato** gran parte dell'Europa, un territorio che dalle coste del Mediterraneo si estendeva alla parte occidentale del continente fino alle isole britanniche. Con il declino dell'Impero romano e l'affermarsi del **feudalesimo**, la **Chiesa cattolica** finì per svolgere un ruolo importante, affermandosi come centro di cultura e di riferimento religioso per tutta l'Europa. Dopo l'anno Mille, con la ripresa economica e demografica del basso Medioevo, in **Europa occidentale** si venne a creare una situazione politica più dinamica in cui si confrontavano più poteri, da quello dei re a quello del papa, a quello dei feudatari, dei comuni e delle città libere, mentre nell'**Europa orientale** si formarono potenti imperi **tirannici,** come quello russo e quello ottomano; ciò finì per isolare questa parte d'Europa dalle innovazioni che si diffondevano in Occidente.

Con le esplorazioni geografiche e la scoperta dell'America nel 1492 l'Europa sancì il proprio dominio sul resto del mondo; ciò però comportò un declino del Mediterraneo e lo **sviluppo economico** dei paesi affacciati all'Oceano Atlantico. Proprio con le scoperte geografiche l'Europa affermò il suo **potere nel mondo**, che durò per oltre 4 secoli; Spagna, Portogallo, Francia e Gran Bretagna furono le maggiori **potenze coloniali.** Esse imposero negli altri continenti le proprie **lingue,** le proprie **tradizioni culturali** e **religiose**, un **sistema economico** a loro conveniente.

DALLA CRISI ALL'UNITÀ

Nel Novecento l'Europa conobbe una grave crisi a seguito di due guerre mondiali combattute in gran parte sul suo territorio. È così che alla fine della Seconda guerra mondiale (1945) l'Europa si ritrovò soggetta alla supremazia delle superpotenze di USA e URSS e fu divisa in due blocchi contrapposti politicamente e militarmente: da una parte i **paesi occidentali capitalisti** (con un'economia gestita in prevalenza da privati e un sistema politico con più partiti), alleati degli Stati Uniti, e dall'altra i **paesi orientali comunisti** (con un'economia controllata totalmente dallo stato e un sistema politico a partito unico), legati all'Unione Sovietica. Questa situazione, che durò fino al 1989, fu caratterizzata da una conflittualità e tensione tale da essere definita **Guerra Fredda**. Nel secondo dopoguerra comunque, proprio **per evitare** il ripetersi di altre **guerre,** i paesi dell'Europa occidentale, tra cui l'Italia, diedero vita a forme di cooperazione: nacquero così i primi organismi comunitari che poi sfociarono nell'**Unione Europea**, finendo per allargarsi in seguito (a partire dal 2004) anche alle nazioni dell'Est.

UN'ECONOMIA IN CUI SPICCANO I PAESI OCCIDENTALI

Con una popolazione pari a poco più del 10% di quella mondiale, l'Europa produce oltre il 30% di tutto il reddito mondiale. Nel nostro continente si trova un elevato numero di paesi ricchi e la maggioranza dei cittadini europei conduce un'**esistenza confortevole** e dignitosa, diversamente da quanto avviene per la gran parte della popolazione mondiale. Inoltre sono europee alcune delle dieci maggiori **potenze economiche mondiali**: Germania, Francia, Regno Unito, Italia e Russia. I paesi dell'**Europa occidentale**, i più ricchi e avanzati del continente, sono all'incirca una ventina e detengono oggi, insieme al Nordamerica e all'area giapponese e cinese, una **posizione dominante** nell'economia mondiale. Nell'Europa occidentale sorgono quasi tutte le maggiori **capitali europee**, le città che ospitano gli organi politici ed economici dell'Unione Europea e i maggiori centri finanziari

La *polis* di Atene fu nell'antichità uno dei maggiori centri del Mediterraneo, è considerata la culla della moderna civiltà e della democrazia

(Londra, Parigi, Zurigo, Francoforte, Amsterdam e Milano) del continente. La presenza di grandissimi porti come Rotterdam nei Paesi Bassi, il maggiore del mondo e delle più importanti vie di comunicazione fa sì che nell'Europa occidentale si svolgano anche le maggiori **attività commerciali**. Sempre in questa regione, poi, si trovano le industrie più avanzate, i servizi più qualificati e le sedi direzionali delle maggiori **imprese multinazionali europee**. Anche **il turismo è un punto di forza** con Francia, Spagna e Italia che costituiscono tre grandi potenze del settore.

UN'EUROPA ORIENTALE ANCORA DEBOLE

I paesi dell'**Europa orientale** svolgono invece un **ruolo marginale** nel sistema economico mondiale. Le loro economie sono fragili e la popolazione dispone di un tenore di vita decisamente inferiore a quello degli stati occidentali. Si tratta di paesi ex comunisti che, fino a poco tempo fa, si basavano su un sistema economico gestito completamente dallo stato. Nei confronti delle nazioni occidentali essi hanno accumulato un notevole ritardo e oggi stanno faticosamente cercando di raggiungere un livello di sviluppo analogo. In tal senso sono stati compiuti **progressi consistenti** da parte di quei paesi, come la Repubblica Ceca, la Slovenia, la Polonia e l'Ungheria, che avevano già dall'Ottocento una buona tradizione industriale e che sono da poco entrati a far parte dell'Unione Europea. Si tratta di stati in cui le condizioni di vita dei cittadini sono ancora modeste, ma che hanno conosciuto di recente il trasferimento di aziende e in cui si è assistito allo sviluppo del turismo (Praga, Budapest, costa adriatica slovena e croata) e a una modernizzazione dell'agricoltura. La **Russia** dispone infine di grandi risorse minerarie (petrolio, gas) e grazie a queste è oggi uno dei **paesi emergenti**.

La facciata del Palazzo dei Papi ad Avignone, patrimonio dell'UNESCO, in Francia.

La spiaggia di Brela sulla riviera di Makarska in Dalmazia, Croazia.

Il monumento delle Scoperte, uno dei luoghi turistici più famosi di Lisbona.

Turisti in coda per entrare nella nuova ala del museo di Van Gogh di Amsterdam, nei Paesi Bassi.

5 Lezione L'UNIONE EUROPEA E LA MOBILITÀ

DALLA CECA ALLA UE

Il primo organismo comunitario si costituì nel 1952 con la **Comunità Europea del Carbone e dell'Acciaio (CECA)** a cui aderirono **sei stati**: Belgio, Paesi Bassi, Lussemburgo, Francia, Repubblica Federale Tedesca e Italia. L'abolizione dei dazi doganali favorì gli scambi e la crescita del settore carbonifero e dell'acciaio. I risultati positivi spinsero gli stessi 6 paesi fondatori ad allargare il mercato comune agli altri settori economici; con questo spirito nacque nel 1958 la Comunità Economica Europa (CEE). Oltre a creare un mercato unico, la CEE si costituì come **organismo sopranazionale** (a cui gli stati membri cedono una parte della propria sovranità) coordinando le politiche economiche e sociali dei paesi membri e intervenendo così in numerosi settori: dall'agricoltura, all'industria, ai trasporti, all'energia.

In seguito il mercato unico è stato progressivamente allargato, oltre che alle merci, anche ai servizi, alle persone e ai capitali (le cosiddette quattro libertà di circolazione), senza limiti di frontiere e dogane. Di fronte ai successi ottenuti, il processo di integrazione tra gli stati membri è continuato ininterrottamente e la Comunità ha via via esteso il campo delle proprie competenze; ciò è avvenuto parallelamente all'aumento dei paesi membri che sono passati dai 6 iniziali agli attuali 27, dopo la Brexit, evidenziando per la comunità una notevole forza di attrazione.

Con il **Trattato di Maastricht**, entrato in vigore nel 1993, la Comunità ha preso il nome di **Unione Europea (UE)** e si è data **due** obiettivi ambiziosi: raggiungere da un lato l'**unione economico-finanziaria** e dall'altro l'**unione politica** dei paesi europei. Dal 2002 con la creazione della **moneta unica**, l'euro, e la costituzione di una banca centrale unica, l'unione economico-finanziaria può dirsi realizzata negli stati (oggi 19) che adottano l'euro. Per quanto riguarda invece l'unione politica, la sua attuazione oggi sembra difficile, se non del tutto tramontata.

LE ISTITUZIONI DELL'UNIONE EUROPEA

Le principali istituzioni della UE che garantiscono il funzionamento dell'organismo sono:

- la **Commissione Europea** che **progetta e propone** le iniziative in tutti i campi d'intervento dell'Unione. È formata da 28 commissari (uno per ogni paese) nominati ogni 5 anni dai governi dei paesi della UE. Ha sede a Bruxelles (Belgio);
- il **Consiglio dell'Unione Europea** (o Consiglio dei Ministri europeo) che ha il compito di approvare le proposte della Commissione e del Parlamento europeo. È composto dai ministri che nel proprio paese si occupano dello stesso settore: è così che, a seconda dei problemi da affrontare, si incontrano i ministri dell'agricoltura, dell'industria, dell'ambiente ecc.; si riunisce a Bruxelles;
- il **Parlamento Europeo** che approva il bilancio della UE e discute le leggi presentate dalla Commissione; è l'unica istituzione votata direttamente dai cittadini. Ha sede a Strasburgo (Francia);
- il **Consiglio Europeo** che decide gli orientamenti politici generali della UE; è composto dai soli capi di stato o governo e allargato al presidente della Commissione. Si riunisce in località diverse;
- la **Banca Centrale Europea** che emette le banconote e le monete ed è responsabile della politica monetaria europea; ha sede a Francoforte sul Meno (Germania).

Sede della Commissione Europea a Bruxelles.

LA LIBERTÀ DI MUOVERSI LIBERAMENTE NELLA UE

La comunità prevede alcuni diritti specifici dei cittadini europei: tra questi quello di **circolare e soggiornare liberamente** su tutto il territorio dei paesi membri. Di conseguenza non sono necessari particolari permessi per studiare o lavorare in uno stato qualsiasi dell'Unione. Proprio per realizzare una completa circolazione dei cittadini europei, la gran parte dei paesi dell'Unione (tra cui l'Italia) ha stipulato la **Convenzione di Schengen** (entrata in vigore nel 1995), in base alla quale sono stati aboliti i controlli alle **frontiere** nel passaggio delle persone da uno stato all'altro e non è necessario il controllo di documenti e bagagli. Queste caratteristiche, insieme all'adozione della moneta comune, hanno **favorito molto gli spostamenti anche a fini turistici** degli europei all'interno dei vari paesi dell'Unione. Va però detto che negli ultimi anni, a seguito prima del massiccio afflusso di migranti provenienti dalle aree di guerra del Medio Oriente e poi degli attentati terroristici in Francia, Belgio e Germania, i controlli alle frontiere sono stati parzialmente reintrodotti lungo i confini tra alcuni stati europei.

UN BILANCIO POSITIVO, MA UN FUTURO INCERTO

Dalla nascita dei primi organismi comunitari a oggi l'Unione Europea ha ottenuto **molti successi**. Il più grande è sicuramente la costruzione, dopo le tragedie delle guerre, di una comunità di **stati che collaborano e che vivono in pace** tra loro. A questo proposito l'Unione Europea ha ricevuto nel 2012 il **premio Nobel per la pace** perché nei 60 anni della sua storia ha contribuito all'avanzamento della pace, della riconciliazione, della democrazia e dei diritti umani in Europa. Enormi sono stati poi i risultati in campo economico, dallo sviluppo commerciale e produttivo all'adozione dell'euro: grazie a ciò si è realizzato un netto miglioramento del livello di vita dei cittadini europei. A questo va aggiunto **l'abbattimento delle frontiere che ha permesso ai cittadini comunitari di muoversi liberamente**.

Tuttavia, pur essendo nel suo insieme una grande potenza economica, l'UE **non riesce a svolgere** a livello mondiale **un ruolo politico** pari al suo peso. In particolare l'UE non è stata in grado di attuare una politica estera e di difesa comune. Spesso **prevalgono gli interessi nazionali** e le rivalità e le divisioni tra i singoli stati continuano ad avere il sopravvento. Un esempio è dato nel corso del 2015 e del 2016 dalle notevoli differenze in merito al problema dei profughi provenienti dalle aree di conflitto del Medio Oriente: alcuni paesi, soprattutto quelli occidentali come Germania e Italia, si sono dimostrati disponibili all'accoglienza dei rifugiati, mentre altre nazioni, specie quelle dell'Est come Ungheria e Polonia, hanno manifestato una netta opposizione. Negli ultimi anni inoltre la **pesante crisi economica e finanziaria** che ha coinvolto alcuni paesi della zona euro ha finito per mettere a dura prova le condizioni di vita dei cittadini in quei paesi (primo tra tutti la Grecia) che sono stati costretti ad adottare, su disposizione dell'Unione Europea, **pesanti tagli** (pensioni, impieghi pubblici, sanità) alla spesa sociale per far fronte ai debiti contratti.

Per questi motivi la comunità è stata da più parti accusata di essere un **organismo burocratico** che impone decisioni estranee alle esigenze dei cittadini europei. In tutta l'Unione sono così cresciuti movimenti e gruppi politici anti UE e, per la prima volta un paese ha deciso, con il referendum del 23 giugno 2016, **l'uscita dalla comunità**: si tratta del **Regno Unito,** che ha sempre avuto un atteggiamento molto critico nei confronti della comunità

Monumento per la convenzione di Schengen a Schengen, Valle della Mosella, Lussemburgo.

europea. Tuttavia i tempi di questa uscita non sono ancora certi e il processo appare piuttosto lungo e complesso. Al tempo stesso però molti paesi europei al di fuori dell'Unione Europea, come Albania, Bosnia ed Erzegovina, Kosovo, Macedonia, Montenegro, Serbia e Ucraina, aspirano ad entrare nella comunità.

COMPETENZA LINGUAGGIO DELLA GEOGRAFIA

1 Lavora con la carta

Individua i 19 paesi UE che adottano l'euro.

I PAESI DELL'EURO

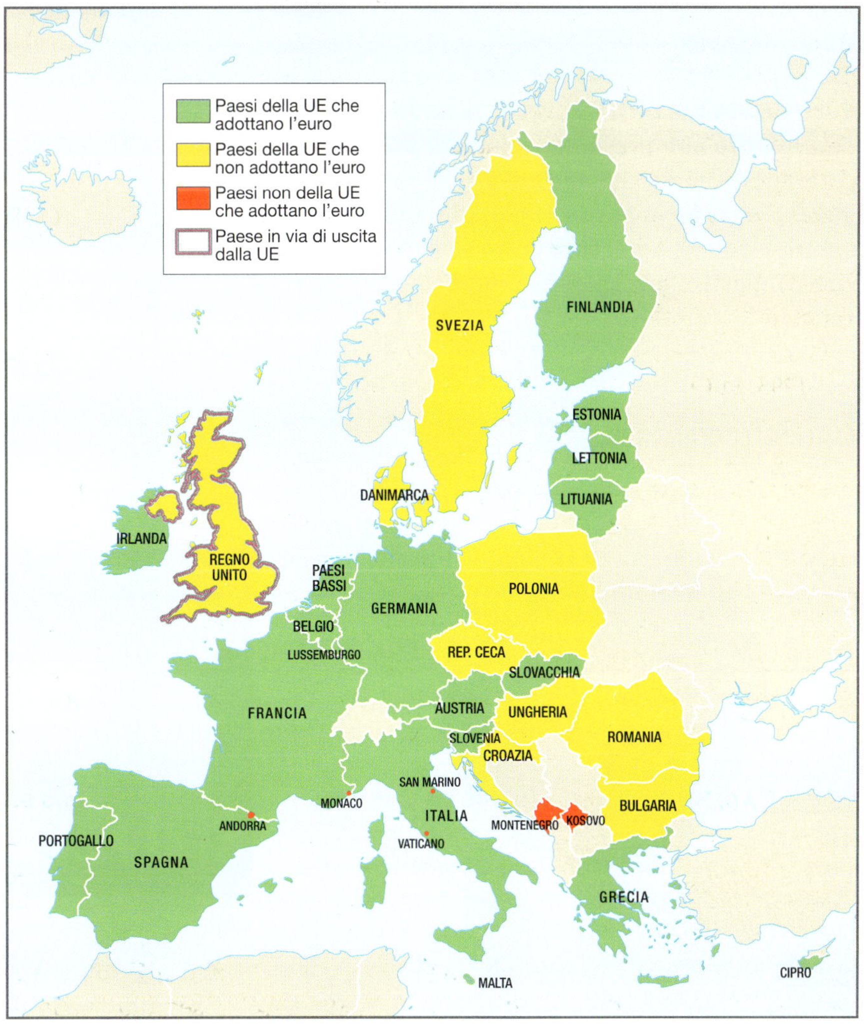

6 Lezione

I SITI PATRIMONIO UNESCO IN EUROPA

Il **PATRIMONIO TURISTICO** dell'Europa è, in proporzione all'estensione del territorio e alla sua popolazione, enorme. Nel continente europeo si trova oltre il 40% dei siti patrimonio dell'umanità; si tratta di quei luoghi tutelati dall'UNESCO, l'agenzia dell'ONU che si occupa di educazione, scienza e cultura, perché hanno un particolare valore dal punto di vista culturale o naturale. Nel 2016 l'Europa aveva **458 siti** tutelati su un totale mondiale di 1052; ben quattro dei primi cinque paesi con il maggior numero di siti sono europei. Essi sono l'Italia (il paese che è al primo posto con 51 siti), la Spagna (45), la Francia (42), e la Germania (41).

Secondo l'UNESCO, il **PATRIMONIO CULTURALE** indica un monumento, un insieme di edifici o un sito di valore storico, estetico, archeologico, scientifico, etnologico o antropologico.

Per **PATRIMONIO NATURALE**, invece, si intende un luogo che presenta considerevoli caratteristiche fisiche, biologiche e geologiche, nonché il particolare habitat di specie animali e vegetali in pericolo e zone di particolare valore scientifico ed estetico.

I SITI UNESCO NEL MONDO

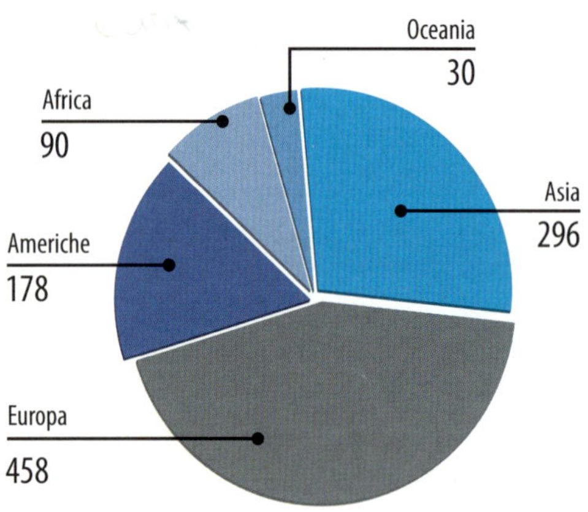

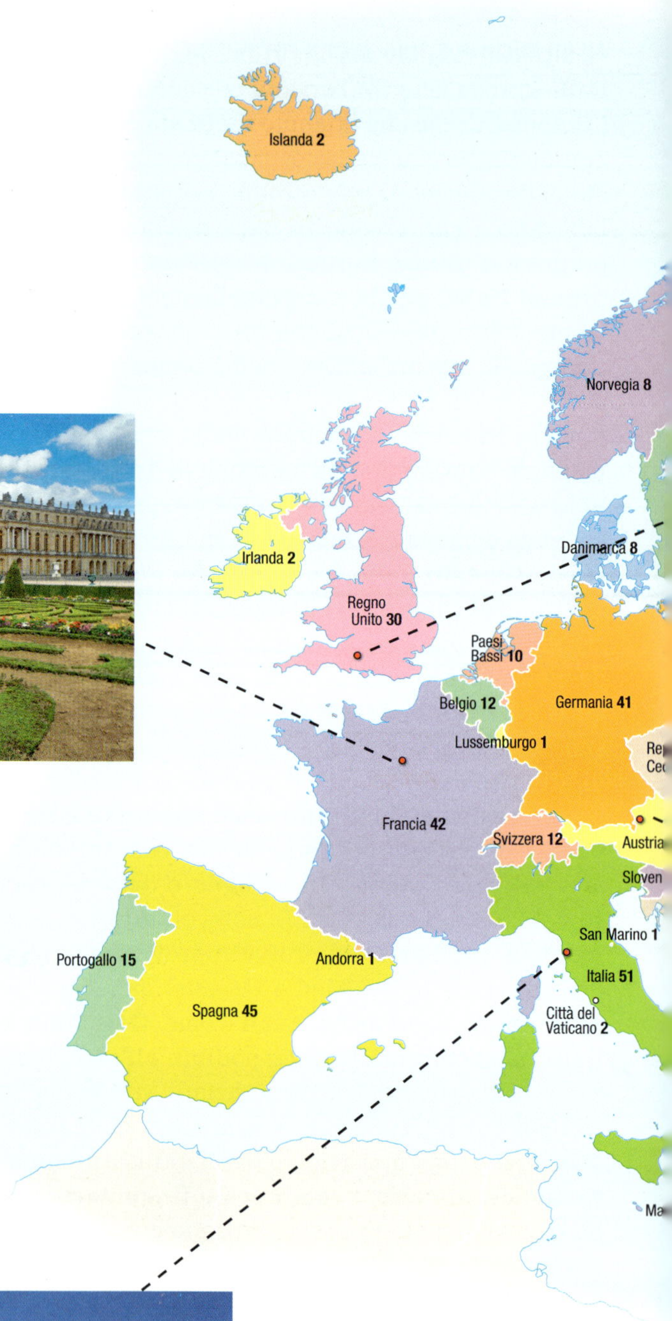

Francia
La reggia di Versailles.

Italia
Il duomo di Santa Maria Assunta in Piazza dei Miracoli a Pisa.

Regno Unito
Stonehenge, Wiltshire, in Inghilterra.

Russia
Il canale nel centro storico di San Pietroburgo con sullo sfondo la Chiesa del Salvatore o del Sangue Versato.

Austria
Il centro storico di Salisburgo.

Grecia
Uno dei monasteri delle Meteore a Trikala.

SCRIVI UN TESTO IN 200 PAROLE

Lavora con il testo, la carta, internet e le immagini seguendo i punti elencati

a. Indica di che cosa si occupa l'UNESCO.
b. Segnala la differenza tra sito naturale e sito culturale secondo i criteri dell'UNESCO.
c. Evidenzia qual è l'importanza dell'Europa nel patrimonio dell'UNESCO.

Il turista consapevole

L'Abbazia di Rein è un monastero cistercense in Stiria, Austria. Fa parte dell'itinerario europeo delle abbazie cistercensi.

ITINERARI CULTURALI IN EUROPA

Il Consiglio d'Europa e gli itinerari culturali

Il Consiglio d'Europa è la più vecchia organizzazione internazionale del continente. Fu creata nel 1949 da 10 stati (tra cui l'Italia) con l'obiettivo prioritario di diffondere i diritti umani e la democrazia. Oggi l'organizzazione conta **47 stati membri** e in Europa solo la Bielorussia e il Kazakistan (che ha una porzione del suo territorio in Europa) non ne fanno parte, mentre il Vaticano è uno stato osservatore.

Oltre alla **finalità di tutelare i diritti umani** ed espandere la democrazia, il Consiglio d'Europa si pone l'obiettivo di proteggere e **promuovere la ricchezza culturale del continente e sviluppare l'identità europea**, facilitando il **turismo sostenibile**. Seguendo queste linee guida nel 1987 è stato lanciato il programma degli **itinerari culturali**.

Si tratta di itinerari che ripercorrono nel tempo e nello spazio la diversità culturale del continente e che intendono valorizzare il suo enorme patrimonio. Percorsi che vanno al di là di un singolo paese e che sono pensati per riscoprire le radici culturali del continente ed essere uno strumento di scambio e arricchimento tra le varie nazionalità europee.

Gli obiettivi

Gli itinerari sono pensati per attraversare e unire più paesi collegati da temi di interesse storico, artistico o sociale. L'obiettivo è quello di **mettere in comunicazione il passato con il presente della storia europea**, alla riscoperta del patrimonio culturale del continente. In alcuni casi gli itinerari sono veri e propri percorsi da seguire, come per esempio il famoso Cammino di Santiago, in altri invece costituiscono tappe in alcune località (città, regioni) che presentano caratteri comuni. Sono tutti pensati per mettere in evidenza le diversità europee e la ricchezza culturale del continente.

La certificazione

Ogni itinerario culturale è certificato dal Consiglio d'Europa sulla base di alcuni criteri:

- deve fare riferimento a un tema rappresentativo dei valori europei;
- il tema deve essere comune ad almeno 3 paesi europei;
- deve essere oggetto di studio e ricerca scientifica tra più nazioni e coinvolgere più discipline;

- deve valorizzare il patrimonio storico e la memoria dell'Europa, contribuendo alla comprensione della diversità odierna del continente;
- deve favorire scambi culturali ed educativi tra giovani con lo scopo di sviluppare il concetto di cittadinanza europea, comprendendone le sue diversità;
- deve promuovere progetti innovativi e sostenibili nel settore turistico;
- deve sviluppare prodotti turistici destinati a diverse tipologie di visitatori.

I 32 ITINERARI CON L'ANNO DI CERTIFICAZIONE

I Cammini di Santiago di Compostela (1987)
La Hansa/le città anseatiche (1991)
Le Rotte dei Vichinghi (1993)
La Via Francigena (1994)
Gli Itinerari del patrimonio Al-Andalus (1994)
Le Vie europee di Mozart (2002)
La Rotta dei Fenici (2003)
La Rotta del Ferro nei Pirenei (2004)
Itinerario europeo del patrimonio ebraico (2004)
Itinerario di San Martino di Tours (2005)
I Siti Cluniacensi in Europa (2005)
Le Rotte dell'Olivo (2005)
La Via Regia (2005)
Transromanica (2007)
Iter Vitis, il Cammino della vite in Europa (2009)
Itinerario europeo delle Abbazie cistercensi (2010)
Itinerario europeo dei Cimiteri (2010)
I Cammini dell'arte rupestre preistorica (2010)
Itinerario europeo delle Città storiche termali (2010)
Itinerario dei Cammini di Sant'Olav (2010)
I Siti Casadei (2012)
Itinerario europeo della Ceramica (2012)
La via del Megalitico (2013)
Le strade degli Ugonotti e dei Valdesi (2013)
Atrium (2014)
La Rete dell'Art Nouveau (2014)
Via Habsbourg (2014)
Itinerario degli Imperatori Romani e del vino del Danubio (2014)
Sulle tracce di Stevenson (2015)
Destinazione Napoleone (2015)
L'itinerario europeo dell'imperatore Carlo V (2015)
Itinerario fortificato della "Grande Region" (2016)

L'abbazia cistercense di Fontenay, patrimonio dell'UNESCO dal 1981, nel comune di Marmagne, Borgogna, in Francia.

L'abbazia cistercense di Morimondo, nei pressi di Milano.

OBIETTIVO LAVORO

1 Lavora con internet

Approfondisci un itinerario a tua scelta utilizzando i seguenti siti:
www.coe.int/it/web/portal/home
www. culture-routes.net/
www. culture-routes.net/cultural-routes/list

Fai una ricerca e verifica se la Via del Cioccolato, candidata a diventare un itinerario europeo, è stata approvata e quali caratteristiche assume, riportando le località, i paesi coinvolti e le principali attrattive.

SEI PRONTO PER LA VERIFICA?

LOSAI? RIPASSA CON LO SMARTPHONE

IN 1 ORA

1 Dopo aver studiato le unità, completa la sintesi utilizzando le parole proposte. Attenzione, ce ne sono 5 in più. ...../ 10

UNITÀ 5 – TURISMO E AMBIENTE IN EUROPA

- Il turismo è la quarta causa di inquinamento dell'aria in Europa: ne sono responsabili gli aerei e le ..AUTO............ private, e anche gli hotel; altri problemi sono legati allo smaltimento dei rifiuti. Poiché il turismo sta crescendo, la Commissione europea ha aumentato gli interventi per promuovere un turismo sostenibile e di qualità mettendo a disposizione un sistema di ...INDICATORI... per una migliore gestione delle risorse. Sono nati quindi diversi schemi di certificazioni a carattere volontario che attestino l'eco-sostenibilità delle strutture ricettive.

- Il turismo sostenibile rispetta le risorse naturali, i costumi e gli ....STILI......... di vita locali, ogni struttura deve garantire pari peso alla componente economica, etica e ambientale. Lo sviluppo dell'ospitalità verde è stata incentivata anche dallo sviluppo di PIATTAFORME..... digitali apposite come ad esempio la Ecobnb.it.

- L'arcipelago delle Baleari dagli anni Sessanta è diventato meta di un imponente turismo di massa che ha fatto crescere l'economia ma, nel contempo, ha inferto danni agli .EQUILIBRI....... ambientali soprattutto a causa di una cementificazione incontrollata. Oggi associazioni per la difesa dell'ambiente svolgono un .RUOLO............ centrale per cercare di recuperare il patrimonio naturale delle isole.

- Anche sulle Alpi si è assistito ad una crescita di molti insediamenti turistici e di numerosi impianti di risalita che hanno provocato non solo danni ambientali ma anche ...SOCIALI.......... Dal 1991 la Convenzione sulla protezione delle Alpi ha fatto sì che tutto il territorio alpino venisse considerato spazio comune tutelato dal ..DIRITTO.......... internazionale. Sulla scia di questa nuova mentalità è nato il marchio "Alpine Pearls" che riunisce 24 località turistiche.

UNITÀ 6 – EUROPA, LE CARATTERISTICHE GENERALI E IL TURISMO

- L'Europa è un continente di piccole .DIMENSIONI..... ma con un grande sviluppo costiero, 100 000 km, in quanto circondato da tre mari e può essere considerato la penisola di un continente ben più ampio, l'Eurasia. Prevalgono le pianure ed è molto ricca di fiumi e di laghi, la maggior parte dei quali di origine ...GLACIALE....... .

- Le principali città europee sorgono lungo i .FIUMI............. dove navigano battelli che offrono al turista una visione diversa della città. Sui fiumi inoltre c'è la possibilità di effettuare le cosiddette "crociere fluviali" e, nelle regioni del delta, quella di ammirare ambienti ...PALUSTRI....... con una fauna molto peculiare. Anche i laghi costituiscono un'attrattiva turistica sia per la bellezza dei paesaggi sia per il ....CLIMA......... mite.

- Le coste hanno caratteristiche molto differenti; a nord il clima e le acque fredde scoraggiano la balneazione, mentre quelle del Mar Mediterraneo sono molto frequentate in estate quando il clima caldo e SECCO... attira milioni di turisti interessati anche alle numerose città d'arte.

- La densità di popolazione è di 70 ab./km^2, inferiore solo a quella asiatica. Ciò è dovuto alle favorevoli condizioni ambientali e alle floride ....CIVILTÀ...... e attività del passato. La popolazione è interessata dalla crescita zero: a fronte di un importante calo delle nascite, si assiste al fenomeno dell'invecchiamento della popolazione non compensato, se non in parte, dall'arrivo di immigrati stranieri.

- Gli immigrati sono una popolazione giovane che arriva per motivi di lavoro ma anche perché in fuga da zone di .GUERRA........... o afflitte da catastrofi naturali. Ogni anno 800 000 di loro ottengono la cittadinanza in uno dei paesi della UE.

- Dalla fine della Seconda guerra mondiale fino al crollo del ..COMUNISMO....., l'Europa ha vissuto un periodo di grande tensione divisa com'era tra due modelli economici e politici diversi che facevano capo agli Stati Uniti e all'URSS. Nel 1989, con il crollo del muro di Berlino, questa contrapposizione è finita e sono nate forme di ..COOPERAZIONE... tra est e ovest che hanno portato all'inserimento di diverse nazioni orientali nell'Unione Europea.

- Nel nostro continente la popolazione gode mediamente di una buona ....QUALITÀ........ di vita e, con gli USA e il Giappone, occupiamo una posizione dominante nell'economia mondiale. I paesi dell'est europeo invece hanno tuttora una posizione più ....MARGINALE.... sebbene abbiano migliorato negli ultimi anni il loro livello di sviluppo.

- La CECA e la CEE, con il loro successo ottenuto grazie alla creazione di un mercato unico senza frontiere, sono stati il presupposto per la nascita della UE avvenuta a Maastricht nel 1993. L'introduzione di una ..MONETA......... unica e la Convenzione di Schengen, che abolisce i controlli alle frontiere, hanno ulteriormente accelerato un processo di ..UNIFICAZIONE..... che rimane però solo su un piano economico e non politico in quanto prevalgono spesso gli interessi nazionali.

Parole da inserire: qualità • limiti • dimensioni • crescita • sociali • auto • imperi • piattaforme • equilibri • unificazione • cooperazione • moneta • vicinanza • nucleo • diritto • marginale • fiumi • guerra • civiltà • secco • clima • stili • indicatori • ruolo • comunismo • glaciale • palustri

ZTE ONLINE
Mettiti alla prova con 20 esercizi interattivi

2 Indica se le frasi sono vere o false. (1 punto ciascuna) ..... / 7

a. I trasporti producono il 75% delle emissioni di CO_2 legate al turismo. ☒ V ☐ F
b. Il Treehotel è un hotel norvegese nel quale le camere sono sugli alberi. ☒ V ☐ F
c. Ad Amsterdam sono nate le prime iniziative di *bike sharing*. ☒ V ☐ F
d. Il clima continentale interessa i paesi che si affacciano sul Mar del Nord. ☐ V ☒ F
e. Capo Nord è il punto più a settentrione d'Europa. ☒ V ☐ F
f. In molti stati europei il numero dei morti supera quello dei nati. ☒ V ☐ F
g. La CECA regolava la crescita dei settori di petrolio e gas. ☐ V ☒ F

3 Indica la risposta corretta. ..... / 2

I paesi i cui territori sono occupati dalle grandi pianure dell'Europa centro-orientale sono:
- ☒ Germania
- ☐ Austria
- ☐ Ungheria
- ☒ Russia
- ☒ Francia

4 Associa ogni termine al paese di riferimento. (1 punto ciascuna) ..... / 9

a. Forni di Sopra
b. Dune
c. Firth
d. Importante centro finanziario
e. Cabrera
f. Regione deltizia
g. Montagne giovani
h. 390 km di piste ciclabili
i. Kolarbyn Ecolodge

e 1. Isole Baleari
f 2. Camargue
i 3. Svezia
d 4. Francoforte
g 5. Pirenei
h 6. Copenaghen
a 7. Friuli-Venezia Giulia
b 8. Belgio
c 9. Scozia

5 Scrivi la definizione dei termini proposti. (5 punti ciascuna) ..... / 15

a. "Perle delle Alpi" 24 località turistiche delle Alpi che promuovono un modello di turismo ecocompatibile
b. Guerra Fredda conflitto che durò dalla fine della 2° guerra mondiale al 1989, combattuta dai paesi occidentali capitalisti contro i paesi orientali comunisti
c. Convenzione di Schengen stipulata dall'UE, in base alla quale sono stati aboliti i controlli alle frontiere

6 Rispondi alle domande. (10 punti ciascuna) ..... / 50

a. Quali sono le più importanti certificazioni di qualità per il turismo sostenibile?
(emanata da un organismo extra UE)
– certificazione ISO14001: analizza e certifica i processi produttivi e garantisce se un'azienda attua una politica ambientale
– certificazione EMAS: analizza l'eco-sostenibilità in merito a: efficienza energetica, dei materiali usati, nella costruzione degli edifici, gestione dell'acqua e dei rifiuti e salvaguardia della biodiversità – (procedura dell'UE)
– marchio Ecolabel: segnala i servizi e i prodotti che hanno minor impatto ambientale

b. Quali sono stati i danni che, dagli anni Sessanta, sono stati inferti alle isole Baleari?
lo sviluppo turistico in continua crescita di quegli anni ha stravolto gli equilibri ambientali, con x es. la cementificazione x la costruzione di strutture ricettive x i turisti.

c. Quali sono le montagne europee che si sono formate nell'era terziaria?
catene iberiche, Pirenei, Alpi, Appennini, Carpazi, Balcani e monti del Caucaso

d. Dove sono situate le regioni più popolate d'Europa?
nell'Europa centro-occidentale: Inghilterra meridionale, regione renana in Germania, area parigina, Belgio, Paesi Bassi e pianura padana

e. Che cosa si intende per patrimonio culturale? E per quello naturale?
indica un monumento, un insieme di edifici o un sito storico, archeologico, scientifico, etnologico o antropologico
luogo che presenta considerevoli caratteristiche fisiche, biologiche e geologiche, nonché l'habitat di animali o specie vegetali in pericolo.

PUNTEGGIO TOTALE
..... / 100

GEOGRAPHY HIGHLIGHTS – CLIL

RELIGION TOURISM: THE WAY OF ST. JAMES

Europe is one of the favourite tourist destinations worldwide. According to the 1...... of the annual *World Travel Monitor® Forum*, despite the diverse crises, including violent conflicts, refugees, several terrorism 2...... , and slower economic growth, European Tourism continues to 3...... from a steady growth. As tourists become more 4...... and sophisticated, new services and products have developed 5...... offering different travel experiences. In particular, ***Cultural Heritage*** *Tourism* is a significant tourist 6......, including remarkable sectors, notably 7...... Tourism. Actually, every culture in history has honoured the divine, the supernatural in many ways, and 8...... sites are still special places where the physical world seems to meet the spiritual one. Today, the ancient practice of 9...... is as popular as ever, not only to believers, but also to anyone who 10...... an authentic cultural experience. This segment of *Cultural Heritage Tourism* offers tourists more rewarding opportunities than just leisure in any 11....... Pilgrimages to *Marian* shrines, churches and 12...... are growing remarkably. As a result, new religious tourist destinations are 13......, no longer exclusively focused on Christian sites, scattered all around Europe. Some sought-after sacred 14... in Europe are**:** *Santiago de Compostela* in Spain, *Lourdes* in France, *Notre Dame Cathedral* in Paris, *Turin Cathedral*, home of the *Shroud* of Turin, *Canterbury Cathedral*, home to the Shrine of St. Thomas Becket, *Basilica of St. Francis* in Assisi, *The shrine of Saint Padre Pio* in Apulia, to name a few. The ***Camino de Santiago***, also known as the ***Way of St. James***, is a major *Christian pilgrimage route* to the shrine of the apostle St. James in the Cathedral of ***Santiago de Compostela*** in *Galicia*, in north-western Spain. Pilgrims walk for weeks or months following up to nine routes or *pilgrims' paths*, to Santiago. The oldest 15...... is called the ***Original Way*** or ***Camino Primitivo*** which European pilgrims, in the Middle Ages, used to travel safely starting from the city of ***Oviedo***, in Asturias to *Santiago* to avoid the territories occupied by Muslims. The first section of the *Camino Primitivo* is one of the most challenging of all the Camino routes, but the 16...... along this way is simply 17....... The route crosses the *Cantabrian Mountains* giving walkers outstanding 18...... of the *Picos de Europa* and passes quaint mountain villages in *Asturias* and *Galicia*. The second section of the *Original Way* starts in the city of ***Lugo***, 19...... old town is nested inside the only fully preserved Roman wall in Spain, an impressive **UNESCO** *World Heritage site*. From ***Lugo***, the *Original Way* continues towards ***Santiago de Compostela*** through peaceful forests and farmland, joining the final 20...... of the ***French Way*** in the lively town of ***Melide*** where you should try Galicia's most classic dish: *octopus*. Other routes to Santiago include the ***French Way***, which is the most popular route, running from the Pyrenees on the French side to *Roncesvalles* on the Spanish 21...... ; the ***Northern Way*** which follows the old Roman road, the *Via Agrippa*, and is part of the Coastal Route. The pilgrims who 22...... the Way, walking a minimum of *100 km*. are given a certificate of accomplishment called '*Compostela*'.

COMPREHENSION

03

1 Read about The Way of St. James and complete the text with the given words. Then listen and check.

knowledgeable - market - sacred - scenery - stretch - resort - cathedrals - breathtaking - sights - views - emerging - complete - route - attacks - outcomes - seeks - pilgrimages - segments - benefit - whose - side - religious

❷ **Match these words from the text (1- 10) to their synonyms (A - J)**

1. Sacred	.....	A. Legacy
2. Site	.....	B. Unusual
3. Heritage	.....	C. Peregrination
4. Sought-after	.....	D. Holy
5. Scattered	.....	E. Significant
6. Pilgrimage	.....	F. Improving
7. Meaningful	.....	G. Desirable
8. Growing	.....	H. Place
9. Quaint	.....	I. Sanctuary
10. Shrine	.....	J. Dispersed

❸ **Read the text and mark these statements as True (T) or False (F) to show your knowledge about the features of Religious Tourism. Correct the false statements.**

1. European Tourism is undergoing a period of crisis. T F
2. Tourists know more about the places and are more aware of their needs. T F
3. Today's Tourism is a segmented industry. T F
4. Religious Tourism is a sector of Health Tourism T F
5. *Marian* shrines are popular pilgrimage sites T F
6. The *Camino Primitivo* is the most popular route. T F
7. The *Original Way* was the safest in medieval times T F
8. *Santiago de Compostela* is a UNESCO *World Heritage site*. T F

❹ **Answer the following questions**

1. **Why** has the Tourism industry developed new sectors?
2. **Why** are sacred sites popular tourist destinations?
3. **Which** Tourism market is Religious Tourism a sector of?
4. **Where** does the Original Way start from and **which** region does it run through?
5. **What** is interesting to see along the route?
6. **What** other routes to *Santiago de Compostela* are there?
7. **What** do the pilgrims who complete the Way receive and **what**'s its Spanish name?
8. **What** is Galicia's culinary speciality?

REVISION & PRODUCTION

❺ **Translate**

Benvenuti al Cammino di Santiago. Ci sono diversi percorsi per arrivare alla santa destinazione: la *Strada Originale*, la *Strada Francese*, la *Strada Portoghese*, la *Strada Del Nord*, la *Strada Inglese*, la *Strada Finisterre*, la *Strada di Le Puy* e le *Strade Costiere*. Il percorso più popolare del Cammino è la Via Francese. Questo percorso che parte da St-Jean-Pied-de-Port, in Francia è il percorso più affollato e ben attrezzato. Santiago de Compostela è la destinazione di tutti i percorsi. Si può andare a piedi, in bicicletta o a cavallo lungo questi percorsi. La maggior parte dei pellegrini progettano e organizzano tutto da sé senza l'aiuto di un'agenzia di pellegrinaggi.

❻ **Write a short article (200 words) about:**

- **what** factors have brought to the segmentation of the Tourism industry
- **what** people visiting a religious site expect from this travel experience
- **what** are the outstanding sacred tourist destinations
- **what** is special about the Camino de Santiago

UNITÀ 7 LA FRANCIA

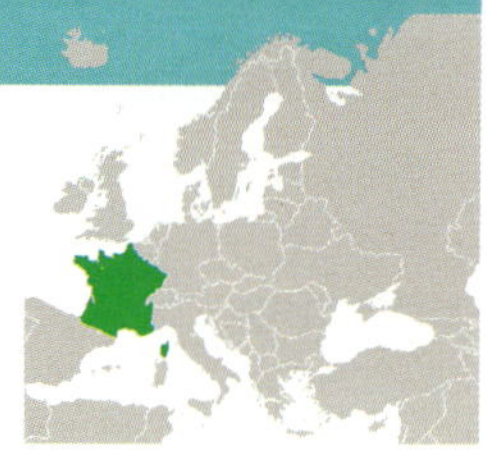

1 IL TERRITORIO E I PAESAGGI

Lezione

superficie	543 965 km²
popolazione (2016)	64 758 621 abitanti
densità	122 ab./km²
lingua	francese (ufficiale), bretone, basco, corso, occitano
religione	cattolici (53%), musulmani (8%) protestanti (2%), non religiosi (35%)
moneta	euro
ordinamento dello stato	repubblica
capitale	Parigi
sigla	F

autostrade
strade principali
ferrovie principali
aeroporti principali
porti principali

IL TERRITORIO

La Francia è **uno dei paesi più estesi d'Europa**. Situata nell'Europa occidentale, è bagnata sia dall'Atlantico che dal Mediterraneo.

La principale caratteristica fisica del paese è la **netta prevalenza delle pianure** che coprono i 2/3 del territorio.

LE MONTAGNE

L'**ambiente alpino** si trova nella Francia meridionale, dove si innalzano le catene delle **Alpi** e dei **Pirenei**, le uniche a superare i 3000 m di altitudine. Il territorio con caratteristiche continentali è diffuso nell'est e nel centro-sud del paese: qui si trovano i rilievi poco elevati dei Vosgi, del Giura e del **Massiccio Centrale**, con altitudini medie intorno a 800-1000 m.

LE PIANURE E I FIUMI

Tutta la Francia settentrionale e occidentale è occupata dal **Bassopiano Francese**, un'immensa area pianeggiante, intervallata da basse colline e attraversata da lunghi fiumi come la **Loira**, la **Senna** e la **Garonna**. Questi corsi d'acqua, tutti diretti all'Atlantico, sono affiancati da una fitta rete di canali, molto utilizzata per la navigazione. La **regione mediterranea** comprende tutta la costa meridionale, l'ultimo tratto della **valle del Rodano**, l'area della **Camargue** e la **Corsica**.

LE VIE DI COMUNICAZIONE

La **rete stradale** francese è tra le migliori d'Europa. La Francia ha anche un'eccellente **rete ferroviaria** gestita dalla società statale SNCF, che raggiunge ogni località del paese. Grazie ai TGV, i treni ad Alta Velocità, le città principali hanno collegamenti molto rapidi. I più importanti **aeroporti** di Parigi sono Roissy-Charles De Gaulle, Orly e Beauvais; sono presenti scali aerei anche in altre città.

IL CLIMA

Il clima è molto vario a seconda delle zone. È **oceanico** lungo la costa atlantica toccata dalla Corrente del Golfo, **continentale temperato** nelle pianure e nelle colline interne, **alpino** sui rilievi alpini e pirenaici e, infine, **mediterraneo** lungo la costa meridionale, dove in primavera spira il *mistral* (maestrale) un forte vento, freddo e secco, che scende dalla valle del Rodano.

IL PAESAGGIO DELLA PIANURA ATLANTICA

La pianura affacciata all'Atlantico è in genere piatta. Solo nella penisola della **Bretagna** e nella **Bassa Normandia**, il territorio è più ondulato con qualche picco collinare. Sempre in Bretagna la costa è caratterizzata dalle **falesie**, strapiombi calcarei a picco sul mare, elevati tra 40 e 100 m. Altrove il **litorale** è **basso e sabbioso**. In tutta la pianura il **paesaggio della campagna** è nettamente **dominante** con vasti spazi destinati alle coltivazioni e ai pascoli.

IL PAESAGGIO DELLA MEDIA MONTAGNA

La media montagna, costituita dai rilievi dei Vosgi, del Giura e del Massiccio Centrale, è un'area **non molto elevata** e a basso popolamento. La montagna ha un **aspetto dolce** con linee morbide e ondulate. Le cime dei Vosgi sono chiamate ***ballons***, "palloni" proprio per la loro forma arrotondata. I monti del Massiccio Centrale hanno una struttura che culmina in vette caratteristiche, i ***puy***, antichi coni craterici. Più aspra è invece la catena del Giura.

IL PAESAGGIO DELL'ALTA MONTAGNA PIRENAICA E ALPINA

Le Alpi e i Pirenei, ricoperti da estese foreste di conifere, hanno un **aspetto aspro** con valli strette e fianchi ripidi. Per facilitare le comunicazioni si è resa necessaria nelle **Alpi** la costruzione di **trafori** stradali e ferroviari per i collegamenti con l'Italia, mentre nei **Pirenei** le principali linee verso la Spagna aggirano la catena passando per le piane costiere del Mediterraneo o dell'Atlantico.

IL PAESAGGIO DELLA FRANCIA MERIDIONALE

La valle del Rodano è una pianura densamente popolata che costituisce un **corridoio naturale** in cui passano le maggiori vie di comunicazione per i **collegamenti tra il nord e il sud** della Francia. La fascia marittima assume caratteristiche mediterranee con la tipica vegetazione della **macchia** con bassi arbusti e alberi quali il pino di Aleppo e la quercia da sughero. Solo nella **Camargue**, la zona del delta del Rodano, prevale un **ambiente palustre** con stagni, dune sabbiose e lagune.

QUANDO ANDARE?

Per visitare le città d'arte il periodo migliore va da giugno a ottobre. I mesi estivi sono i più indicati per le località balneari della Costa Azzurra e dell'Atlantico, mentre i mesi invernali sono l'ideale per le località sciistiche alpine sempre innevate.

IL TURISTA CURIOSO

❶ La Francia è grande quasi due volte l'Italia e per la sua caratteristica forma il paese è chiamato "l'esagono".

❷ Il Monte Bianco, situato al confine con l'Italia, raggiunge 4807 m in territorio francese.

COMPETENZA LOCALIZZAZIONE

❶ Lavora con la carta

Osserva la carta e rispondi alle domande.

a. Qual è la cima più alta dei Pirenei in territorio francese ?
b. L'Aquitania è una regione montuosa o pianeggiante?
c. Qual è la cima più elevata del Massiccio Centrale?
d. Da quale fiume è attraversata la regione dell'Alsazia?
e. Quale città si trova alla foce della Loira? E dellla Senna? E della Garonna?

Una veduta dei monti Vosgi.

La Francia occidentale attraversata dal fiume Loira.

Le *Calanques*, insenature di roccia bianca, nei pressi di Marsiglia.

2 Lezione — LA GEOGRAFIA UMANA

LA POPOLAZIONE E LE CITTÀ

La Francia è, con oltre 64 milioni di abitanti, il quarto paese più popolato d'Europa. Data la vastità del territorio, il paese presenta però una **densità di popolazione piuttosto bassa** al confronto con gli altri stati dell'Europa centro-occidentale. La popolazione non è distribuita in modo uniforme e il paese presenta **forti squilibri territoriali**, in particolare tra l'area della capitale e il resto della nazione. Nella regione parigina, cioè nell'**Île-de-France**, vivono infatti **12 milioni di francesi**, cioè circa un abitante su cinque. Proprio per ridimensionare l'egemonia di Parigi, lo stato francese ha favorito la crescita economica e demografica delle città capoluogo di regione come **Marsiglia, Lione, Nantes, Tolosa e Bordeaux**.

UNA TERRA DI IMMIGRAZIONE

La Francia è oggi un **paese multietnico:** oltre 4 milioni di stranieri risiedono nel paese, mentre una parte consistente della popolazione è di origine straniera e ha acquisito la cittadinanza francese. Ciò si deve al fatto che da molto tempo il paese è **terra di immigrazione**. Il flusso maggiore si è avuto a partire dal secondo dopoguerra, quando la Francia ha accolto manodopera straniera proveniente in prevalenza dalle ex colonie del Maghreb, dell'Indocina e dell'Africa subsahariana.

Oggi il paese presenta un **basso livello di crescita naturale**, comunque superiore a quello delle altre nazioni dell'Europa occidentale. Ciò si deve a una precisa legislazione che incoraggia le nascite, sostenendo anche economicamente le famiglie con bambini piccoli.

L'ECONOMIA

La Francia è la **seconda potenza economica d'Europa** dopo la Germania. Tutti e tre i settori economici del paese sono ben organizzati. Accanto a un'industria diversificata in vari settori come quello automobilistico, aerospaziale, della gomma, alimentare, e a un terziario avanzato, anche l'agricoltura e l'allevamento sono molto efficienti, in grado di esportare molti beni alimentari. I **prodotti francesi**, per esempio in ambito enologico (vini, champagne), della cosmetica e dei profumi, godono di particolare fama a livello mondiale in quanto sono riconosciuti come di **qualità elevata**.

IL PRIMO PAESE PER NUMERO DI TURISTI AL MONDO

Enorme è l'importanza del turismo: la Francia è il paese che accoglie il maggior numero di visitatori stranieri a livello mondiale, oltre **84 milioni all'anno**. Le mete più frequentate sono Parigi, la Costa Azzurra e le Alpi.

Le città principali	abitanti (2016)
Parigi	6 728 051
Lione	1 333 618
Marsiglia	1 049 857
Bordeaux	742 115
Tolosa	734 976
Nantes	609 199

Maghreb
Regione nord-occidentale dell'Africa che comprende Marocco, Algeria e Tunisia; in arabo significa "Occidente". Magrebino è l'abitante di quest'area.

Indocina
Penisola dell'Asia sud-orientale, compresa tra la Cina e l'India e che include le ex colonie francesi di Cambogia, Laos e Vietnam.

Africa subsahariana
L'Africa a sud del Sahara. Comprende, tra gli altri paesi, ex colonie francesi come Mauritania, Costa d'Avorio, Senegal, Niger, Ciad e Camerun.

COMPETENZA DIGITALE

1 Lavora con internet

Il turismo eno-gastronomico in Francia è in continua crescita perché consente di degustare del buon vino, visitare le vigne, alloggiare in una *chambre d'hôtes*, l'equivalente francese dei B&B, e scoprire il territorio rurale.
Fai una ricerca e trova notizie su:

a. Quali sono le caratteristiche delle regioni vinicole della Champagne e della Borgogna?

Una *chambre d'hôtes* a Tournus in Borgogna.

I vigneti nella regione della Champagne.

3 Lezione LA CULTURA E LE TRADIZIONI

L'ARTIGIANATO

In tutte le regioni francesi l'artigianato rappresenta un'enorme risorsa economica, turistica e culturale; molti prodotti sono lavorati con **metodi tradizionali e antichi**, si pensi ai maestri liutai, ai vetrai, ai calzolai, alla fabbricazione del sapone di Marsiglia. Le conoscenze tramandate dalla tradizione sono alla base delle produzioni della **moda**, del **lusso** e dell'**enogastronomia**, ambiti in cui i prodotti francesi sono da sempre simbolo di buon gusto ed eleganza.

La Provenza, per esempio, ha esportato in tutto il mondo il suo **stile d'arredamento** e decorativo, caratterizzato da **tessuti** dai tenui colori pastello, come i ***boutis***, copriletto trapuntati lavorati a mano.

Grasse è considerata la città dei **profumi**; proprio in questa regione, tra campi di lavanda e alberi d'ulivo, Madame Coco creò il famoso *Chanel N°5*.

LE FESTE E LE TRADIZIONI

Le feste, da quelle laiche a quelle religiose, abbondano in ogni regione. Per esempio la Bretagna è caratterizzata dai ***Pardons***, processioni annuali in cui i fedeli indossano abiti tradizionali e portano stendardi che raffigurano il proprio santo patrono. In Provenza sono numerosi i festival legati alla tradizione gitana, come il **pellegrinaggio a Les Saintes-Maries-de-la-Mer**. In questa località i gitani di tutta Europa si concentrano nel cuore della **Camargue** per onorare la loro patrona, Santa Sara, tra danze tipiche e antichi riti fra cui prove equestri e rodei nei quali si cimentano i ***gardians***, i mandriani dei tori.

Molto noto è il **Festival del cinema** che si svolge ogni anno nella città di **Cannes**: dal 1946 le star del cinema internazionale sfilano in passerella all'ingresso delle sale delle proiezioni dei film in concorso. A questi appuntamenti vanno aggiunti i vari eventi sportivi, tra cui il celebre **Tour de France**.

L'ENOGASTRONOMIA

La cucina francese storicamente elaborata a corte, ha fatto scuola in tutta Europa. I francesi hanno fatto conoscere al mondo la ***baguette***, la ***crema Chantilly***, l'***omelette***, le ***crêpes***, formaggi come il ***Camembert***, il ***Roquefort*** e il ***brie***, oltre alle sofisticate tecniche di preparazione delle **salse di base** e a moltissimi **vini pregiati.** Questi provengono da regioni vinicole come la **Borgogna**, il territorio di **Bordeaux** e la **Champagne**, nella quale viene prodotto lo spumante omonimo più famoso al mondo.

L'eccellenza gastronomica è stata raggiunta grazie anche alla capacità di valorizzare le materie prime tipiche di ogni zona del territorio, dalle ostriche della Bretagna e della Normandia al *foie gras* (il fegato d'oca) del Perigord, dalle lumache ai formaggi della Savoia. Ai francesi va attribuita, inoltre, l'ideazione della cosiddetta *nouvelle cuisine*, uno stile culinario nato negli anni Settanta da un gruppo di chef che hanno saputo unire il rispetto per le tradizioni con l'eleganza nella presentazione dei piatti.

COMPETENZA DIGITALE

1 Lavora con internet

Fai una ricerca e **trova** notizie sulla *Festa del tarasque* e sui motivi per i quali è stata tutelata come bene immateriale dell'umanità.

Il *tarasque*, un mostro mitologico che, secondo la tradizione, avrebbe devastato la Provenza.

Una delle tappe alpine del Tour de France.

4 Lezione IL PATRIMONIO STORICO, ARTISTICO E NATURALE

DALLA PREISTORIA AL GOTICO

A iniziare dalle incisioni rupestri delle **grotte di Lascaux** a quelle della valle delle Meraviglie nelle Alpi Marittime o ai **monumenti megalitici di Carnac**, il patrimonio artistico della Francia ha origini antichissime. Lo stile e le **architetture romane** sono individuabili nel **Pont du Gard**, magnifico acquedotto con le arcate disposte su tre piani o nell'**arena di Nîmes**. Dal VII secolo grazie al diffondersi degli ordini monastici e al consolidarsi della dinastia merovingia, rivive l'interesse per la scultura oltre che per l'architettura riscontrabile per esempio nel **battistero di Poitiers**.

L'arte e l'architettura del X e XI secolo traggono vitalità dall'affermarsi dell'ordine cluniacense. **Cluny** con la celebre abbazia è un centro di elaborazione dell'**arte romanica** che si diffonde soprattutto nella valle del Rodano; le chiese della Borgogna e delle province meridionali vengono coperte da volte a botte o a crociera. Sulle vie del pellegrinaggio verso Santiago de Compostela sorgono santuari con absidi a raggiera intorno al coro come quelli di **Conques** o **Tolosa**.

Lo **stile gotico** nasce a metà del XII secolo, con centro d'irradiazione nell'Île-de-France, ne sono esempi le **cattedrali a Saint-Denis**, intorno al 1150, e poi **Notre-Dame** a Parigi. Con il XIII secolo la costruzione di grandi cattedrali si estende a tutto il paese: Rouen in Normandia, Chartres, Clermont-Ferrand e Limoges, in centro, Quimper in Bretagna, Tours e Baiona al sud. Successivamente sorgono a Parigi la **Sainte-Chapelle**, le facciate laterali di Notre-Dame quindi le **cattedrali di Bourges** e **di Troyes**.

Il Palais des Papes di Avignone è uno dei più importanti edifici gotici d'Europa: fu eretto nel secolo XIV per il trasferimento della curia papale da Roma *ad Avignone*.

Il castello di Amboise, uno dei castelli più rinomati e visitati della Valle della Loira.

DAL RINASCIMENTO AL SETTECENTO

Agli inizi del XVI secolo il **Rinascimento** si afferma in Francia, grazie soprattutto agli **influssi derivanti dall'Italia**. Del resto in questo periodo sono numerosi gli artisti italiani, architetti, scultori e pittori (tra cui lo stesso Leonardo), che si recano in Franca a lavorare. Il gusto rinascimentale italiano è ben visibile nelle parti decorative, ad esempio nel palazzo di Fontainebleau e nei castelli della Loira (a Blois e a Chambord).

Il Seicento e il Settecento sono i secoli della **grande arte francese**, che via via si sottrae alle influenze esterne per acquisire una propria originalità e imporsi così, come **modello di riferimento**, in tutta Europa. Il nuovo ordinamento razionale e geometrico e la ricerca di grandiose simmetrie trova il maggiore esempio nel **palazzo di Versailles**, la più grande impresa di quel tempo, realizzata durante il regno di Luigi XIV (il "Re Sole"). Al contempo a Parigi si realizzano vaste e monumentali piazze come place Vendôme e place de la Concorde, mentre nelle campagne sorgono castelli sontuosi, circondati da giardini e parchi disegnati con fantasie geometriche.

OTTOCENTO E NOVECENTO

Dopo la stagione romantica segnata dalle opere di Delacroix e di Gericault, verso il 1860 inizia uno dei periodi più felici della storia pittorica francese. Cominciano allora a formare un gruppo celebri maestri, quasi coetanei: **Manet, Degas, Monet, Renoir**. Nel 1874, con la mostra di opere di Monet, Sisley, Pissarro, Renoir, Morisot, Cezanne, nasce l'**Impressionismo**. E così che dalla fine del XIX secolo e fino agli anni Trenta del Novecento, la Francia e Parigi diventano i centri più attivi della pittura in-

IL PRINCIPATO DI MONACO

Il Principato di Monaco è un microstato esteso lungo la costa mediterranea francese, tra Nizza e Mentone. È legato alla Francia da accordi doganali e di sicurezza. Il suo territorio corrisponde a un promontorio roccioso e a una stretta fascia costiera. La popolazione, poco più di 30 000 abitanti, è esclusivamente urbana e si concentra a Montecarlo – dove si trovano i grandi alberghi e le case da gioco –, e a Monaco – la capitale. Gli abitanti sono in gran parte facoltosi residenti stranieri (ben 118 le nazionalità rappresentate), attirati nel Principato dalla favorevole legislazione fiscale. Il Principato è molto ricco e basa la propria economia sul turismo di lusso e sulle attività bancarie e finanziarie. Il turismo è legato al celebre Casinò di Montecarlo e a manifestazioni sportive come il Gran premio automobilistico di Formula Uno.

Il casinò di Montecarlo, luogo simbolo del Principato di Monaco.

ternazionale. **Nella capitale francese si diffondono tutte le maggiori correnti dell'epoca**, dal già ricordato Impressionismo, al post impressionismo (con le opere di Henri de Toulouse Lautrec), al puntinismo (Seurat), al movimento dei fauves (Matisse), al cubismo, all'astrattismo e al surrealismo. Da non trascurare anche gli apporti dell'art nouveau che nell'ultimo quarto del XIX secolo trova la più felice espressione nelle arti applicate, coniugando utile e piacevole (locandine pubblicitarie, insegne dei locali, decorazioni delle stazioni della metropolitana). Del resto molti artisti stranieri, come Modigliani, Chagall, Picasso e Mirò eleggono Parigi come loro residenza e la capitale è la sede privilegiata delle avanguardie artistiche del Novecento.

Dagli anni Trenta e soprattutto a seguito delle vicende della Seconda guerra mondiale la centralità della ricerca artistica francese si esaurisce.

Nel secondo dopoguerra in campo architettonico l'impegno più impellente è quello della ricostruzione dopo i danni dovuti al conflitto mondiale. In questo contesto **il cemento armato e le nuove tecnologie del vetro e dell'acciaio** diventano elementi fondamentali per le costruzioni e l'urbanistica assume una dimensione internazionale, perdendo gran parte delle peculiarità nazionali. A tale proposito si distinguono le opere di **Le Corbusier**, architetto svizzero di cultura francese, con la sua unità d'abitazione di Marsiglia e gli edifici religiosi di Notre Dame de Haut a Ronchamp e il convento di Santa Maria de La Tourette. Nel quadro della **politica della *grandeur***, cioè della grandezza francese, vanno poi segnalati a Parigi molti **interventi di grandi dimensioni e dal notevole impatto simbolico**. È il caso della torre Montparnasse, trionfo di acciaio e vetro, del Centre George Pompidou (Beauborg), vera opera high tech, della Geode della Villette, della piramide di vetro che funge da ingresso del Louvre e del Grande Arco de la Défense, il nuovo quartieri degli affari della capitale.

LE BELLEZZE DELLA NATURA E I PRINCIPALI CENTRI CULTURALI

I suggestivi ambienti naturali francesi si saldano in tutto il territorio nazionale con elementi culturali. È il caso, per esempio, della **Valle della Loira** con più di un centinaio di castelli che costeggiano il fiume e i suoi affluenti. Tra questi venti appartengono alla rete dei *Grands Sites du Val de Loire*: **Blois, Chambord, Chenonceau** e **Amboise**. Sul percorso si trovano anche storiche città come **Orléans, Tours** e **Nantes**. E ancora la **Camargue,** zona umida a sud di Arles, fra il Mar Mediterraneo e i due bracci del delta del Rodano, che si distingue in Europa per la ricchezza biologica degli ecosistemi, per la sua fauna e per la presenza di stagni e paludi, tutti elementi naturali che si alternano ai segni della presenza umana: cittadine, risaie, saline. Anche il **canale du Midi,** esteso per 240 km tra Tolosa e Sète e via di collegamento tra i principali porti francesi fra Atlantico e Mediterraneo, è un esempio di simbiosi tra natura e attività umane.

La **foresta delle Lande**, nella costa atlantica vicino all'estuario della Gironda, è forse l'esempio di maggiore intervento da parte dell'uomo sull'ambiente; la foresta è stata interamente piantumata nel XIX secolo al fine di bonificare gli acquitrini e di consolidare la sabbia delle dune del litorale.

Anche le coste presentano tracce umane e storiche. La **Normandia** per esempio, oltre che per le suggestive falesie di **Étretat**, è ricordata per le spiagge del D-day (6 giugno 1944), protagoniste dello storico sbarco degli angloamericani durante la Seconda guerra mondiale. Le **coste della Bretagna,** conosciute per il loro aspetto selvaggio, hanno località balneari come Saint-Malo.

COMPETENZA DIGITALE

1 Lavora con internet

La valle della Loira è celebre per i suoi meravigliosi castelli.
Fai una ricerca e trova notizie su:

a. Quali sono i castelli più frequentati?
b. Quali sono le altre attrazioni della regione?

5 Lezione — LE RISORSE TURISTICHE

I PARCHI NATURALI e le aree protette coprono circa il **28% del territorio nazionale**. Tra queste, oltre alla **Camargue**, ci sono quelle delle foreste di pini marittimi delle Lande, dell'area dei **vulcani spenti** dell'**Alvernia**, il **parco nazionale della Cevenne** nel Massiccio Centrale, il **parco nazionale del Mercantour** nelle Alpi Marittime e le numerose **aree protette** della **regione alpina**.

La **Costa Azzurra** è l'area più rinomata per il **TURISMO BALNEARE** con località come **Nizza**, **Cannes** e **Saint-Tropez**. Proseguendo verso ovest tra **Cassis** e **Marsiglia** si trova il pittoresco tratto di costa delle ***Calanques*** con insenature e rocce a strapiombo sul mare, mentre la regione **Linguadoca-Rossiglione** è nota per le sue lunghe spiagge di sabbia bianca: i centri principali sono Sète, Cap d'Agde, Beziers e Argeles. Per quanto riguarda la costa sull'**Atlantico**, paradiso dei surfisti, ospita stazioni balneari come **Biarritz** e più a nord le spiagge della **Côte d'Argent,** delimitate da foreste di pini e da alte dune di sabbia, come la ***dune du pilat.*** Altre località balneari si trovano in **Normandia** e in **Bretagna**. Anche la **Corsica** è molto frequentata nel periodo estivo per il suo meraviglioso mare e località come **Île-Rousse** e **Calvi**.

Le principali località del **TURISMO MONTANO** nell'area alpina si trovano nella Savoia: **Courchevel**, è uno dei più estesi comprensori sciistici insieme a **Les Deux Alpes**; sono molto rinomati anche **La Plagne**, **Chamonix** e **Megève**. I **Pirenei** sono un'altra delle destinazioni invernali con località come **Peyragudes** e **Agudes** che offrono agli sciatori diversi chilometri di piste sia per lo sci alpinistico che per quello di fondo.

Lourdes è un'importantissima meta del **TURISMO RELIGIOSO**, frequentata da oltre 5 milioni di visitatori all'anno. Famosa è pure Mont-Saint-Michel.

Normandia
L'isolotto dove si trova Mont-Saint-Michel, noto in Europa anche per il fenomeno delle maree.

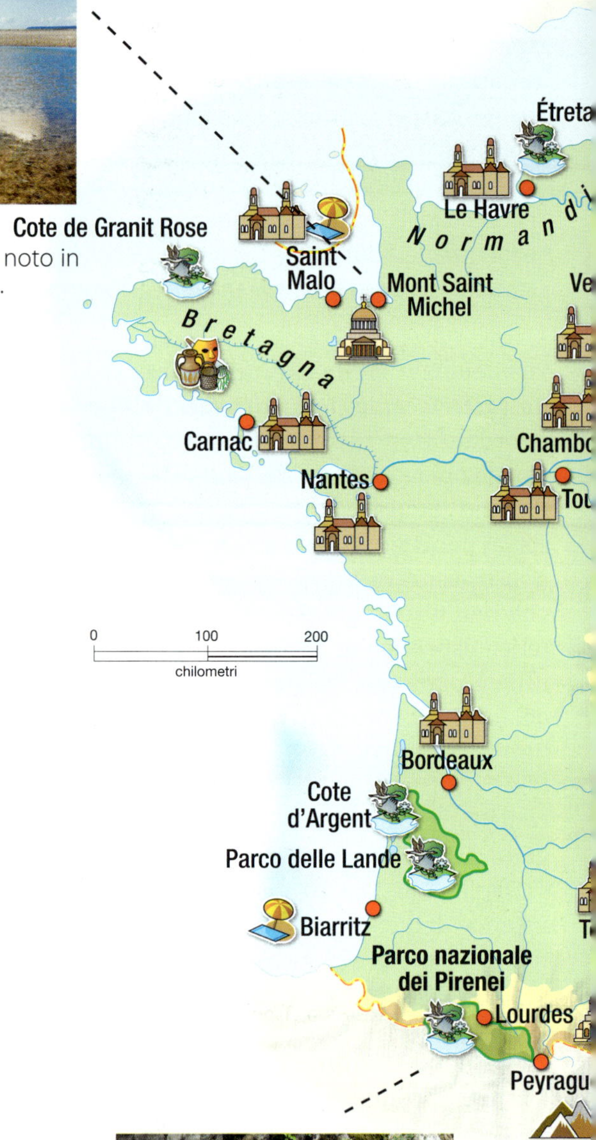

- Aree naturalistiche
- Centri d'Arte
- Tradizioni
- Centri religiosi
- Benessere
- Località montane
- Stazioni balneari

Il patrimonio dell'UNESCO
Mont-Saint-Michel e la sua baia
Cattedrale di Chartres
Cattedrale di Bourges
Palazzo e parco di Versailles
Monumenti romani d'Arles
Strasburgo - Grande île
Parigi, rive della Senna, Cattedrale Notre-Dame, ecc
Centro storico d'Avignone
Canal du Midi
Valle della Loira tra Sully-sur-Loire e Chalonnes

Per la lista completa vai su: http://whc.unesco.org/en/list/

Pirenei
La statua di Nostra Signora di Lourdes, nell'omonima località.

Alta Savoia
Le vette innevate presso Chamonix nel massiccio del Bianco.

Costa Azzurra
Il porto turistico della celebre cittadina di Saint-Tropez.

Camargue
I cavalli sono molto diffusi nella Camargue.

SCRIVI UN TESTO IN 200 PAROLE

Lavora con il testo, la carta, internet e le immagini seguendo i punti elencati

a. Descrivi i maggiori parchi naturali della Francia.
b. Presenta le località balneari della Costa Azzurra.

6
Lezione

ALLA SCOPERTA DELLA FRANCIA

CARTA INTERATTIVA IN DIGITALE

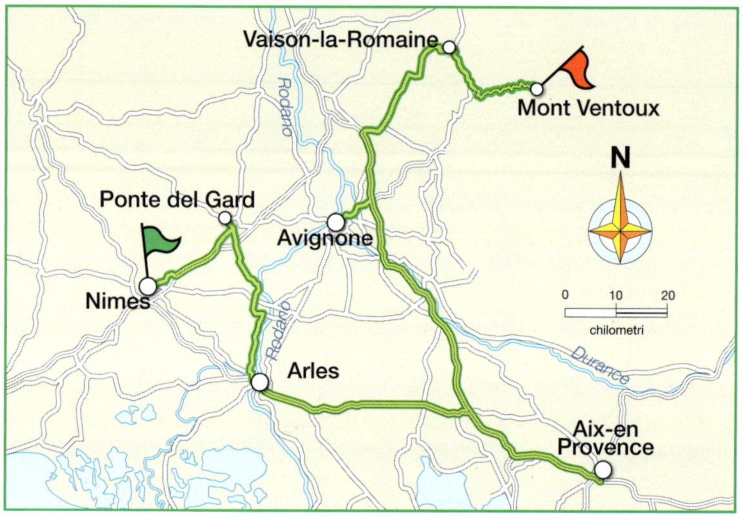

L'ITINERARIO

La Provenza in 7 giorni

La Provenza è, insieme alla vicina Linguadoca, la regione francese che ha subìto più intensamente il dominio romano, iniziato fin dalla seconda metà del II secolo a.C.

L'itinerario intende soprattutto far conoscere le testimonianze della storia romana, ma anche scoprire il paesaggio provenzale, noto per la bella campagna e i grandi campi di lavanda, pianta aromatica tradizionalmente coltivata in questa regione. Si possono visitare templi, anfiteatri, terme, ponti e molti altri monumenti molto ben conservati e valorizzati, come avviene per tutti i siti di interesse turistico.

La regione offre inoltre la possibilità di esplorare rinomate città d'arte d'epoca successiva, seguendo le tracce dei grandi pittori impressionisti come Van Gogh o Cézanne, visitando la cittadina medievale di Avignone fino a raggiungere il Mont Ventoux, la cui salita fa parte di una delle tappe più famose e impegnative del Tour de France ciclistico.

❶ GIORNO
Nîmes

Arrivo a Nîmes, città situata nella regione della Languedoc-Roussillon, che in età romana è diventata uno dei più importanti e fiorenti centri urbani delle Gallie. Infatti, il simbolo della città è un coccodrillo incatenato a una palma, in onore dei legionari che combatterono a fianco di Cesare nella campagna in Egitto e a cui vennero poi concesse proprio qui terre da colonizzare. Visita ai prestigiosi monumenti romani: l'**Anfiteatro**, la **Maison Carrée** (il tempio), la **Tour Magne** e i resti del **tempio di Diana**, circondato dai **Giardini de la Fontaine**.

❷ GIORNO
Pont du Gard

A una ventina di chilometri a nord est di Nîmes si trova un bellissimo **ponte a tre livelli** che attraversa il fiume Gardon. Faceva parte dell'**acquedotto romano** che porta lo stesso nome; costruito nel 19 a.C. e lungo quasi 50 km, l'acquedotto alimentò le terme e le fontane di Nîmes per quasi cinque secoli. Capolavoro di ingegneria idraulica, è costituito da enormi blocchi squadrati che furono trasportati dalle cave di roccia calcarea dei dintorni con carri o zattere.

❸ GIORNO
Arles – Parco regionale della Camargue

I caffè di Arles hanno ispirato alcuni tra i più celebri quadri di **Van Gogh**, che qui visse a lungo. Uniche sono le testimonianze del lontano periodo romano: il **teatro**, *Les Arènes* (l'anfiteatro), i **criptoportici**, **le terme di Costantino** e **Les Alyscamps**, una necropoli romana e poi cristiana. Vale una visita la cattedrale di **San Trophime**, uno dei maggiori esempi di arte romanica della Provenza. La città è anche un punto di partenza ideale per visitare il parco della **Camargue** dove si trova la cittadina di **Saintes-Maries-de-la-Mer**.

❹ GIORNO
Aix-en-Provence

Si prosegue per **Aix-en-Provence**, importante centro studentesco che ha dato i natali a Paul Cézanne. È una cittadina molto vivace e ricca di monumenti come la **cattedrale di Saint Sauveur** con la sua facciata gotica e gli edifici ottocenteschi di **cours Mirabeu** lungo il quale, all'ombra di platani secolari, si trovano diverse **fontane**, caratteristica della città. La specialità culinaria di questa cittadina sono i *calissons*, biscotti fatti con pasta di mandorle, zucchero e scorza di frutta.

❺ GIORNO
Avignone – Sénanque

Visita guidata al **Palais des Papes**, un'imponente struttura gotica che testimonia la cosiddetta "cattività avignonese", quando Clemente V vi insediò la sede papale (dal 1309 al 1377). Fanno parte del sito anche la **place du Palais** e il Ponte medievale **Saint-Bénezet**. Da Avignone una deviazione porta all'**abbazia cistercense di Sénanque**, risalente al XII secolo. La struttura è circondata da campi di lavanda.

❻ GIORNO
Orange – Vaison-la-Romaine

Notevoli sono le testimonianze romane nella tranquilla città di Orange: il **Theatre Antique** e **l'Arc de Triomphe**, entrambi patrimonio UNESCO. Si prosegue per la vicina **Vaison-la-Romaine,** che sorge in una lussureggiante valle: i resti della città romana occupano le zone degli scavi archeologici. Attraversando il piccolo **Pont Romain** sul fiume Ouvèze, si arriva alla città medievale che, con i suoi stretti vicoli acciottolati, porta al castello in cima alla collina, punto panoramico sulla città.

❼ GIORNO
Escursione al Mont Ventoux

È soprannominato *le géant de Provence* (il gigante della Provenza) perché domina la parte settentrionale della regione. Dalla sua sommità si possono vedere le Alpi meridionali e anche la Camargue. Lo si ricorda perché vi salì nel 1336 **Francesco Petrarca** descrivendolo in una celebre lettera. Dichiarato dall'UNESCO **riserva della biosfera**, è caratterizzato da un'ampia varietà climatica e di vegetazione.

Una piazzetta di Aix-en-Provence.

L'abbazia di Sénanque circondata da campi di lavanda.

Il ponte acquedotto a tre livelli, costruito dai Romani tra Nîmes e Avignone e dichiarato patrimonio dell'umanità dall'UNESCO.

ORGANIZZA TU UN ITINERARIO
La Costa Azzurra

Procurati una mappa della Francia meridionale e costruisci un itinerario che includa i monumenti, le architetture e le località più interessanti. Con Google Maps visualizza il punto di partenza e quello di arrivo e, dopo aver deciso con quale mezzo sia meglio muoversi, calcola i tempi di permanenza e le distanze. Per ogni luogo scrivi in poche righe le principali caratteristiche e attrattive.

Distanza > 300 km circa

Durata > 5 giorni

Luoghi da visitare

1. Principato di Monaco
2. Nizza
3. Antibes - Juan-les-Pins
4. Cannes e Saint-Tropez

La Piramide del Louvre è stata realizzata nel 1988 nell'area antistante il museo, uno dei più importanti del mondo e primo per numero di visitatori (8,8 milioni l'anno) all'interno del quale sono esposte numerose opere tra cui la *Gioconda* di Leonardo.

LA "VILLE LUMIÈRE"

Grazie al suo inconfondibile fascino e al carattere cosmopolita, Parigi è una delle città europee più visitate al mondo, con oltre 14 milioni di visitatori all'anno. Inoltre è sede di prestigiose università e di istituzioni internazionali come l'UNESCO.

L'Île de la Cité, che è l'isola sulla Senna su cui venne fondato il primo insediamento della città, ospita alcuni tra i monumenti gotici più belli e famosi al mondo, come la **cattedrale di Notre Dame**. Un modo originale per conoscere la città può essere quello di navigare sui tipici ***bateaux mouches*** che passano sotto i 37 ponti della Senna, oppure passeggiare per i ***quais***, le strade che costeggiano il fiume.

La grandiosità dell'impianto urbanistico, caratterizzato da ampi viali rettilinei, i ***boulevard***, da parchi e da grandi incroci circolari, i ***carrefour***, è dovuta all'opera di Napoleone III che nel XIX secolo incaricò il barone Haussmann di rendere la città maestosa.

L'efficiente rete metropolitana e le 5 linee di treni uniscono le due principali zone in cui si divide la città: la ***rive droite***, la sponda destra, della Senna, e la ***rive gauche***, a sinistra del fiume.

GLI ARRONDISSEMENT E I QUARTIERI PIÙ NOTI

La città è suddivisa in 20 ***arrondissement***, cioè i distretti amministrativi che includono i quartieri. Tutti sono molto caratteristici e ognuno di essi gode della propria unicità, come il moderno e innovativo **La Défense**, il più grande centro direzionale e finanziario d'Europa situato nella parte nord-occidentale della città.

Sulla riva destra della Senna, spicca **Montmartre,** arroccato sulla collina omonima nella zona nord di Parigi e dominato dall'imponente **basilica del Sacro Cuore,** il monumento più bianco d'Europa costruito in pietra calcarea che ha la caratteristica di non trattenere polvere e smog. A partire dal XIX secolo per la sua particolare atmosfera, con strade caratteristiche e piazze circondate da caffè, ha attirato un gran numero di pittori e artisti.

Marais è il famoso quartiere ebraico, caratterizzato dai numerosi e lussuosi ***hôtel particulier***, palazzi nobiliari tipici del Seicento, che oggi ospitano musei, negozi o uffici governativi, alcuni dei quali si affacciano su ***Place des Vosges,*** che è la più antica piazza di Parigi. Ai confini di questo storico quartiere si trova il **Centre George Pompidou**, opera innovativa degli architetti Renzo Piano e Richard Rogers, conosciuto anche come **Beaubourg**, è stato inaugurato nel 1977 ed è uno spazio culturale ed espositivo d'arte moderna e contemporanea.

All'inizio del XX secolo sono i quartieri della *rive gauche* a diventare un punto di riferimento

L'Arco di Trionfo è uno dei simboli di Parigi: costruito per ordine di Napoleone, celebra la vittoria dell'imperatore ad Austerlitz.

L'ingegnere Alexandre Gustave Eiffel costruì l'innovativa torre metallica a Parigi in occasione dell'Esposizione Universale del 1889.

per scrittori e artisti. Il quartiere **Montparnasse** divenne presto il cuore pulsante della vita culturale parigina e infatti artisti come Modigliani e Picasso avevano proprio lì i loro *atelier*. Anche **Saint-Germain-des-Prés,** animato nel secondo dopoguerra da alcuni dei più grandi artisti e intellettuali d'avanguardia come Jean Paul Sartre, è rimasto un importante luogo di incontro di giornalisti, scrittori e uomini politici. Oggi i negozi di abbigliamento di alta moda hanno preso il posto di molti degli storici negozi e delle librerie e hanno parzialmente modificato l'atmosfera bohémienne che caratterizzava questa parte della *rive gauche*.

Il **quartiere latino** ha mantenuto l'aspetto urbanistico di un tempo con piazzette e vie strette. È questo il quartiere degli studenti e vi sorge la principale università parigina, la Sorbona.

L'**enorme offerta turistica** di Parigi, che ospita più di 1800 monumenti e 140 musei, viene continuamente aggiornata e arricchita con nuove proposte culturali. Grande attenzione viene riservata anche alla qualità della vita urbana: per esempio con il *Velib*, un sistema di noleggio pubblico di biciclette, la città ha cercato di scoraggiare l'uso dell'automobile e di incrementare quello delle biciclette. Dal 2002, per allietare la permanenza dei visitatori, il municipio di Parigi ha dato vita all'iniziativa estiva ***Paris Plage*** nei mesi di luglio e agosto: lungo la riva destra della Senna è stata ricreata una vera e propria spiaggia realizzata con 5000 tonnellate di sabbia.

Il Museo d'Orsay, una vecchia stazione trasformata in museo, ospita opere di grandi pittori come Monet, Cezanne, Renoir o Degas. La sistemazione degli spazi interni si deve all'architetto italiano Gae Aulenti.

I DINTORNI DI PARIGI

La capitale è circondata da sette dipartimenti che costituiscono la regione dell'**Île-de-France**. La regione conta quattro parchi naturali e numerosi parchi di attrazioni. Tra questi il celebre **Disneyland Paris**, inaugurato nel 1992, è uno dei più famosi parchi di divertimenti al mondo e comprende anche il *Walt Disney Studios Park*, dedicato al mondo del cinema.

A ovest di Parigi, si trova poi la **Reggia di Versailles,** con i suoi giardini e l'enorme parco. Fu voluta da Luigi XIV ed è nota per la sua maestosità; infatti poteva ospitare circa 20 000 cortigiani.

A sud-est della capitale il castello di **Fontainebleau**, immerso nella foresta omonima, ha ospitato molti reali di Francia.

1 IL TERRITORIO E I PAESAGGI

Lezione

	Paesi Bassi
superficie	41 543 km²
popolazione (2016)	16 979 120 abitanti
densità	409 ab./km²
lingua	olandese, frisone
religione	non religiosi (45%), cattolici (28%), protestanti (18%), musulmani (5%)
moneta	euro
ordinamento dello stato	monarchia costituzionale
capitale	Amsterdam
sigla	NL

	Belgio
superficie	30 528 km²
popolazione (2016)	11 289 853 abitanti
densità	370 ab./km²
lingua	francese, olandese, tedesco
religione	cattolici (60%), non religiosi (31%), musulmani (4%)
moneta	euro
ordinamento dello stato	monarchia costituzionale
capitale	Bruxelles
sigla	B

	Lussemburgo
superficie	2586 km²
popolazione (2016)	576 249 abitanti
densità	222 ab./km²
lingua	lussemburghese, francese, tedesco
religione	cattolici (69%), non religiosi (25%)
moneta	euro
ordinamento dello stato	monarchia costituzionale
capitale	Lussemburgo
sigla	L

IL TERRITORIO

I paesi del Benelux, estesi nell'Europa nord-occidentale, sono tre: Belgio, Paesi Bassi e Lussemburgo. La sigla Benelux è formata dalla prima sillaba dei nomi ufficiali di questi stati (*Be*lgique, *Ne*ederland, *Lux*embourg). Sono tre paesi di piccole dimensioni in gran parte costituiti da **aree pianeggianti**.

PIANURE ARTIFICIALI E MODESTE ALTURE

In particolare i Paesi Bassi, frequentemente chiamati "**Olanda**" dal nome della loro regione più importante, presentano le terre meno elevate di tutto il continente europeo. Addirittura **un terzo della superficie** è costituito da pianure artificiali che si trovano **sotto il livello del mare**. Queste terre af-

LE VIE DI COMUNICAZIONE

La rete di comunicazioni è estremamente fitta con efficienti **autostrade** e **linee ferroviarie** ad alta velocità. Anche la **rete dei canali** navigabili è molto estesa, specie nei Paesi Bassi. I **porti** di Rotterdam e Anversa sono i più grandi d'Europa. Gli **aeroporti** principali sono quelli di Amsterdam e Bruxelles.

facciate sul Mare del Nord sono difese da imponenti dighe che le separano dall'acqua. Più all'**interno** le **pianure** sono invece di origine fluvio-glaciale e raggiungono un'altezza che varia tra i 5 e i 20 m; esse presentano qualche leggera ondulazione, innalzandosi gradatamente verso la zona meridionale della regione, in Belgio e Lussemburgo. Qui si estende il massiccio delle **Ardenne**, con **altitudini** medie di 400-500 m. Il Lussemburgo è l'unico dei tre paesi privo di sbocco al mare.

LE REGIONI E I PAESAGGI

Il territorio del Benelux si suddivide in **tre regioni**, che si estendono per fasce parallele al Mare del Nord e che presentano paesaggi differenti. La **regione settentrionale** va dalla stretta striscia costiera belga fino alla Frisia, includendo tutta l'Olanda. Si tratta delle terre affacciate sul mare; esse presentano un **ambiente anfibio**, dove terra e acqua si alternano con un susseguirsi di *polder*, i terreni prosciugati, bonificati e strappati al mare con la costruzione di dighe artificiali, canali e mulini. A causa della scarsa pendenza del terreno, i fiumi scorrono lentamente e tendono a ramificarsi in numerosi bracci prima di sfociare nel Mare del Nord.

La **regione centrale** del Benelux corrisponde alla fascia di **pianure interne**, che comprende una larga porzione del territorio belga e dei Paesi Bassi. Queste pianure sono piatte, ma inclinate verso la costa. I terreni sabbiosi sono in grado di assorbire velocemente le acque piovane. In alcune zone, come nel Brabante belga, il paesaggio si presenta lievemente ondulato e più dolce. La **regione meridionale** è occupata dai rilievi delle **Ardenne** ed è ricoperta da **foreste** di conifere, faggi e querce nelle zone più riparate e da **brughiere** sulle alture battute dai venti.

I FIUMI E IL CLIMA

Numerosi sono i **fiumi** (come il Reno, la Mosa e la Schelda), i **canali** e i **laghi** artificiali che hanno anche la funzione di regolare il flusso delle acque. Il **clima** è in prevalenza **atlantico**, ventoso e con piogge frequenti. Sulle Ardenne assume caratteristiche **continentali**, con inverni freddi e lunghi.

QUANDO ANDARE?

In relazione alle caratteristiche del clima, il periodo migliore per visitare il Benelux va da metà maggio a metà settembre, quando le temperature sono gradevoli e le precipitazioni diminuiscono.

IL TURISTA CURIOSO

❶ Il punto più basso dell'Olanda si trova a -6,7 m nell'Alexanderpolder presso Rotterdam.

❷ Il termine *dam* presente nel nome di molte città significa "diga". Amsterdam, infatti, vuol dire "diga sul fiume Amstel" e Rotterdam "diga sul fiume Rotte".

COMPETENZA LOCALIZZAZIONE

❶ Lavora con la carta

Osserva la carta e rispondi alle domande.

- a. Qual è l'unico paese con cui tutti gli stati del Benelux confinano?
- b. A chi appartengono le isole Frisone Occidentali?
- c. Quale grande città bagna il Reno prima di sfociare nel Mare del Nord?
- d. Che altezza raggiunge il monte Botrange, la massima elevazione delle Ardenne? In quale paese si trova?
- e. Dove si trova Maastricht? Su quale fiume sorge?
- f. Oltre Amsterdam e Bruxelles quali sono gli altri aeroporti della regione?

Il polder di Kinderdijk nei Paesi Bassi.

Mucche al pascolo nella campagna vicino a Liegi in Belgio.

Le Ardenne in Lussemburgo.

2 Lezione — LA GEOGRAFIA UMANA

LA POPOLAZIONE E LE CITTÀ

Il Benelux è una regione densamente abitata, soprattutto nei Paesi Bassi e in Belgio, che sono tra gli stati più **fittamente popolati** e urbanizzati. Nei **Paesi Bassi** i centri principali si trovano nella vasta regione urbana del *Randstad Holland,* la "città-anello olandese", dove sono **Amsterdam**, **L'Aia**, **Rotterdam** e **Utrecht**, oltre a centri minori come Haarlem e Leida. Al di fuori della regione olandese, altre città importanti sono Eindhoven, Groninga, Arnhem e Nimega. In **Belgio** la città principale è la capitale **Bruxelles,** alla quale seguono nella regione delle Fiandre **Anversa** e **Gand** e nella Vallonia **Liegi** e **Charleroi**.

ETNIE E MIGRAZIONI

In tutto il Benelux è forte la **presenza di stranieri**; fin dal secondo dopoguerra, il flusso migratorio è stato intenso e oggi tutti e tre i paesi sono **multiculturali**. Nel Belgio il 10% degli abitanti è di origine straniera e numerosi sono gli immigrati, tra i quali gli **italiani** rappresentano il gruppo maggiore. È comunque il Lussemburgo, in rapporto alla popolazione, a ospitare il maggior numero di stranieri: oltre il 40% è infatti costituito da **immigrati**, in netta maggioranza di provenienza europea.

Dal punto di vista **etnico**, il caso del **Belgio** è particolare: la popolazione è divisa in due gruppi nazionali, quello dei **fiamminghi** e quello dei **valloni**. I fiamminghi sono la maggioranza (57% della popolazione) e abitano le Fiandre, la regione settentrionale del paese. La loro lingua è il fiammingo, idioma germanico simile all'olandese. I valloni (32% degli abitanti) risiedono, invece, nella parte meridionale del paese, la Vallonia e la loro lingua, il vallone, è un dialetto francese.

L'ECONOMIA

I tre paesi del Benelux sono tra i più prosperi d'Europa e il **terziario** costituisce il settore portante delle loro economie. Nel Lussemburgo, il cui **reddito per abitante** è **tra i più alti** dell'Europa, il settore è dominato dalle attività **bancarie** e **finanziarie**. Nei Paesi Bassi e nel Belgio un peso notevole rivestono le attività **commerciali** e **portuali**; il porto olandese di **Rotterdam** è il primo per importanza a livello mondiale, mentre quello belga di **Anversa** è il secondo in Europa.

Un ruolo di primo piano ha il **primario,** specialmente nei Paesi Bassi dove è organizzato in modo molto efficiente: il paese esporta nel mondo **prodotti agricoli** e **zootecnici** tra cui latte, burro, formaggi, carne bovina, foraggio, bulbi, piante ornamentali e fiori.

Nel settore industriale il **panorama produttivo** è assai **vario**: le principali industrie sono quelle chimiche, meccaniche, elettroniche, tessili e alimentari. In Olanda, nei fondali del Mare del Nord, si estrae **metano**.

Il **turismo** è in crescita e ogni anno sono oltre **20 milioni i visitatori** che scelgono il Benelux come destinazione.

Le città principali	abitanti (2016)
L'Aia (NL)	508 940
Amsterdam (NL)	1 046 551
Rotterdam (NL)	980 729
Bruxelles (B)	1 183 841
Anversa (B)	513 915
Lussemburgo (L)	103 641

BRUXELLES

La città di **Bruxelles** è la **capitale politica** dell'Europa comunitaria: ospita infatti le sedi della Commissione Europea e del Consiglio dei Ministri Europeo.

Nel centro storico si trova la **Grand-Place**, la piazza su cui si affacciano antichi edifici medievali: la **Maison du Roi,** in stile gotico brabantino, che fu eretta come mercato coperto del pane; l'**Hotel de Ville,** il Municipio quattrocentesco, noto per il suo ***beffroi***, (torre) alta 96 m. Di interesse anche il **Palazzo Reale**, residenza ufficiale del re del Belgio, e la **Cattedrale** gotica di **St-Michel et Gudule.**

COMPETENZA DIGITALE

1 Lavora con internet

Il turismo ha un ruolo importante e le città di Amsterdam, Bruxelles, Bruges e Gand sono le principali mete.

Fai una ricerca e trova notizie su:

a. Quali sono le attrazioni turistiche delle città raffigurate nelle immagini?

Rotterdam, una veduta del porto.

La città di Lussemburgo, capitale del Granducato di Lussemburgo.

3 LA CULTURA E LE TRADIZIONI

Lezione

L'ARTIGIANATO

L'artigianato belga ha una tradizione antica. Tra le produzioni più rinomate sono diffuse l'arte della **ceramica**, della **cristalleria** e del **vetro** (Namur e Liegi), ma soprattutto quella dei **pizzi** e dei **merletti,** di cui Bruges è il principale centro.

Bruxelles è famosa per gli **arazzi** a partire dal XIV secolo: i disegni tradizionali sono realizzati secondo i modelli di pittori famosi quali Rubens.

I Paesi Bassi, invece, sono conosciuti in tutto il mondo per la coltivazione dei **tulipani** soprattutto nella zona tra Haarlem e Lisse dove è possibile visitare il **Keukenhof**, il **parco di fiori più grande al mondo** che attrae ogni anno più di 800 000 visitatori. Altro simbolo del paese è rappresentato dai **mulini a vento**, dichiarati monumenti nazionali, molto noti sono anche i tipici **zoccoli di legno,** usati una volta dai contadini, e le rinomate **ceramiche blu** di **Delft** prodotte sin dal XVI secolo.

Un'attività di primo piano è poi quella della **lavorazione dei diamanti,** per la quale Amsterdam compete con la vicina città belga di Anversa.

LE FESTE E LE TRADIZIONI

In Belgio numerose sono le tradizioni fiamminghe. Tra queste è interessante ***kattenstoet,*** la festa dei gatti a **Ypres**, che si svolge ogni tre anni nella seconda domenica di maggio, in cui vengono lanciati dei gatti finti dall'alto della torre civica. Tra i Valloni, invece, oltre al famoso carnevale di **Binche**, vale la pena di partecipare alla processione di **Mons** in cui viene rievocata la lotta fra San Giorgio e il drago. Imperdibile poi il **tappeto dei fiori** sulla **Grand-Place**, la piazza centrale di Bruxelles: tutti gli anni pari, il weekend del 15 agosto, la piazza viene ricoperta con oltre 500 000 fiori, soprattutto begonie.

Una cioccolateria a Bruxelles. Il cioccolato belga è uno dei fiori all'occhiello della gastronomia.

L'ENOGASTRONOMIA

In Belgio, la cucina è molto influenzata da quella francese. Predominano i piatti a base di **pesce**, soprattutto aringhe, anguille e frutti di mare come cozze e ostriche, spesso serviti con abbondanti **patatine fritte** (*frites*), praticamente onnipresenti nella cucina belga insieme ai famosi cavolini di Bruxelles. La **pasticceria** è molto varia: classiche le cialde ***wafels*** servite con panna o zucchero a velo e le ***pralines***, raffinati cioccolatini ripieni di crema o liquore che si possono trovare nelle numerose *chocolaterie*.

Gli ingredienti principali della **cucina olandese** sono le patate e le verdure che costituiscono la base delle zuppe, di crocchette fritte chiamate ***bitterballen*** o ***kroket*** e delle ricette con l'**aringa** o lo sgombro. Molto diffusi i formaggi, addirittura esportati in tutto il mondo come il **Gouda** e l'**Edam**, che prendono il nome dalle città di provenienza. Nei paesi del Benelux la bevanda nazionale è la **birra**.

COMPETENZA DIGITALE

1 Lavora con internet e le immagini

Nella tradizione fiamminga i caratteristici *carillon* sono strumenti musicali composti da campane installate su torri campanarie. Fin dal Medioevo hanno avuto la funzione di scandire la vita sociale, religiosa e civile delle città.

Fai una ricerca e trova informazioni su:

a. Come funzionano?

b. Quali sono le città dove si possono visitare?

Due campane del *carillon* nella torre del campanile di Gand.

4 Lezione LE RISORSE TURISTICHE

Il **TURISMO CULTURALE** ruota intorno alle principali **città** del Benelux. Esse conservano un nucleo medievale caratterizzato da antiche cattedrali, in stile romanico-gotico o in stile **brabantino** (il gotico fiammingo) con l'ampio uso di mattoni alternati a pietra. L'antica prosperità economica delle città fiamminghe è simboleggiata ancora oggi dai numerosi grandi mercati coperti chiamati ***halles***, dalle case delle Corporazioni, dai palazzi municipali e dalle tipiche torri civiche, ovvero i ***beffroi*** (o *Belfort*) che si affacciano sulle piazze principali. Anche le ricche case della borghesia mercantile costituiscono un elemento urbano tipico. Le maggiori città turistiche nei Paesi Bassi sono **Amsterdam** e **L'Aia** e in Belgio i centri fiamminghi di **Anversa** (*Antwerpen*), **Gand** (*Gent*) e **Bruges** (*Brugge*).

Nel Benelux numerosi sono i **PARCHI NATURALI** e le riserve. In particolare i **20 parchi nazionali** dei **Paesi Bassi** proteggono una ricca varietà di ambienti naturali quali laghi, polder, zone paludose, dune costiere, foreste. Tra i più visitati quello di **De Hoge Veluwe,** istituito nel 1935 e percorribile in bicicletta. Interessante anche il **parco nazionale Weerribben-Wieden**, un'area di zone paludose.

Nelle Fiandre belghe il **TURISMO BALNEARE E TERMALE** presenta spiagge basse e sabbiose e **Ostenda** è una delle più note località balneari. **Spa**, comune situato nella regione delle Ardenne, è invece famosa per le sue fonti termali.

Nei Paesi Bassi le spiagge più frequentate sono quelle della provincia della **Zelanda** e delle isole **Frisone Occidentali**, in particolare l'isola di Texel che ha circa 30 km di spiagge.

Nei Paesi Bassi è molto diffuso anche il **TURISMO FLUVIALE** con crociere lungo i fiumi e i canali navigabili, a bordo delle ***houseboat***, ovvero barche-abitazioni.

Paesi Bassi
La Binnenhof, complesso architettonico situato all'Aia e sede del Parlamento olandese.

Belgio
La Grote Markt, ovvero la piazza principale della città fiamminga di Anversa.

Belgio
Il campanile di Gand.

UNESCO

Il patrimonio dell'UNESCO
Beghinaggi fiamminghi
Grand-Place, Bruxelles
Centro storico di Bruges
Cattedrale di Notre-Dame a Tournai (Belgio)
Canali di Amsterdam costruiti tra la fine del XVI e l'inizio del XVII secolo
Rete dei mulini a vento a Kinderdijk-Elshout
Beemster Polder
Mare di Wadden
Città di Lussemburgo: i suoi vecchi quartieri e fortificazioni

Per la lista completa vai su: http://whc.unesco.org/en/list/

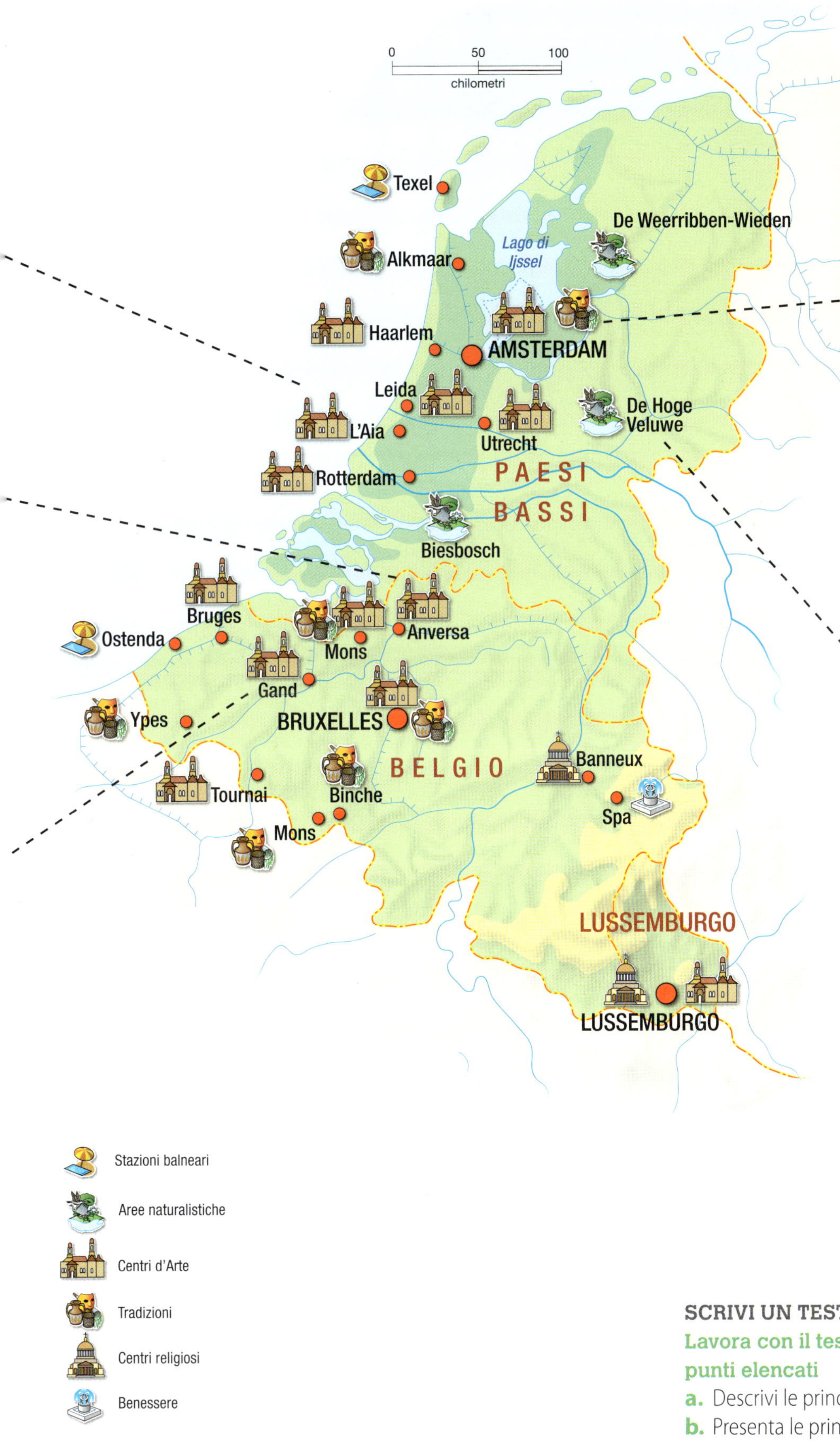

Paesi Bassi
Houseboat lungo i canali di Amsterdam.

Paesi Bassi
Cervi all'interno del De Hoge Veluwe, il parco nazionale più grande dei Paesi Bassi.

SCRIVI UN TESTO IN 200 PAROLE

Lavora con il testo, la carta, internet e le immagini seguendo i punti elencati

a. Descrivi le principali risorse turistiche e le località dei Paesi Bassi.
b. Presenta le principali risorse turistiche e le località del Belgio.

5 *Lezione*

ALLA SCOPERTA DEL BENELUX

CARTA INTERATTIVA IN DIGITALE

L'ITINERARIO

In bicicletta nei Paesi Bassi in 7 giorni

I Paesi Bassi sono il paese ideale per viaggiare in bicicletta, grazie al territorio pianeggiante, al clima piuttosto mite, alle distanze brevi e alle efficienti infrastrutture. Vi sono più di 32 000 chilometri di piste ciclabili che si snodano in tutto il paese. Le due ruote sono quindi uno dei mezzi migliori per esplorare il paesaggio ricco dei tipici mulini, polder, campi di fiori, praticando un turismo sostenibile. La *Dutch Bike Tours* mette a disposizione gratuitamente le mappe dei percorsi ciclabili nei Paesi Bassi (indicati con la sigla LF) e aiuta a prenotare gli alberghi attrezzati per i ciclisti. L'itinerario, tra cultura e natura, può comunque essere effettuato anche in auto, in treno o, per alcuni tratti, in traghetto (tutti i mezzi pubblici sono attrezzati per il trasporto delle biciclette al seguito).

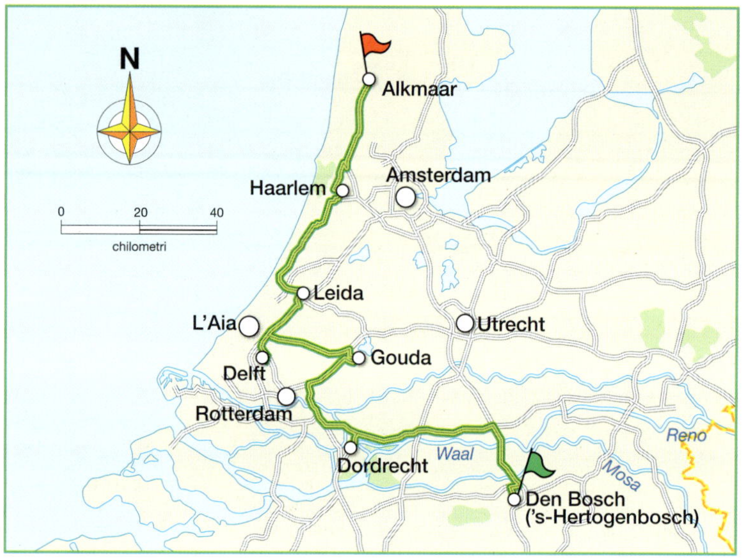

❶ GIORNO
Den Bosch ('s-Hertogenbosch)

Capoluogo della provincia del Brabante settentrionale, Den Bosch prende nome dal pittore Hieronymus Bosch che qui è nato. È una città fortificata di origine medievale ed è caratterizzata da una serie di canali, come il **Binnendieze**, che scorrono per lunghi tratti sotto gli edifici, le piazze e le strade cittadine. È consigliabile la gita in battello che offre una prospettiva unica degli edifici e dell'architettura della città. Per esempio si potranno vedere proiettate su un palazzo le originali figure presenti nelle opere di Bosch passando attraverso il **canale Hellegat**. e assistere allo spettacolo di luci nella piazza del mercato. La città è anche conosciuta per la **cattedrale di San Giovanni**, costruita nel XIII secolo in stile gotico brabantino, di cui rappresenta uno dei più mirabili esempi.

❷ GIORNO
Dordrecht

La strada ciclabile nazionale LF12 verso Dordrecht attraversa una campagna punteggiata da canali, piccoli villaggi e fattorie, per una distanza complessiva di circa 70 km. Il tragitto passa inoltre da **Slot Loevestein**, un castello trecentesco che negli ultimi anni ospita una serie di eventi culturali e fiancheggia il **parco nazionale di Biesbosch**, dove vive una variegata fauna acquatica che è possibile osservare noleggiando canoe o imbarcazioni a remi.
Una passerella ciclabile sospesa sull'acqua porta quindi a **Dordrecht**, la più antica città dei Paesi Bassi, fondata nel 1008 e diventata un fiorente centro commerciale. Il punto di partenza ideale per visitarla è il ***Visburg***, il ponte sul porto Wijnhaven.

❸ GIORNO
Gouda

Utilizzando il **Waterbus**, che è un servizio pubblico di traghetti, si può raggiungere **Kinderdijk** (**la diga dei bambini**), luogo turistico famoso, dove è possibile osservare ben 19 tipici mulini a vento costruiti nel 1740 e disposti sui due lati dei canali in un tipico panorama dei polder olandesi.
Arrivo a **Gouda**, il cui centro è la grande piazza, il **Markt**, su cui si affacciano l'antico **municipio** e il ***Waag,*** ovvero la pesa pubblica, al cui interno un museo documenta la storia e le tecniche di produzione del famoso formaggio.

❹ GIORNO
Westland - Delft

Tra le città di L'Aia, Delft e Rotterdam sorge il **Westland**: la zona delle serre dei Paesi Bassi che si

possono visitare anche in barca, dato che i villaggi sono collegati tra loro da una rete di canali. Da non perdere la sfilata sull'acqua nel primo fine settimana di agosto, quando circa 60 barche vengono addobbate con fiori e verdure, secondo un tema diverso ogni anno. Il tour prosegue poi verso la pittoresca cittadina medievale **Delft**, famosa per aver dato i natali al pittore Johannes Vermeer e per le sue tipiche maioliche blu e bianche.

❺ GIORNO
Leida

Andando verso nord si incontra, dopo circa 20 kilometri, **Leida**, sede della più antica università dell'Olanda e nota soprattutto per aver dato i natali a Rembrandt. Tra i 28 chilometri di canali, il più importante è il **Rapenburg**, caratterizzato da eleganti edifici antichi. Durante il Seicento nella zona sorsero numerosi ***hofjes***, ovvero cortili, oggi meritevoli di una visita.

❻ GIORNO
Haarlem

Arrivando dopo 10 km alla spiaggia di Katwijk, si può imboccare la strada ciclabile nazionale LF1 che si collega con la LF20 per un percorso di 34 km che porta, tra meravigliosi campi di tulipani, ad **Haarlem**. Da non perdere la **Grote Markt**, la piazza su cui si affacciano gli edifici principali, tra cui la cattedrale gotica **Grote Kerk van St Bavo**, l'antico **mercato del pesce** e quello **delle carni**.

Il tradizionale mercato del formaggio ad Alkmaar.

❼ GIORNO
Alkmaar

In circa 40 km si arriva alla città olandese del formaggio, ovvero **Alkmaar**, animata da un mercato di prodotti caseari che si tiene nella piazza principale ogni venerdì mattina, da aprile a metà settembre. Il **Waag**, cappella tardogotica convertita nel 1582 in Pesa pubblica, ospita al suo interno il museo nazionale del formaggio. Volendo in quindici minuti si raggiungono la spiaggia e le dune sul mare.

Un tipico mulino a vento.

Il castello di Loevestein ha origine medievale ed è stato costruito tra il 1357 e il 1397.

ORGANIZZA TU UN ITINERARIO

Il Belgio tra città e campagna

Procurati una mappa del Belgio e costruisci un itinerario che includa i monumenti, le architetture e le località più interessanti. Con Google Maps visualizza il punto di partenza e quello di arrivo e, dopo aver deciso con quale mezzo sia meglio muoversi, calcola i tempi di permanenza e le distanze. Per ogni luogo scrivi in poche righe le principali caratteristiche e attrattive.

Distanza > 370 km circa

Durata > 7 giorni

Luoghi da visitare

1. Liegi
2. Durbuy
3. Dinant
4. Namur
5. Charleroi
6. Mons e Tournai

Le tipiche case affacciate su un canale.

Il quartiere del Begijnhof (beghinaggio), intorno a un cortile con una statua votiva.

LA CITTÀ DEI CANALI

Situata alla confluenza del fiume Amstel con il lago Ij, Amsterdam è la capitale dei Paesi Bassi. La città è stata edificata su una novantina di isolotti, collegati tra loro da oltre 500 ponti e delimitati da una fitta rete di canali semicircolari e trasversali. La presenza dei canali e il fatto che le case siano state costruite su palafitte e su piloni conficcati nel terreno fanno di **Amsterdam una città d'acqua**. Per queste caratteristiche è stata definita da molti la "Venezia del nord".

La città si sviluppò a partire dal XIII secolo come porto commerciale, entrando poi a far parte della Lega Anseatica nel 1358 e divenendo ben presto uno dei maggiori poli del commercio internazionale.

Nel XVII secolo, in concomitanza con l'affermarsi della potente Compagnia delle Indie orientali per il commercio delle spezie e con lo sviluppo coloniale olandese (quando il paese aveva possedimenti nelle Americhe, in Africa e in Asia), assunse importanza ancora maggiore. La libertà di pensiero e la tolleranza religiosa ne fecero peraltro centro di immigrazione per protestanti francesi, ebrei spagnoli e portoghesi, accogliendo risorse e uomini da altre parti d'Europa. Oggi Amsterdam è un'affascinate miscela di stili architettonici, con plurime testimonianze in cui tradizione e innovazione convivono da sempre.

LA CITTÀ DEI GIOVANI

L'aspetto più affascinante di Amsterdam sono i **canali** e il modo migliore per scoprirli è a piedi, osservando l'architettura delle facciate delle case che li fiancheggiano.

Per farsi un'idea dei palazzi più importanti, testimonianza del periodo di massimo splendore della città, si parte da piazza Dam e si segue il percorso che costeggia i canali di **Singel**, **Keizersgracht**, **Herengracht**, **Reguliersgracht** e **Prinsengracht**. I proprietari delle case differenziavano le costruzioni con i cornicioni e i frontoni della parte superiore dell'edificio con elementi decorativi di vario genere, anche molto elaborati, mentre alcune facciate mostrano ancora le formelle con l'indicazione della professione del proprietario.

Il cuore della città è **piazza Dam,** su cui si affacciano il **municipio** in stile neoclassico e la **chiesa Nuova (Niewue Kerk)**, una basilica in stile gotico in cui venivano incoronati i sovrani.

Uno dei quartieri più frequentati è il **Jordaan,** un tempo abitato dai lavoratori immigrati in città, oggi è un labirinto di pub, caffé, locali e numerose gallerie d'arte.

Amsterdam è oggi una delle città più frequentate dal turismo internazionale, specie giovanile. Infatti essa è nota per il clima di libertà e di tolleranza nei confronti di alcuni comportamenti anticonformisti e delle manifestazioni più vivaci della cultura giovanile; offre inoltre una vasta gamma di locali pubblici, club musicali e ritrovi per i ragazzi.

Interno del Café De Deugniet, Amsterdam, dai tipici arredi in legno.

La stazione centrale della città di Amsterdam con la facciata in stile neorinascimentale con influenze gotiche, costruita dall'architetto Petrus Cuyper nel 1889.

I MUSEI

Amsterdam è una delle città con la più alta densità di musei al mondo, tutti di alto valore storico e artistico. Il **Rijksmuseum** è il museo nazionale, la più importante galleria d'arte olandese, una tappa irrinunciabile. L'enorme museo, realizzato in un palazzo in stile neogotico, fu inaugurato nel 1885 e possiede una ineguagliabile collezione d'arte olandese, dalla *Ronda di Notte* di Rembrandt del 1642 alla *Cameriera* di Jan Vermeer del 1658.

Il **Van Gogh Museum** fu aperto nel 1973 e ampliato nel 1999 con l'aggiunta di un nuovo padiglione. L'esposizione permanente mostra la maggior parte delle opere più famose di Van Gogh, la collezione si compone di 500 disegni, 200 dipinti e centinaia di lettere. Le opere famose esposte sono moltissime, da *I mangiatori di patate* ai colori solari della camera da letto della *Casa gialla* di Arles alle innumerevoli versioni dei *Girasoli*.

Il **Museo Marittimo Olandese**, realizzato in un grande edificio che ospitava l'Arsenale della marina, racconta la storia antica marittima e la navigazione mercantile fino a oggi. All'esterno si può vedere un vero vascello in scala della Compagnia delle Indie Orientali

La **casa di Anna Frank** è la casa più visitata di Amsterdam, con oltre 80 000 visitatori all'anno. Il diario originale di Anna, con alcuni dei suoi quaderni, sono esposti nel museo. Qui i Frank riuscirono a sopravvivere, nascondendosi per più di due anni, fino a quando furono scoperti e deportati.

I CAFFÈ

I cosiddetti "**caffè bruni**" sono dei veri e propri luoghi d'incontro dove poter assaporare la *Gezelligheid*, ovvero la convivialità tipica degli olandesi. Il nome è dovuto agli interni di legno scuro, ai muri e ai soffitti anneriti dal fumo del tabacco.

Molte delle case che si affacciano sui canali sono strette, sviluppate in altezza (almeno 3 piani), con scale a chiocciola, ripide. La spiegazione risiede nel fatto che in passato lo stato esigeva il pagamento di un'imposta proporzionale all'occupazione del suolo ovvero a seconda della larghezza della casa. La casa più stretta di Amsterdam si trova in via Singel al n. 7 ed è larga solo 101 centimetri.

I PICCOLI CORTILI

Il **Begijnhof** è un complesso di 164 abitazioni costruite tra il XV e il XVIII secolo, nella parte ovest della città. È stato fondato da una congregazione di beghine, le donne che non avevano preso i voti, ma dedicavano la propria vita all'assistenza di malati ed anziani. È il più antico tra gli ***hofjes*** "piccoli cortili", caratteristica dell'architettura tradizionale.

SEI PRONTO PER LA VERIFICA?

LOSAI? RIPASSA CON LO SMARTPHONE

IN 1 ORA

1 Dopo aver studiato le unità, completa la sintesi utilizzando le parole proposte. Attenzione, ce ne sono 5 in più. ...../10

UNITÀ 7 – LA FRANCIA

- La Francia è una delle nazioni più estese d'Europa, con una prevalenza di territori pianeggianti. Le cime più elevate, oltre i 3000 m di ...., si trovano nella catena delle Alpi e dei Pirenei, mentre a nord e a .... è occupata dal Bassopiano francese. Lunghi fiumi la attraversano, come la Loira, la Garonna e la Senna, tutti affiancati da una fitta rete di .... navigabili.

- La Francia ha una popolazione di oltre 64 milioni di abitanti ed è il quarto paese più abitato del continente. La .... è però molto bassa e la popolazione è distribuita in modo disomogeneo. È un paese ...., la maggior parte degli immigrati sono arrivati dalle ex colonie africane e molti hanno oggi ottenuto la cittadinanza. La Francia è la seconda potenza .... europea: tutti i settori lavorativi sono ben sviluppati. I prodotti agricoli francesi sono particolarmente rinomati a livello mondiale, in particolare i .... e lo champagne. L'industria è moderna e presenta una .... completa di prodotti.

- Prima nel mondo per visitatori ...., l'economia francese gode di un contributo turistico notevole. Le mete più frequentate sono Parigi, la Costa Azzurra e le .... Il .... artistico rappresenta la risorsa principale ma non meno importanti sono gli ambienti naturali con paesaggi di grande bellezza come la Valle della Loira con i suoi ....

- Una grande .... per l'economia e per il turismo francese è costituita dall'artigianato locale che nel mondo ha prodotto un grande influsso in molti campi come la moda, la produzione del lusso, i ...., i tessuti e l'enogastronomia e che è sinonimo di buon gusto, eleganza e ricercatezza.

UNITÀ 8 – I PAESI DEL BENELUX

- Il territorio del Benelux è prevalentemente pianeggiante e un terzo della superficie dei Paesi Bassi si trova sotto il livello del .... In Belgio le pianure sono di origine .... e a sud, al confine con il Lussemburgo, si estendono le Ardenne, catena montuosa con altitudini modeste. Numerosi sono i fiumi, i corsi d'acqua e i canali ....

- I tre paesi del Benelux hanno una densità di popolazione elevata e concentrata nelle ...., soprattutto nella regione urbana della Randstad Holland dove sorgono Rotterdam, Amsterdam e l'Aia. In Belgio le .... principali sono i fiamminghi e i valloni.

- Le tradizioni della popolazione .... sono numerose: in particolare la festa dei gatti *kattenstoet* di Ypres attira la curiosità popolare. Nell'etnia dei Valloni invece la manifestazione più famosa è il carnevale di Binche e il .... di fiori nella Grand-Place di Bruxelles

- L'economia dei tre Paesi del Benelux è tra le più prospere d'Europa e in particolare è il settore dei .... che produce più ricchezza. Le attività commerciali, bancarie e finanziarie sono quelle più importanti. Anche il settore .... ha un ruolo di primo piano, specializzato nei prodotti della ...., latte e formaggi e in quello delle piante ornamentali e dei .... L'industria presenta una produzione diversificata e all'avanguardia.

- Le attrazioni turistiche del Benelux riguardano le principali città che conservano un impianto urbanistico .... ed edifici civili del passato che sono la testimonianza della .... goduta grazie alle attività mercantili.

- L'enogastronomia belga è caratterizzata dai prodotti del mare sempre accompagnati dalle famose *frites*; conosciuti anche all'........................ sono i cavolini di Bruxelles, le cialde *wafels* e le raffinate *praline* di cioccolato. I Paesi Bassi producono ed esportano molti ottimi .... che prendono il nome dalla città di provenienza.

Parole da inserire: primario • tappeto • formaggi • altitudine • artificiali • castelli • estero • multietnico • finanziaria • economica • prosperità • servizi • canali • fiori • fluvio-glaciale • Alpi • sud • stranieri • densità • profumi • risorsa • pianura • gamma • mare • patrimonio • popolo • fiamminga • vini • medievale • zootecnia • città • etnie • ovest • clima

ZTE ONLINE
Mettiti alla prova
con 20 esercizi interattivi

❷ Indica se le frasi sono vere o false. (2 punti ciascuna) ..... / 14

a. Nella Camargue prevale un ambiente palustre con stagni e dune sabbiose. V F
b. La Francia accoglie ogni anno 94 milioni di turisti stranieri. V F
c. I francesi sanno valorizzare le loro materie prime tipiche del territorio. V F
d. L'abbazia di Cluny è una testimonianza di architettura gotica. V F
e. Un quinto della superficie dei Paesi Bassi si trova sotto il livello del mare. V F
f. In Belgio gli Italiani sono il principale gruppo di immigrati. V F
g. Il reddito degli abitanti del Lussemburgo è tra i più elevati del mondo. V F

❸ Indica la risposta corretta. ..... / 2

a. Le tre più importanti mete del turismo balneare sul Mediterraneo sono:
❑ Cannes ❑ Biarritz ❑ Nizza
❑ Saint Tropez ❑ Chamonix

b. Tra queste cinque famose località, quelle in territorio olandese sono:
❑ Delft ❑ Rotterdam ❑ Liegi
❑ Bruges ❑ Maastricht

❹ Associa ogni termine o località alla regione o città corrispondente. (1 punto ciascuna) ..... / 9

a. Chambord
b. Arles
c. Megève
d. Strasburgo
e. Mont-Saint-Michel
f. Ostenda
g. Parco Keukenhof
h. Grand-Place
i. Museo Van Gogh

❑ 1. Alsazia
❑ 2. Haarlem - Lisse
❑ 3. Amsterdam
❑ 4. Bruxelles
❑ 5. Normandia
❑ 6. Fiandre
❑ 7. Valle della Loira
❑ 8. Savoia
❑ 9. Provenza

❺ Scrivi la definizione dei termini proposti: (5 punti ciascuna) ..... / 15

a. Falesia ....
....
....

b. Nouvelle Cuisine ....
....
....

c. Polders ....
....
....

❻ Rispondi alle domande. (10 punti ciascuna) ..... / 50

a. Quali sono le caratteristiche principali della Valle del Rodano?
....
....
....

b. Quali sono i prodotti artigianali francesi più famosi nel mondo?
....
....
....

c. Quali sono le principali attrattive di Parigi?
....
....
....

d. Quali sono le tre regioni in cui si divide il territorio del Benelux?
....
....
....

e. Qual è la principale caratteristica della città di Amsterdam?
....
....
....

PUNTEGGIO TOTALE
..... / 100

GEOGRAPHY HIGHLIGHTS – CLIL

THE DISTRICTS OF PARIS

Paris owes its **1. ......** and visual appeal to the **Seine River**. Each bank of the Seine has its own **2. ......** and atmosphere. The ***Rive Droite***, or *Right Bank*, with its spacious boulevards and formal buildings, has a more sober feeling than the more bohemian ***Rive Gauche***, or *Left Bank*, to the south. The historical and geographical heart of Paris is **Notre-Dame Cathedral** on the *Île de la Cité*, *city island*, which is the largest of the Seine's two **3. ......**; the other one is the Île *St-Louis*. **Paris** became a magnet for the international avant-garde in the **mid-1800s**, and remained Europe's most bohemian capital until the **1950s**. Paris also owes its **4. ......** to the Montmartre's writers *Charles Baudelaire* and *George Sand*, with her lover, the Polish composer *Chopin*; to the Impressionist painters *Claude Monet* and *Edouard Manet*. By the **1880s**, dance **5. ......** introduced the *Cancan*, a lively, instinctual dance, so popular also at the MOULIN ROUGE CABARET where *Toulouse-Lautrec* designed posters **6. ......** the stars. Montmartre's artistic maelstrom continued through the Belle Époque and beyond. In the early **1900s** *Picasso* and *Braque* **7. ......** *Cubism*. Today, Montmartre is still the street of artists. Once just a village settled on the "*Ile de la Cite*", on the confluence of the Seine's two **8. ......** , **Paris** has vastly expanded over the centuries, incorporating the surrounding villages in its city limits. Nowadays the *City of Light*, a name Paris **9. ......** during the age of the Enlightenment, is made up of several **arrondissments**, or districts, numbered from **1** to **20** and logically ordered with the **1st** in the centre and the others following on, in a *clockwise* **10. ......** . The differences are vast and varied between the districts, both in terms of the population and attractions, which together make up this **11. ......** city. Outstanding districts are:

1st Louvre, the least populated arrondissement. The best **12. ......** are *The Tuileries Gardens* and the *Louvre Museum*, the *Palais-Royal*, *Place Vendôme*, the *Forum* des *Halles* shopping centre and the **13. ......** theatre: the "*Comédie-Française*".

2nd ***Bourse***, the smallest arrondissement. It is a business district and **14. ......** of large companies and the *Paris 'Bourse'*, or Stock Exchange. Although not rich in tourist attractions it is home to probably the best surviving examples of 19th century commercial arcades in the city.

3rd ***Marais***, the oldest and best **15. ......** in Paris. It is the largest historic district in France.

4th ***Hotel de Ville***, situated on the Right Bank of the River Seine, known for its narrow streets, cafés, and shops. The best **16. ......** is *Notre Dame de Paris*.

5th ***Panthéon***, set on the Left Bank and, with the adjoining **6th** district, includes the *Latin Quarter*, known for its student life and lively **17. ......** . The *Pantheon* is the best highlight.

7th ***Palais-Bourbon*** includes some of the major tourist attractions of Paris, such as the *Eiffel Tower* and the *Musée d'Orsay*. It is located on the Left Bank.

8th ***Champs-Élysées***, situated on the Right Bank it is one of Paris's main business districts. It is also the location of many places of interest: the *Champs-Élysées*, the *Arc de Triomphe* and *Place de la Concorde*, as well as the *Élysée Palace*, official residence of the President of France.

9th ***Opéra***, located on the Right Bank, of cultural, historical and architectural interest, includes the *Palais Garnier*, home to the impressive elegance of the *Paris Opera House*, *Boulevard Haussmann* and its large department **18. ......** *Galeries Lafayette* and *Printemps*.

COMPREHENSION

04 **1 Read about the district of Paris and complete the text with the words in bold. Then listen & check:**

atmosphere - fame - state - stores - personality - preserved - branches - landmarks - headquarters - halls - development - highlight - islands - spiral - advertising - multifaceted - launched - earned

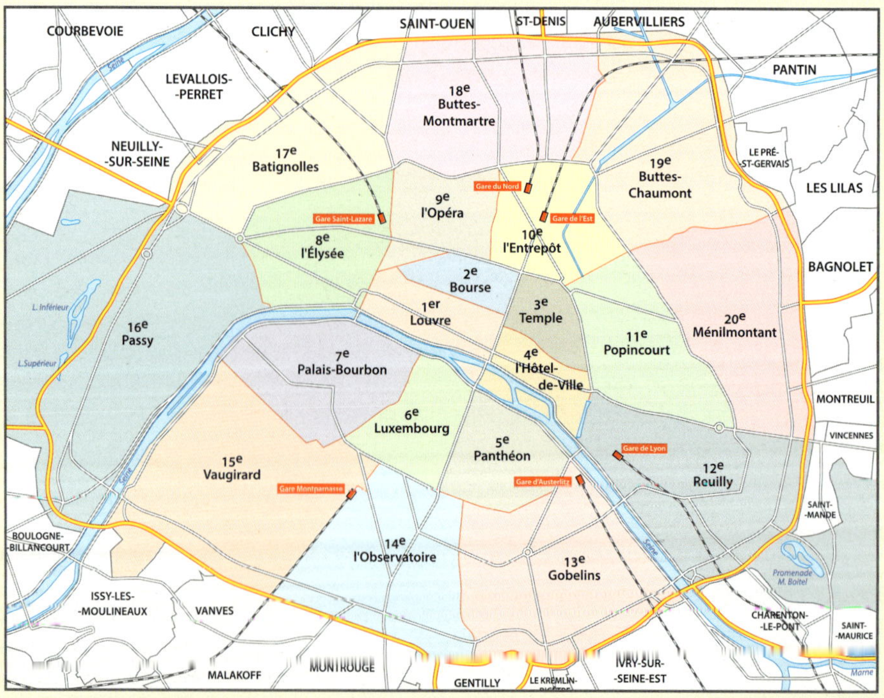

❷ Match the following words from the text to their Italian translation.

1. owes 2. appeal 3. boulevards 4. magnet 5. maelstrom 6. Enlightenment 7. outstanding 8. landmarks 9. headquarters 10. preserved 11. highlight 12. adjoining 13. impressive 14.department stores

.... A. vortice .... B. limitrofo .... C. fascino .... D. Illuminismo .... E. custodito, preservato .... F. viali .... G. sede centrale .... H. imponente .... I. deve .... J. calamita .... K. notevoli .... L. attrattiva .... M. grandi magazzini .... N. luoghi storici

❸ Answer the following questions by using complete sentences.

1. In **which** way has the river Seine contributed to Paris development and visual appeal?
2. **What** is considered the historical and geographical heart of Paris?
3. **What** are the two islands of the River Seine?
4. **Who** and **what** gave Paris a reputation as an international artistic capital?
5. **How** has Paris grown from just a village to the large city Paris of our times?
6. **How** are the Paris districts ordered?

❹ Reorder these words to make meaningful sentences.

1. **The** - Seine - bohemian - Left - of - River - is - more - the - Right - Bank – than - one - the .
2. nicknamed - Enlightenment - **Paris** - was -of during - age - 'City of Lights'- the.
3. **Paris** - made - twenty - up - districts - is - of.
4. the - districts - **Opera** - remarkable - is - of - architectural - and - one – most - historical.
5. located - *Louvre* - theatre - **The** - famous - "*Comedie Francaise*" - is - first - the - the - district - in - called.

REVISION & PRODUCTION

❺ Write questions to these answers.

1. .... ? Paris is crossed by the River Seine.
2. .... ? The *Cancan* was an instinctual dance introduced at the *Moulin Rouge.*
3. .... ? Paris has been nicknamed the "City of Lights" since the *Enlightenment.*
4. .... ? Picasso and Braque launched *Cubism* in 1900.
5. .... ? Parisian districts differ from one another, for population and attractions.
6. .... ? The *Louvre Museum* is situated in the 1st district.
7. .... ? The 9th district, called *Opéra* and located on the Right Bank, has a great cultural, historical and architectural interest.

❻ Complete the following passage.

Baron Haussmann and the Modernisation of Paris.

The division of Paris i _ _ o *arrondissements* originates in the French R_ _ _ _ _ _ _ _ n, in order to reform France economically and administratively. However, before the 19th century there w_ _ e only 12 *arrondissments* in Paris. The 20 d_ _ _ _ _ _ _ s we know today only emerged in 1860, when Haussmann was chosen by Emperor Napoleon III to carry o _ t the renovation of new b_ _ _ _ _ _ _ _s, parks and public works. Haussmann eliminated Paris' toll walls and new territories of the villages around it were included into the city limits. The c _ _ y layout changed starting with the 1st arrondissement at the h_ _ _t of the city and spiralling out c_ _ _ _ _ _ _ e like a snail shell.
Today Paris' twenty districts have each their o_n distinct spirit and character.

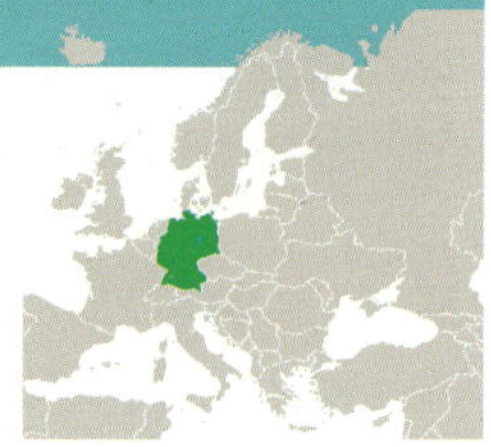

1 Lezione
IL TERRITORIO E I PAESAGGI

superficie	357 340 km^2
popolazione (2016)	82 162 000 abitanti
densità	230 ab./km^2
lingua	tedesco (ufficiale), danese, frisone
religione	protestanti (30%), cattolici (31%), musulmani (4,5%), non religiosi (22%)
moneta	euro
ordinamento dello stato	repubblica federale
capitale	Berlino
sigla	D

IL TERRITORIO

La Germania si trova al **centro** dell'**Europa** e collega l'Ovest e l'Est del continente.

All'interno del territorio tedesco, in gran parte pianeggiante e poco elevato, si riconoscono tre grandi regioni naturali: a nord le **pianure**, nel centro i **rilievi antichi** e a sud le **montagne giovani**.

LE PIANURE E I RILIEVI

Tutta la fascia settentrionale è occupata dal **Bassopiano Germanico**, un'area pianeggiante che fa parte della grande pianura europea e si affaccia con coste basse sul Mare del Nord e sul Mar Baltico.

Nella vasta area centrale e centro-meridionale si trovano invece le **Montagne Medie**, rilievi molto erosi e divisi in una serie di blocchi e massicci isolati. Essi hanno forme arrotondate e in genere non superano i 1000 m. I gruppi maggiori sono quelli del Massiccio Scistoso Renano, dei Monti Metalliferi, del Giura di Franconia e della Selva Nera. Fra questi si aprono ampi tratti di terreno pianeggiante, creati dai sedimenti lasciati dai fiumi. Nell'estrema fascia meridionale del paese si trova infine la zona delle **Alpi Tedesche**, con alcune vette che superano i 2500 m.

I FIUMI

Tutta la Germania è ricca di **fiumi** che, a eccezione di quelli alpini, scorrono lentamente con un regime regolare. I principali, diretti al Mare del Nord,

LE VIE DI COMUNICAZIONE

La rete di **comunicazioni** è estremamente fitta ed efficiente in ogni settore.
La Germania dispone di una **densissima rete autostradale**, la maggiore in Europa; essa è peraltro completamente gratuita. Anche la rete ferroviaria è ben strutturata. Un cenno particolare merita la rete **idroviaria**, tra le più estese e importanti d'Europa e che fa leva sull'asse del fiume Reno. Tra gli aeroporti spicca quello di Francoforte sul Meno, il terzo per passeggeri in Europa.

sono il **Reno**, il **Weser** e l'**Elba**. In territorio tedesco inizia il suo corso il Danubio, separando la regione delle Montagne Medie dai rilievi alpini. I fiumi sono **navigabili** e uniti da numerosi canali, come quello che collega il Reno al Danubio, mettendo in comunicazione il Mare del Nord con il Mar Nero.

IL CLIMA

Il **clima** è **continentale** su buona parte del territorio: le estati sono brevi e calde, gli inverni freddi e lunghi. Nell'area alpina il clima è più rigido, mentre vicino al Mare del Nord le temperature sono più miti grazie agli effetti della Corrente del Golfo. Le piogge sono consistenti nelle vicinanze delle coste e sulle zone montuose meridionali, dove di frequente nevica.

LA GERMANIA SETTENTRIONALE

La **Germania settentrionale** è occupata dal vasto **Bassopiano Germanico** e presenta un paesaggio piuttosto uniforme, con monotone distese pianeggianti. La pianura si affaccia sul Mare del Nord e sul Mar Baltico con una **costa bassa e sabbiosa**, ricca di acquitrini e incisa da profonde insenature e dagli estuari dei fiumi, lungo i quali sorgono importanti città portuali come **Brema** e **Amburgo**. All'interno si trova l'**alta pianura** che è particolarmente fertile nella fascia tra la Bassa Sassonia e il Brandeburgo. Quest'ultima è percorsa da una fitta rete di vie di comunicazione ed è densamente popolata: tra le altre città vi sorge la capitale **Berlino**.

LA GERMANIA CENTRALE

La **Germania centrale** è occupata dalle **Montagne Medie** e presenta un paesaggio dolce, caratterizzato da **ondulazioni collinari** coperte da fitti boschi e interrotte da conche e bacini pianeggianti. Spesso questi territori prendono il nome di "selve", proprio a sottolineare la presenza di boschi molto estesi. In basso, le **valli** dei fiumi costituiscono fertili zone agricole e rappresentano anche le principali **vie di transito** tra il nord e il sud del paese. Tra tutte spicca la Renania, la **valle del corso medio del Reno**, che ospita numerose città importanti, tra cui **Colonia**.

LA GERMANIA MERIDIONALE

La **Germania meridionale** presenta un ambiente più vario. Vi si trovano gli ultimi gruppi delle Montagne Medie e, al di là del corso del Danubio, l'**Altopiano Svevo-Bavarese** e le Alpi Tedesche. Il **paesaggio** è in prevalenza ondulato e boscoso come nella **Selva Nera**, ma la stretta **fascia alpina** è costituita da rilievi aspri. La montagna alpina e l'**altopiano** sono ricchi di **laghi**, come quello di **Costanza**. Le principali città sono **Stoccarda**, nelle Montagne Medie, e **Monaco di Baviera**, nell'Altopiano Svevo-Bavarese.

IL TURISTA CURIOSO

❶ La città di Norimberga è la capitale del giocattolo, di cui ospita la fiera internazionale.

❷ I fratelli Grimm scrissero moltissime fiabe, come *Hänsel* e *Gretel* e *Biancaneve e i sette nani*, basandosi sulle tradizioni e sul folclore tedesco.

QUANDO ANDARE?

Il clima della Germania è continentale con estati brevi e calde e inverni freddi e lunghi. I periodi ideali per visitare questo paese sono quindi la primavera, l'estate e l'autunno.

COMPETENZA LOCALIZZAZIONE

1 Lavora con la carta

Osserva la carta e rispondi alle domande.

a. Dove si trovano le isole Frisone Settentrionali?
b. In quale mare si trova la baia di Lubecca?
c. Al confine con quale paese si trovano i monti Metalliferi?
d. Nella Selva Nera nasce il Danubio o l'Elba?
e. Quali sono i maggiori aeroporti del paese?

La città di Colonia si affaccia sulle rive del fiume Reno ed è il maggior centro della grande Regione metropolitana Reno-Ruhr.

Berchtesgaden, cittadina storica dell'Alta Baviera con il monte Watzmann sullo sfondo.

2 Lezione LA GEOGRAFIA UMANA

LA POPOLAZIONE E LE CITTÀ

Con oltre **82 milioni di abitanti**, la Germania è, dopo la Russia, il paese più popoloso d'Europa. La distribuzione della **popolazione** sul territorio è **omogenea**, la parte orientale del paese ha però una minore densità. Questa differenza è causata dalle migrazioni verso ovest avvenute dopo la Seconda guerra mondiale, quando la Germania fu divisa in due stati.

Il 75% dei tedeschi vive in città, il paese vanta infatti un'antica **tradizione urbana**.

La Germania è un paese con una **struttura urbana policentrica**, cioè basata su più centri dove sono distribuite le attività e le funzioni principali. Le 3 metropoli sono **Berlino**, **Amburgo** e **Monaco**. Berlino, situata nella parte orientale del paese, nella regione del Brandeburgo, è la più popolata città tedesca e dal 1999 è tornata ad essere la capitale della Germania unita. Amburgo è la grande metropoli del nord, mentre quella del sud è Monaco di Baviera. Altre grandi città sono a ovest Brema, Francoforte e Stoccarda, oltre alla grande regione urbana della Renania-Ruhr formata dai centri di Dortmund, Duisburg, Düsseldorf, Essen, Colonia e Bonn. A est sorgono Lipsia e Dresda.

L'IMMIGRAZIONE DEL SECONDO DOPOGUERRA

Nel dopoguerra vi fu un enorme sviluppo economico nelle regioni occidentali e la mancanza di lavoratori giovani rese necessario il ricorso a **manodopera straniera**.

Oggi l'arrivo di immigrati dall'Europa orientale e dai paesi extraeuropei compensa la diminuzione della popolazione causata da un **saldo naturale negativo**, cioè da un numero di nascite inferiore a quello delle morti. Nel paese la presenza di **stranieri** è pari a circa il **10% della popolazione residente** con 1,6 milioni di turchi e curdi, oltre 500 000 italiani, e poi polacchi, greci, croati, rumeni. Questo afflusso rende la **società** tedesca **multietnica**.

L'ECONOMIA

La Germania è oggi la **prima potenza** economica europea e la quarta a livello mondiale dopo Stati Uniti, Cina e Giappone. Il **primario** rappresenta il settore meno di punta dell'economia; tra le coltivazioni si segnala quella del **luppolo** e della **barbabietola** da zucchero e importante è anche l'allevamento bovino.

L'**industria** costituisce il settore trainante dell'economia. Un ruolo chiave ha l'industria **chimica**; notevole è anche l'industria **automobilistica** e assai sviluppate l'**elettrotecnica**, l'**elettronica** e l'**informatica**. Vicino a Monaco si trova il più importante polo tecnologico europeo per le **telecomunicazioni** e le **biotecnologie**, mentre attorno a Jena sono concentrate prestigiose industrie di **apparecchiature scientifiche** e **strumenti ottici**.

Nel **terziario** sono molto sviluppate le attività bancarie e finanziarie, che gravitano soprattutto sull'area di **Francoforte** sul Meno, sede della Banca Centrale Europea.

IL TURISMO

La Germania è tra i primi dieci paesi più turistici al mondo con oltre **30 milioni di visitatori** l'anno. Le mete più frequentate sono **Berlino**, **Monaco di Baviera,** le altre città storiche, i paesaggi naturali montani e la valle del Reno.

Le città principali	abitanti (2016)
Berlino	3 421 829
Amburgo	1 746 342
Monaco	1 407 836
Colonia	1 034 175
Francoforte	701 350
Stoccarda	604 297

luppolo
Pianta rampicante i cui fiori contengono una sostanza amara (luppolina) usata nella fabbricazione della birra.

biotecnologie
Tecniche che utilizzano sistemi biologici (microrganismi, cellule animali e vegetali) per produrre svariati beni.

COMPETENZA DIGITALE

1 Lavora con internet

La Germania è uno dei paesi europei più visitati al mondo.
Fai una ricerca e trova notizie su:

a. Quali sono le destinazioni più frequentate?
b. Perché la Germania attira un così gran numero di visitatori?
c. Da quali paesi proviene il maggior numero di turisti?

Una delle sedi della casa automobilistica Volkswagen.

La Banca Centrale Europea a Francoforte.

3 Lezione — LA CULTURA E LE TRADIZIONI

L'ARTIGIANATO

In Germania sono numerose le strade a tema dedicate agli oggetti dell'artigianato locale, nonché quelle a carattere enogastronomico. Per esempio, la **Strada della porcellana e del vetro**, in Baviera, oppure la **Strada delle pietre preziose**, nella Renania-Palatinato. Nella Foresta Nera è invece possibile percorrere la caratteristica **Strada degli Orologi**: lunga circa 300 km, attraversa aree boscose e si snoda tra caratteristiche botteghe dove si costruiscono i famosi **orologi a cucù**.

LE FESTE E LE TRADIZIONI

Tra le feste tradizionali più sentite ci sono quelle legate al **Carnevale,** in particolare quelle di Düsseldorf, Colonia e Magonza.

Se si visita la Germania nel periodo dell'Avvento, imperdibili sono i numerosi **mercatini di Natale**, accanto ai prodotti dell'artigianato, si possono assaggiare i biscotti allo zenzero e le salsicce con il *Glühwein*, un vino caldo speziato.

L'evento di maggior richiamo internazionale, con mediamente 6 milioni di visitatori ogni anno, è l'**Oktoberfest**, la festa della birra a Monaco di Baviera, che si svolge tra settembre e ottobre presso il parco di ***Theresienwiese***.

A **Francoforte** sul Meno, la **Fiera del Libro** si tiene ogni anno ad ottobre, dal 1949, con espositori provenienti da più di 100 paesi.

Tra i festival di carattere internazionale a febbraio si svolge a Berlino il **Festival del Cinema**, che assegna il prestigioso premio *Orso d'Oro* dal 1951.

L'ENOGASTRONOMIA

Il piatto tipico sono i **würstel con i crauti**, accompagnati da varie salse tra cui la più diffusa è la senape; sono immancabili durante le feste popolari, accompagnati dal caratteristico ***bretzel*** ovvero un pane intrecciato a nodo, di colore ambrato ricoperto di sale grosso. Nella cucina della Germania meridionale predominano piatti a base soprattutto di **carne di maiale** e **vitello**, serviti con **pasta o gnocchi** come contorno. Nel nord si consuma, invece, molto più pesce, come le **aringhe affumicate**, la **zuppa di anguilla** e il tipico ***labskaus*** di Amburgo, uno stufato misto. Anche la pasticceria ha le sue specialità: la Germania è la patria della **torta al cioccolato e ciliegie**, (*Schwarzwälder Kirschtorte*) farcita con panna, tipica della Foresta Nera. La bevanda più diffusa in assoluto è la **birra**, che in Germania dispone di circa 1300 birrifici, situati soprattutto in Baviera.

TURISMO IN BICICLETTA

La Germania è un'ottima meta per praticare cicloturismo. I percorsi attrezzati sono molteplici e creano una rete che copre tutto il paese; molti di questi rientrano nell'*EuroVelo*, la rete cicloturistica europea. Ne sono una dimostrazione le numerose sistemazioni alberghiere *Beet&Bike*, più di 5400 in tutto lo Stato. La pista ciclabile dell'Elba, *Elberadweg*, è uno dei percorsi preferiti dai ciclisti.

COMPETENZA DIGITALE

1 Lavora con internet

La "strada tedesca delle fiabe" è nata nel 1975. È lunga 600 km da Hanau, paese natale dei fratelli Grimm, a Brema, la città dei musicanti, passando per Alsfeld, terra di *Cappuccetto Rosso*, e Sababurg, il castello della *Bella Addormentata*. **Fai una ricerca** e trova informazioni sull'itinerario e le attività correlate.

Il *bretzel*, il tipico pane ad anello.

Il monumento ai fratelli Grimm nella città di Hanau.

4 Lezione — IL PATRIMONIO STORICO E ARTISTICO

L'ANTICHITÀ E IL MEDIOEVO

Il patrimonio storico e artistico tedesco è enorme e variegato. La Germania fu conquistata dai Romani che vi fondarono varie città, tra cui **Treviri,** che conserva ancora importanti testimonianze del periodo antico, come la **Porta Nigra,** l'anfiteatro, le famose terme imperiali e tutti i ponti impiegati ancora oggi come parte integrante della rete viaria della città sulla Mosella.

Durante il Medioevo, sotto il regno di Carlo Magno, fu scelta **Aquisgrana** come capitale del Sacro Romano Impero, la cui **cattedrale** con la **Cappella Palatina,** non solo è la più antica del Nord Europa, ma è anche patrimonio UNESCO.

IL GOTICO E L'ARTE RINASCIMENTALE

Dal XIII secolo si impose lo **stile gotico**, che arrivò in quest'area per influsso dell'architettura francese e fu interpretato in modo originale dal punto di vista architettonico, come nel caso del **Duomo di Magdeburgo** e delle **cattedrali** di **Colonia** e **Treviri.** Espressione del tardo gotico è invece il Duomo di Monaco di Baviera (***Frauenkirche***).

Anche le città della **Lega Anseatica** come **Brema**, **Amburgo** e **Rostock** sono caratterizzate dal cosiddetto **gotico baltico,** che faceva grande uso del mattone rosso. Esempi particolarmente significativi di questa tecnica costruttiva si trovano a **Lubecca** con la **chiesa di Santa Maria** *(Marienkirche)* e la caratteristica **Holstentor**, una porta cittadina con due imponenti torri gemelle.

Dopo la metà del XVI secolo la Germania si aprì all'influenza dell'arte italiana nell'**architettura rinascimentale**, riscontrabile soprattutto nelle città meridionali come nel municipio di **Augusta** in Baviera e nel castello di **Heidelberg,** sul fiume Neckar, costruito come fortezza difensiva; la città è un importante centro culturale, tra le più visitate in Germania, e sede dell'**università più antica del paese**.

LA CULTURA TEDESCA

Fin dall'antichità la cultura tedesca ha influenzato la storia della civiltà europea. Per esempio, a partire dalla fine del XVIII secolo, il movimento del **Romanticismo**, che interessò arte, letteratura e musica, contribuì a formare la forte identità tedesca, diffondendosi poi anche in tutta Europa. Del resto uno dei percorsi turistici famosi è proprio la *Romantische Strasse* che attraversa il paese. La Germania ha dato i natali a **grandi personaggi**: Kant, Hegel, Marx e Nietzsche nei campi filosofico e della riflessione politica; Goethe, Schiller, Mann e Hesse in letteratura, Brecht nella drammaturgia; Bach, Beethoven e Wagner in campo musicale; Einstein e Planck per la fisica.

Lega Anseatica
(o Hansa): alleanza di città che dal tardo Medioevo all'inizio dell'età moderna mantenne il monopolio dei commerci nel Mare del Nord e nel Baltico.

COMPETENZA DIGITALE

1 Lavora con internet e le immagini

Osserva le immagini e **fai una ricerca** approfondendo le principali caratteristiche artistiche e architettoniche delle quattro località raffigurate.

Il centro storico di Dresda.

La residenza dei principi-vescovi di Würzburg è uno dei palazzi più importanti dell'epoca barocca.

IL BAROCCO E IL CLASSICISMO

Dal 1600 fino alla metà del 1700, con il **barocco**, i principi tedeschi vollero dimostrare il loro potere tramite la costruzione di sfarzose residenze, come quella di **Würzburg** nella Baviera. Nella Germania settentrionale sono molto interessanti le numerose strutture settecentesche della città barocca di **Dresda** come la **fontana dei delfini**, la **Frauenkirche**, distrutta nel 1945 e ricostruita minuziosamente nel 2005 e il famoso complesso architettonico di **Zwinger.**

La Porta di Brandeburgo e la facciata dell'***Altes Museum*** a **Berlino** sono le più importanti opere del **classicismo** tedesco, insieme ai castelli nel cosiddetto "**Regno giardino**" di Dessau-Wörlitz, un grande parco oggi patrimonio dell'UNESCO.

IL RINNOVAMENTO DELLE CITTÀ TEDESCHE

Molte città tedesche sono state completamente ricostruite dopo la Seconda guerra mondiale come **Dresda** e **Norimberga**, altre, invece, sono state oggetto d'interventi architettonici d'avanguardia, come **Berlino** e **Hannover**, che è nota per il suo moderno centro fieristico.

Importante per il turismo d'affari è **Francoforte sul Meno**. Nota come la città europea che ospita il maggior numero di grattacieli, viene soprannominata *Mainhattan* in riferimento al fiume Meno. Il centro storico di Francoforte è stato distrutto nel 1944 durante la Seconda guerra mondiale. Solo poche case rimasero in piedi e gli edifici furono ricostruiti dopo la fine della guerra. Tra questi il municipio, la chiesa di San Paolo e la casa dove nacque Johann Wolfgang Goethe, oggi diventata museo.

Monaco di Baviera, importante centro turistico e congressuale sul fiume Isar, è anche in prima posizione per qualità di vita e opportunità di lavoro. Molto forte è l'attaccamento alle tradizioni che si manifesta nelle numerose **feste popolari** e nell'orgoglio con cui i cittadini indossano ancora i costumi tradizionali. Offre una grande quantità di attrazioni: ***Marienplatz***, la piazza principale, il palazzo reale della ***Residenz***, il **castello di Nymphenburg**, i numerosi musei tra cui il **Deutsches Museum** e il **Giardino inglese**.

IL BAUHAUS

Bauhaus è stata una **scuola di architettura, arte e design** che operò in Germania dal 1919 fino al 1933, quando fu chiusa dal regime nazista. La scuola, con docenti di varie nazionalità, fu il punto di riferimento per tutte le innovazioni nel campo del design e dell'architettura. L'esperienza del Bauhaus è stata fondamentale nel rapporto tra tecnologia e cultura ed ebbe profondi influssi nel campo artistico e tecnico, influssi che arrivano fino al giorno d'oggi. Gli edifici del Bauhaus a Weimar e Dessau sono stati dichiarati nel 1996 patrimonio dell'UNESCO.

Il castello di Neuschwanstein in Baviera, una tappa obbligata della *Romantische Strasse.*

Il castello di Heidelberg, uno dei più celebri castelli tedeschi, è situato su una collina con vista sulla cittadina.

5 Lezione — LE RISORSE TURISTICHE

La Germania è uno dei paesi europei più attenti all'ambiente. Tra i **PARCHI NATURALI** quello della **foresta bavarese** che costituisce la **più grande superficie boschiva protetta dell'Europa centrale** è uno dei principali. Gli ambienti del parco ospitano foreste di faggi e abeti, paludi e laghi. Di notevole rilievo turistico è il **parco nazionale della Foresta Nera**, la più grande area protetta del paese e che offre panorami ineguagliabili sul Bassopiano renano.

Per quanto riguarda il **TURISMO MONTANO** ci sono circa 300 stazioni per gli sport invernali, soprattutto nelle **Alpi Bavaresi**. Tra le più rinomate quelle di **Garmisch-Partenkirchen**.

Il **TURISMO BALNEARE** è prevalentemente di carattere nazionale. Le **coste orientali del Mar Baltico** (*Ostsee*), caratterizzate da lunghe spiagge, sono attrezzate per ogni tipo di vacanza. Tra le località più frequentate **Travemünde** che è un distretto di Lubecca e **Warnemünde**, nota stazione turistica balneare della città portuale di Rostock. Tra le isole **Rügen** è la più grande della Germania; presenta una natura incontaminata e le sue **bianche scogliere di gesso**. Altre importanti stazioni balneari sono **Sankt Peter Ording** e l'**isola di Sylt,** nota per le sue **dune bianche**.

La Germania conta oltre **250 stazioni termali e località di cura** che alimentano il **TURISMO TERMALE E TERAPEUTICO,** già attivo a partire dal XIX secolo. Tra le località più rinomate **Baden-Baden** (*bad* vuol dire *bagno* in tedesco), situata nella Selva Nera e conosciuta per le sue acque minerali e curative sin dai romani, e **Wiesbaden,** nel cuore dell'Assia, visitata anche d'inverno grazie alle sue 26 sorgenti d'acqua calda.

Per il **TURISMO CULTURALE** numerose sono le città d'arte, prime tra tutte la capitale Berlino o Monaco di Baviera.

Isola di Sylt
L'isola è rinomata per le sue spiagge di sabbia dorata e i bellissimi panorami.

Parco nazionale della Foresta Nera
Conifere all'interno del parco, il primo di tutta la Germania ad essere stato costituito nel 1970.

Il patrimonio dell'UNESCO
Cattedrale di Aquisgrana
Residenza di Würzburg
Città anseatica di Lubecca
Palazzi e parchi di Potsdam e Berlino
Duomo di Colonia
Il Bauhaus e i suoi siti a Weimar e Dessau
Weimar classica
Isola dei musei *(Museumsinsel)*, Berlino
Castello di Wartburg
Gola del Reno, fra Coblenza e Bingen

Per la lista completa vai su: http://whc.unesco.org/en/list/

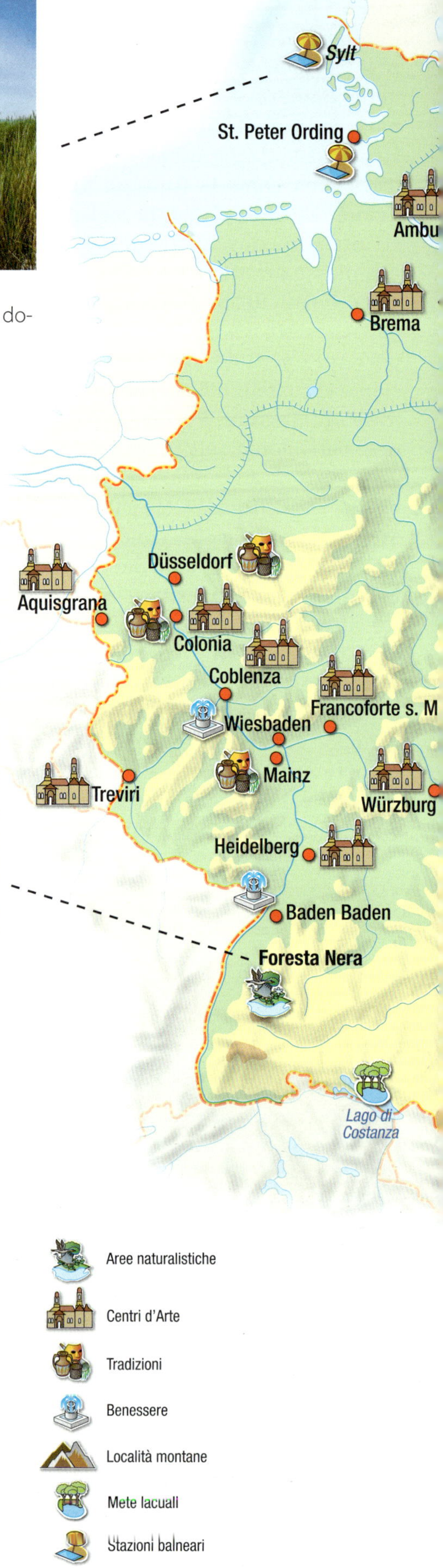

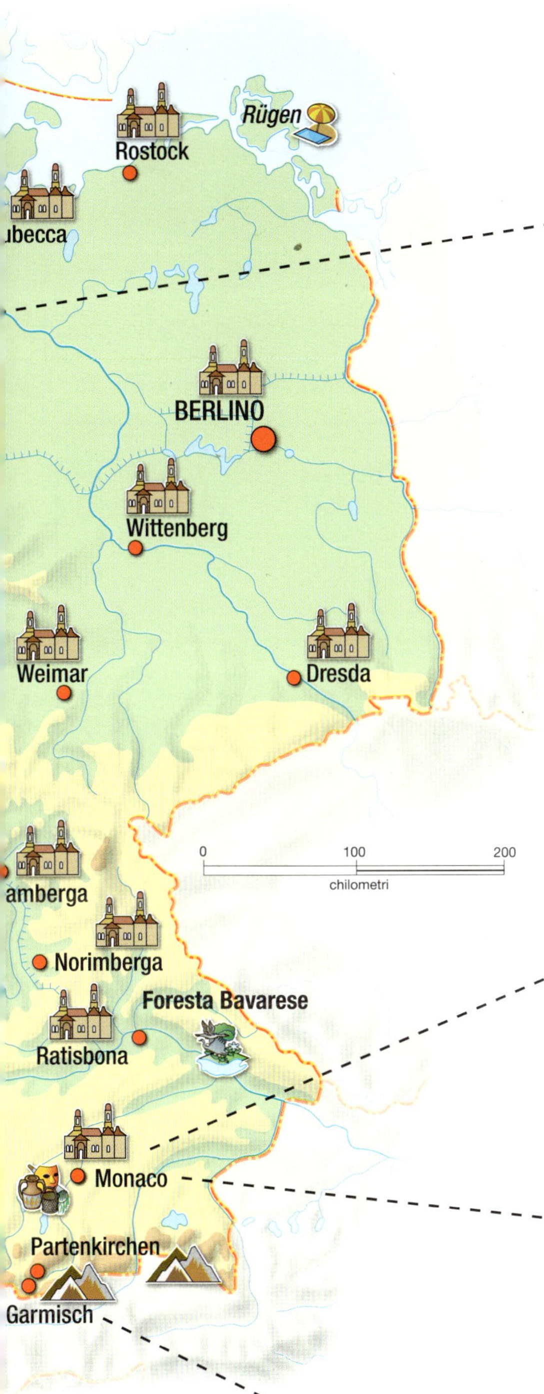

Brema
La piazza del mercato nel centro della città anseatica, con vista sulla chiesa di Nostra Signora, sul municipio e sul palazzo del Parlamento.

Monaco di Baviera
Il centro storico e il municipio di Monaco.

Dachau
La torre di guardia dell'ex campo di concentramento, un luogo del turismo della memoria.

Garmisch-Partenkirchen
Un torneo di hockey nel lago ghiacciato Riesser.

SCRIVI UN TESTO IN 200 PAROLE

Lavora con il testo, la carta, le immagini e organizza le informazioni seguendo i punti elencati

a. Descrivi le località in cui hanno sede i musei della memoria legati ai tragici avvenimenti della Seconda guerra mondiale e alla dittatura nazista.

b. Descrivi le località balneari della Germania.

6 Lezione

ALLA SCOPERTA DELLA GERMANIA

CARTA INTERATTIVA IN DIGITALE

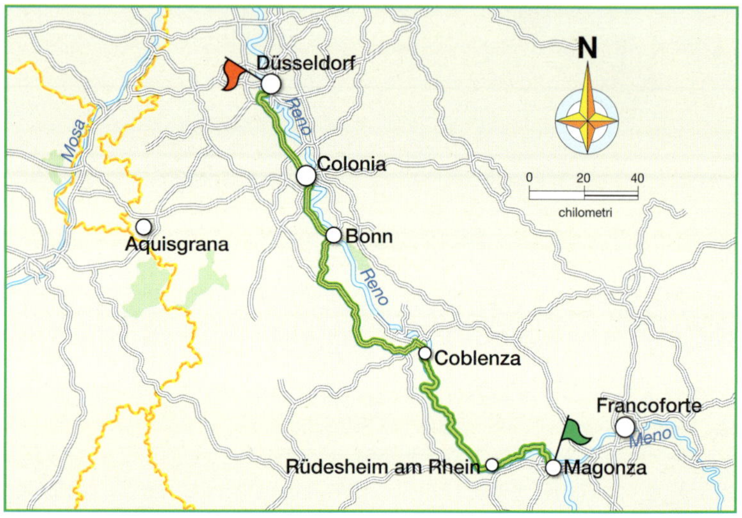

L'ITINERARIO

Lungo il corso del Reno in 6 giorni

La Valle del Reno, da Magonza a Coblenza, è uno dei percorsi più affascinanti della Germania. La divisione politica della Germania nel Medioevo ha avuto come conseguenza la costruzione di numerose fortezze e castelli di signori locali che, per il controllo del fiume, erano spesso in guerra tra loro.

In questi luoghi amava soggiornare anche lo scrittore Johann Wolfgang Goethe. Inoltre, attorno agli antichi castelli arroccati e ai borghi medievali, si aprono le distese di vigneti che producono il Riesling, un pregiato vino bianco. Qui si può percorrere la *Rheingauer Riesling Route*, un tratto di strada caratterizzato da piccoli paesini, trattorie, cantine dove potersi fermare a degustare vini e prodotti locali. Le attrazioni sono molte se si prolunga il percorso lungo le due sponde del Reno fino a Colonia e Düsseldorf. Il fascino di questo viaggio si può apprezzare in auto o anche in bici, ma sicuramente sarebbe ancora più suggestiva una crociera a bordo del "Goethe", l'ultimo battello a vapore in servizio sul fiume.

Crociera lungo il fiume Reno.

❶ GIORNO
Magonza

L'itinerario inizia a **Mainz** (Magonza), capoluogo del Land della Renania Palatinato, che nel Medioevo fu un importante centro ecclesiastico, testimoniato dal **duomo in stile romanico** nel centro storico. Importante anche il **Gutenberg-Museum** dedicato all'inventore dei caratteri a stampa e l'**Altstadt**, il quartiere più suggestivo con le sue strette viuzze e case a graticcio, nonché la **Chiesa di St. Stephan** con le vetrate disegnate da Marc Chagall.

❷ GIORNO
Rüdesheim am Rhein

A una quarantina di chilometri da Magonza si trova **Rüdesheim**, in Assia, centro di origine celtica con le tipiche case a graticcio. È una cittadina adagiata tra le sponde del Reno e le colline ricoperte dai vigneti e punto nevralgico della *Riesling Route*. Infatti ospita un interessante museo del vino e numerose cantine in cui si degusta il vino bianco della regione.

❸ GIORNO
Rüdesheim am Rhein – Coblenza

Nel tratto di circa 65 km tra Rüdesheim e Coblenza furono costruite molte fortezze a testimonianza del ruolo strategico del fiume. Circa 30 di queste fortezze si possono ancora visitare. Tra queste la fortezza **Burg Klopp** che si trova

Vigneti nei dintorni di Rüdesheim, città lungo le rive del fiume Reno.

Le tipiche case a graticcio a Marbach am Neckar.

su una collina sopra la città di Bingen, la **Mäuseturm** (*Torre dei topi*), i castelli di **Pfalz** e di **Stolzenfels**. In zona è possibile vedere la rupe di **Loreley**, una delle più note attrazioni turistiche della Germania: una roccia a strapiombo, alta 132 m, la cui fama si deve alle leggende narrate sul suo conto e tramandate da grandi poeti romantici. A Coblenza, dove la Mosella confluisce nel Reno, vale la pena di visitare la **fortezza di Ehrenbreitstein** e alcune chiese romaniche quali St. Kastor e Liebfrauenkirch.

❹ GIORNO
Bonn

Capitale della Repubblica Federale tedesca dal 1949 al 1990 e **città natale di Beethoven**; Bonn rende omaggio al suo concittadino più famoso con un festival e una serie di **concerti di musica classica** in settembre e ottobre. La città è molto visitata anche in occasione dello spettacolo pirotecnico e musicale ***Rhein in Flammen*** (Reno in fiamme), un festival di fuochi d'artificio che si svolge ogni anno a partire dal mese di maggio.

❺ GIORNO
Colonia

Colonia era già abitata dai Romani che vi hanno lasciato diversi monumenti importanti. La città è dominata dal **duomo**, la più grande chiesa gotica dell'Europa del nord, la cui costruzione è iniziata nel 1248 per custodire le reliquie dei Re Magi, portate da Milano dall'imperatore Federico Barbarossa. La città ospita il Carnevale più noto della Germania.

❻ GIORNO
Düsseldorf

A 40 km a nord, si trova Düsseldorf. La città è il cuore economico e finanziario della Ruhr oltre che un importante polo fieristico e **capitale della moda tedesca**, concentrata soprattutto nel quartiere dell'ex porto fluviale Medienhafen, riqualificato con edifici progettati dall'architetto Frank Gehry (a cui si devono anche il Guggenheim Museum di Bilbao e la Casa danzante di Praga). La città ospita numerosi musei, gallerie d'arte e teatri quali il **Schauspielhaus**.

ORGANIZZA TU UN ITINERARIO
La *Romantische Strasse*

Procurati una mappa della Baviera e costruisci un itinerario che includa i monumenti, le architetture e le località più interessanti. Con Google Maps visualizza il punto di partenza e quello di arrivo e, dopo aver deciso con quale mezzo sia meglio muoversi, calcola i tempi di permanenza e le distanze. Per ogni luogo scrivi in poche righe le principali caratteristiche e attrattive.

Distanza > 350 km circa

Durata > 6 giorni

Luoghi da visitare

1. Füssen
2. Landsberg
3. Augusta
4. Rothenburg
5. Weikersheim
6. Würzburg

Il Castello di Charlottenburg, venne costruito nel 1695 da Federico I di Prussia come residenza estiva per la consorte Sofia Carlotta. Si trova nella parte occidentale della città.

UNA CAPITALE NEL CUORE DELL'EUROPA

Berlino è situata sulle rive del fiume Sprea. Già capitale dell'Impero germanico (1871), perse la sua importanza dopo la Seconda guerra mondiale perché non solo fu quasi totalmente distrutta, ma venne anche **divisa in due parti**. Berlino Est, capitale della Germania Orientale, era sotto l'influenza sovietica e Berlino Ovest che, pur trovandosi interamente circondata dal territorio orientale, faceva parte della Germania Occidentale di cui era invece capitale Bonn.

IL MURO

Berlino divenne il simbolo della Guerra Fredda tra Stati Uniti e Unione sovietica, tra paesi capitalistici e comunisti, soprattutto dopo la costruzione del **muro** nel **1961**.

Nel **1989** il muro venne abbattuto e questo di fatto segnò la caduta del comunismo; la città si riunificò e tornò a essere capitale della Germania unita. Da quel momento ha vissuto un rilancio e un riassetto urbanistico e oggi Berlino si trova al terzo posto, dopo Londra e Parigi, per arrivi turistici grazie anche alla sua vivacità culturale. Proprio come testimonianza del recente passato, tratti di muro sono tuttora conservati e sono diventati luoghi di interesse turistico. È il caso dell'**East Side Gallery**, una galleria all'aperto lunga circa 1,3 km interamente dipinta da graffiti. Vicino, a pochi metri, si trova il **Checkpoint Charlie**, ovvero l'ex punto di controllo militare, transito obbligato per andare dalla parte ovest a quella est della città.

I PUNTI DI INTERESSE

Uno dei pochi edifici che ancora oggi dà un'idea diretta delle distruzioni dovute ai bombardamenti è la ***Gedächtniskirche*** (Chiesa della Memoria), conservata allo stato di rudere proprio per ricordare gli orrori della guerra e che si trova nel ***Kurfürstendamm***, un lungo viale alberato su cui si affacciano negozi, ristoranti, cinema, teatri pubblici e che porta al famoso **Zoo**.

I luoghi più significativi interessati dal recente rinnovamento della città sono la **Potsdamer Plaz**, centro di un nuovo quartiere con edifici moderni progettati da importanti architetti europei tra cui l'italiano Renzo Piano; il **palazzo del Reichstag**, sede del parlamento tedesco, completamente ricostruito al suo interno con la grande cupola di vetro che copre il tetto in memoria dell'originale del 1894; il **Museo Ebraico di Berlino** (*Jüdisches Museum)*, dedicato alla storia e cultura ebraica e il **Memoriale dell'Olocausto**, dove 2711 blocchi di cemento commemorano le vittime della Shoah. Il monumento è aperto giorno e notte e i visitatori possono camminare liberamente al suo interno.

Qualche tratto del muro, che divideva la città, viene conservato come testimonianza ed è di grande interesse turistico.

Alexanderplatz, la storica piazza, conosciuta per l'orologio che segna le ore di tutto il mondo e per l'antenna della televisione, ovvero una torre costruita negli anni Sessanta del secolo scorso, nella zona est della città. Alta 365 m ospita un ristorante panoramico che ruota a 360° ogni mezz'ora.

La Porta di Brandeburgo, simbolo della città, si trova davanti a Pariser plat.

L'**Unter den Linden,** che vuol dire "sotto i tigli", è il lungo viale alberato che si snoda fino al grande parco ***Tiergarten*** e alla **Porta di Brandeburgo.** Costruita in stile neoclassico, la Porta di Brandeburgo è alta 26 m e larga 65 ed è sormontata da una quadriga, un cocchio trainato da quattro cavalli e guidato dalla dea della vittoria. Venne edificata a partire dal 1788 ed è l'unica rimasta tra quelle che permettevano un tempo l'ingresso in città.

Nei pressi si trova l'**isola dei musei** (*Museumsinsel),* che ospita cinque musei, tra cui spicca il celebre **museo di Pergamo**, in cui sono stati ricostruiti alcuni dei luoghi più famosi dell'antichità.

Poco lontano si trova una delle piazze più grandi d'Europa, **l'Alexanderplatz** con il Berliner Rathaus (il "municipio rosso"), l'orologio universale Urania e l'altrettanto celebre torre della televisione.

Al di fuori del **Mitte**, il centro della città, in direzione sud meritano una visita i quartieri etnici di Kreuzberg e Neukölln, mentre a ovest sorge il **Castello** (*Schloss*) **di Charlottenburg**, delizioso palazzo barocco con un ampio parco; l'edificio fu la storica residenza degli Hohenzollern, i re di Prussia.

I DINTORNI DI BERLINO

Nei dintorni è imperdibile, dal punto di vista artistico e storico, la città di **Potsdam,** famosa per le sue splendide architetture settecentesche, per il parco e il castello di **SansSouci**, residenza dei re di Prussia e chiamata la *Versailles prussiana*. A Potsdam il fiume Havel forma un'area lacustre contornata da ampie zone forestali. Berlino è circondata da numerosi laghi, fiumi, foreste e parchi naturali. Per esempio la Foresta della Sprea (*Spreewald*) è una regione paludosa posta a sud-est della capitale e protetta dall'UNESCO come riserva della biosfera.

1 IL TERRITORIO E I PAESAGGI

Lezione

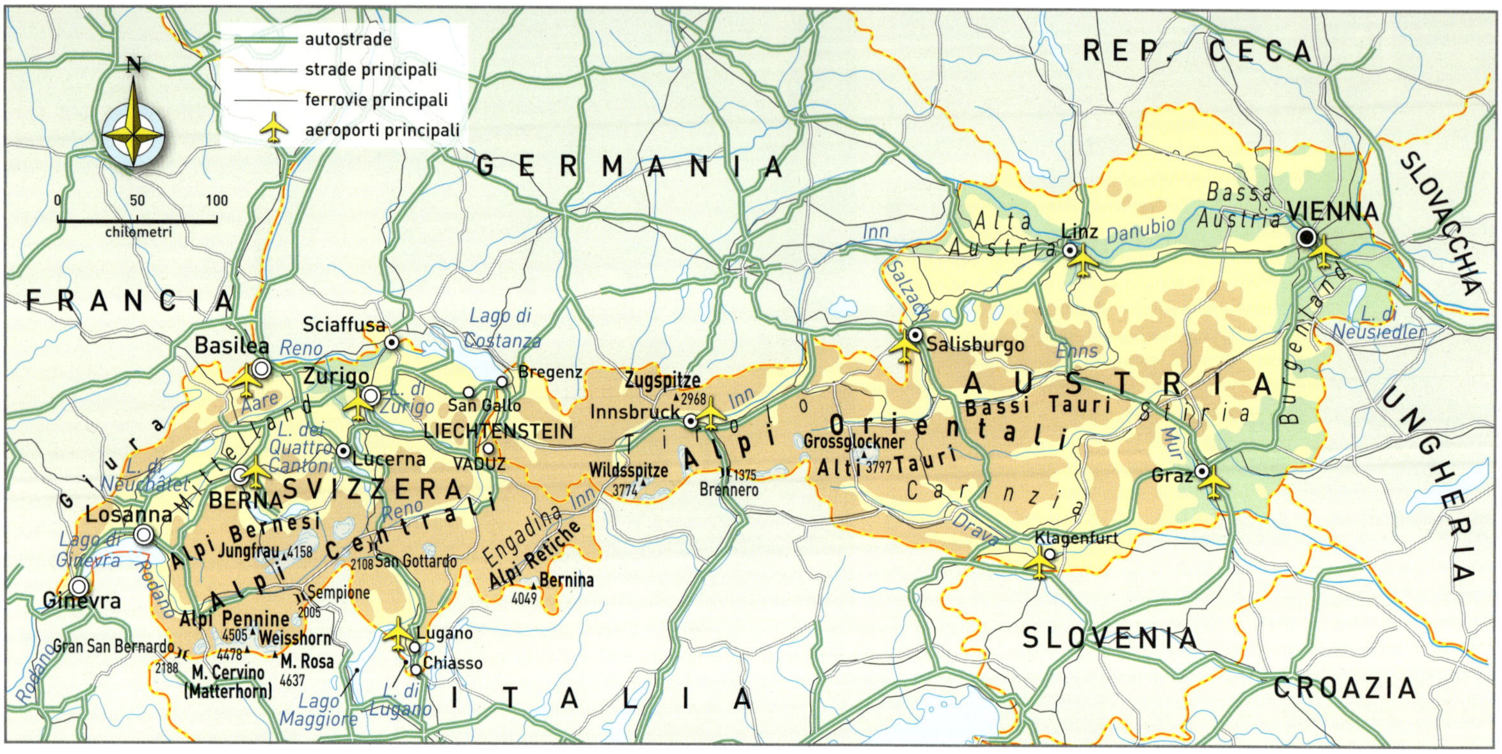

	Svizzera	Austria	Liechtenstein
superficie	41 291 km²	83 879 km²	160 km²
popolazione (2016)	8 325 194	8 700 471	37 622
densità	202 ab./km²	104 ab./km²	235 ab./km²
lingua	tedesco, francese, italiano e reto-romancio (ufficiali)	tedesco (ufficiale)	tedesco (ufficiale)
religione	cattolici (42%), protestanti (35%), musulmani (4%) non religiosi (11%)	cattolici (74%), protestanti (5,5%), musulmani (4 %) non religiosi (12%)	cattolici (76%), evangelici (7%), musulmani (4%)
moneta	franco svizzero	euro	franco svizzero
ordinamento dello stato	repubblica federale	repubblica federale	monarchia costituzionale
capitale	Berna	Vienna	Vaduz
sigla	CH	A	FL

IL TERRITORIO

Dell'Europa alpina fanno parte **Austria**, **Svizzera** e **Liechtenstein**. Questi paesi, la cui superficie è quasi totalmente occupata da montagne, presentano una notevole uniformità naturale, con un lungo tratto della catena alpina che attraversa tutto il territorio con cime aguzze, spesso ricoperte da vasti ghiacciai.

LA ZONA ALPINA

La zona alpina vera e propria occupa tutta la Svizzera centrale e meridionale e l'Austria centro-occidentale, oltre al piccolo territorio del Liechtenstein.

I **rilievi montuosi** separati da numerose valli, hanno pendii scoscesi e vette più elevate in Svizzera, dove si trovano le **Alpi Bernesi**, le **Retiche** e le **Pennine**. Qui le cime, caratterizzate

LE VIE DI COMUNICAZIONE

Dalla **Svizzera** passano i grandi assi ferroviari e stradali che collegano il **Nord** e il **Sud** d'Europa, mentre l'**Austria** ha una funzione di transito anche per i collegamenti tra **Est** e **Ovest** d'Europa. Numerosi passi come quello del Brennero e tunnel stradali e ferroviari come quelli del San Gottardo sono essenziali per la rete di comunicazione europea.

da estesi ghiacciai, oltrepassano i 4000 m nei pressi del confine con l'Italia con i gruppi del **Weisshorn**, del **Cervino** e del **Monte Rosa**. In Austria le maggiori elevazioni si hanno nel gruppo degli Alti Tauri e nei monti del Tirolo.

L'ALTOPIANO DEL MITTELLAND

Al di fuori delle Alpi, le altre zone naturali occupano una parte ridotta del territorio. Si tratta, nella Svizzera settentrionale, dell'altopiano centrale del **Mittelland** il "paese medio", di altezza oscillante tra i 400 e i 600 m, e dell'altro sistema montuoso, quello del **Giura**, a carattere prevalentemente collinare.

LA VALLE DEL DANUBIO E I FIUMI

In territorio austriaco si trova l'unica vera pianura della regione, che è rappresentata dalla **valle del Danubio**. Proprio il **Danubio** (che nasce però in Germania) è il principale fiume della regione; esso attraversa l'Austria dirigendosi verso est e ricevendo le acque dei molti affluenti che nascono nella zona, tra cui l'Inn. Tra i **numerosissimi** altri **fiumi**, in territorio svizzero scorrono i corsi iniziali del Rodano, del Ticino e del Reno. La regione è anche ricca di **laghi** di origine glaciale: i maggiori sono quelli di Costanza, Neuchâtel e Ginevra in Svizzera e di Neusiedl in territorio austriaco.

IL CLIMA

Il clima è **alpino**, con inverni lunghi, freddi e nevosi; le estati sono brevi, fresche e piovose. Le variazioni sono dovute all'altitudine e all'esposizione, ma anche all'azione mitigatrice svolta dai grandi laghi e dal ***föhn***, un vento caldo e asciutto che spira in primavera e in autunno.

IL LIECHTENSTEIN

Il Principato del Liechtenstein è un paese prevalentemente montuoso, il cui turismo è legato essenzialmente agli sport invernali. La capitale **Vaduz,** è un centro di interesse storico-artistico dove si trovano la **cattedrale neogotica**, il **Castello dei Principi** e il **Kunstmuseum**.

QUANDO ANDARE?

I paesi alpini sono una meta turistica ideale tra giugno e settembre, quando il paesaggio naturale si presta per escursioni all'aperto e attività sportive, così come durante la stagione invernale, per la fama delle località sciistiche, degli *chalet* di montagna, dell'ospitalità svizzera e austriaca, soprattutto durante il periodo natalizio.

IL TURISTA CURIOSO

❶ Si trova in Svizzera la ferrovia più alta d'Europa, quella dello Jungfraubahn, che sale fino a quota 3454 m.

❷ Il tunnel ferroviario più lungo del mondo per treni ad alta velocità è stato aperto nel 2016 in Svizzera ed è quello del San Gottardo: misura 57 km.

COMPETENZA LOCALIZZAZIONE

❶ **Lavora con la carta**

Osserva la carta e rispondi alle domande.

a. Dove si trova il ghiacciaio dello Jungfrau?
b. Dove si trovano le regioni della Carinzia e del Tirolo?
c. Indica due affluenti del Danubio.
d. Con quali paesi la Svizzera condivide i laghi di Costanza e Ginevra?
e. Quali sono gli aeroporti principali?
f. Quali paesi mettono in comunicazione i valichi del Sempione, del Gran San Bernardo e del San Gottardo?
g. Oltre Vienna, qual è un'importante città austriaca situata sul Danubio?

Il Weisshorn, nelle Alpi Pennine.

La valle di Wachau che segue per circa 30 km il corso del fiume Danubio da Melk a Krems.

Una veduta del Mittelland.

2 Lezione — LA GEOGRAFIA UMANA

LA POPOLAZIONE E LE CITTÀ

La regione alpina è **abbastanza popolata**, soprattutto in relazione al territorio montuoso. Questa situazione si spiega con l'elevato livello di sviluppo economico e sociale di tutti e tre i paesi. In generale, gli abitanti si concentrano nelle **valli maggiori e nelle zone più basse**, dove si trovano le città, le attività economiche e le principali vie di comunicazione.

In Svizzera, la rete urbana è caratterizzata dalla mancanza di centri molto grandi e da un ruolo equilibrato tra le varie città: le più importanti, **Berna, Zurigo, Basilea, Ginevra e Losanna**, si suddividono equamente funzioni e attività principali.

In Austria, invece, spicca per importanza una sola grande città, la capitale **Vienna**. Le altre città principali sono **Salisburgo**, **Graz** e **Innsbruck** nell'area alpina e **Linz** nella pianura del Danubio.

Nel Liechtenstein l'unico centro urbano è la capitale **Vaduz**.

PAESI CON NUMEROSI IMMIGRATI

Al pari delle altre nazioni ricche europee, i paesi alpini presentano un calo della natalità e l'invecchiamento della popolazione. La popolazione comunque è in crescita e ciò si deve soprattutto all'immigrazione. La presenza di **lavoratori stranieri** è notevole in tutti e tre i paesi e supera il 20% del totale dei residenti in Svizzera. In questo paese significativa rimane la presenza di italiani, arrivati soprattutto nei decenni successivi alla Seconda guerra mondiale; oggi gli immigrati provengono invece in maggioranza dall'**area balcanica** o da **paesi extraeuropei**. Sempre in Svizzera sono anche numerosi i **frontalieri**, cioè i lavoratori che abitano in stati confinanti e passano ogni giorno la frontiera per andare a lavorare nel paese.

LINGUE E RELIGIONI DIVERSE

La **realtà linguistica** e **religiosa** dei tre stati è diversificata. In **Svizzera**, una repubblica federale divisa in **26 piccoli stati** chiamati **cantoni**, sono quattro le lingue ufficiali: il tedesco (parlato dai i 2/3 dei cittadini), il francese (20% degli abitanti), l'italiano (7%) e il romancio (1%).

Per quanto riguarda la religione la popolazione è divisa tra protestanti e cattolici, con una prevalenza di questi ultimi. L'**Austria** e il **Liechtenstein** sono invece paesi omogenei, con la maggioranza della popolazione di lingua tedesca e di religione cattolica.

L'ECONOMIA

Il punto di forza dell'economia è rappresentato dal **terziario,** nel quale spiccano le attività bancarie e finanziarie. Il **settore industriale** può contare su un'ampia disponibilità di **energia idroelettrica** ed è specializzato in prodotti di alta qualità e di precisione. È il caso dell'industria degli orologi, della chimica e farmaceutica, del tessile e dell'alimentare.

IL TURISMO

Il turismo richiama un elevato numero di visitatori soprattutto per le **numerose stazioni sciistiche** presenti nei tre paesi. Del resto proprio in questa regione è nato l'alpinismo moderno.

Le città principali	abitanti (2016)
Vienna (A)	1 741 246
Zurigo (CH)	613 646
Ginevra (CH)	358 095
Basilea (CH)	314 852
Berna (CH)	217 804
Vaduz (FL)	5 391

romancio
lingua neolatina simile al latino; è una delle quattro lingue nazionali svizzere.

COMPETENZA DIGITALE

1 Lavora con internet
Le stazioni sciistiche della Svizzera sono tra le più frequentate d'Europa.
Fai una ricerca e trova notizie su:
a. Quali sono le località più frequentate?
b. Quali sono i comprensori sciistici con il numero di piste da sci più elevato?

Musicisti svizzeri suonano il corno alpino nelle strade di Zermatt durante il festival del folclore.

BERNA

Capitale della Confederazione Elvetica, Berna è sede del Parlamento e del Governo svizzero. Il centro storico medievale è patrimonio UNESCO: ha sei chilometri di portici medievali (*Lauben*) che si snodano tra vicoli stretti, fontane decorative, facciate in mattoni e torri storiche. Qui è possibile visitare il **palazzo federale** e la **cattedrale** di culto evangelico. Eppure la città ha dato ampio spazio anche all'arte moderna come testimonia, per esempio, il **Centro Paul Klee**, l'edificio a onde progettato da Renzo Piano e che ospita oggi più di 4000 opere.

3 Lezione — LA CULTURA E LE TRADIZIONI

L'ARTIGIANATO

L'artigianato in questa regione è strettamente legato alle risorse del territorio: molto diffuse infatti le **sculture in legno**, le **confezioni tessili** con i costumi tipici regionali, i **ricami** e i **pizzi** del cantone svizzero di San Gallo e, infine, la lavorazione di **rame**, **ferro** e **ottone**.

In particolare la Svizzera è nota per la manifattura di **orologi**, che vengono esportati in tutto il mondo; ancora oggi, come una volta, questa attività è diffusa soprattutto nel cantone francese, nelle montagne del Giura. Lungo la "vallata degli orologi" è possibile percorrere la via degli orologiai nata all'inizio del XXI secolo, lunga circa 200 km con 38 tappe tra **fabbriche di orologi** e **musei**.

In Austria, invece, pantofole di **feltro**, pantaloni di **cuoio** e giacche di **loden** caratterizzano l'abbigliamento tradizionale.

LE FESTE E LE TRADIZIONI

In Svizzera mercati, fiere popolari e feste gastronomiche scandiscono l'alternarsi delle stagioni. In queste occasioni gli **sbandieratori** mostrano la loro arte accompagnati dal suono del tipico **corno alpino**. Nella regione del *Lötschental*, durante il carnevale, si svolge la festa della **Tschäggätä**, una sfilata di personaggi mostruosi che indossano maschere in legno, pelli di animali e camminano per le strade con l'intento di spaventare i ragazzi.

Le tradizioni austriache più diffuse riguardano il Natale, periodo in cui vengono allestiti in quasi tutte le città, come Vienna, Salisburgo, Innsbruck, i **mercatini**. Di origine rurale sono invece alcuni eventi, come quelli legati alla **transumanza** del bestiame, quando in autunno interi paesi sono addobbati a festa per il passaggio delle mandrie di mucche. Tra le danze, in Austria è molto noto il **Ländler** da cui deriva il **valzer**. Caratteristico della regione alpina è lo ***jodler*** (**o jodel**), un gorgheggio vocale praticato sia nei canti popolari sia come richiamo a distanza in montagna.

L'ENOGASTRONOMIA

Le specialità gastronomiche elvetiche risentono degli influssi della cucina dei paesi confinanti, ma sono principalmente legate alla cultura contadina. In particolare molto diffusa in ogni cantone è la produzione di formaggi: noti l'***emmental*** e **il *gruyère*** (Gruviera). Tra i piatti a base di formaggio, specialità tipiche sono la **fonduta,** che va degustata intingendo nel formaggio fuso pezzetti di pane, e la **raclette**, un piatto a base di formaggio servito con patate cotte al cartoccio e sottaceti. La Svizzera però è conosciuta soprattutto per il **cioccolato** e per i **maestri cioccolatai** che da secoli producono il **cioccolato al latte** e quello **fondente**.

Nella cucina austriaca una delle ricette tipiche è la ***wiener schnitzel***, una cotoletta di vitello impanata e fritta nello strutto. Tuttavia anche in Austria le eccellenze gastronomiche riguardano soprattutto i **dolci,** tra i quali spiccano: la **torta *sacher***, a base di cioccolato fondente e farcita con marmellata di albicocche; lo **strudel**, a base di mele, e le "palle di Mozart" (***Mozartkugeln***), palline di cioccolato avvolte in carta dorata con sopra l'immagine del musicista.

COMPETENZA DIGITALE

1 Lavora con internet

Il carnevale di Imst (*Schemenlaufen*) attira migliaia di spettatori e molti turisti.

Fai una ricerca e trova notizie su:

a. Quali sono le origini del carnevale?
b. Come si svolge la sfilata delle maschere?

Maschere del carnevale di Imst.

La torta *sacher*.

4 *Lezione* LE RISORSE TURISTICHE

Le località del **TURISMO MONTANO** registrano un buon flusso di arrivi anche durante i mesi estivi. Le principali sono **Kitzbühel** in Austria, **Zermatt**, **Davos** e **Sankt Moritz** in Svizzera. Importante anche la regione di **Berna-Oberland bernese** con i suoi 800 laghi. Qui la ferrovia della Jungfrau raggiunge la più elevata stazione ferroviaria europea, a 3454 m. Del resto quella dei treni panoramici è un'importante attrattiva turistica; tra gli altri va segnalato il **Bernina Express** che collega Tirano, in Italia, a Sankt Moritz, in Svizzera.

La regione dei laghi alpini svizzeri attira il **TURISMO LACUALE**. I maggiori sono quelli **di Zurigo**, **dei Quattro Cantoni** e **di Ginevra**, meta di villeggiatura sin dall'Ottocento; ne sono testimonianza le numerose ville signorili dell'aristocrazia. In Austria, ma fuori dalla regione alpina vera e propria, si trova il lago di **Neusiedl**.

Per quanto riguarda il **TURISMO CULTURALE** le città svizzere di **Zurigo**, **Lucerna**, **Losanna**, **Ginevra**, **Berna** e **Lugano** offrono un patrimonio storico e artistico di grande interesse. In Austria, dopo Vienna si segnala **Salisburgo**, città che ha dato i natali a Mozart e sede del Festival concertistico d'estate.

Numerosi sono i **PARCHI NATURALI** e le aree protette che tutelano i paesaggi alpini. In Austria il **parco nazionale degli Alti Tauri** copre un'area di circa 1800 km^2, mentre nella valle dell'Engadina (Grigioni) il **parco nazionale svizzero** è conosciuto per la ricchezza della flora e della fauna alpina.

Le principali sorgenti termominerali che attraggono il **TURISMO TERMALE** si trovano in Svizzera: sono **Baden**, poco distante da Zurigo, **Leukerbad** e **Scuol**; in Austria, invece, è molto frequentata **Baden bei Wien**, vicino Vienna.

Svizzera
Il centro storico di Zurigo.

UNESCO

Il patrimonio dell'UNESCO
Centro storico della città di Salisburgo, Austria
Centro storico della città di Graz e Castello Eggenberg, Austria
Centro storico di Vienna, Austria
Abbazia di San Gallo, Svizzera
Centro storico di Berna, Svizzera
Ferrovia retica nel paesaggio dell'Albula e del Bernina, Svizzera

Per la lista completa vai su: http://whc.unesco.org/en/list/

Svizzera
Il Bernina Express, il treno panoramico che attraversa le montagne svizzere.

Svizzera
Affreschi nella cattedrale barocca di San Gallo.

Austria
Le cascate di Krimml nel parco degli Alti Tauri sono tra le più alte d'Europa.

Svizzera
Il centro di Sankt Moritz, località sciistica dell'Alta Engadina.

SCRIVI UN TESTO DI 200 PAROLE

Lavora con il testo, la carta, internet e le immagini seguendo i punti elencati

a. Descivi le principali risorse turistiche montane della Svizzera.

b. Presenta le risorse turistiche di una città austriaca che non sia la capitale.

5 Lezione ALLA SCOPERTA DELL'AUSTRIA

CARTA INTERATTIVA IN DIGITALE

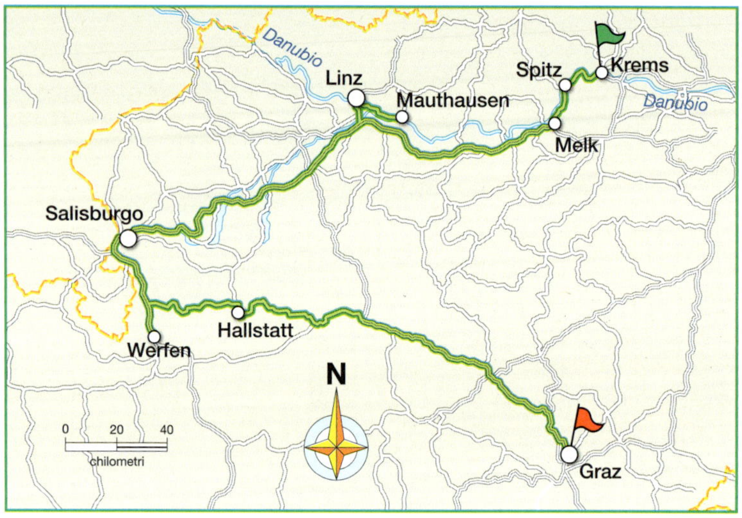

L'ITINERARIO

L'Austria tra città d'arte ed enogastronomia in 7 giorni

L'Austria può offrire un ampio ventaglio di opportunità turistiche, tra natura e patrimonio culturale. L'itinerario propone luoghi incantevoli dal punto di vista paesaggistico e città ricche di storia. Il paese non è solo un luogo ideale per praticare lo sci durante l'inverno, ma è anche un'ottima destinazione in estate, per chi ama passeggiare in montagna, seguire percorsi enogastronomici o visitare le città d'arte. Per gli sportivi c'è anche l'opportunità di effettuare il percorso ciclabile che si snoda sulle rive del Danubio.

❶ GIORNO
Krems - la strada del vino

Il centro storico di **Krems,** con le case a doppio spiovente, la **valle di Wachau** e le **abbazie benedettine di Melk** e di **Göttweig** con i suoi vigneti a terrazze sono una delle zone più pittoresche che costeggia il **Danubio,** che può essere percorso anche in battello. Da qui si snoda la **strada del vino**: ogni villaggio possiede le proprie cantine dove è possibile degustare il Riesling, vino bianco secco che si produce nei vigneti della valle di Wachau.

❷ GIORNO
Spitz - Melk

Lungo il percorso verso Melk si trova **Spitz**, una piccola cittadina in cui poter assaggiare le ottime *marillen* (albicocche), da cui si ricavano acquavite e liquori, e **Willendorf**, un paesino in cui è stata scoperta una piccola statuetta del paleolitico, alta appena 11 centimetri, la famosa *Venere di Willendorf*, una delle espressioni artistiche più antiche dell'uomo. **Melk** è una delle località più visitate della valle del Danubio, proprio grazie alla **Stift Melk**, la sua maestosa abbazia barocca, la cui biblioteca era una delle più grandi del Medioevo.

❸ GIORNO
Linz

Si può raggiungere questa città anche attraverso la **pista ciclabile del Danubio** (*Donauradweg*). In questo caso però bisogna prevedere almeno due giorni per il tratto da Melk per i ciclisti meno esperti.
Il centro storico di Linz si raccoglie intorno all'**Hauptplatz**, considerata tra i più bei complessi architettonici dell'Austria. Ma una delle più recenti attrattive della città è l'**Ars Electronica Center**, un museo inaugurato nel 2009 e dedicato alle nuove tecnologie.
A circa 20 km ad est di Linz, per non dimenticare il passato, si può visitare l'ex campo di concentramento nazista di **Mauthausen**, il più grande del paese.

❹ GIORNO
Salisburgo

Stretta tra due colline e il fiume Salzach, Salisburgo è molto scenografica. Per gustarla bisogna sfruttare i tanti balconi panoramici: la terrazza **Humboldt** presso il **Museum der Moderne Mönchsberg**, situato sulla collina che domina la città vecchia; la **Reckturm**, la torre più alta della fortezza con la campagna che, dall'altra parte della città, arriva fin sotto la rupe; e poi le pendici del **Kapuzinerberg**, l'altra collina di Salisburgo, da cui ammirare lo spettacolo delle case affacciate sul fiume. Imperdibili anche la **residenza dei principi-vescovi**, l'imponente **cattedrale**, l'**Hohensalzburg**, il castello-fortezza medievale e la **casa natale di Mozart**; numerosi i musei e le gallerie d'arte. Durante tutto l'anno vengono organizzate diverse manifestazioni artistiche di musica, letteratura e teatro.

❺ GIORNO
Werfen

Da Salisburgo si possono raggiungere le **Eisriesenwelt**, le più grandi grotte di ghiaccio del mondo, nel massiccio del Tennengebirge. Hanno un'estensione interna di 42 km, dei quali solo un piccolo tratto può essere percorso con visita guidata. L'ingresso è a 1640 m ed è raggiungibile con la seggiovia.

❻ GIORNO
Hallstatt

Questo paesino è strettamente legato all'estrazione del sale, chiamato "oro bianco" nel Medioevo proprio per l'importanza economica di questa attività. Qui si può anche entrare in una delle miniere, una delle più antiche, con visite guidate.
Il villaggio fu anche un insediamento palafitticolo e, infatti, ha dato il nome alla cosiddetta "cultura di Hallstatt", risalente agli inizi dell'età del ferro. Anche per questo motivo è patrimonio UNESCO insieme al massiccio del **Dachstein** e alla regione di **Salzkammergut**.

❼ GIORNO
Graz

Capoluogo della Stiria, è la seconda città austriaca per numero di abitanti. Il suo centro cittadino è dominato da una collina su cui si trova la torre dell'orologio, la **Uhrturm**, simbolo della città. Oltre a importanti architetture antiche, negli ultimi anni sono stati costruiti edifici moderni dal design innovativo. Sede di 6 università, è una città molto vivace culturalmente: è stata "città del design" nel 2011, "città del gusto" nel 2008 e "capitale della cultura" nel 2003.

Il castello di Salisburgo.

Le "palle di Mozart" (*Mozartkugeln*) i famosi cioccolatini di Salisburgo.

La piazza principale di Linz.

ORGANIZZA TU UN ITINERARIO
I cantoni nord-orientali della Svizzera

Procurati una mappa della Svizzera e costruisci un itinerario che includa i monumenti, le architetture e le località più interessanti. Con Google Maps visualizza il punto di partenza e quello di arrivo e, dopo aver deciso con quale mezzo sia meglio muoversi, calcola i tempi di permanenza e le distanze. Per ogni luogo scrivi in poche righe le principali caratteristiche e attrattive.

Distanza > 250 km circa

Durata > 6 giorni

Luoghi da visitare

1. Basilea
2. Zurigo
3. Winterthur
4. Sciaffusa
5. Stein am Rhein
6. San Gallo e Appenzell

Il castello di Schönbrunn, ex sede della casa imperiale d'Asburgo, con gli splendidi giardini all'italiana.

Hundertwasserhaus, il complesso di case popolari costruite negli anni Ottanta del Novecento.

VIENNA CAPITALE MITTELEUROPEA

Vienna deve la sua origine e il suo sviluppo alla favorevole posizione che occupa nel continente europeo. La città, infatti, è situata tra la catena delle Alpi e la pianura ungherese e sorge lungo il Danubio, nella fascia pianeggiante del nord-est del paese. Anche la sua storia, a partire dal glorioso passato di capitale imperiale asburgica, l'ha resa un centro di grande prestigio artistico e culturale (soprattutto nei secoli XVII e XVIII).

Grandiosa, imperiale ma anche moderna, all'avanguardia, creativa, Vienna è una città dalle molteplici sfaccettature, una delle maggiori mete del turismo culturale europeo.

La capitale, con lo storico castello di Schönbrunn, la cattedrale di Santo Stefano e la Cripta dei Cappuccini, ma anche culturalmente vivace e culla della musica classica, è al tempo stesso una città tranquilla con i suoi 280 parchi e i giardini imperiali. In continua evoluzione tra tradizione e modernità, non stupisce che una recente ricerca internazionale l'abbia messa al primo posto tra le città con la più alta qualità della vita al mondo.

IL CENTRO STORICO

Il centro storico, l'**Innere Stadt** è delimitato da un grande viale che lo circonda la *Ringstrasse*. Qui domina l'imponente cattedrale di Santo Stefano, con la **torre gotica Südturm** alta 136 m e il caratteristico tetto rivestito di maioliche colorate con lo stemma imperiale. L'**Hofburg,** o palazzo imperiale, è stato la residenza degli Asburgo per più di sei secoli fino al 1918, oggi è sede del Presidente della Repubblica. Il **Kunsthistorisches Museum**, fatto costruire dall'imperatore Francesco Giuseppe per ospitare le collezioni imperiali, conserva capolavori di Bruegel il Vecchio, Vermeer, Velázquez e altre opere raccolte nei secoli dagli Asburgo.

Nel distretto di Neubau si trova il **MuseumsQuartier (MQ)**, un complesso museale ricavato dalle ex scuderie imperiali. È un misto tra architettura barocca e moderna nonché uno dei dieci maggiori distretti culturali del mondo, visitato ogni anno da oltre tre milioni di persone. Ospita musei di architettura, arte moderna e contemporanea, una galleria d'arte e un museo per l'infanzia.

I LUOGHI SIMBOLO

Al di fuori del centro storico, sono diversi i luoghi simbolo della città. Si può cominciare dal **castello di Schönbrunn** che, fatto costruire nel XVIII secolo sul modello di Versailles, è stato utilizzato dagli Asburgo come residenza estiva

Uno dei tanti caffè viennesi ospitati all'interno di un edificio settecentesco.

fino al 1918. Tra le sue 1440 stanze, si possono visitare gli appartamenti in cui vissero Francesco Giuseppe, la Principessa Sissi e Maria Teresa d'Austria.

La **cattedrale di Santo Stefano** è tra i più significativi esempi di architettura gotica dell'Europa centrale. È stata costruita tra il XIV e il XVI secolo sui resti di una chiesa romanica; molto caratteristico il tetto, infatti al posto delle tradizionali tegole ci sono piastrelle smaltate che formano disegni geometrici.

La **cripta dei Cappuccini**, conosciuta anche come "cripta imperiale", si trova sotto la chiesa dei Cappuccini ed è una sorta di mausoleo degli Asburgo. Contiene infatti le salme dei membri della famiglia imperiale, tra cui quelle di Francesco Giuseppe, Sissi e Maria Teresa d'Austria

Il palazzo del **Belvedere**, un capolavoro di architettura barocca, è composto da due complessi settecenteschi nel quartiere di **Landstrasse**.

Il **Prater**, in origine la tenuta da caccia imperiale, oggi è diventato un grande parco di divertimenti con la ruota panoramica **Riesenrad**.

HUNDERTWASSERHAUS: LE CASE POPOLARI

A Vienna non manca la modernità che trova la sua rappresentazione più evidente nel **complesso multicolore di case popolari** che prendono il nome dall'architetto che le ha costruite negli anni Ottanta del secolo scorso in **Landstrasse**, a est del centro città. Sono caratterizzate da superfici irregolari, linee ondulate, decorazioni a mosaico e alberi sui balconi e sul tetto.

I CAFFÈ VIENNESI E LE HEURIGEN

I **caffè** sono una vera e propria **istituzione culturale** della capitale austriaca. Sono luoghi di incontro e relax. Dall'ottobre 2011 la "cultura della caffetteria di Vienna" è considerata patrimonio culturale immateriale UNESCO.

Tipiche sono anche le **locande** e le **taverne** dove viene servito il profumato vino novello detto *heurige*. Ce ne sono molte nel quartiere *Grinzing*, caratteristico per l'atmosfera conviviale che si respira nelle sue osterie, con cameriere in abiti tradizionali e gruppi musicali chiamati *Schrammeln*.

IL PADIGLIONE DELLA SECESSIONE

Disegnato nel 1897 dall'architetto J. M. Olbrich come manifesto del "movimento della Secessione", è uno dei capolavori architettonici dello **Jugendstil** a Vienna, un movimento culturale di cui faceva parte, tra gli altri, Gustav Klimt. Qui è conservato il suo dipinto ***Fregio di Beethoven***.

LA MUSICA

Vienna è la città della musica per eccellenza. Le sale da concerto e i teatri della città offrono musica classica, declinata in tutte le sue forme. Numerosi sono i musei dedicati alla musica, tra cui quello della celeberrima Filarmonica di Vienna.

SEI PRONTO PER LA VERIFICA?

LOSAI? RIPASSA CON LO SMARTPHONE

IN 1 ORA

1 Dopo aver studiato le unità, completa la sintesi utilizzando le parole proposte. Attenzione, ce ne sono 5 in più. ...../10

UNITÀ 9 – LA GERMANIA

● Il territorio tedesco settentrionale è prevalentemente pianeggiante e la .... che si affaccia sul Mare del Nord si presenta bassa e sabbiosa. Al centro del paese si trovano le Montagne Medie, di antica formazione ...., che non superano i 1000 m di altitudine. La fascia più meridionale è occupata dalle Alpi Tedesche, costituita da montagne che superano i 2500 m e che hanno un .... aspro e dirupato.

● La Germania è ricca di fiumi: i più importanti sono il Reno, il Weser e l'Elba. Dal territorio della Selva Nera nasce il Danubio collegato al Reno da uno dei numerosi .... navigabili del territorio tedesco.

● La Germania ha una popolazione di 82 milioni di abitanti distribuiti in modo omogeneo sul territorio. Una lunga tradizione urbana ha creato una struttura .... policentrica dove vive il 75% dei tedeschi. Le città maggiori sono Berlino, capitale dal 1999, Amburgo a nord e Monaco di Baviera.

● L'economia tedesca è la quarta del mondo e ha come settori principali il secondario e il terziario. Nell'................................ spiccano le produzioni chimiche, automobilistiche, elettroniche e le biotecnologie. Le attività finanziarie e bancarie sono situate soprattutto nell'area geografica di Francoforte sul Meno.

● Numerose sono le .... che si caratterizzano per l'artigianato locale: si possono distinguere la Strada della porcellana e del vetro in Baviera e quella degli orologi nella Selva Nera.

● Il piatto tipico tedesco sono i würstel con i crauti, serviti con la senape e i ***bretzel***. A sud le specialità tipiche della zona prevedono la carne di maiale o di .... accompagnata da piccoli gnocchi e da un buon .... di birra.

● Richiamano molti turisti le .... di Carnevale, i mercatini di Natale dove è possibile acquistare .... natalizie e oggetti di artigianato locale, ma soprattutto l'Oktoberfest che si svolge a Monaco di Baviera e che vede la partecipazione di 6 milioni di persone.

● Il grande .... artistico tedesco comprende testimonianze che vanno dalla conquista romana, all'arte gotica del ...., a quella rinascimentale e barocca. Dopo le distruzioni dovute alla Seconda guerra mondiale, molte città come Dresda e Berlino hanno subìto diversi interventi di ricostruzione e di .... d'avanguardia.

UNITÀ 10 – I PAESI ALPINI

● Nella zona alpina di Svizzera, Austria e Liechtenstein i rilievi montuosi hanno forme aguzze, intervallati da ampie valli e le vette superano i 4000 m come nei gruppi del Weisshorn, del .... e del Monte Rosa.

● I fiumi sono numerosi: il più importante è il Danubio e i corsi iniziali di Rodano, Ticino e Reno. I laghi sono di origine ....: il più esteso è il lago di Costanza.

● La popolazione ha una .... alta se si considera l'aspetto montuoso del territorio e il clima .... Si concentra nelle vallate e nelle città che sono di media grandezza come Zurigo, Ginevra, Losanna, con l'eccezione di Vienna, capitale per secoli dell'........................ asburgico. Forte è la presenza di ...., soprattutto in Svizzera.

● In Svizzera le .... parlate sono il tedesco, il francese, l'italiano e il romancio. Le religioni più diffuse sono quella cattolica e .... In Austria e Liechtenstein la popolazione parla il tedesco ed è in maggioranza cattolica.

● Tutte le nazioni alpine godono di un .... molto alto soprattutto grazie alle .... finanziarie e bancarie. Efficienti sono i .... e le attività industriali, specializzate nella produzione di alta qualità e .... come i famosi orologi svizzeri.

● Una buona ricettività, i numerosi centri di soggiorno montano e le città d'arte, rendono il .... un settore molto redditizio a cui contribuiscono pure la produzione artigianale di sculture in ...., le produzioni tessili e quella dei ....

● Le .... gastronomiche sono soprattutto a base di .... come la fonduta.

Parole da inserire: Medioevo • guadagno • vitello • costa • cristalli • attività • glaciale • precisione • produzioni • impero • geologica • protestante • formaggi • densità • reddito • pizzi • industria • aspetto • specialità • trasporti • canali • lingue • patrimonio • architettura • freddo • immigrati • feste • turismo • artificiali • legno • urbana • Cervino • decorazioni • strade • boccale • Monte Bianco

ZTE ONLINE
Mettiti alla prova con 20 esercizi interattivi

2 Indica se le frasi sono vere o false. (2 punti ciascuna) ..... / 14

a. Il clima della Germania è continentale solo lungo le coste. **V F**
b. In Germania il settore secondario costituisce il settore trainante dell'economia. **V F**
c. 40 milioni di turisti visitano ogni anno la Germania. **V F**
d. A Francoforte sul Meno c'è la sede della Banca Centrale Europea. **V F**
e. Il *föhn* è un vento caldo e umido che spira in primavera. **V F**
f. In Svizzera il francese è parlato dal 20% della popolazione. **V F**
g. Il campo di concentramento di Mauthausen è a 20 km dalla città di Vienna. **V F**

3 Indica la risposta corretta. ..... / 2

a. Le tre principali metropoli tedesche sono:
- ❑ Berlino
- ❑ Monaco di Baviera
- ❑ Francoforte
- ❑ Amburgo
- ❑ Dresda

b. Scegli tra queste note località quelle dove è possibile praticare sport invernali:
- ❑ Sankt Moritz
- ❑ Lucerna
- ❑ Salisburgo
- ❑ Zermatt
- ❑ Kitzbühel

4 Associa ogni termine o località alla città o regione di appartenenza. (1 punto ciascuna) ..... / 9

a. Dominazione romana
b. Pizzi e ricami
c. Sankt Moritz
d. Porta di Brandeburgo
e. Turismo termale
f. Capitale del Sacro Romano Impero
g. Fiume Isar
h. Mozart
i. Castello di Schönbrunn

- ❑ **1.** Berlino
- ❑ **2.** Monaco di Baviera
- ❑ **3.** Salisburgo
- ❑ **4.** Vienna
- ❑ **5.** Baden
- ❑ **6.** Porta Nigra
- ❑ **7.** Sport invernale
- ❑ **8.** Cantone di San Gallo
- ❑ **9.** Aquisgrana

5 Scrivi la definizione dei termini proposti: (5 punti ciascuna) ..... / 15

a. Struttura urbana policentrica ....
....
b. *Kirschtorte* ....
....
....
c. Bernina Express ....
....
....

6 Rispondi alle domande. (10 punti ciascuna) ..... / 50

a. Quali sono le caratteristiche climatiche della Germania?
....
....
....
b. Quali sono i punti di forza dell'economia tedesca?
....
....
....
c. Quali sono le principali attrazioni della città di Monaco di Baviera?
....
....
....
d. Come si caratterizza la rete urbana della Svizzera?
....
....
....
e. Quali sono i principali monumenti del centro storico di Vienna?
....
....
....

PUNTEGGIO TOTALE
..... / 100

GEOGRAPHY HIGHLIGHTS – CLIL

VIENNA DISTRICTS

One of the great European capitals, **Vienna** was, for six centuries, ruled by the *Habsburg* dynasty of the Austro-Hungarian Empire. The reminders of this past have been carefully **preserved**, so Vienna is still an imperial jewel whose treasures are everywhere. Originally, this splendour was designed to impress subjects and today it makes Vienna a tourist-friendly city full of Baroque buildings and cosy cafés. Most of Vienna lies roughly within an arc of a circle with the straight line of the *Danube Canal* as its chord. The most prestigious of the city's **23** districts is its heart, the ***Innere Stadt***, *Inner City*, or **1st** district, **framed** by the ***Ringstrasse*** or *Ring road*. The **1st** district is the oldest and the only one with noteworthy historical buildings. It was constructed, in the mid-**19th** century, after the **dismantling** of the ancient city fortification walls. Known for its unique architectural beauty and history, the district, **dubbed** the *"Lord of the Ring Roads"*, has been inscribed by **UNESCO** as one of *Vienna's World Heritage Site*. The **1st** district is a bunch of attractions: the ***Hofburg Palace***, *the winter residence for the Royal House of Habsburg,* the ***Spanish Riding School***, the ***Austrian National Library***, the ***Michaeler- platz***, the ***Albertina*** with the world's finest collection of graphic art, the ***Burggarten*** and ***Volks-garten*** parks, the ***Dorotheum***, a famous auction house, plus other museums. The circular **1st** district is bordered, on its north-eastern section by the ***Danube Canal*** and by the **2nd** district, then, clockwise in turn by the **3rd, 4th, 6th, 7th, 8th,** and **9th** districts. The **2nd** district , ***Leopoldstadt***, is home to the venerable ***Prater amusement park*** with its huge **ferris wheel** and park, used for horseback riding and jogging. Along the south-eastern **edge** of the **1st** district, is the **3rd** district, ***Landstrasse*** containing the **Belvedere Palace** and the fabulously eccentric ***Hundertwasser Museum***. Extending from its southern tip, the **4th** district, ***Wieden***, is established as one of Vienna's hip areas, with trendy restaurants, art galleries, shops, and Vienna's biggest outdoor market, the ***Naschmarkt***. The south-western **6th** district, ***Mariahilf***, includes the largest shopping street, ***Mariahilfer Strasse***, a pedestrian-friendly zone. Independent stores compete with international chains, smart restaurants, movie theatres, bookstores, and department stores.

To the west of the **1st** district, is the **7th** district, ***Neubau,*** which houses the **celebrated** ***Museum of Art History,*** and the charming ***Spittelberg Quarter***, with its cobblestone streets lined with well preserved **18th** century houses. Moving up the western side, is the **8th** district, ***Josefstadt***, known for its theatres, **upscale** restaurants, and antiques shops. Completing the circle around the **Innere Stadt,** on its north-west side, is the **9th** district, ***Alsergrund***, once *Sigmund Freud*'s neighbourhood, now a nice residential area, with lots of outdoor restaurants, curiosity shops, and lovely early **20th** century buildings. The other districts, the **5th**, **10th** through the **23rd**, form a concentric second circle around the 2nd. These are mainly residential with a few sights of interest for tourists. The **11th** district, ***Simmering***, boasts the architectural wonder of the ***Gasometer,*** a **former** gasworks, now a housing and shopping complex. The **19th** district, ***Döbling***, is Vienna's poshest residential **neighbourhood**, nicknamed the *"Noble District"* for of all the embassies on its tree-lined streets.

COMPREHENSION

1 Match the **highlighted** words in the text (**1- 10**) to their synonyms (A - J).

1. preserved ... A. demolition
2. framed ... B. named
3. dismantling ... C. rich
4. dubbed ... D. famed
5. ferris wheel ... E. previous
6. edge ... F. secured
7. celebrated ... G. extremity
8. upscale ... H. bordered
9. former ... I. district
10. neighbourhood ... J. upright rotating wheel

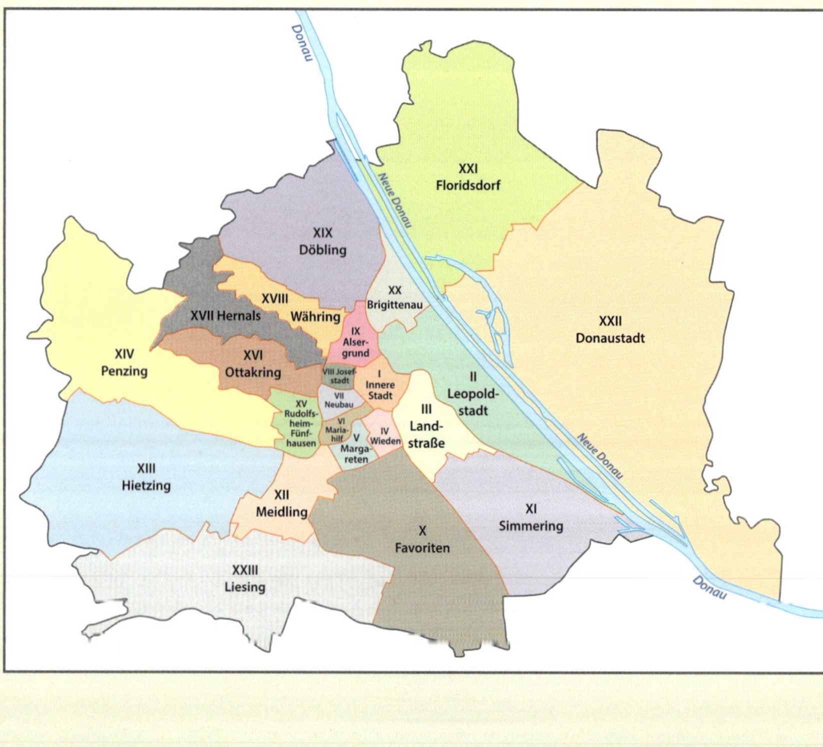

❷ Read the text and mark these statements as True (T) or False (F) to show your knowledge about the city of Vienna. Correct the false statements.

1. The Habsburg dynasty ruled Austria for less than seven centuries.	T	F
2. Vienna is characterised by a post-modern architecture.	T	F
3. Vienna preserves its treasures to impress the media.	T	F
4. Vienna's districts lie within an arc of a circle with the Danube Canal as their chord.	T	F
5. The 1st district is the one with less historical evidence because it's young.	T	F
6. The *Hofburg Palace* was residence of the *Habsburg* dynasty during summer	T	F
7. The *Prater* amusement park is set in the 2nd district.	T	F
8. *Neubau* is Vienna's most elegant district.	T	F

❸ Answer the following questions by using complete sentences.

1. **What** makes Vienna a historical city of interest for tourists?
2. **What** is Vienna's urban plan based on?
3. **Which** district represents the heart of Vienna?
4. **What** is the *Prater* famous for?
5. **Which** district is to the south-west of the *Innere Stadt*. **What** does it offer?
6. **Which** is the most modern district in Vienna. **What** does it offer?

❹ Suggest the right district for each specific tourist request. Write the district numbers.

... **A.** I'm a student in Modern Art and I'd like to see the unconventional art works of this city.
... **B.** My wife is a graphic designer so she is interested to see anything related to this field.
... **C.** We have three children aged 6, 8, 10. So, entertainment and fun is our priority.
... **D.** We are antiques collectors so we want to go in search of something interesting for us.
... **E.** We are fond of historical buildings and the past European royal families.
... **F.** We are three teenagers for only 1 day in Vienna. So we want to roam around the shops.

REVISION & PRODUCTION

❺ Complete the following passage with the words in bold. Then listen & check.

concerns - liveable- care- safety - assess - recreational - environmental - row - results - comparison - infrastructural - space

Mercer Quality of Living Survey

What thrills millions of visitors to Vienna is confirmed for the seventh time by a renowned, international city **1.** .... : Vienna is number one in every way. Each year, the international consulting firm *Mercer* carries out a *Quality of Living Survey* in order to **2.** .... the quality of life in *230* cities around the world. The **3.** .... of the study in *2016* also gave Vienna top marks and made the Austrian capital the most **4.** .... city in the world for the seventh time in a **5.** .... The survey compares the political, social and economic climate, medical **6.** .... education, and **7.** .... conditions such as public transportation, power and water supply. It also takes into consideration **8.** .... offers such as restaurants, theatres, cinemas, sports facilities, the availability of all consumer goods from food to cars, as well as **9.** .... conditions, from green **10.** .... to air quality. They also examine personal **11.** ...., a top issue as security **12.** .... increase throughout the world.

❻ Translate the following passage into English.

I distretti di Vienna, come quelli di Parigi, sono sistemati in una serie di cerchi concentrici. Il cuore della vecchia Vienna è contenuto all'interno della *Ringstrasse*, una strada circolare dove una volta c'erano le antiche mura di fortificazione, distrutte nel 1857 per dare alla città più spazio per crescere. *Innere Stadt* è infatti il primo distretto storico di Vienna, che gli Asburgo progettarono per mettere in mostra la loro ricchezza e il loro potere.

UNITÀ 11 I PAESI DEL NORD

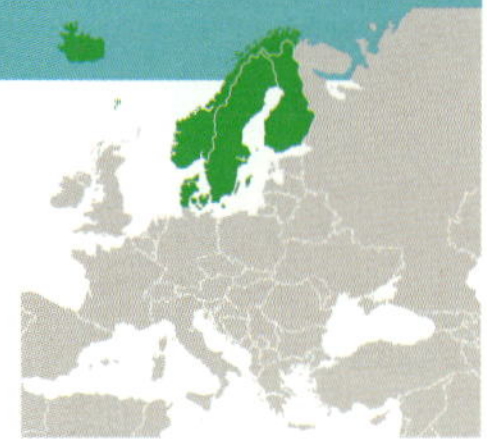

1 *Lezione*

IL TERRITORIO E I PAESAGGI

LE VIE DI COMUNICAZIONE

Le vie di comunicazione sono concentrate nel sud dell'area, quella più popolata. Qui il ponte sull'Öresund unisce con una strada e con la ferrovia la Danimarca alla Svezia. I **collegamenti aerei**, soprattutto per la Finlandia e l'Islanda sono fondamentali. La la **navigazione marittima** è rilevante, soprattutto nel tratto tra Stoccolma e Helsinki e lungo la costa norvegese, è comunque impossibile d'inverno nel Golfo di Botnia e in buona parte del Baltico per mesi a causa del mare ghiacciato.

autostrade
strade principali
ferrovie principali
aeroporti principali
porti principali

IL TERRITORIO

I paesi del Nord, cioè Svezia, Norvegia, Danimarca, Finlandia e Islanda, occupano le zone più settentrionali d'Europa, con una parte del loro territorio situata oltre il **Circolo Polare Artico**. Questi stati sono spesso chiamati **scandinavi**, anche se alla penisola scandinava vera e propria appartengono solo Svezia e Norvegia. Affacciati all'Oceano Atlantico e a mari minori (principalmente il Mar Baltico), essi si estendono su uno spazio molto vasto, pari al **12% del continente europeo**.

UN TERRITORIO MODELLATO DAI GHIACCIAI

Gli elementi fisici principali sono costituiti dai **rilievi delle Alpi Scandinave**, a cavallo tra Norvegia e Svezia. Si tratta di rilievi antichissimi con cime non molto alte (poche superano i 2000 m) e che nel centro del territorio svedese assumono aspetto di altopiani. Un altro elemento naturale della regione è la netta prevalenza delle **superfici pianeggianti** in Finlandia e Danimarca e nel sud della Svezia. L'Islanda è invece **un'isola vulcanica**, formata da un tavolato che poggia su una catena montuosa sottomarina. Tutta la regione è stata profondamente modellata dall'**azione dei ghiacciai**. È il caso delle lunghe e basse **ondulazioni collinari** in Danimarca, di origine morenica; oppure delle profonde valli glaciali come i fiordi, in Norvegia; o ancora dei numerosissimi laghi della Finlandia e della Svezia.

QUANDO ANDARE?

Il periodo ideale per visitare la regione è la tarda primavera, quando inizia la fioritura di tutte le specie vegetali, o all'inizio dell'estate, prima che il tempo risenta di una marcata instabilità e si presentino le precipitazioni. I paesaggi naturali assumono un fascino particolare nella stagione invernale, anche per la massima visibilità, alle latitudini più elevate, dell'aurora boreale.

	Svezia	Norvegia	Finlandia	Danimarca	Islanda
superficie	447 435 km ^{2}	323 772 km ^{2}	338 441 km ^{2}	42 923 km^2	103 022 km^2
popolazione (2016)	9 851 017	5 213 985	5 487 308	5 707 251	332 529
densità	22 ab/km^2	16 ab./km^2	16 ab./km^2	133 ab./km^2	3 ab./km^2
lingua	svedese	norvegese	finnico e svedese	danese	islandese
religione	protestante (81%) musulmani (4%)	protestante (79%) altri cristiani (7%)	protestante (74%)	protestante (84%) musulmani (4%)	protestante (79%) cattolici (4%)
moneta	corona svedese	corona norvegese	euro	corona danese	corona islandese
ordinamento dello stato	monarchia costituzionale	monarchia costituzionale	repubblica	monarchia costituzionale	repubblica
capitale	Stoccolma	Oslo	Helsinki	Copenaghen	Reykjavik
sigla	S	N	FIN	DK	IS

IL CLIMA

Il clima è **rigido** in gran parte della regione. Gli inverni sono lunghissimi, freddi e nevosi, le estati brevi e spesso piovose. Lungo le coste bagnate dal Mare del Nord e da quello di Norvegia il clima è però mitigato dalla **Corrente del Golfo**, ragione per cui le temperature medie invernali sono quasi sempre superiori allo zero.

REGIONI E PAESAGGI

Il territorio può essere suddiviso in 4 grandi regioni. La **regione settentrionale** è caratterizzata dalla **tundra**, una sterminata landa quasi spopolata e composta da una vegetazione poverissima di erbe, muschi e licheni in cui il permafrost (terreno ghiacciato) impedisce il radicamento degli alberi. La tundra nei mesi estivi assume l'aspetto di una palude a causa del disgelo superficiale dei terreni. Nella **regione centrale**, che comprende la fascia dei laghi e delle foreste della Finlandia e della Svezia, l'ambiente è dominato dalla taiga, da vaste foreste di conifere (abeti, larici e pini), che si alternano a specchi lacustri e a corsi d'acqua. A ovest una regione a parte è costituita dalla **costa norvegese,** caratterizzata da fiordi con alte e ripide pareti. La **regione meridionale**, estesa nel sud della Svezia (Scania) e in Danimarca, è invece prevalentemente pianeggiante ed è l'unica area in cui i terreni e le condizioni ambientali consentono la coltivazione.

IL TURISTA CURIOSO

❶ In Islanda ci sono 30 vulcani attivi e l'isola conosce in media un'eruzione ogni 5 anni.

❷ Le navi vichinghe erano solide e veloci, con la prua molto alta e affusolata: quelle da guerra, chiamate *drakkar* (che in svedese significa «draghi»), terminavano con una testa a forma di drago.

COMPETENZA LOCALIZZAZIONE

❶ Lavora con la carta

Osserva la carta e rispondi alle domande.

a. Quali sono i due grandi laghi della Svezia?
b. Quali paesi divide lo stretto di Øresund?
c. Il Circolo Polare Artico quali paesi attraversa?
d. In quale paese si trova Capo Nord?
e. Quali sono i 3 mari che bagnano la Norvegia?
f. Nel sud della Finlandia si trova una regione con molti laghi. Come si chiama?
g. Quali sono i porti e gli aeroporti principali della regione?

Una veduta dei laghi finlandesi presso Tampere.

Tundra artica in estate, Norvegia.

2 Lezione
LA GEOGRAFIA UMANA

LA POPOLAZIONE E LE CITTÀ
Con l'eccezione della Danimarca, che ha una densità piuttosto alta, le medie della presenza umana sul territorio sono molto basse: 22 abitanti per km^2 in Svezia e poi ancora meno in Islanda, Norvegia e Finlandia. Dal punto di vista numerico, la popolazione è attualmente **in aumento** e ciò si deve principalmente al movimento migratorio positivo.

La popolazione si concentra soprattutto nella **regione meridionale**, che gode di un clima meno rigido; qui sorgono le aree metropolitane delle 4 maggiori capitali, **Copenaghen, Stoccolma, Oslo e Helsinki** e le principali attività economiche.

Sotto il profilo culturale le **lingue** della regione sono quasi tutte di ceppo germanico, derivate da un antico germanico (norreno) cui è rimasto particolarmente vicino l'islandese; su questo piano principale eccezione è quella del finlandese, che appartiene al gruppo ugro-finnico. Un altro elemento comune è ovunque la netta prevalenza dei protestanti in campo religioso.

STATO SOCIALE E TUTELA DELL'AMBIENTE
Questi paesi rappresentano, nel loro complesso, un caso unico in Europa per il modello di stato sociale (*welfare state*) che hanno realizzato. Lo stato, infatti, assiste il singolo cittadino con **servizi sociali pubblici** efficienti, completi e gratuiti. Al tempo stesso tutti i paesi del Nord hanno particolarmente a cuore i temi della **tutela dell'ambiente**.

L'ECONOMIA
I paesi del Nord, tutti membri dell'Unione Europea tranne Norvegia e Islanda, hanno economie avanzate e si classificano ai primissimi posti a livello mondiale per l'alta **qualità della vita**. Prevale il **settore terziario** che presenta, accanto alla forte incidenza dei servizi pubblici, attività di spicco come quelle **bancarie**, della **ricerca scientifica** e dei **trasporti**, in particolare per le funzioni portuali.

L'**agricoltura** è sviluppata quasi esclusivamente nella **fascia meridionale della regione**, soprattutto in Danimarca, dove prevale l'allevamento di bovini e suini. La **pesca** è praticata con ottimi risultati in Norvegia, Danimarca e Islanda: il pesce più pescato è il merluzzo.

Buona è anche la disponibilità di risorse minerarie ed energetiche, rappresentate dalle **miniere di ferro** in Svezia e soprattutto dai **giacimenti di petrolio** norvegesi del Mare del Nord.

Le **industrie** comprendono **settori tecnologicamente avanzati**, come quelli delle telecomunicazioni, dell'informatica e delle biotecnologie, e attività più tradizionali come quelle della carta, soprattutto in Finlandia, quelle automobilistiche e del mobile in Svezia, quelle della lavorazione dell'alluminio, dei surgelati e cantieristica in Norvegia.

Il **turismo** costituisce, invece, ancora una voce negativa nell'economia di questi Paesi, anche se le capitali sono abbastanza frequentate.

Le città principali	abitanti (2016)
Stoccolma (S)	1 689 952
Helsinki (F)	1 090 616
Oslo (N)	623 966
Copenaghen (DK)	559 440
Reykjavik (IS)	207 174
Goteborg (S)	520 374

COMPETENZA DIGITALE

❶ Lavora con internet

Il design nei paesi del Nord è all'avanguardia.

Fai una ricerca e trova notizie su:

a. Quali sono gli artisti più celebri?

b. Quali sono gli elementi principali oggetto di nuove linee di design?

Gli uffici della compagnia energetica norvegese Statoil, un edificio dal design contemporaneo e tecnologico.

Strokkur è un geyser situato nella parte sudoccidentale dell'Islanda.

3 Lezione LA CULTURA E LE TRADIZIONI

L'ARTIGIANATO

La cultura materiale dei paesi nordici presenta aspetti comuni, dovuti agli elementi condivisi del paesaggio e alla stretta parentela linguistica.

Tra i prodotti più conosciuti dell'artigianato figurano i **maglioni in lana** di provenienza norvegese, caratterizzati dai tradizionali motivi geometrici e colori vivaci. Piuttosto fiorente anche la produzione di piccolo **vasellame** e di **porcellana** in particolare, decorativa a fondo blu, in Danimarca come in Svezia, dove ha un'apprezzata tradizione il **vetro artistico**.

In tutta la Lapponia è tipica la lavorazione delle **pelli** e **corna** di renna.

Una moderna concezione della cultura materiale non può dimenticare il **design** scandinavo, in particolare svedese e danese, i cui prodotti, a partire da quelli del settore del mobile, da decenni sono oggetti di uso quotidiano, esemplari per la loro funzionalità e linearità.

LE FESTE E LE TRADIZIONI

Nel complesso, si può dire che, a parte il caso della lontana Islanda, le tradizioni si siano conservate soprattutto nell'unica minoranza numericamente significativa, costituita dai **Sami** o **Lapponi**, popolazione che abita una vasta area della calotta polare sui territori di Finlandia, Svezia e Norvegia e dedita ancora in parte alla pastorizia delle renne.
Nei paesi del Nord, feste e tradizioni popolari sono pressocché scomparse, se non in qualche caso "reinventate" a partire da usanze dimenticate, a scopo ricreativo o turistico; una certa affermazione ha avuto la proposta di valorizzazione dell'antico passato vichingo, elemento essenziale dell'identità scandinava, con modalità di *living history museum*. Ancora sentita è comunque la **festa di Mezza estate**, per festeggiare il solstizio.

Importanti sono poi le tradizioni della **sauna** in Finlandia e delle **terme naturali** in Islanda.

LA GASTRONOMIA

La limitata disponibilità di ingredienti, dovuta alle condizioni climatiche, condiziona la gastronomia. Elementi base della cucina scandinava, povera di ortaggi e di cereali, sono la **patata**, il **latte** con i suoi derivati e il **pesce**, soprattutto salmone, aringhe e merluzzo. Una tipica consuetudine alimentare dell'intera regione è costituita dallo ***smörgåsbord***, un pasto a buffet, consumato freddo.

Tra le specialità ci sono il ***Janssons frestelse,*** un *gratin* di patate e acciughe, e il ***dillkött***, un piatto a base di carne di agnello in salsa d'aneto, il ***surströmming***, una ricetta con aringa acida, fortemente fermentata. L'unica bevanda da pasto è la **birra**, oggetto di una produzione industriale largamente esportata, soprattutto quella danese. Tra i distillati la **vodka,** prodotta in Svezia e Finlandia è di qualità molto elevata.

COMPETENZA DIGITALE

1 Lavora con internet

Fai una ricerca e trova notizie sui Sami che vivono nel nord della Scandinavia.
Fai riferimento alla loro cultura e alla loro organizzazione sociale.

Rovaniemi, Finlandia: due Sami vicino al loro "lavvu", una tenda conica fatta con pelli e corteccia di betulla.

Una tipica sauna finlandese.

4 Lezione

LE RISORSE TURISTICHE

Il **TURISMO CULTURALE** si concentra nelle capitali. Le più visitate sono **Stoccolma** e **Copenaghen**. Ad esse seguono **Oslo**, **Helsinki** e **Reykjavik**. Importanti centri d'arte sono pure le città svedesi di **Göteborg**, **Malmö** e **Uppsala** e quella norvegese di **Bergen**; altre attrattive turistiche e culturali sono costituite dai numerosi castelli, come quelli danesi di **Kronborg e di Frederiksborg**. Diversi siti archeologici testimoniano il passato vichingo, si trovano in diverse località come Ålborg, con un'importante necropoli, in Danimarca, **Uppsala** e **Björkö** in Svezia.

Il **TURISMO BALNEARE** ha qualche rilevanza solo sulle sponde meridionali svedesi: si tratta delle spiagge di **Halmstad** e **Varberg** e delle due isole di **Oland** e **Gotland**. Il turismo lacuale si concentra nei **laghi Mälaren e Vänern**.

Il **TURISMO DA CROCIERA** interessa in modo significativo la costa norvegese, grazie all'attrattiva costituita dal **paesaggio dei fiordi**, percorsi da imbarcazioni che penetrano all'interno per decine di chilometri: è il modo migliore per vederli.

Per quanto riguarda il **TURISMO MONTANO E NATURALISTICO** la regione vanta alcune località ben attrezzate allo sport invernale: tra queste si ricordano soprattutto **Örsa-Gronklitt**, **Sälen**, **Åre-Duved** e **Storlien**, nella Svezia centro-settentrionale. Le risorse turistiche naturali sono legate ai **paesaggi regionali**, prima di tutto quelli dell'estremo nord, dove oltre il Circolo Polare Artico d'estate si assiste al fenomeno del **sole di mezzanotte**, e dove una meta turistica significativa è **Capo Nord**, il punto più settentrionale della penisola scandinava. Tra le aree naturali protette che coprono una vasta porzione di territorio ci sono i **parchi costieri di Thy** in Danimarca e di **Haparanda** in Svezia. L'**Islanda** con i suoi vulcani, i ghiacciai e i geyser è una destinazione turistica in crescita.

Islanda
Il monte Kirkjufell, una delle montagne più belle dell'Islanda.

Danimarca
Lo storico castello di Kronborg a Helsingør è il castello di Amleto, il protagonista della tragedia shakespeariana.

Il patrimonio dell'UNESCO
Skogskyrkogården, "il cimitero del bosco" a Stoccolma, Svezia
La cittadina anseatica di Visby, Svezia
Area lappone, Svezia
Fortezza di Suomenlinna, Finlandia
Arcipelago delle isole Kvarken, Finlandia
Parco nazionale Thingvellir, Islanda
L'antico quartiere di Bryggen a Bergen, Norvegia
Fiordi di Geirangerfjord e Nærøyfjord, Norvegia
Colline di Jelling, pietre runiche e chiesa, Danimarca
Castello di Kronborg, Danimarca

Per la lista completa vai su: http://whc.unesco.org/en/list/

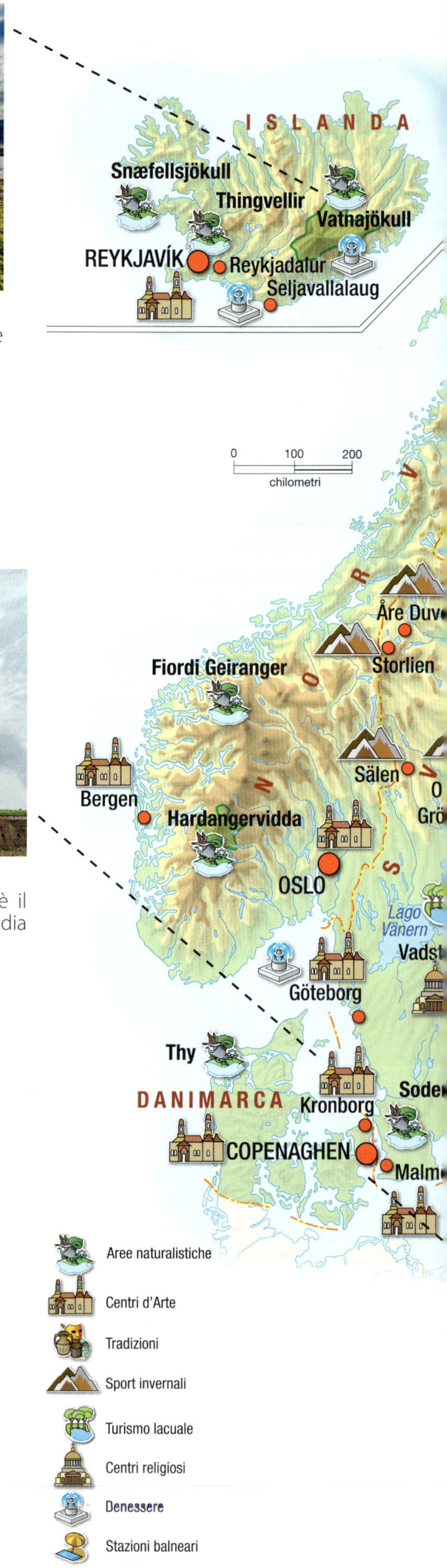

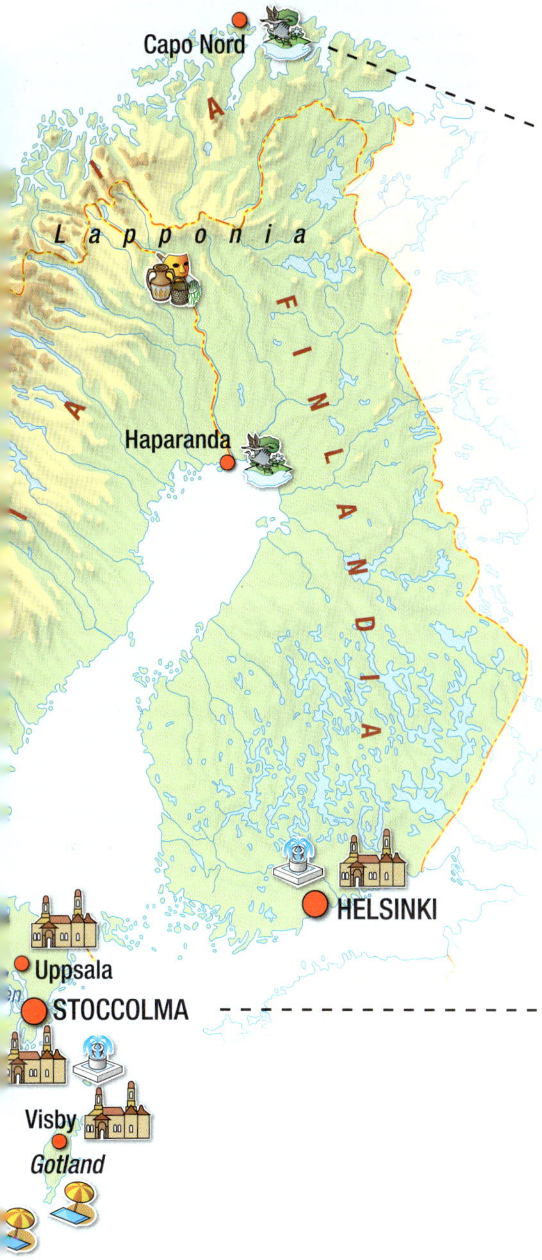

Norvegia
Il sole di mezzanotte a Capo Nord. Il fenomeno consiste nel fatto che anche nelle ore notturne il sole rimane sulla linea dell'orizzonte e non tramonta.

Svezia
Stoccolma, veduta aerea di Gamla Stan, il vecchio centro medievale. La città è situata su una serie di isole.

Copenaghen
La statua della Sirenetta è situata all'ingresso del porto della città di cui è simbolo.

SCRIVI UN TESTO IN 200 PAROLE

Lavora con il testo, la carta, le immagini e organizza le informazioni seguendo i punti elencati

a. Descrivi le principali attrazioni naturali islandesi.

b. Presenta le risorse turistiche in Islanda.

5 Lezione

ALLA SCOPERTA DELLA NORVEGIA

CARTA INTERATTIVA IN DIGITALE

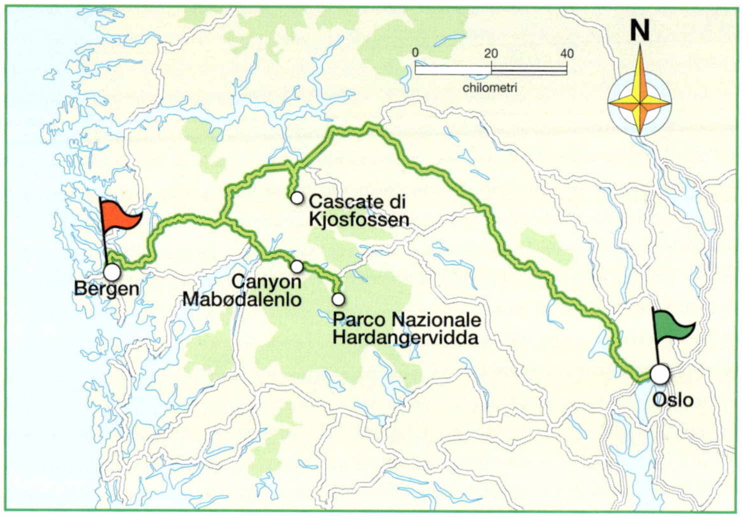

L'ITINERARIO

La Norvegia dei fiordi in 4 giorni

La varietà geografica della Norvegia è una sorpresa per molti turisti che immaginano il paese come un territorio dove il ghiaccio è l'unico protagonista. Nel sud temperato, invece, si possono osservare campagne ondulate, foreste bellissime, spiagge soleggiate e spettacolari fiordi.

I fiordi sono una delle conformazioni naturali più incredibili di questa regione. La costa norvegese è caratterizzata da queste numerose insenature con rocce a picco sul mare, fattorie isolate su altopiani ricoperti dalla foresta e un mare di colore verde azzurro che si spinge in profondità all'interno del territorio. Un ambiente davvero unico dove si potrebbe soggiornare per giorni e giorni senza mai stancarsi.

❶ GIORNO
Oslo

La visita della città parte dalla **Karl Jonas Gate**, l'asse principale su cui si impernia la struttura urbanistica del centro della città e trovano spazio il parlamento (**Stortinget**), l'università e il Palazzo Reale con il suo parco. Si prosegue per il moderno **municipio**, un edificio massiccio costruito a metà del Novecento, e verso gli adiacenti moli del porto, i **dock** nel quartiere di Aker Brygge che hanno conosciuto una recente ristrutturazione. Il punto di maggior interesse culturale è la **Natjonalgalleriet**, che ospita la più grande raccolta d'arte norvegese, fra cui opere del periodo romantico e lavori più moderni realizzati tra l'Ottocento e la Seconda guerra mondiale. Vi sono esposti alcuni dei quadri più celebri di **Edvard Munch**, compreso *L'urlo*, il suo più famoso.
L'amministrazione cittadina, con l'intento di trasformare la città in un centro culturale internazionale, ha avviato un programma di riqualificazione del lungomare, il cui elemento principale è il **Teatro dell'Opera**, una struttura concepita per somigliare a un iceberg che galleggia.
Sulla vicina penisoletta di **Bygdøy**, una bella zona residenziale già destinata a riserva reale, oltre alle passeggiate in riva al mare si possono visitare il **Museo del folclore**, all'aperto, con oltre 150 edifici ricostruiti, e il **Vikingskipshuset**, il museo delle navi vichinghe, con alcune delle imbarcazioni di maggior interesse storico.

Edifici storici nel quartiere di Bryggen a Bergen in Norvegia.

❷ GIORNO
Da Oslo a Bergen

Sulla strada verso Bergen ci si ferma a **Flåm**, da cui ammirare il magnifico paesaggio dell'**Aurlandsfjord**, il braccio laterale del **fiordo di Søgne** lungo 204 km, e raggiungere poi la vicina **cascata di Kjosfossen**, che con i suoi 220 m di caduta, è tra le maggiori attrattive del paese.

❸ GIORNO
Il parco dell'Hardangervidda

Escursione nel **parco nazionale dell'Hardangervidda**, lungo il percorso turistico Hardangervidda. Si attraversano il **canyon di Måbødalenlo** e i paesaggi selvaggi della tundra, che costituiscono il cuore del parco, esteso su più di 3400 km^2. Il parco è inoltre ricco di laghi e paludi e ospita numerose mandrie di renne. In questa zona esiste un Centro Naturalistico che fornisce al visitatore tutti gli strumenti per apprezzare e rispettare l'incontaminata natura circostante. Per gli amanti dell'escursionismo, si possono praticare l'arrampicata, la pesca e lo sci di fondo.

❹ GIORNO
Bergen e la costa

Arrivo a Bergen, seconda città del paese, in passato importante città anseatica e tuttora tra i principali porti pescherecci del Mare del Nord. Al **porto di Vågen** vale la pena di passare qualche ora al mercato del pesce, fare una passeggiata sul lungomare e visitare il quartiere di **Bryggen** con le antiche case in legno dei grandi commercianti affacciate al porto. In centro si trova **Mariakirken,** una chiesa in pietra con due torri gemelle che risale all'inizio del XII secolo, e che costituisce l'edificio più antico di Bergen. Dalla città si può fare un'escursione lungo la costa e, con la funicolare, salire al **monte Ulriken**, il più alto (643 m) dei sette che circondano la città, dal quale si gode di un bellissimo panorama.

Un branco di renne nel loro habitat naturale d'inverno.

Geirangerfjord uno dei fiordi norvegesi più famosi.

ORGANIZZA TU UN ITINERARIO

Il tour delle città svedesi

Procurati una mappa della Svezia e costruisci un itinerario che includa i monumenti, le architetture e le località più interessanti. Con Google Maps visualizza il punto di partenza e quello di arrivo e, dopo aver deciso con quale mezzo sia meglio muoversi, calcola i tempi di permanenza e le distanze. Per ogni luogo scrivi in poche righe le principali caratteristiche e attrattive.

Distanza > 850 km circa

Durata > 4 giorni

Luoghi da visitare

1. Stoccolma
2. Göteborg
3. Malmö

IL REGNO UNITO

1 Lezione — IL TERRITORIO E I PAESAGGI

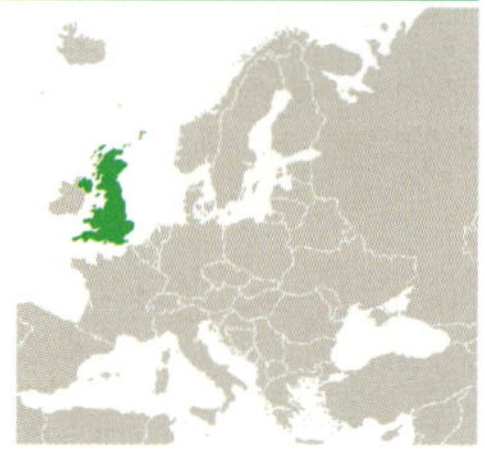

superficie	242 507 km²
popolazione (2016)	65 341 183
densità	269 ab./km²
lingua	inglese, scozzese, gallese
religione	anglicani (43%), altri protestanti (9%), cattolici (8%), non religiosi (25%), musulmani (5%),
moneta	sterlina
ordinamento dello stato	monarchia costituzionale
capitale	Londra
sigla	GB

IL TERRITORIO

Il **Regno Unito di Gran Bretagna e Irlanda del Nord** comprende la Gran Bretagna, l'isola più grande d'Europa, la parte settentrionale dell'isola d'Irlanda, oltre a numerosi arcipelaghi e isole minori. Il territorio è in **prevalenza costituito da pianure**, interrotte da estensioni collinari al centro e al sud; a nord si innalzano rilievi di origine molto antica dal profilo ondulato e dalle altitudini modeste, raramente superiori ai 1000 m.

I RILIEVI

I rilievi principali hanno inizio nell'**Inghilterra** settentrionale con i **monti Pennini** e i **monti del Cumberland,** che includono la suggestiva regione dei laghi chiamata Lake District. Le montagne proseguono in **Scozia**, con le **Highlands** cioè "terre alte" **nord-occidentali** e i monti **Grampiani**; questi ultimi sono i più elevati e raggiungono la massima altitudine del paese con il Ben Nevis, a 1343 m. Nel sud-ovest, nel **Galles**, i **monti Cambrici** raggiungono i 1085 m nel massiccio dello Snowdon.

LE PIANURE

Le pianure si estendono soprattutto in Inghilterra, dal Lancashire e lo Yorkshire, alla piana delle **Midlands**, alla penisola della Cornovaglia. Anche l'Irlanda del Nord è in prevalenza pianeggiante, mentre in Scozia le uniche superfici pianeggianti sono le **Lowlands,** le "terre basse".

LE VIE DI COMUNICAZIONE

La rete delle comunicazioni, particolarmente fitta in Inghilterra, è efficiente sia per quanto riguarda le ***strade*** (si guida tenendo la sinistra), che per le ***ferrovie***. Ben organizzato è il sistema dei porti marittimi. Tra gli ***aeroporti*** Londra dispone di 6 scali con oltre 135 milioni di passeggeri all'anno.

I FIUMI E LE COSTE

I **fiumi**, numerosi e ricchi di acque, sono navigabili e collegati tra loro da una rete di canali artificiali. I più lunghi, come il **Severn** e il **Tamigi**, si gettano in mare con ampi estuari sui quali sorgono i maggiori porti del paese.

Le **coste** sono spesso alte e frastagliate. È il caso dei *firth* in Scozia, strette e profonde insenature di origine glaciale, simili a **fiordi**. Tipiche della Cornovaglia e della zona di Dover sulla Manica, sono poi le **falesie**, strapiombi calcarei con continue pareti a picco sul mare e un'altezza tra 40 e 100 m.

IL CLIMA

Il clima è **atlantico** e influenzato dai venti umidi oceanici che per tutto l'anno portano abbondanti precipitazioni, soprattutto nella fascia occidentale, e dalla Corrente del Golfo che addolcisce e mitiga le temperature invernali. Frequenti sono le nebbie a causa dell'incontro tra le masse d'aria fredda di origine polare e quelle calde atlantiche.

L'INGHILTERRA

L'**Inghilterra** è **costituita prevalentemente da pianure,** qua e là interrotte da colline ricche di pascoli e boschi. Il cuore della regione è rappresentato dalla **grande area metropolitana di Londra**. A sud, lungo la costa della Manica e nella penisola collinare della **Cornovaglia,** vi sono numerosi centri portuali e balneari che godono di un clima mite.

LA SCOZIA

La Scozia, con l'eccezione della striscia pianeggiante delle **Lowlands**, è costituita da **catene montuose**. La regione possiede prati sconfinati dal caratteristico colore verde brillante, in cui è praticato l'allevamento di ovini. Anche la brughiera, spesso ricoperta di erica rosa, è un tipico elemento del paesaggio. Non mancano, specie nei Grampiani e nelle **Highlands**, estese foreste e **numerosi laghi** dalla tipica forma allungata (*loch*).

IL GALLES E L'IRLANDA DEL NORD

Il Galles è **una penisola** in gran parte occupata dai monti Cambrici. Ha conosciuto lo **sviluppo del turismo** grazie alla presenza di tre parchi naturali e di località di interesse storico e artistico.

L'**Irlanda del Nord** o **Ulster** ha un territorio costituito da una vasta area pianeggiante, ricca di pascoli e di laghi (*lough*). La pianura è circondata da rilievi a **carattere collinare** che si affacciano sul mare con promontori rocciosi, come l'imponente scogliera del Giant's Causeway, il "selciato dei Giganti".

QUANDO ANDARE?

I mesi più inospitali sono quelli invernali quando fa freddo e le giornate sono corte. La stagione primaverile ed estiva, da aprile a settembre, è la migliore, quando le temperature sono miti, le giornate più lunghe e la pioggia è un po' meno insistente.

IL TURISTA CURIOSO

❶ Il tunnel ferroviario sotto il canale della Manica che collega Regno Unito e Francia misura 50,5 km. È costituito da due gallerie parallele scavate 40 m sotto il fondale marino.

❷ Il castello dei Windsor, vicino a Londra, è una delle residenze dei sovrani. Conta circa mille stanze ed è il castello abitato più grande del mondo.

COMPETENZA LOCALIZZAZIONE

1 Lavora con la carta

Osserva la carta e rispondi alle domande.

a. Quali sono i 3 arcipelaghi minori situati a nord? E quello situato a sud?
b. Come si chiama il canale che separa la Scozia dall'Irlanda del Nord?
c. Come si chiama il monte più alto dell'Inghilterra, che si innalza nei monti del Cumberland? Che altezza raggiunge?
d. Da quale fiume è bagnata la città scozzese di Glasgow?
e. Dove si trova l'isola di Man?
f. Qual è la città scozzese più vicina al Loch Ness?
g. Dove si trova il Lough Neagh? E il Loch Lomond?

La campagna inglese nello Yorkshire.

Il tipico paesaggio delle Highlands, in Scozia.

2
Lezione

LA GEOGRAFIA UMANA

LA POPOLAZIONE E LE CITTÀ

Il Regno Unito, con quasi 65 milioni di abitanti, è il **terzo paese per popolazione in Europa** e uno dei più densamente abitati (oltre 260 abitanti per km^2). La popolazione per più dell'80% vive in Inghilterra, soprattutto nella megalopoli inglese che comprende oltre a **Londra** i vasti agglomerati di **Manchester, Birmingham, Liverpool, Leeds** e **Newcastle upon Tyne**. Un'altra zona a elevata concentrazione di abitanti è quella delle Lowlands scozzesi, dove sorgono Glasgow ed Edimburgo. La gran parte della Scozia, il Galles e l'Irlanda del Nord sono invece nettamente meno abitate; le densità sono basse e raggiungono valori minimi nella Scozia settentrionale, la regione più montuosa del paese.

UNA SOCIETÀ DI IMMIGRATI

La popolazione è oggi in crescita, soprattutto per via dell'immigrazione. Nel Regno Unito vi sono circa **5 milioni e mezzo di immigrati stranieri**. La maggior parte di essi proviene da ex colonie britanniche: si tratta di indiani, pakistani, bangladeshi e caraibici. Numerosi sono anche i polacchi, gli irlandesi, gli statunitensi e gli italiani. In passato, invece, tra la metà del Settecento e la metà del Novecento circa 17 milioni di britannici lasciarono il proprio paese diretti principalmente in Nord America, Australia, Sud Africa. Per questi movimenti migratori oggi il Regno Unito è **un paese multietnico e multireligioso.**

L'ECONOMIA

Il Regno Unito resta la **sesta potenza economica mondiale** e la terza in Europa dopo la Germania e la Francia. Nel 1972 è entrato a far parte dell'Unione Europea, ma il paese, sempre geloso della propria autonomia, ha deciso, con il referendum del giugno 2016, di **uscire dall'organismo comunitario europeo**; le conseguenze economiche e politiche di questa scelta, che prevede una trattativa con l'UE per la realizzazione concreta della separazione, sono ancora difficili da valutare, non solo sul piano economico, ma anche su quello sociale (presenza di cittadini comunitari) e regionale (probabile reazione di Scozia e Irlanda del Nord, contrarie alla decisione).

Nel **settore primario** il punto di forza è costituito dall'**allevamento** che permette al Regno Unito di essere autosufficiente per quanto riguarda la carne e i suoi derivati e di esportare lana pregiata, soprattutto quella delle pecore shetland.

Il Regno Unito è oggi uno dei principali produttori mondiali di **petrolio** e di **gas naturale**; a ciò si deve lo sviluppo di una moderna industria petrolchimica. Il Regno Unito mantiene una posizione di **rilevanza mondiale nel settore finanziario** (banche, assicurazioni) soprattutto per la presenza di Londra, terzo centro finanziario del mondo.

IL TURISMO

Con oltre **32 milioni di visitatori** il paese è **tra i primi dieci più visitati al mondo**. Punti di forza del settore turistico sono i paesaggi scozzesi e il patrimonio artistico delle città britanniche, prima tra tutte Londra con le sue innumerevoli opportunità di studio e lavoro. Proprio a Londra e nelle città universitarie molti stranieri soggiornano anche per studiare la lingua.

Le città principali	abitanti (2016)
Londra	8 477 600
Manchester	2 723 900
Birmingham	1 096 800
Liverpool	1 068 200
Edimburgo	490 100
Cardiff	353 000
Belfast	282 500

IL TURISTA CURIOSO

❶ Il Regno Unito ha adottato il sistema metrico decimale per i pesi e le misure. Tuttavia sono ancora largamente usate le unità del precedente sistema (piedi, pollici, pinte ecc.).

COMPETENZA DIGITALE

❶ Lavora con internet

Londra è la città inglese più multietnica.

Fai una ricerca e trova notizie su:

a. Qual è la composizione etnica della popolazione?

b. Come è distribuita sul territorio?

Studentesse di un liceo londinese provenienti da diverse nazioni.

La City di Londra, il quartiere finanziario della città.

3 Lezione LA CULTURA E LE TRADIZIONI

L'ARTIGIANATO

I prodotti artigianali vanno dalla **ceramica**, soprattutto nella regione dello Staffordshire, agli articoli in **vetro**, alla **gioielleria** e all'**oreficeria**. Il paese eccelle nelle produzioni in **lana**, specie nelle lavorazioni pregiate come quelle in **cachemire**. A questo proposito molto noto è il **tartan**, un particolare disegno a quadri realizzato sui tessuti in lana, con il quale, in Scozia, si confezionano il **kilt**, il tipico gonnellino e il mantello da ripiegare sulle spalle. Il costume tradizionale viene poi completato dallo ***sporran***, una borsa agganciata alla cintura, e da una giacca di ***tweed***, un altro tipico tessuto di lana.

La **cornamusa**, in inglese ***great highland bagpipe,*** è un simbolo della tradizione scozzese. I prodotti britannici sono acquistabili nelle famose catene di grandi magazzini come Harrods.

LE FESTE E TRADIZIONI

Fortemente sentito dalla popolazione britannica è l'attaccamento alla monarchia e alla casa reale. Il patrimonio di feste e tradizioni è molto ricco, soprattutto quelle celtiche e anglosassoni. Per esempio in **Galles** famosissimo è il **Royal National Eisteddfod** che in origine era un torneo di bardi, cioè gli antichi poeti celti. Ancora oggi è il più grande festival di competizioni musicali e letterarie d'Europa; durante il suo svolgimento i gallesi indossano i costumi tradizionali e organizzano mostre.

Più moderno è il **Carnevale di Notting Hill,** una manifestazione ispirata ai Caraibi e alla sua musica, che si tiene ogni agosto dal 1965 nelle strade del quartiere londinese, con oltre un milione di turisti all'anno.

L'ENOGASTRONOMIA

La cucina britannica, nonostante per lungo tempo non abbia goduto di grande fama, recentemente è stata molto rivalutata. In generale i piatti risentono del passato coloniale, del forte multiculturalismo e dell'insularità del paese. Certamente il piatto più diffuso e conosciuto è il ***fish and chips***, una frittura di pesce accompagnata dalle patatine, ma tra le tradizioni gastronomiche più classiche è molto diffuso il ***Sunday roast,*** l'arrosto della domenica, composto da roast beef, patate, verdure e il ***Yorkshire pudding***, un contorno di pastella cotta al forno. I ***pudding*** più famosi sono però quelli dolci consumati come dessert. Tra i più noti c'è il ***Christmas plum duff.***

La **colazione** rimane un classico della tradizione inglese: è molto abbondante e viene preparata con uova, bacon, fagioli, salsicce, pomodori alla griglia e pane fritto.

Anche l'ora del **tè**, di solito alle 17, è sempre un rituale caro agli inglesi.

Non va dimenticato che nel Regno Unito e in Irlanda sono nati i **pub** (*public house*), locali di aggregazione in cui si può bere **birra alla spina**, in genere scura e amara. Il **whisky**, invece, è il liquore più rinomato della Scozia.

MITI E LEGGENDE

Sono molti i miti e le leggende che hanno origine nelle regioni del Regno Unito. La Cornovaglia e il Somerset, e in particolare la regione di Glastonbury, secondo la tradizione, per esempio, sono i luoghi in cui si svolsero le avventure di **re Artù** e dei cavalieri della Tavola Rotonda alla ricerca del Sacro Graal.

Le gesta di **Robin Hood**, tra i personaggi più famosi, rendono celebre il **Nottinghamshire** e la foresta di Sherwood.

In Scozia il mostro di **Loch Ness** è protagonista di molte storie. Non è quindi strano che proprio qui sia nato un personaggio della letteratura contemporanea come **Harry Potter**.

COMPETENZA DIGITALE

1 Lavora con internet

Gli sport in Gran Bretagna sono una vera istituzione: calcio, rugby, cricket, polo sono tra i più amati e seguiti.

Fai una ricerca e trova notizie su:

a. Quali sono gli eventi sportivi legati al tennis, al golf, all'equitazione e al canottaggio?
b. Quando e come si svolge la maratona di Londra? Quanti sono stati i partecipanti a quella del 2016?

Un suonatore di cornamusa scozzese che indossa il kilt.

Il tennista Roger Federer in un torneo di Wimbledon.

4 Lezione
IL PATRIMONIO STORICO, ARTISTICO E NATURALE

L'INGHILTERRA DALLA PREISTORIA AL MEDIOEVO

L'**Inghilterra** è la regione del Regno Unito che possiede le maggiori testimonianze storiche ed artistiche. Alla preistoria risale il monumento megalitico di **Stonehenge**, situato vicino alla città di Amesbury e che si può datare nel IV millennio a.C.: le grandi pietre megalitiche sono disposte in forma circolare secondo un preciso ordine. Invece a nord, quasi al confine con la Scozia, si trova il **Vallo di Adriano**, un muro difensivo in pietra del II sec. d.C. Lungo circa 117 km e alto circa 5 m, con fortini e torri di vedetta, che testimonia l'imponente sistema difensivo dei Romani contro le popolazioni celtiche.

Numerose inoltre le chiese, cattedrali e abbazie del periodo cristiano. Molto importante la **cattedrale di Durham**, fondata nel 1093 in stile romanico-normanno che ricorre in altre chiese come quelle di **Chester** e **Winchester**. In **stile gotico** sono state costruite le cattedrali di **Canterbury**, di **Salisbury** e di **York.** Numerose anche le **abbazie**, tra cui quella di **Fountains,** il più grande e meglio conservato monastero, seppur in rovina, della Gran Bretagna.

Il Medioevo ha lasciato però anche una grande eredità nell'architettura civile, soprattutto per quel che riguarda i **castelli**, costruiti per ragioni difensive. In **Inghilterra**, tra i numerosi esempi, basti ricordare i castelli di **Windsor** e di **Dover**.

L'INGHILTERRA IN EPOCA MODERNA E CONTEMPORANEA

In epoca moderna si afferma uno stile classico, ispirato agli edifici palladiani: testimonianze sono le seicentesche Queen's House a Greenwich e la **cattedrale di St. Paul a Londra**. Lo stile neoclassico ispira a lungo l'architettura del paese, come dimostra la sistemazione d'inizio Ottocento a Londra di Regent' Street e Regent's Park. L'architettura ottocentesca, d'epoca vittoriana, fu però essenzialmente eclettica con una ripresa del gotico, come si può osservare nel **palazzo del parlamento a Londra**. Nel Novecento nuovi apporti provengono dall'*art noveau* e da originali soluzioni in tema di organizzazione urbana con la creazione delle **città giardino** e delle ***new towns***. Negli anni più recenti gli interventi si sono concentrati sulla riqualificazione di aree industriali e portuali dismesse nelle maggiori città manifatturiere del passato come Liverpool, Leeds e Manchester e nella stessa Londra.

SCOZIA, GALLES E IRLANDA DEL NORD

In **Scozia** e più precisamente nelle **isole Orcadi** si possono visitare alcuni dei più antichi e meglio

città giardino
Città a misura d'uomo con grandi spazi verdi e bassa densità edilizia.

new towns
Cittadine sorte là dove vi era un borgo agricolo e situate a decine di km da una grande città e da essa separate da una fascia verde.

COMPETENZA DIGITALE

1 Lavora con internet e le immagini

Fai una ricerca e descrivi le principali caratteristiche architettoniche e artistiche del castello dei reali britannici.

Il cambio della guardia al Castello di Windsor.

William Shakespeare, considerato il più grande drammaturgo della cultura occidentale.
La città dove nacque, Stratford-upon-Avon, è oggi meta di turismo culturale.

conservati siti neolitici d'Europa: il "**cuore delle Orcadi neolitiche**". Ma forse l'attrazione maggiore della regione è la città di **Edimburgo.** La Città Vecchia, medievale, è sovrastata dal **castello** ed è caratterizzata da strade acciottolate, vicoli stretti e passaggi nascosti: qui lungo il *Royal Mile* si possono trovare i principali luoghi d'interesse. La Città Nuova, risalente all'epoca georgiana, tra la fine del Settecento e l'inizio dell'Ottocento, è caratterizzata da eleganti strade, piazze e le tipiche case a schiera. La città offre nel mese di agosto un grande **festival internazionale**, una tra le rassegne teatrali più importanti del mondo.

Il **Galles** è una regione famosa per i suoi numerosi **castelli fortificati,** come quello di **Caerphilly**, situato vicino alla capitale **Cardiff.**

Anche in **Irlanda del Nord** la capitale **Belfast** si è sviluppata intorno a un **castello**. I **murales** della città sono una delle maggiori attrattive, testimonianza della rivalità tra le due comunità (cattolica e protestante) della regione. Notevole anche l'avveniristico **Titanic Belfast**, museo aperto nel 2012.

L'ARCHEOLOGIA INDUSTRIALE E LE AREE PROTETTE

Il Regno Unito è il paese che preserva più di altri le testimonianze del suo passato industriale. Il patrimonio di archeologia industriale è molto ampio e si avvale tra gli altri dei **mulini della valle del Derwent**, nel Derbyshire, del villaggio vittoriano di **Saltaire**, vicino a Bradford e della cittadina di **Blaenavon**, in Galles, nota per la lavorazione dell'acciaio e l'estrazione del carbone. Questi ultimi due siti fanno parte dell'***European Route of Industrial Heritage,*** un percorso tematico con i più importanti siti di archeologia industriale in Europa. Oltre alle **aree protette** che coprono circa il 10% della superficie del paese, vanno segnalate nel patrimonio paesaggistico e naturale del paese la cosiddetta **Strada dei Giganti**, una zona costiera vulcanica con caratteristiche colonne basaltiche di roccia lavica in **Irlanda del Nord (Ulster)** e le **bianche scogliere di Dover**, sul Canale della Manica, falesie a picco sul mare nel sud dell'Inghilterra.

TRA MUSICA, ARTE E INNOVAZIONE

Il Regno Unito è un **centro di innovazione per la cultura giovanile, della moda e della musica**.

Qui negli anni Sessanta del secolo scorso è stata inventata la minigonna dalla stilista Mary Quant; nello stesso periodo sono cresciute *band* leggendarie come quelle dei Beatles e dei Rolling Stones, mentre negli anni Settanta è esploso il fenomeno del *punk*. Ancora oggi il Regno Unito è la patria della musica *rock* e *pop*. In particolare, **Londra vive un continuo fermento in ogni campo**: è infatti un importante centro di produzione dell'industria discografica (studi di registrazione, realizzazione di videoclip), della pubblicità, dell'arte, dell'editoria e della moda. Si tratta di una caratteristica importante per il turismo: basti pensare che lo studio di registrazione in **Abbey Road,** dove i Beatles registrarono un famoso album, è una delle principali mete del turismo musicale internazionale.

COMPETENZA DIGITALE

❷ Lavora con internet

Fai una ricerca e indica le trasformazioni che ha conosciuto l'area dei Docks sul Tamigi, ex zone portuali sul fiume cittadino.

Canary Wharf e il salone espositivo The O2, a Londra.

Punk inglesi sul Westminster Bridge a Londra.

5 Lezione LE RISORSE TURISTICHE

Per quanto riguarda i **PARCHI NATURALI** la principale area protetta in **Inghilterra** è il **Parco nazionale del Lake District** (distretto dei laghi) del Cumberland, situato nel nord-ovest. È caratterizzato da magnifiche colline (chiamate *fells)*, laghi, valli, castelli e svariati siti archeologici.

Nel **Galles** si trovano il **parco nazionale del Pembrokeshire**, l'unico parco costiero del Regno Unito e quello di **Snowdonia** dal nome del monte più alto della regione. In **Scozia** il **parco Cairngorms** è un famoso comprensorio sciistico. In Irlanda del Nord sono molto frequentate le location della serie televisiva *Il trono di Spade*.

Il **TURISMO BALNEARE** è nato nel XIX secolo e ha avuto larga diffusione soprattutto tra le classi aristocratiche, in particolare lungo le coste della Manica. Infatti **Brighton** è tutt'oggi una nota località di villeggiatura nella quale sorge il **Royal Pavilion**, una villa in stile orientale fatta costruire da re Giorgio IV. Sulla costa meridionale della penisola della **Cornovaglia** si trovano le località di **Newquay,** apprezzata soprattutto dagli appassionati di surf, e **St. Ives,** città di mare molto pittoresca.

Molto nota e frequentata per il **TURISMO TERMALE** è la cittadina di **Bath,** nella contea inglese del Somerset. Il nome stesso che vuol dire "bagno" ne sottintende la vocazione turistica, legata alle sorgenti termali sulfuree.

Tra le numerose cattedrali che richiamano il **TURISMO RELIGIOSO**, spicca quella gotica di **Canterbury**. La cittadina è inoltre meta di pellegrinaggio da molti secoli come punto finale della via Francigena proveniente da Roma.

Il patrimonio storico-artistico rappresenta un'enorme attrattiva per il **TURISMO CULTURALE**. Oltre a **Londra** sono meta turistica **Liverpool**, **Birmingham** e le **città**

Parco nazionale del Lake District
Derwent Water, Lake District National Park, Cumbria, Inghilterra. Quest'area è stata citata più volte dal poeta inglese William Wordsworth ed è considerata un vero e proprio Parco letterario.

Bath
Conosciuta sin dai Celti e dai Romani, la cittadina è nota anche per il complesso architettonico in stile neoclassico, dalla particolare forma semiellittica.

UNESCO

Il patrimonio dell'UNESCO
Stonehenge, Avebury e siti associati, Inghilterra
La città di Bath, Inghilterra
Vallo di Adriano, Inghilterra
Palazzo e abbazia di Westminster, Inghilterra
Cattedrale di Canterbury, Inghilterra
Torre di Londra, Inghilterra
Castelli e mura cittadine di Re Edoardo a Gwynedd, Galles
Edimburgo, Scozia
Selciato del gigante e Causeway Coast, Irlanda del Nord

Per la lista completa vai su: http://whc.unesco.org/en/list/

- Centri d'Arte / turismo culturale
- Siti archeologici
- Archeologia industriale
- Aree naturalistiche
- Centri religiosi
- Benessere
- Tradizioni
- Stazioni balneari
- Sport invernali

Oxford
Gli edifici storici dell'Università con il Radcliffe Camera e All Souls College.

Canterbury
La cattedrale di Canterbury. Nei *Racconti di Canterbury*, lo scrittore Geoffrey Chaucer descrive i pellegrini in viaggio verso la cattedrale già nel XIV secolo.

Brighton
Il Royal Pavillon è un palazzo in stile orientale costruito da Giorgio IV, oggi ospita un museo e una sala concerti.

SCRIVI UN TESTO DI 200 PAROLE

Lavora con il testo, la carta, internet e le immagini seguendo i punti elencati

a. Descrivi I principali parchi naturali di Inghilterra, Scozia e Galles.
b. Riassumi le principali località balneari dell'Inghilterra.

6
Lezione

ALLA SCOPERTA DEL REGNO UNITO

CARTA INTERATTIVA IN DIGITALE

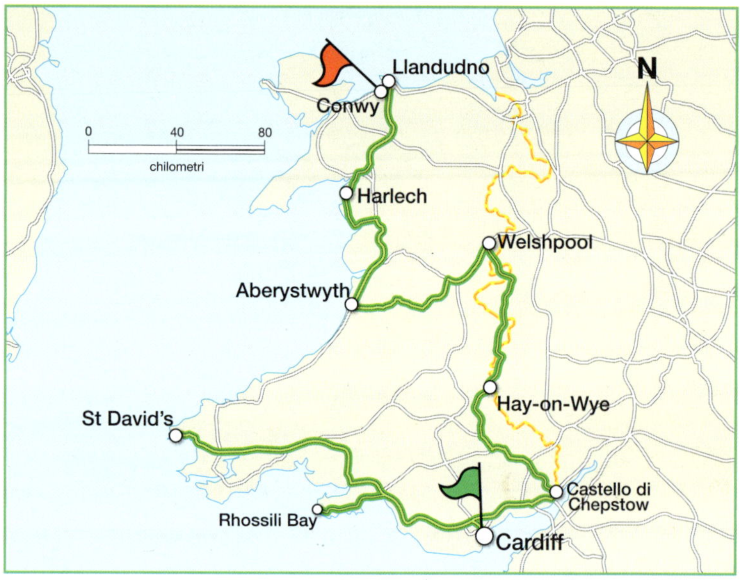

L'ITINERARIO

Il Galles: la regione di origine celtica in 5 giorni

Il Galles è una regione del Regno Unito con un forte spirito nazionale; ha un proprio parlamento, una propria lingua (il gallese) e una propria bandiera nazionale.

È un'antica terra celtica, con ambienti incontaminati e una ricca fauna selvatica. I paesaggi naturali sono luoghi ideali per escursioni all'aperto, mentre le testimonianze storiche e artistiche della cultura gallese sono rintracciabili nei numerosi castelli sparsi nel territorio e nelle principali città, sopra tutte Cardiff, la capitale.

❶ GIORNO
Cardiff

La visita della città parte dal **Cathays Park** o Cardiff Civic Centre, zona del centro che conserva una serie di edifici dell'inizio del XX secolo, tra cui la City Hall (municipio), il Tempio della Pace, il Museo Nazionale, la moderna stazione di polizia, il Cardiff Crown Court, la sede amministrativa del governo gallese e i giardini Alexandra. Qui si trovano anche diversi edifici appartenenti al campus dell'Università di Cardiff. Per capire la memoria storica della città merita una visita il **castello di Cardiff** costruito nel 1081 e restaurato alla fine del XIX secolo in stile neogotico. Le realizzazioni architettoniche più recenti sono invece concentrate nella zona della **Cardiff Bay** con il **Wales Millenium Center**.

❷ GIORNO
Gower Peninsula - St. David's

Sulla strada per St. David's merita una tappa la **Gower Peninsula** con le sue spiagge come la **Rhossili Bay**, le alte scogliere e gli altopiani aspri e selvaggi; per questo è stata dichiarata *Area of Outstanding Natural Beauty* (AONB, area di eccezionale bellezza naturalistica).

Cardiff, in Galles.

St. David's è nota per la cattedrale, una delle più antiche del paese, meta di pellegrinaggi per le reliquie del santo patrono San Davide.

St. David's fa parte del parco nazionale della costa del Pembrokeshire ed è attraversata dal sentiero *Pembrokeshire Coast Path*.

❸ GIORNO
Wye valley - Powis Castle and Garden

La valle del fiume Wye è un'area protetta, posta al confine tra Inghilterra e Galles. La zona è prevalentemente rurale e presenta un dolce paesaggio collinare. Da qui è possi-

La libreria di Hay-on-Wye, città del Galles famosa per la fiera annuale del libro.

La casa più piccola della Gran Bretagna è a Conwy.

bile visitare il **castello di Chepstow** e le rovine della **Tintern Abbey**, complesso monastico cistercense. **Hay-on-Wye** è una cittadina posta sul fiume **Wye**; è considerata la **capitale mondiale del libro usato**, con oltre 40 librerie, scaffali di libri a cielo aperto lasciati incustoditi nei cortili e un famoso festival sui libri che si svolge per 10 giorni tra maggio e giugno. Il **Powis Castle** con i suoi splendidi giardini, si erge su uno sperone roccioso nei dintorni della cittadina di **Welshpool**. Costruito a partire dall'XI secolo, è tutelato come patrimonio storico e culturale gallese.

❹ GIORNO
Harlech

Lungo la strada per Harlech merita una visita **Aberystwyth,** importante città universitaria. Molto caratteristiche le case di epoca georgiana che, dipinte a colori pastello, fiancheggiano il lungomare. Il **castello di Harlech**, con le sue torri a pianta circolare, sorge su uno sperone roccioso e domina una costa sabbiosa proprio sulla Baia di Cardigan, all'interno del **parco nazionale di Snowdonia**. Da qui, infatti, è possibile effettuare un'escursione al monte Snowdon. Il castello è peraltro la più meridionale delle fortezze che fanno parte del cosiddetto "**Anello di Ferro**", una serie di castelli legati al regno di Edoardo I d'Inghilterra nel XIII secolo e oggi patrimonio UNESCO; gli altri sono i **castelli di Beaumaris**, **di Caernarfon e di Conwy**.

❺ GIORNO
Llandudno - Conwy

Llandudno, affacciata sul Mare d'Irlanda, è una delle principali località balneari del Galles risalente all'epoca vittoriana. Con un'escursione di pochi chilometri è possibile visitare il **castello medievale di Conwy** nella vicina cittadina omonima; il castello è stato costruito tra il 1283 e il 1287, difeso da possenti mura dotate di 8 grandi torri cilindriche ed è uno dei meglio conservati d'Europa.

ORGANIZZA TU UN ITINERARIO

La Cornovaglia

Procurati una mappa della Cornovaglia, nell'Inghilterra del sud e costruisci un itinerario che includa i monumenti, le architetture e le località più interessanti. Con Google Maps visualizza il punto di partenza e quello di arrivo e, dopo aver deciso con quale mezzo sia meglio muoversi, calcola i tempi di permanenza e le distanze. Per ogni luogo scrivi in poche righe le principali caratteristiche e attrattive.

Distanza > 300 km circa

Durata > 6 giorni

Luoghi da visitare

1. Glastonbury
2. Dartmoor
3. Plymouth
4. Falmouth
5. St. Michael's Mount
6. St. Ives
7. Land's End
8. Newquay

Il Big Ben e il palazzo di Westminster dove hanno sede le due camere del parlamento del Regno Unito.

La Torre di Londra, una fortezza medievale che sorge lungo le rive del fiume Tamigi.

UNA METROPOLI INTERNAZIONALE

Città cosmopolita, è tra le principali mete del turismo culturale, d'affari e giovanile; ogni anno attira circa **19 milioni di visitatori**.

Londra fu fondata, con il nome di ***Londinium***, dai Romani su un preesistente villaggio celtico, situato nelle vicinanze della foce del **Tamigi**. La metropoli odierna coincide con la **Greater London** (Grande Londra), l'area amministrativa che accoglie oltre 8 milioni di abitanti e che è divisa in 33 quartieri (*borough*): 21 di questi fanno parte dell'*Outer London*, cioè la parte più esterna dell'agglomerato, mentre 12 quartieri compongono la *Inner London,* a cui va aggiunta l'antica città di Londra, cioè la **City**. Questo è il celebre quartiere degli affari dove hanno sede la Borsa e migliaia di banche, compagnie di assicurazione, società commerciali.

I MONUMENTI PRINCIPALI

Sempre nell'area centrale della città si estende la **City of Westminster,** che ospita l'omonima abbazia nella quale si svolgono le cerimonie di incoronazione, il **Parlamento** con le sue 1100 stanze, 100 scalinate, 5 km di corridoi che si snodano su quattro piani per ospitare, oltre alla Camera dei Lord e a quella dei Comuni, uffici, sale da pranzo, biblioteche e archivi: questi i numeri di uno dei centri nevralgici della politica mondiale.

Nella residenza di **Buckingham Palace** il sovrano riceve i capi di stato; ed è qui che pulsa il cuore dell'Inghilterra e in cui si concentra la gran parte dei turisti che assistono al Cambio della Guardia. *The Palace*, come lo chiamano gli inglesi, è il punto di riferimento della nazione. Il palazzo è aperto al pubblico nella sua quasi totalità nei mesi di agosto e settembre, quando il sovrano soggiorna in Scozia.

Sulla sponda meridionale del Tamigi il **Tower Bridge** è stato il primo ponte sul Tamigi, inaugurato nel 1894, mentre nella **Torre di Londra** è custodito il Tesoro della Corona.

Big Ben è il nome con cui è conosciuta la campana all'interno della torre dell'orologio *Elizabeth Tower* costruita nel XIX secolo in stile neogotico e alta 96 m. Sorge all'angolo nord-est del palazzo di Westminster.

A **Trafalgar Square**, fulcro della vita londinese, sorge la **Nelson's Column** alta 43,5 m ed eretta nel 1843 per commemorare la vittoria dell'ammiraglio Nelson su Napoleone nel 1805 in Spagna. La piazza è circondata da splendidi edifici, come la **National Gallery**.

A Southwark si trova il **City Hall**, inaugurato nel 2002, a conferma della continua trasformazione del paesaggio urbano. Sede del sindaco, è stato progettato dall'architetto inglese Norman Foster ed è divenuto in breve tempo uno dei nuovi sim-

Il Tower Bridge, un ponte sul Tamigi vicino alla Torre di Londra, nella quale un tempo venivano rinchiusi e giustiziati i prigionieri.

La City Hall di Londra, sede della Greater London Authority. Si trova sul fiume Tamigi vicino al Tower Bridge. È stata progettata da Norman Foster e inaugurata nel luglio 2002.

boli della capitale insieme al vicino **Shard London Bridge**, progettato da Renzo Piano e inaugurato nel 2012.

La **parte occidentale** della *Inner London* comprende numerosi parchi, aree verdi quali **Hyde Park**, **Kensington Gardens, Regent's Park** e strade frequentatissime come **Portobello road** nel noto quartiere residenziale di **Notting Hill, Carnaby Street** a **Soho** e **Piccadilly**.

La **zona orientale** è occupata da coloratissimi quartieri popolari abitati da immigrati stranieri, con l'area di **Brick Lane** è famosa per la *street art*. Negli ultimi decenni, inoltre, diversi quartieri degradati, come la vecchia area portuale dei **Docklands**, sono stati ristrutturati e sono stati costruiti grattacieli avveniristici e il centro direzionale **Canary Wharf** finendo per trasformare lo *skyline* londinese.

COVENT GARDEN

È uno dei quartieri più visitati della città, punto di riferimento della vita commerciale, culturale e artistica con numerosi negozi, bar, caffè, ristoranti e l'antico *Apple Market*. Nella piazza principale di Covent Garden si affaccia il **Royal Opera House**, uno dei più importanti teatri d'opera al mondo. Le balconate dell'auditorium sono ancora quelle d'epoca.

I MUSEI

A Londra i musei sono moltissimi. La **National Gallery** è uno dei più grandi musei d'arte del mondo. Fondato nel 1824 nell'attuale sede di Trafalgar Square ospita una collezione composta da più di 2300 dipinti che spaziano dalla metà del XII secolo al Novecento.

La **Tate Gallery** comprende quattro musei: il Tate Britain, il Tate Liverpool, il Tate St. Ives e il Tate Modern, quest'ultimo collocato in un edificio lungo il Tamigi.

Il **British Museum** è uno dei più importanti del mondo: dai bassorilievi del Partenone alla Stele di Rosetta, dai reperti preistorici della Gran Bretagna alla collezione di arte orientale, richiede più giorni per una visita accurata.

Il **Victoria and Albert Museum** è dedicato alle arti applicate e alle arti minori.

I DINTORNI DI LONDRA

Greenwich, situata a 9 km dal centro, è nota per la sua storia marittima e per aver dato il nome al meridiano. Infatti il Royal Observatory attira molti visitatori che si fanno fotografare con i piedi a cavallo della linea che divide l'est e l'ovest.

Hampton Court Palace è una delle più belle residenze reali, la preferita da Enrico VIII e dalla regina Vittoria. Oltre alle numerose opere d'arte e alle antiche sale, meritano una visita anche i suoi spettacolari giardini.

I **Kew Gardens,** a circa 10 km a sud-ovest di Londra, sono un esteso complesso di serre e giardini, noti per la loro bellezza nonché importanza scientifica quale centro di ricerca.

LA REPUBBLICA D'IRLANDA

7 *Lezione* IL TERRITORIO, LA GEOGRAFIA UMANA LA CULTURA E LE TRADIZIONI

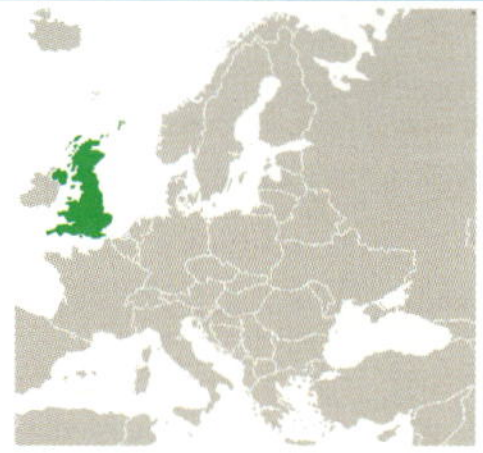

superficie	70 273 km²
popolazione (2016)	4 609 600 abitanti
densità	66 ab/km²
lingua	inglese e irlandese
religione	cattolici (84%), protestanti (4%), non religiosi (6%)
moneta	euro
ordinamento dello stato	repubblica
capitale	dublino
sigla	IRL

strade principali
ferrovie principali
aeroporti principali
porti principali

IL TERRITORIO

La Repubblica d'Irlanda (in irlandese *Eire*) occupa la gran parte dell'isola omonima. L'**area centrale** del paese è costituita da un'**ampia pianura** (***Central Plains***) ricca di **laghi**, corsi d'acqua e basse colline. Ai bordi s'innalzano **modesti rilievi** che nella fascia sud-occidentale superano i 1000 m con i monti Kerry. Le **coste sono notevolmente frastagliate**, soprattutto a occidente, dove si trovano profonde insenature. I fiumi hanno un corso breve e acque abbondanti: il maggiore è lo Shannon (386 km). L'Irlanda è nota come il "**paese verde**" per le grandi distese di prati e pascoli, che occupano i 2/3 del territorio. L'abbondanza di acque lacustri e paludi ha inoltre alimentato lo sviluppo di estese **torbiere** (*bogs*), da cui si ricava appunto la torba, un tipo di carbone tradizionalmente utilizzato come combustibile dalla popolazione irlandese. Il **clima** dell'Irlanda, di tipo atlantico, è molto piovoso: per più di 200 giorni l'anno, infatti, piove. La frequente presenza di nebbia, dovuta all'alto grado di umidità, riduce spesso l'insolazione in media a 3-4 ore al giorno.

LA POPOLAZIONE E LE CITTÀ

La popolazione irlandese ammonta a oltre **4,6 milioni di abitanti**, ma è oggi **meno numerosa** rispetto a 170 anni fa, quando raggiungeva i 7 milioni. A partire dalla metà dell'Ottocento, infatti, iniziò un enorme **flusso migratorio verso l'Inghilterra** e soprattutto **verso gli Stati Uniti** causato dal costante peggioramento delle condizioni di vita. Oggi il movimento migratorio è invece positivo e gli stranieri sono ora superiori al 10% della popolazione. Grazie anche a una **natalità più elevata** che nel resto del continente, la popolazione irlandese presenta un **tasso di crescita** naturale positivo. Gli abitanti si concentrano sulla costa orientale e meridionale dell'isola intorno alle maggiori città, ma la densità media e il tasso di urbanizzazione sono tra i più bassi d'Europa. La **rete urbana** è piuttosto semplice ed è dominata dalla capitale **Dublino; Cork**, sulla costa meridionale, è la seconda città del paese

LE VIE DI COMUNICAZIONE

Benché negli ultimi anni siano state potenziate le comunicazioni ferroviarie, la **rete stradale** è decisamente meglio attrezzata. Il modo migliore per conoscere il paese è muoversi in auto privata (si guida tenendo la sinistra), mentre i collegamenti tramite bus sono adatti solo per visitare i centri maggiori. Gli **aeroporti** principali sono quelli di Dublino, Shannon e Cork. A fini turistici sono utilizzate le **vie navigabili** del Grand Canal (da Dublino a Shannon) e il Royal Canal (da Longford a Dublino).

L'ECONOMIA

La Repubblica d'Irlanda, terra povera e agricola anche in un recente passato, ha registrato in pochi decenni una sensibile **crescita economica** e ha raggiunto, relativamente al reddito per abitante, un livello di sviluppo paragonabile a quello delle nazioni più ricche dell'Unione Europea. Proprio l'ingresso nel 1973 del paese nell'UE e l'introduzione di **agevolazioni fiscali** per gli investitori hanno determinato lo sviluppo industriale e l'insediamento di molte imprese straniere. Negli ultimi anni, dopo la pesante crisi del 2009, il PIL è tornato a crescere.

Nel **settore primario** l'agricoltura produce soprattutto patate (la coltura principale), cereali (orzo, avena, frumento) e barbabietole da zucchero. È l'**allevamento**, che dispone di un ricco patrimonio di bovini e ovini e di vastissimi spazi destinati al pascolo, l'attività di maggior rilievo del settore. La produzione di carne, lana e latticini è elevata e in buona parte venduta all'estero. Per quanto riguarda il **settore secondario**, le attività tradizionali sono quelle alimentari, in particolare della **birra**, la Guinness è la più grande azienda del paese. Più moderne e dinamiche sono le industrie chimiche, dell'elettronica e dell'informatica. Nel **settore terziario**, infine, notevoli sono i guadagni derivanti dal **turismo**. Importanti anche le attività finanziarie e quelle portuali e aeroportuali nei centri di Dublino, Cork e Limerick, che costituiscono i maggiori poli economici del paese.

L'ARTIGIANATO E LE TRADIZIONI

La cultura celtica è alla base di molte feste; in esse la musica con il ***clársach***, un'arpa celtica e il ***bodharan***, un tamburo, è associata ai balli popolari e testimonia una tradizione che rimanda a un mondo immaginario fatto di fate, gnomi e folletti. Alla tradizione cattolica, invece, appartiene la **festa nazionale di san Patrizio** (17 marzo), ricorrenza che viene celebrata anche in altri paesi del mondo, in particolar modo quelli interessati da una significativa immigrazione irlandese.

Tra i prodotti d'artigianato ci sono oggetti in **porcellana** lavorati nelle contee di *Galway e Wexford*, i **gioielli**, come **l'anello di Claddagh**, i lavori in **cristalleria** e i **tessuti** come il *tweed*, i tappeti e la maglieria nel *Donegal*.

LA GASTRONOMIA

La cucina irlandese ha come ingredienti di base i prodotti dei pascoli: carne di agnello, maiale e manzo e i latticini. La tradizione gastronomica è nata nei pub, locali che ancora oggi sono il cuore della convivialità. Piatti tipici sono l'***Irish stew*** o il ***beef in Guinness*** che sono essenzialmente degli stufati. Nelle zone costiere si cucina molto **pesce**, in particolare il salmone, preparato crudo o arrostito. Tra i formaggi, quelli tradizionali sono di latte crudo. Le pietanze sono spesso accompagnate dal ***soda bread***, un pane a base di farina integrale e latticello. Pochi gli ortaggi, soprattutto cavolo e patate, onnipresenti nelle zuppe e come accompagnamento al piatto principale.

QUANDO ANDARE?

Il clima irlandese è piovoso tutto l'anno; è quindi preferibile visitare il paese durante l'estate quando le temperature sono più miti, si aggirano intorno a 20-22 °C e, se si è fortunati, ci possono essere molte giornate di sole.

COMPETENZA LOCALIZZAZIONE

1 Lavora con la carta

Osserva la carta e rispondi alle domande.

a. A quali mari è affacciato il paese?

b. Quali canali separano l'Irlanda dalla Gran Bretagna?

c. Quali sono le due profonde baie della costa occidentale?

d. Quale altitudine raggiungono i monti Kerry? Con quale cima?

Pecore al pascolo nel tipico paesaggio irlandese.

Una veduta dei monti Kerry.

8
Lezione

LE RISORSE TURISTICHE

Le mete del **TURISMO CULTURALE** sono diverse. All'antichità risalgono il complesso monastico paleocristiano sull'isola rocciosa di **Skellig Michael** e, soprattutto, le monumentali **croci celtiche**, scolpite con disegni astratti o scene bibliche nelle campagne irlandesi.

La capitale **Dublino**, situata sulla foce del fiume **Liffey, è conosciuta come la città dei pub, della musica e della letteratura**. È caratterizzata da una **vita culturale di alto livello**, dove hanno vissuto personaggi come Oscar Wilde, Samuel Beckett e James Joyce. Oggi è considerata uno dei maggiori centri internazionali della **musica folk** e **rock** grazie all'attività di noti gruppi o musicisti solisti come gli U2 e Sinéad O'Connor. Ospita un notevole patrimonio storico e artistico nel quale spiccano l'edificio del Trinity College e la National Gallery of Ireland, che conserva una delle più prestigiose raccolte artistiche d'Europa. Oltre alla capitale le maggiori testimonianze artistiche si trovano a **Cork**, **Galway** e **Kilkenny**.

Per quanto riguarda **I PARCHI NATURALI E LE AREE PROTETTE**, il tipico paesaggio irlandese è evidente nel **Ring of Kerry**, un tratto di strada celebre per gli splendidi e incontaminati ambienti naturali: distese di verdi pascoli, campi coltivati separati dai tipici muretti a secco e, sul mare, si incontrano piccole insenature, spiagge, isolette e laghi.

Lungo la costa la principale attrattiva sono le **Cliffs of Moher**, imponenti scogliere a strapiombo sul mare.

Il complesso monastico di **Clonmacnoise**, situato sulle rive del fiume Shannon, è meta di **TURISMO RELIGIOSO** di pellegrinaggi fin dal VII secolo. Qui è possibile vedere una famosa croce celtica, la **Cross of the Scriptures**. Anche la montagna sacra di **Croagh Patrick** è un'importante centro del turismo religioso, meta del **pellegrinaggio cattolico**, in onore di San Patrizio.

Contea di Kerry
Skellig Ring, Ring of Kerry.

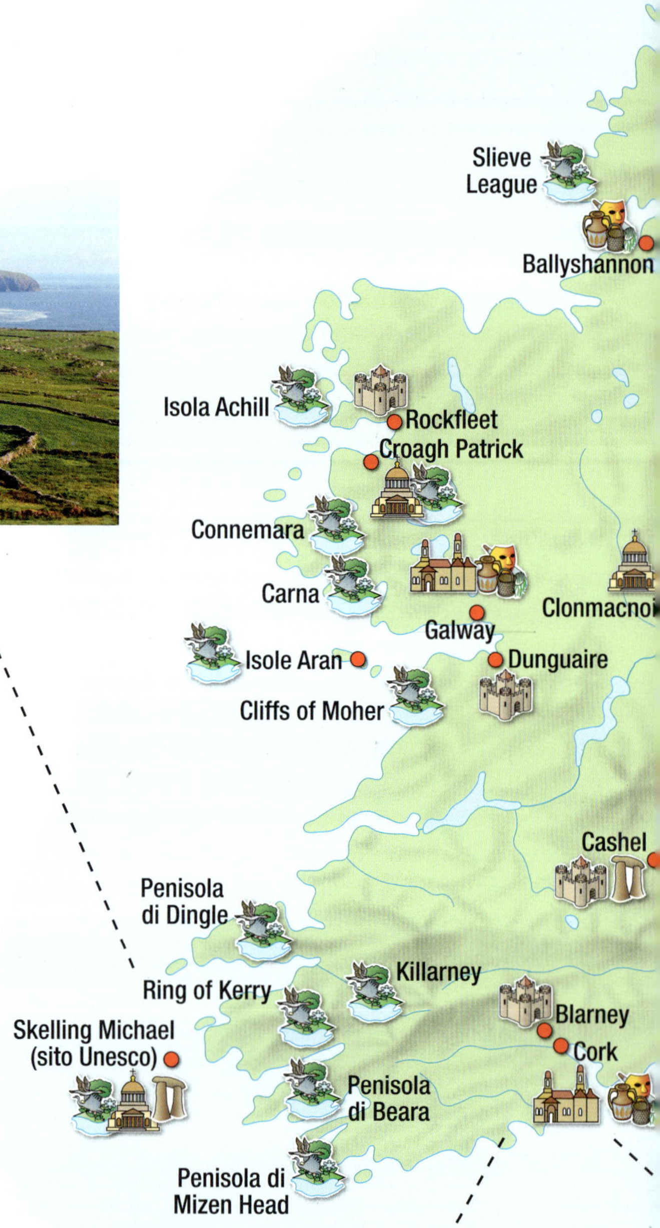

UNESCO

Il patrimonio dell'UNESCO
Complesso archeologico della valle del Boyne, Newgrange
Skellig Michael

Per la lista completa vai su: http://whc.unesco.org/en/list/

Contea di Cork
Fort Charles, una fortezza a forma di stella lungo le coste di Kinsale.

Dublino
Temple Bar, il quartiere culturale di Dublino.

Cashel
Una croce celtica nel sito storico del villaggio di Cashel nella contea di Tipperary.

Cobh
La cattedrale di St. Colman è il monumento più imponente di Cobh, nella contea di Cork.

SCRIVI UN TESTO DI 200 PAROLE

Lavora con il testo, la carta, internet e le immagini seguendo i punti elencati

a. Descrivi i principali parchi naturali dell'Irlanda.

b. Elenca le principali località del turismo religioso.

SEI PRONTO PER LA VERIFICA?

LOSAI? RIPASSA CON LO SMARTPHONE

IN 1 ORA

1 Dopo aver studiato le unità, completa la sintesi utilizzando le parole proposte. Attenzione, ce ne sono 5 in più. ...../10

UNITÀ 11 – I PAESI DEL NORD

- Molta parte dei territori del Paesi scandinavi si trova oltre il Circolo .... Artico. Le Alpi Scandinave, di .... antica, non più alte di 2000 m, costituiscono l'elemento più importante del territorio. A sud ci sono superfici pianeggianti. L'Islanda è un'isola .... e la Danimarca è perlopiù occupata da colline di origine morenica.

- Il clima è rigido con inverni freddi e nevosi ed estati brevi e fresche. Solo le coste esposte ad .... godono dell'effetto mitigatore della Corrente del Golfo. Il bioma tipico delle zone settentrionali è la tundra mentre più a sud si trova la .... Solo il sud della Svezia e la Danimarca hanno caratteristiche climatiche adatte all'esercizio dell'agricoltura.

- La .... di popolazione è .... tranne nelle maggiori città. L'arrivo di immigrati ha recentemente arrestato il calo demografico. Le .... sono di origine .... mentre in Finlandia dove si parla un idioma del ceppo ugro-finnico. La religione più praticata è il protestantesimo. Il welfare state è un sistema .... molto consolidato in questi stati così come la tutela dell'ambiente che gode di una particolare attenzione.

- L'economia è avanzata anche grazie ad una attività intensa nella ricerca scientifica. L'agricoltura ha molti limiti climatici mentre la .... è diffusa, soprattutto quella del merluzzo. Il territorio è ricco di risorse naturali ed energetiche: ferro in Svezia e petrolio nel Mar del .... I settori a tecnologia avanzata sono quelli più redditizi. Le attività artigianali più note sono quelle che lavorano la .... in Norvegia, il vetro in Svezia e la porcellana in Danimarca.

- La gastronomia non offre molte specialità a causa della limitata disponibilità di ingredienti. La patata, il pesce, il latte e, soprattutto la ...., sono gli alimenti più presenti sulle tavole.

- Il turismo, che costituisce una voce in passivo nel bilancio, si concentra nelle capitali come Stoccolma e Copenaghen. Il turismo .... viene praticato solo in alcune isole nella parte meridionale del Baltico, mentre più diffuso è quello lacuale sui laghi di Mälaren e Vänern. D'estate, lungo la .... norvegese e nei fiordi è molto praticato il turismo crocieristico. Capo Nord è uno dei luoghi più visitati come pure di grande interesse sono i .... e i geyser islandesi.

UNITÀ 12 – LE ISOLE BRITANNICHE

- Il territorio del Regno Unito è costituito soprattutto da pianure intervallate da rilievi molto antichi dalle forme arrotondate e dalle basse altitudini. I fiumi sono numerosi ma di lunghezza modesta; i più importanti sono il Tamigi e il Severn. I *firth*, profonde .... costiere della Scozia, e le bianche falesie a Dover caratterizzano il litorale. Il clima atlantico porta abbondanti piogge in tutto il paese.

- Londra rappresenta il .... pulsante dell'Inghilterra e della nazione e tutta l'area che la circonda è densamente popolata, come pure le zone .... della Scozia dove sorgono Glasgow ed Edimburgo. Il resto della regione è decisamente meno popolato ed è noto per i suoi prati rigogliosi e i numerosi laghi (*loch*).

- Il paese ha una densità di 260 ab./km^2, una delle più alte in Europa. La popolazione, che risiede per l'80% in città, è multietnica e multireligiosa a causa degli intensi flussi migratori provenienti dalle ex-colonie ma anche da nazioni europee come .... e Polonia.

- Tra le testimonianze storiche più note c'è il monumento megalitico di Stonehenge e il Vallo di Adriano, ... fortificato costruito in epoca romana per difendersi dalle popolazioni celtiche. Numerose sono le cattedrali in stile romanico-normanno come pure in stile gotico come la cattedrale di Canterbury. Al Medioevo appartengono i numerosi .... come quello di Windsor e di Dover. A Londra, la cattedrale di St. Paul e il Palazzo del Parlamento, in tempi più recenti, riprendono uno stile neoclassico e gotico.

- Tra le .... turistiche che più attirano i visitatori, troviamo i numerosi parchi naturali come il Parco nazionale del Lake District, la località balneare di Brighton, quella .... di Bath, la meta religiosa della cattedrale di Canterbury e l'enorme patrimonio storico-artistico particolarmente concentrato a Londra.

- L'Irlanda, interessata da un clima atlantico che porta abbondanti .... e nota nel mondo per essere il "paese verde", possiede grandi distese di prati e pascoli molto importanti per il ricco patrimonio di bovini e ovini.

Parole da inserire: Nord • piogge • mete • birra • insenature • vulcanica • termale • pesca • ovest • balneare • castelli • sociale • agricoli • investimenti • ghiacciai • cuore • lana • taiga • germanica • costa • muro • Polare • risorse • bassa • Italia • origine • inverno • pianeggianti • bancario e finanzario • densità • lingue

ZTE ONLINE
Mettiti alla prova
con 20 esercizi interattivi

2 Indica se le frasi sono vere o false. (2 punti ciascuna) ..... / 14

a. Il Ben Nevis è alto 1343 m. V F
b. Il tweed è un tipico strumento musicale scozzese. V F
c. Il Carnevale di Notting Hill si ispira allo stile caraibico. V F
d. I murales sono una delle attrattive di Glasgow. V F
e. Il Trinity College è situato a Dublino. V F
f. I fiordi sono insenature profonde di origine vulcanica. V F
g. In Islanda la densità di popolazione è inferiore a 22 ab./km^2. V F

3 Indica la risposta corretta. ..... / 2

a. Quali sono le tre attrazioni di Londra?
❏ National Gallery
❏ Potobello Road
❏ Covent Garden
❏ Castello di Caerphilly
❏ Royal Pavillon

b. Quali di queste città si trovano in Irlanda?
❏ Cork
❏ Galway
❏ Kilkenny
❏ Cardiff
❏ Leeds

4 Associa ogni termine o località al luogo di appartenenza. (1 punto ciascuna) ..... / 9

a. Lowlands
b. Lavorazione di pelli e corna di renna
c. Castello di Kronborg
d. Parco di Snowdonia
e. Industria della carta
f. Lough Neagh
g. Gotland
h. Tate Gallery
i. Bergen

❏ 1. Finlandia
❏ 2. Norvegia
❏ 3. Galles
❏ 4. Svezia
❏ 5. Londra
❏ 6. Danimarca
❏ 7. Lapponia
❏ 8. Scozia
❏ 9. Irlanda del Nord

5 Scrivi la definizione dei termini proposti. (5 punti ciascuna) ..... / 15

a. Firth ....
....
b. Greenwich ....
....
c. Stonhenge ....
....
d. Permafrost ....
....

6 Rispondi alle domande. (10 punti ciascuna) ..... / 50

a. Quali sono i maggiori rilievi montuosi del Regno Unito ?
....
....
....
b. Quali sono i più popolosi agglomerati urbani del Regno Unito?
....
....
....
c. Quali sono le produzioni tipiche dell'artigianato e della tradizione scozzese?
....
....
....
d. Sintetizza le principali caratteristiche dell'etnia dei Sami.
....
....
....
e. Quali sono le specificità del clima e dell'ambiente della tundra?
....
....
....

PUNTEGGIO TOTALE
..... / 100

GEOGRAPHY HIGHLIGHTS – CLIL

THE BRITISH ISLES

<u>*BRITISH ISLES*</u> is the **geographical** name that refers to all the islands **1. ....** off the north-west coast of the **2. ....** of Europe - facing the Celtic Sea, the Irish Sea and the Atlantic Ocean: **Great Britain**, the **whole** of **Ireland** (Northern and Southern), the **Channel Islands** and the **Isle of Man**.
<u>*GREAT BRITAIN*</u> is the name of the **island** made up of **England**, **Scotland** and **Wales** and so, strictly speaking, it does not **3. ....** **Northern Ireland**. In many European languages the words for *Britain* and *Brittany*, in France, are the same. Therefore the word ***Great***, besides being a reference to **4. ....** , makes all the difference! In everyday speech ***Great Britain*** (*or Britain*) is **5. ....** to mean the **United Kingdom**.
<u>*THE UNITED KINGDOM OF GREAT BRITAIN AND NORTHERN IRELAND*</u>, often **6. ....** to **UK**, is the **political** name of the **country** which is made up of **England, Scotland, Wales** and **Northern Ireland** (often known as *Ulster*). Several islands off the British **7. ....** are also part of the United Kingdom (the ***Isle of Wight***, the ***Orkneys***, the ***Hebrides***, the ***Shetlands***, and the ***Isles of Scilly***).
The Channel Islands (*Jersey* and *Guernsey*) and the **Isle of Man** are independently **8. ....** and do not form part of the United Kingdom or of the European Union, however, they recognise the Queen. The **ENGLISH CHANNEL 9. ....** the island of Great Britain from the rest of Europe. The **Channel Tunnel - the** *Chunnel* – **10. ....** Great Britain to **mainland** Europe.
ENGLAND is separated **11. ....** *SCOTLAND* on the north by the **granite** *Cheviot Hills*; from them the *Pennine* chain of uplands **12. ....** south through the centre of England (for this reason it is known as the **backbone** of England), reaching its highest point in the **Lake District** in the northwest. To the west, along the border of *WALES* are the *Cambrian Mountains*, while the *Cotswolds*, a range of **hills** lies **13. ....** the **boundaries** of several English **counties**; mainly *Gloucestershire* and *Oxfordshire*. The **14. ....** mountains are in Scotland and Wales: *Ben Nevis*, 4,406 feet (1,343 m.) and *Snowdon*, 3,560 feet (1,085 m.). The **15. ....** rivers are the *Severn* (220 miles, 354 km.) and the *River* Thames (215 miles / 346 km.)
IRELAND's main geographical **features** include low central **plains** **16. ....** by coastal mountains. The highest peak is *Carrauntoohil*, which is 3,415 ft (1,041 m) **17. ....** sea level. The western coastline is **ragged**, with many islands, peninsulas, **headlands** and bays. The island is **18. ....** by the *River Shannon*.

COMPREHENSION

06

❶ Read about the British Isles and complete the text with the words in bold. Then listen & check.

highest - include - from - located - separates - abbreviated - surrounded - continent - administered - size - connects - longest - coast - extends - across - bisected - above - used

❷ Match the highlighted words in the text to their Italian translation.

Spina dorsale = ...
Isola = ...
Colline = ...
Confini = ...
Nazione = ...
Terraferma = ...
Caratteristiche = ...
Promontori = ...
Contee = ...
Pianure = ...
Granitico = ...
Frastagliato = ...
Intero = ...

❸ Answer **the following questions by using complete sentences.**

1. **What** do the British isles comprise?
2. **What** does Great Britain comprise?
3. **What** does the UK comprise?
4. **What** are the seas surrounding the British Isles?
5. **What** separates Great Britain from the European continent?
6. **What** connects it to mainland Europe?

❹ Translate **the words in parenthesis and then** answer **the QUIZ ENGLISH COUNTIES.**

SHIRES were (*stabilite*) 1. .... in Anglo-Saxon (*tempi*) 2. .... and normally had a (*fortificata*) 3. .... town within them to collect and keep safe the taxes raised within the (*distretto*) 4. .... .These fortified towns became known as **SHIRE TOWNS** and today they are still sometimes referred to as that, although **COUNTY TOWN** is more often used nowadays. Before the Normans, a number of separate kingdoms existed within the (*Isole Britanniche*) 5. .... and some, such as *Essex*, *Sussex* and *Kent*, have retained their names up to the present time. When the Normans came along, an area overseen by an individual **Count** (or Lord) became known as a **COUNTY**. Often a (*contea*) 6. .... takes its name from the **county town** or city but this is not always the case. In **England**. There are 48 (*geografiche*)7. .... counties - sometimes (*conosciuti*) 8. .... as the **CEREMONIAL COUNTIES**.

QUIZ: **What is the name of the English COUNTY in red on the map?**

A. Kent B. Oxfordshire C. Surrey D. Leicestershire

CLUES:

The ***Cotswolds*** can be found here
Blenheim Palace
Home to the **Claredon** Shopping Centre
Oscar Wilde attended a college here
Bridge of Sighs
Birthplace of Hugh **Laurie**
Home to the town of Woodstock

REVISION & PRODUCTION

❺ Write **questions to these answers.**

1. ....? It is Ben Nevis.
2. ....? It is The Thames.
3. ....? The Celtic Sea, the Irish Sea and the *Atlantic Ocean*.
4. ....? It's *Chunnel*.
5. ....? Because it extends through the centre of England.
6. ....? The Channel Islands and the Isle of Man.
7. ....? It's short for the United Kingdom of Great Britain and Northern Ireland.

❻ Complete **the following passage with the missing information.**

The UNITED KINGDOM is formed by 4 countries: .... , ... , ... and .... GREAT BRITAIN is formed by .... , ... and ....
All three nations have .... identities, customs, and traditions.
.... remains the main language, but Welsh is widely spoken in .... , and Gaelic is spoken by some people in ....
IRELAND is divided into .... , or Ulster, and the .... , also called Eire.
Ireland is known as the "Emerald Isle" because it is so .... **London** is the capital of .... and **Edinburgh** is the capital of .... **Cardiff** is the capital of .... and **Belfast** is the capital of .... while .... is the capital of THE REPUBLIC OF IRELAND.
.... , a group of small islands in the English Channel and .... , an island in the Irish Sea, are geographically part of .... , but they have .... administration.

UNITÀ 13 LA PENISOLA IBERICA

LA SPAGNA

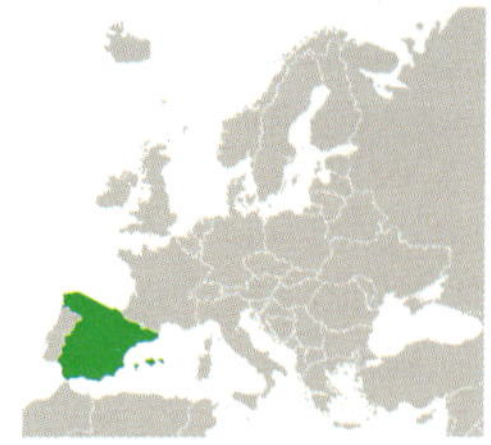

1 *Lezione*

IL TERRITORIO E I PAESAGGI

superficie	505 936 km2
popolazione (2016)	46 438 422 abitanti
densità	92 ab./km²
lingua	spagnolo (ufficiale), basco, catalano e gallego (ufficiali nelle corrispondenti comunità autonome)
religione	cattolici (71%), non religiosi (25%), musulmani (2,5%)
moneta	euro
ordinamento dello stato	monarchia costituzionale
capitale	Madrid
sigla	E

autostrade
strade principali
ferrovie principali
aeroporti principali
porti principali

IL TERRITORIO

La Spagna è situata nel settore occidentale del continente, tra il Mediterraneo e l'Oceano Atlantico e occupa gran parte della **penisola iberica**. È il quarto paese d'Europa per superficie; ad esso appartengono anche gli **arcipelaghi** delle Baleari, nel Mediterraneo, e delle Canarie, nell'Oceano Atlantico, oltre alle due **cittadine** di Ceuta e Melilla situate sulle coste **nordafricane**.

Più della metà del paese è occupata dal vasto altopiano della **Meseta** ("tavola", in spagnolo), piuttosto brullo e arido (600-1000 m di altitudine), che a ovest scende gradualmente verso il Portogallo, mentre a nord-est è delimitato dalla catena del Sistema Iberico. La **Cordigliera Centrale** divide l'altopiano in due parti: la Meseta settentrionale (o Vecchia Castiglia) e la Meseta meridionale (Nuova Castiglia). A nord-ovest, invece, a ridosso della costa atlantica, l'altopiano è orlato dagli aspri monti della Cordigliera Cantabrica, mentre nella Meseta meridionale si ergono in ordine parallelo la Sierra Morena, la Cordigliera Betica e, vicina al Mediterraneo, la Sierra Nevada. Il più esteso sistema montuoso del paese è costituito, però, dai **Pirenei,** che segnano a nord-est il confine con la Francia.

LE PIANURE E I FIUMI

Solo l'11% del paese è occupato da **pianure**, le più importanti delle quali sono le pianure dei fiumi Guadalquivir ed Ebro. Gli altri **fiumi** principali sono il Tago e il Duero che si dirigono in Portogallo.

Le **coste** (3900 km) sono alte e rocciose lungo il litorale atlantico e presentano nella regione della Galizia profonde insenature (*rias*). Lungo la costa atlantica meridionale e quella mediterranea sono invece in genere basse e sabbiose.

IL CLIMA

LE VIE DI COMUNICAZIONE

La Spagna è dotata di una buona **rete stradale e autostradale** che permette di raggiungere tutti i centri principali con l'automobile. Anche le **ferrovie** assicurano buoni collegamenti: le principali linee che raggiungono il paese passano per il confine franco-spagnolo, mentre dal Portogallo ci sono molti treni tra Lisbona a Madrid. I **traghetti** raggiungono la Spagna dalle Isole Canarie, dall'Italia, dal Nordafrica e dal Regno Unito. I **porti** principali sono quelli di Santander, Barcellona, Almerìa, Malaga, Ceuta e Tarifa. Gli **aeroporti** principali si trovano a Madrid, Barcellona, Siviglia, Bilbao, La Coruña.

In Spagna si distinguono **tre aree climatiche**: le coste settentrionali godono di un clima atlantico, reso particolarmente mite dall'influsso della Corrente del Golfo; la vasta area centrale della Meseta ha invece un clima continentale arido, con forti escursioni termiche annuali e scarse piogge; la parte sud-orientale infine presenta un clima mediterraneo con inverni miti ed estati calde.

IL PAESAGGIO DELLA SPAGNA UMIDA E VERDE

La **Spagna settentrionale** comprende la fascia atlantica settentrionale e l'area pirenaica. Questa zona coincide con la Spagna umida e verde. Grazie al clima mite e piovoso presenta un paesaggio con **vegetazione** rigogliosa, caratterizzata da ampie distese di verdi **prati** e da **foreste** di latifoglie. Nelle zone più elevate si estendono anche foreste di conifere.

IL PAESAGGIO DELLA SPAGNA CONTINENTALE E ARIDA

La **Spagna centrale** comprende le storiche regioni della Vecchia e Nuova Castiglia e presenta un paesaggio molto arido. Infatti, il suo territorio coincide in gran parte con il vasto altopiano della **Meseta**, che una poderosa cintura di catene montuose separa dai mari.

La **vegetazione** è scarsa e il suolo è occupato da distese di steppa, utilizzate per la pastorizia e per un'agricoltura povera.

IL PAESAGGIO DELLA SPAGNA MARITTIMA ORIENTALE

La **Spagna orientale** comprende la lunga fascia marittima che dalla Catalogna arriva alle regioni di Valencia e Murcia, includendo anche le isole Baleari. Il **paesaggio** è tipicamente **mediterraneo** lungo la costa, generalmente bassa e sabbiosa, tranne che nei punti in cui le catene montuose giungono fino al mare come in Costa Brava. La vegetazione prevalente è la macchia mediterranea. Nelle **pianure costiere** si concentrano le principali città, le attività agricole (nelle *huertas*, gli orti mediterranei, dove si producono ortaggi e frutta) e le aree del turismo balneare.

IL PAESAGGIO DELLA SPAGNA MERIDIONALE

La **Spagna meridionale** è formata dall'Andalusia e include la valle del Guadalquivir e i rilievi della Sierra Morena e della Cordigliera Betica. In questi ultimi si trovano le cime, abbondantemente innevate d'inverno, della Sierra Nevada, le più elevate della penisola iberica. L'Andalusia ha un clima molto caldo e il suo **paesaggio** è **paludoso** presso la foce del Guadalquivir, ma **brullo** all'interno e nelle zone più elevate. Lungo la costa si estende una vasta striscia urbanizzata con molti centri del turismo balneare.

QUANDO ANDARE?

I mesi ideali per visitare la Spagna vanno da maggio a settembre, ma nel sud anche aprile e ottobre sono mesi buoni. Lungo le coste meridionali e sud-orientali del Mediterraneo l'inverno è mite, mentre nei mesi estivi ci si può rifugiare nel nord-ovest, sulle spiagge o in montagna per evitare il caldo eccessivo. A luglio e agosto le temperature possono essere molto elevate, ma per il turismo balneare sono i mesi migliori. Per visitare le città, invece, conviene scegliere l'autunno o la primavera.

IL TURISTA CURIOSO

A Elche, presso Valencia, si trova il più grande palmeto d'Europa, con oltre 100 000 palme da datteri i cui frutti giungono a maturazione in inverno.

COMPETENZA LOCALIZZAZIONE

1 Lavora con la carta

Osserva la carta e rispondi alle domande.

a. Con quali paesi confina la Spagna?
b. Qual è il maggiore golfo del Mediterraneo?
c. Che cosa separa lo stretto di Gibilterra?
d. Di quale Cordigliera fanno parte i massicci della Sierra de Gredos e Sierra de Guadarrama?
e. In quale arcipelago si trovano le isole di Maiorca, Minorca, Ibiza e Formentera?
f. Dove si trova il Pico del Teide (3716 m), la vetta più elevata del paese? Dove sfocia l'Ebro? E il Guadalquivir?

La Cordigliera Cantabrica.

Mulino a vento nella comunità autonoma di Castiglia-La Mancia nella Meseta meridionale.

La cittadina di Tossa de Mar situata su un promontorio della Costa Brava.

2 Lezione — LA GEOGRAFIA UMANA

LA POPOLAZIONE E LE CITTÀ

La Spagna, con oltre **46 milioni di abitanti**, è il sesto paese in Europa per popolazione. Tuttavia presenta una **densità media inferiore** agli altri paesi mediterranei. I 2/3 della popolazione si concentrano nelle zone economicamente più sviluppate del paese, cioè nelle grandi città e lungo le coste, mentre vaste aree interne della Meseta sono spopolate.

Con la brusca diminuzione del tasso di natalità, la Spagna conosce oggi una situazione di **crescita zero** e di invecchiamento della popolazione.

Sotto l'aspetto migratorio, l'arrivo di lavoratori stranieri (circa 5 milioni della popolazione) ha subìto una battuta d'arresto negli ultimissimi anni a seguito della recente crisi economica.

La rete urbana è dominata dalla capitale **Madrid** e da **Barcellona**, il capoluogo della Catalogna. Tra le altre città importanti ci sono **Valencia** e **Siviglia**, **Saragozza** e **Malaga**.

UN PAESE CON FORTI IDENTITÀ NAZIONALI

Lo stato spagnolo è articolato in **17 comunità autonome**, ognuna delle quali è dotata di un proprio parlamento e di notevoli poteri tanto da rendere, di fatto, la Spagna uno stato federale. In questo quadro alcune etnie rivendicano con forza le proprie specificità storiche, linguistiche e culturali. Primi tra tutti i **baschi**, che sono il popolo più antico della Spagna e abitano i territori ai piedi dei Pirenei.

Allo stesso modo anche **i catalani** rivendicano fortemente la propria identità linguistica e nazionale. Negli ultimi anni, infatti, è cresciuto in tutta la **Catalogna** e nel suo capoluogo Barcellona un sentimento indipendentista pacifico che chiede l'indipendenza dal governo di Madrid.

L'ECONOMIA

Oggi il paese è la **tredicesima potenza economica mondiale, la sesta in Europa**. Il reddito per abitante risulta però ancora inferiore a quello dei paesi europei più sviluppati e il tasso di disoccupazione è ancora elevato. Inoltre, ci sono forti squilibri regionali tra le zone costiere e l'area di Madrid, molto dinamiche e progredite e le aree interne, meno sviluppate.

Nel **settore primario** un punto di forza è costitui-to dalle colture mediterranee, come gli agrumi, di cui la Spagna è il primo produttore europeo, l'olio d'oliva e il vino. Anche la pesca, soprattutto di merluzzo, tonno, crostacei e pesce azzurro, praticata nell'Atlantico, ha un ruolo importante.

Nel **settore secondario** le attività principali sono costituite dai comparti automobilistico, chimico, farmaceutico e agroalimentare (oleifici, aziende vinicole, zuccherifici), da sempre cardini dell'economia spagnola. Nel **terziario** un ruolo rilevante hanno il settore bancario e finanziario.

IL TURISMO

I flussi del turismo in entrata sono in continuo aumento, il paese è la **seconda destinazione turistica europea** al mondo: nel 2015 hanno visitato la Spagna quasi **70 milioni** di turisti.

Le città principali	abitanti (2016)
Madrid	1 472 990
Barcellona	758 316
Valencia	375 223
Siviglia	331 088
Saragozza	320 232
Malaga	272 674

COMPETENZA DIGITALE

1 Lavora con internet

La Spagna è uno dei paesi europei più visitati al mondo.
Fai una ricerca e trova notizie su:
a. Quali sono le destinazioni più frequentate?
b. Perché la Spagna attira un così gran numero di visitatori?
c. Da quali paesi proviene il maggior numero di turisti?

Il centro storico della vivace città di Valencia, ricco di edifici storici, piazze e giardini di origine medievale.

Un surfista cavalca le onde nella baia di San Sebastián.

3 Lezione — LA CULTURA E LE TRADIZIONI

L'ARTIGIANATO

Tra i prodotti artigianali più noti si ricordano le **ceramiche** di Talavera de la Reina e Puente del Arzobispo a ovest di Madrid e di Sargadelos in Galizia, i **coltelli** e le spade di Toledo, i **tappeti** della regione di La Alpujarra e le lavorazioni in **cuoio** di Cordoba. Infine sono numerose le botteghe che fabbricano strumenti musicali come le **nacchere** o le **chitarre**, le **mantiglie**, scialli fatti di merletti, e i variopinti **ventagli**, soprattutto a Siviglia.

LE FESTE E LE TRADIZIONI

In Spagna le feste popolari, sia laiche (*ferias*) che religiose (*fiestas*) si contraddistinguono per la varietà di canti, musiche e balli. Una delle più singolari è ***Las Fallas*** a Valencia, durante la quale vengono bruciate enormi statue di cartapesta per festeggiare l'abbandono delle cose vecchie. Tra le ricorrenze religiose la più suggestiva è la **Settimana Santa** che si svolge prima di Pasqua: l'usanza vuole che gli uomini penitenti, detti *nazarenos*, che indossano grandi cappelli, sorreggano i *pasos*, ovvero sculture religiose o pesanti croci, trasportate in lunghe processioni nelle maggiori città come Siviglia, Murcia o Valladolid.

Un posto di primo piano tra gli eventi folcloristici spagnoli è occupato dalla **corrida**, tradizionale scontro tra torero e toro.
Da tempo oggetto di molte critiche per via dell'uccisione di migliaia di tori, la corrida è stata abolita in alcune comunità autonome, prima tra tutte la Catalogna.

Infine il **flamenco** è un genere musicale di origine gitana, che nella melodia e nel ritmo presenta affinità con la musica araba. La danza eseguita al ritmo di questa musica è uno dei simboli del folclore spagnolo.

L'ENOGASTRONOMIA

La cucina spagnola ha origini antiche legate alla dominazione araba e al passato coloniale. Un pasto in Spagna non inizia quasi mai senza le ***tapas***, stuzzichini che costituiscono un antipasto o un aperitivo, accompagnati da un bicchiere di birra (*cerveza*), di **sherry**, il vino liquoroso andaluso o di **sangria** (vino rosso servito con pezzetti di frutta). Tra le *tapas* più comuni ci sono i bocconcini a base di frutti di mare, la ***tortilla de patatas***, una frittata di patate e cipolle, il ***jamon serrano***, un prosciutto di carne suina pregiata, il ***chorizo***, un tipo di salsiccia piccante, la frittura di pesce e verdure.

Il piatto tipico per eccellenza è la ***paella*** a base di riso allo zafferano, che può essere cucinata con vari tipi di carne oppure con pesce e molluschi accompagnati da verdure e legumi. In Andalusia è molto diffuso il **gazpacho**, una minestra fredda a base di pomodori, peperoni, cetrioli, cipolle sminuzzate, aglio, pane, aceto e olio. Il ***polipo a feira*** è una delle ricette più tipiche della Galizia, a base di polipo condito con sale grosso e paprika servito su un piatto di legno.

Riguardo i **vini** la Spagna ha un patrimonio di eccellenze perlopiù provenienti dalle regioni dell'Andalusia, della Rioja e della Navarra.

COMPETENZA DIGITALE

1 Lavora con internet

La corsa dei tori che si svolge a luglio durante la festa di San Firmino per le vie di Pamplona, nei Paesi Baschi, è un evento molto famoso.

Fai una ricerca e trova notizie su:

- **a.** Quali sono le origini della festa?
- **b.** Qual è il percorso in cui si svolge la corsa dei tori?
- **c.** Quali sono gli eventi legati ai festeggiamenti durante i giorni della festa?

La corsa dei tori a Pamplona.

Una ballerina di flamenco.

4
Lezione

IL PATRIMONIO STORICO E ARTISTICO

UN INCROCIO DI CIVILTÀ

In Spagna le testimonianze fenicie, cartaginesi, greche e romane si mescolano a quelle della dominazione araba; questa iniziata nell'VIII secolo, ha lasciato non solo monumenti straordinari, ma anche un'eredità artistica capace di influenzare l'architettura e l'arte spagnola anche molto tempo dopo la caduta dell'ultimo regno musulmano.

Le tracce della **conquista romana** sono visibili nei resti archeologici di **Merida**, nel teatro romano della città di **Sagunto**, nell'acquedotto di **Segovia** e nelle imponenti mura del III secolo a **Lugo**.

Quando gli arabi invasero la Spagna nel 711, diedero vita a una lunga occupazione. Le testimonianze più importanti si trovano in Andalusia: la ***Mezquita*** (moschea) di Cordoba, il **palazzo dell'Alhambra** di Granada, costruito tra il XIII e il XV secolo, e l'***Alcàzar*** (fortezza) a Siviglia.

LA RECONQUISTA

A partire dal X secolo, con l'inizio della **Reconquista**, cioè il lungo periodo durante il quale i regni cristiani della Spagna riconquistarono i territori occupati dai musulmani, si sviluppò lo **stile *mudéjar*** che unisce elementi arabi con quelli cristiani, di questo un bell'esempio è il **convento di Santa Clara** a Salamanca. Successivamente si affermò il **romanico** favorito nella sua diffusione dai pellegrinaggi a Santiago de Compostela, sul cui percorso sorsero la cattedrale di Jaca (Aragona), le chiese di San Salvador de Leyre (Navarra), di San Isidoro di León e la stessa cattedrale di Santiago nella Galizia.

Dal XII secolo iniziò a diffondersi anche il **gotico,** del quale gli esempi più importanti sono le cattedrali di **Burgos**, León, Toledo e Salamanca.

Il **Rinascimento** vide la diffusione di stili distinti il primo dei quali è il **plateresco**, uno stile architettonico molto ornato e realizzato a imitazione dei lavori di argenteria da cui proviene il nome (*plata* in spagnolo vuol dire argento). Un esempio tra tutti è la facciata dell'università a **Salamanca** con i suoi motivi floreali, medaglioni e le sculture.

DAL BAROCCO AL NEOCLASSICISMO

Col finire del XVI secolo si posero le premesse dello sviluppo della nuova **arte barocca**, che ebbe in Spagna lunga vitalità e durata prolungandosi fino alla fine del XVIII secolo. Massimo centro culturale e artistico fu Madrid. Nella capitale accanto agli edifici religiosi e a opere pubbliche come il **Palazzo Reale**, notevoli furono le sistemazioni urbanistiche, come quella della Plaza Mayor. Al periodo barocco risale anche la pittura di Diego Velázquez che operò alla corte reale nel XVII secolo.

Nella prima metà del XIX secolo l'architettura continuò nello **stile neoclassico**, e fu soprattutto

COMPETENZA LINGUAGGIO DELLA GEOGRAFIA

1 Lavora con le immagini

Osserva le immagini e indica a quale periodo artistico appartengono le opere raffigurate.

L'Acquedotto romano di Segovia è uno dei monumenti antichi più significativi e meglio conservati del paese.

Il Real Alcazar di Siviglia offre uno splendido esempio di architettura *mudéjar*.

la **pittura** ad avere uno sviluppo originale. Il primo trentennio fu dominato, infatti, dalla personalità del pittore **Francisco Goya**, la cui opera anticipa elementi realistici e romantici.

DAL MODERNISMO ALL'ARTE CONTEMPORANEA

Tra il 1880 e il 1920 si assistette alla fioritura di una variante nazionale di ***Art nouveau*** che ebbe il suo principale centro di diffusione a Barcellona, con l'opera di **Antoni Gaudí**. Il disegno e gli ornamenti stravaganti delle sue costruzioni, come il Parco Güell, la Casa Batlló, la Casa Milá e la chiesa della Sagrada Familia portarono una forte ventata innovativa.

All'inizio del XX secolo alcuni pittori spagnoli, quali **Pablo Picasso**, **Juan Gris**, **Joan Miró**, **Salvador Dalí**, furono tra i massimi protagonisti della grande rivoluzione artistica del periodo.

Ogni tentativo di sperimentazione in campo architettonico venne bloccato nel 1936 dallo scoppio della guerra civile e dalla successiva dittatura franchista.

Negli ultimi vent'anni del secolo scorso ha assunto un ruolo fondamentale nella vita artistica del paese la creazione di centri e musei dedicati all'**arte contemporanea**.

IL PATRIMONIO MUSEALE

I **musei** spagnoli non solo conservano un patrimonio di opere inestimabile, ma hanno un forte richiamo internazionale anche per le loro architetture d'avanguardia. A **Madrid** si trovano il **Prado**, il **Thyssen-Bornemisza** e il Museo Nazionale **Reina Sofia**, dedicato all'arte moderna; a **Barcellona** il **Museo Picasso**, il **Museo Nazionale d'Arte Catalana** e la **Fondazione Miró**. La città di **Bilbao** è famosa in tutto il mondo per il **Museo Guggenheim**, noto per la sua originalità e progettato dall'architetto Frank Gehry. Ricordiamo, inoltre, nella città di **León** il **MUSAC,** museo d'arte contemporanea; a **Valencia** la **Città delle Arti e delle Scienze** progettata dall'architetto **Santiago Calatrava.**

IL CAMMINO DI SANTIAGO

È una delle vie di pellegrinaggio più importanti della storia ed è tra gli itinerari europei più popolari. Comincia sui Pirenei e procede lungo due varianti che corrispondono a due diversi punti di ingresso. La via da **Roncisvalle** (in Navarra) è ancora detta, in spagnolo, ***Camino francés***, mentre quella che passa i Pirenei a **Somport** (in Aragona) si chiama ***Camino Aragonés***. I percorsi si unificano presso la località di Puente la Reina, per dirigersi poi verso la Galizia fino alla **Cattedrale di San Giacomo**, attraversando i territori di La Rioja e Castiglia e León.

ANDORRA E GIBILTERRA

Andorra è un piccolo stato prevalentemente montuoso situato sul versante meridionale dei Pirenei al confine tra la Spagna e la Francia. Benché si chiami Principato di Andorra, in realtà si tratta di una repubblica governata da un Consiglio Generale di 28 membri eletti dalla popolazione. Il Principato di Andorra è una "zona franca", ovvero un luogo dove non vi sono imposte da pagare sulla vendita di merci e anche l'attività bancaria non è sottoposta ai controlli vigenti nell'Unione Europea.
Gibilterra è un piccolo promontorio roccioso collegato alla terraferma da una striscia sabbiosa, situato all'estremità meridionale della penisola iberica, sullo stretto omonimo che divide l'Europa dall'Africa. Il suo nome viene da due parole arabe, *Gebel* (monte) e *Tariq* (il primo conquistatore arabo). Occupato dagli inglesi nel 1704, fa tuttora parte del territorio britannico.

Il Museo di Arte moderna e contemporanea Guggenheim di Bilbao.

Plaza Mayor a Madrid.

5 *Lezione*

LE RISORSE TURISTICHE

La Coruña
Capo Finisterre, il promontorio sull'Oceano Atlantico, nel nord-est della Galizia, che rappresenta il punto d'arrivo del Cammino di Santiago.

Per quanto riguarda il **TURISMO NATURALISTICO** i 15 parchi nazionali sono mete molto frequentate. Tra questi il **Parco di Doñana**, che si estende sul delta del fiume Guadalquivir in Andalusia, è noto per la sua biodiversità che deriva dall'incontro di diversi ecosistemi: lagune, paludi, dune di sabbia, boschi e macchia mediterranea. Il **Parco del Teide** si trova, invece, nell'isola di Tenerife (Canarie); i suoi coni vulcanici e le colate laviche danno origine a combinazioni uniche di forme e di colori.

La **costa mediterranea** e le isole sono le destinazioni per eccellenza del **TURISMO BALNEARE**. In particolare la **Costa Brava** in Catalogna, la **Costa di Valencia**, la **Costa Blanca** presso Alicante e la **Costa del Sol** da Almeria a Gibilterra. Su questo litorale si trovano centri famosi come **Lloret de Mar, Benicassim, Marbella, Torremolinos, Málaga**.
Le isole **Baleari,** principalmente Maiorca, Minorca, Ibiza e Formentera, sono uno dei luoghi di maggior richiamo del Mediterraneo, mentre l'arcipelago delle **Canarie** nell'Oceano Atlantico offre paesaggi molto vari e un clima mite tutto l'anno. Le isole più famose sono Tenerife, La Palma, Fuerteventura, Gran Canaria e Lanzarote.

Meta di **TURISMO RELIGIOSO** sono il **cammino di Santiago** e l'**itinerario Mariano**, legato ai santuari dedicati alla Vergine Maria: la Basilica di Nuestra Señora del Pilar a Saragozza, il monastero de Torreciudad a Huesca, il monastero de Montserrat a Barcellona e il monastero di Santa Maria de Guadalupe.

Ideale per un **TURISMO CULTURALE** è la **ruta de Don Quijote** un itinerario sulle orme del personaggio di **Miguel de Cervantes,** il cavaliere errante per le terre della **Castiglia-La Mancia**. L'itinerario parte da **Alcalá de Henares**, città natale dello scrittore, e tocca diverse località tra cui **Consuegra**, la città dei mulini a vento.

Salamanca
La facciata dell'università, tra le più antiche della Spagna.

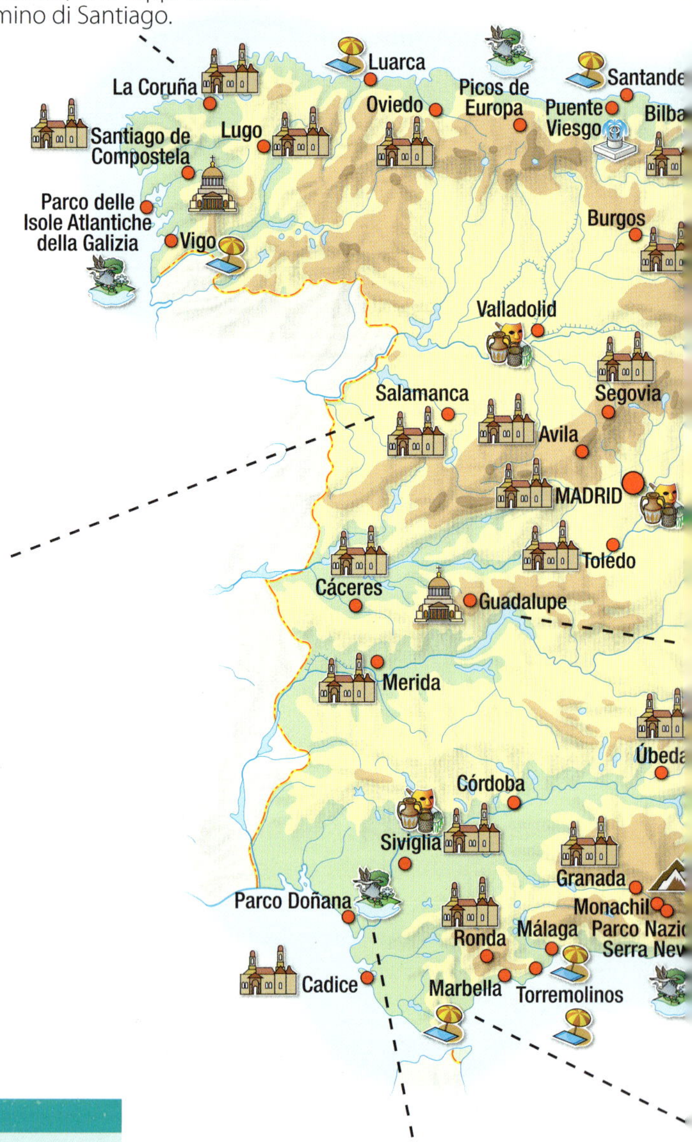

Il patrimonio dell'UNESCO
Alhambra, Generalife e Albayzín, Granada
Cattedrale di Burgos
Centro storico di Cordoba
Monastero e sito di El Escorial, Madrid
Opere di Antoni Gaudí, Barcellona
Santiago de Compostela (città vecchia) e Cammino
Città storica di Toledo
Cattedrale, Alcazar e Archivo de Indias a Siviglia
Città vecchia di Salamanca
Parco nazionale di Doñana

Per la lista completa vai su: http://whc.unesco.org/en/list/

Parco Nazionale di Doñana
Un paesaggio di dune e pinete caratteristico del parco.

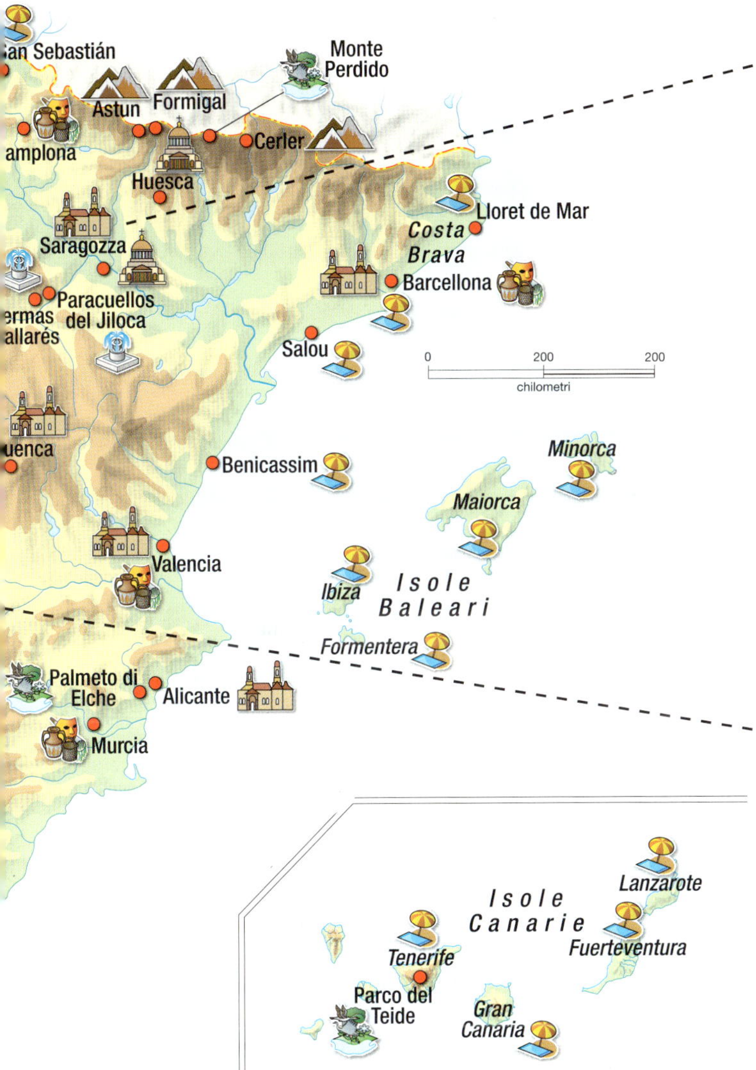

Saragozza
La basilica di Nostra Signora del Pilar, a Saragozza. L'edificio, costruito alla fine del Seicento, è dotato di una grande cupola centrale, dieci cupole minori e quattro campanili.

Guadalupe
La facciata gotica del monastero reale di Santa Maria de Guadalupe nella provincia spagnola di Cáceres.

Marbella
Una delle spiagge di Marbella, una delle più rinomate località della Costa del Sol.

SCRIVI UN TESTO DI 200 PAROLE

Lavora con il testo, la carta, internet e le immagini seguendo i punti elencati

a. Descrivi le principali risorse turistiche balneari della Costa Brava.

b. Elenca le principali località balneari della Costa Blanca.

6
Lezione

ALLA SCOPERTA DELLA SPAGNA

CARTA INTERATTIVA IN DIGITALE

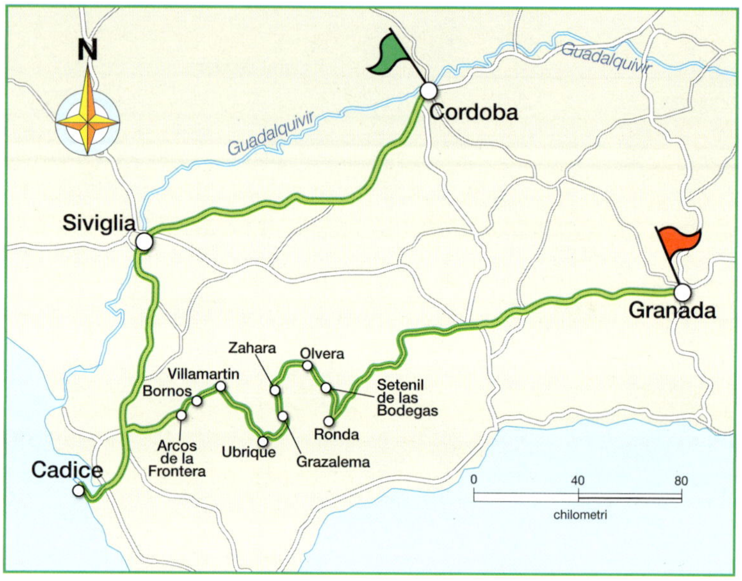

L'ITINERARIO

L'Andalusia in 6 giorni

L'Andalusia è la più estesa e la più popolata regione del sud della Spagna. Numerose sono le testimonianze della dominazione araba, la cui arte e architettura hanno dato un'impronta unica alle sue città. È una terra ricca di cultura, storia, di grandi tradizioni come il flamenco, le corride e di feste come, la Settimana Santa, il Carnevale di Cadice, il pellegrinaggio del Rocío a Huelva o la Feria de Abril di Siviglia, solo per citarne alcune. Ma anche la natura è straordinaria con le montagne della Sierra Morena e della Cordigliera Betica che offrono paesaggi bellissimi cosi come la fertile valle del Guadalquivir, le colline dell'interno ricoperte di ulivi e le splendide zone costiere. Una "terra di confine", da sempre un mix di culture, popoli e religioni.

❶ GIORNO
Cordoba

Con la conquista araba, Cordoba divenne il maggior centro della cultura ispano-moresca. La visita può iniziare con la **Mezquita-Catedral**, simbolo della città e testimonianza della trasformazione in chiesa di una tra le più belle moschee del mondo islamico: di grande fascino il *mihrab*, la nicchia di preghiera araba, e la **cattedrale** costruita dopo la riconquista cristiana, proprio al centro dell'edificio con 856 colonne, archi e 19 navate. Si visitano poi l'**Alcázar**, il palazzo dei Re cattolici con gli splendidi giardini, tra i più belli dell'Andalusia, il **Puente Romano** sul Guadalquivir e la ***judería*** medievale, il quartiere ebraico con i suoi vicoli e le case imbiancate a calce con fiori alle finestre.

Meritano infine un giro i bellissimi *patios* (cortili) che hanno origine sia romana sia araba. Per i romani erano un luogo di incontro, per gli arabi uno spazio di riposo.

❷ GIORNO
Siviglia

Capoluogo della regione, ha origine romana, come è testimoniato dalle rovine della vicina *Itálica*. Il quartiere ebraico di **Santa Cruz** è uno dei più visitati, mentre la zona di **El Arenal**, lungo il fiume Guadalquivir, evoca ancora la passata gloria coloniale, il cui simbolo è la **Torre del Oro**. Da non perdere l'imponente **cattedrale** in stile gotico, al cui interno si può vedere la tomba di Cristoforo Colombo e la torre della **Giralda**, alta 90 metri, che un tempo era il minareto della moschea. A sud della cattedrale si trova l'**Alcázar,** il palazzo reale in stile mudejar, espressione artistica cristiana con elementi moreschi. L'**Archivio delle Indie** conserva oltre 80 milioni di pagine di documenti storici, tra cui manoscritti di Colombo e Cervantes. Si prosegue verso **Plaza de España**, uno degli spazi architettonici più spettacolari della città, progettata per l'Esposizione Iberoamericana di Siviglia del 1929. Non manca la modernità con il **Metropol Parasol**, inaugurato nel marzo 2011: un progetto di riqualificazione di Plaza de la Encarnación, il cui edificio in legno a forma di fungo ha un tetto ondulato a forma di alveare.

❸ GIORNO
Cadice

Porto fenicio già nel XII secolo a.C., il centro storico raccoglie tutti i punti di interesse e la **Puertas de Tierra** lo separa dal nucleo cittadino moderno. La città vecchia è caratterizzata da strette vie su cui si affacciano case bianche, molte in stile liberty con tipiche verande a

Il complesso dell'Alhambra a Granada.

L'*Alcázar* di Cordoba è un palazzo-fortezza costruito nel 1328 da Alfonso XI sul luogo in cui sorgeva un antico palazzo arabo.

vetri. Interessante il giro dei **bastioni** del 1600 e la visita alla **cattedrale** in stile barocco e neoclassico con la caratteristica **cupola** gialla.

❹ GIORNO
Ruta de los Pueblos blancos

Nel tragitto verso Ronda è possibile percorrere una rotta ("ruta") di circa 150 Km che consente di vedere i tipici "villaggi bianchi", ovvero borghi di case imbiancate a calce, e il ricco patrimonio naturale. Infatti, la strada attraversa paesaggi suggestivi come il **Parco naturale della Sierra de Grazalema**. La *Ruta* parte da **Arcos de la Frontera** e tocca cittadine come **Bornos, Villamartín, Ubrique, Grazalema, Zahara, Olvera, Setenil de las Bodegas.** Quest'ultima si distingue per le vecchie cantine (*bodegas*) e per le abitazioni scavate nella roccia.

❺ GIORNO
Ronda

È una delle più belle cittadine della regione e conserva ancora l'antica struttura araba. Si trova in una zona montuosa in un contesto naturalistico che la rende affascinante. La parte vecchia della città è separata da quella nuova da una profonda spaccatura rocciosa (*tajo*) sul torrente Guadalevín. L'imponente **Puente Nuevo**, costruito nel XVIII secolo a 70 metri di altezza, costituisce la principale via d'accesso alla città medievale. Altra grande attrattiva è la **plaza de toros**, l'arena per la corrida, una tra le più antiche della Spagna.

❻ GIORNO
Granada

La dominazione araba ha lasciato in questa città testimonianze preziose e raffinate tra le quali spicca **l'Alhambra**: cittadella fortificata e palazzo dei sovrani che, con le sue mura in mattoni rossi, costituisce un meraviglioso complesso architettonico. È formato dal Palacio Nazaríes e dall'Alcazaba, ossia la cittadella. Imperdibili i lussureggianti giardini all'interno del palazzo **Generalife**, nei quali si cammina tra sentieri, vasche, fontane con giochi d'acqua. Splendido anche il vicino quartiere **Albayzín**, caratterizzato da strade strette, cortili, terrazze e fontane pubbliche. Nella zona centrale della città, adiacente alla **cattedrale**, vale la pena visitare la **Capilla Real**, l'edificio cristiano più importante della città. A 2 km a nord-ovest del centro si raggiunge il **Monasterio de La Cartuja** con la sua splendida cupola affrescata.

ORGANIZZA TU UN ITINERARIO
I Paesi Baschi

Procurati una mappa dei Paesi Baschi e costruisci un itinerario che includa i monumenti, le architetture e le località più interessanti. Con Google Maps visualizza il punto di partenza e quello di arrivo e, dopo aver deciso con quale mezzo sia meglio muoversi, calcola i tempi di permanenza e le distanze. Per ogni luogo scrivi in poche righe le principali caratteristiche e attrattive.

Distanza > 100 km circa

Durata > 4 giorni

Luoghi da visitare

1. San Sebastian
2. Zarautz
3. Hernani
4. Bilbao

Il Palazzo reale, ancora oggi residenza ufficiale del re di Spagna, nel quale si tengono tutte le manifestazioni ufficiali e le cerimonie di Stato.

UNA CAPITALE IN CONTINUA EVOLUZIONE

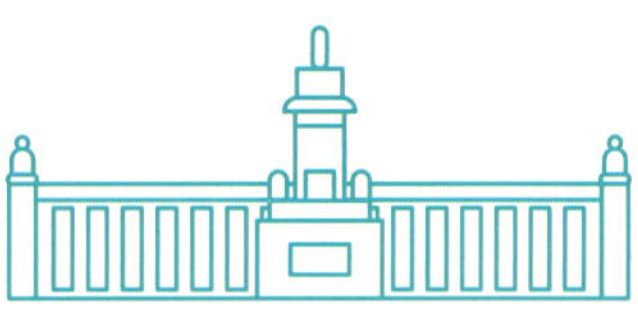

Madrid è una capitale europea di grande importanza artistica e culturale, meta turistica irrinunciabile per chi decide di visitare la Spagna. Ospita musei di fama internazionale come il **Prado** con opere di pittori come Velázquez, Goya ed El Greco, o il **Centro de arte Reina Sofia**, che custodisce collezioni di arte moderna tra cui il *Guernica* di Picasso, e possiede piazze maestose e imponenti edifici in stile barocco e neoclassico costruiti tra il Seicento e il Settecento.

Benché oggi città cosmopolita, Madrid rappresenta l'anima e la tradizione spagnola, ne costituisce la sua essenza più profonda, riassumendo in sè tutta l'**identità del paese iberico**, dall'eccezionale vivacità e animazione, alla ricchezza artistica e culturale con i suoi spettacoli di flamenco e la ricca gastronomia. Grazie a tutto questo ogni anno Madrid attira milioni di turisti da tutto il mondo.

La città sorge nella regione storica della **Castiglia**, al centro della Spagna, a 650 m in posizione dominante la valle del fiume Manzanarre.

Fondata nell'VIII secolo attorno a una fortezza araba, fu residenza dei sovrani di Castiglia e si sviluppò a partire dal 1561, quando Filippo II la scelse come nuova capitale. Nel Seicento, parallelamente all'egemonia spagnola in Europa e nel mondo, durante il periodo del ***Siglo de Oro***, raggiunse il massimo del suo splendore.

Nel Novecento, durante la guerra civile spagnola (1936-39) fu il centro della resistenza repubblicana e l'ultima tra le città spagnole a cedere ai franchisti. Dalla seconda metà degli anni Settanta del secolo scorso, con il ritorno alla democrazia, Madrid ha conosciuto un grande fermento e rinnovamento culturale e sociale ed è oggi una delle metropoli più vivaci e attive d'Europa.

IL CUORE DELLA CITTÀ

Il quartiere più antico e ricco di edifici storici è il **barrio de los Austrias**, il quartiere degli Asburgo, in cui domina la **Plaza Mayor**. Poco distante è situata la **Puerta del Sol**, la piazza da cui partono a raggiera le principali arterie della città e in cui si trova la placca del chilometro zero, utilizzata per il calcolo delle distanze stradali nello stato spagnolo, e la famosa **statua dell'orso e della pianta di corbezzolo**, simbolo della città. Questa zona in cui si concentra la maggior parte dei negozi e dei grandi magazzini, è punto di incontro e ritrovo per i madrileni a qualsiasi ora del giorno e della notte. Andando verso ovest, lungo Calle del Arenal, si raggiunge la **Plaza de Oriente**, di forma semicircolare e particolarmente imponente grazie alla statua equestre di Filippo IV e alle numerose statue in pietra bianca, dedicate ai re spagnoli. Tra gli edifici che si affacciano sulla piazza c'è il

La stazione ferroviaria di Atocha, è stata recentemente ristrutturata e dotata di un lussureggiante giardino tropicale coperto con 7000 piante di 400 specie diverse.

La statua dell'orso e del corbezzolo di Antonio Navarro Santafé sono diventati un simbolo di Mdrid.

Teatro Real e l'imponente **Palazzo Reale**, residenza ufficiale del re di Spagna che, con i suoi giardini, è tra le più grandi regge europee. Nelle vicinanze si trova **Plaza de España**, celebre per il monumento dedicato a **Miguel de Cervantes**: la scultura in pietra dello scrittore seduto sovrasta le due sculture in bronzo di Don Chisciotte a cavallo e Sancho Panza in sella a un asino. Da qui parte una delle principali strade della città, la **Gran Via**, un'importante arteria urbana molto trafficata e affollata soprattutto per la presenza di numerosi negozi e teatri e che termina in Plaza de Cibeles.

I quartieri a sud della Plaza Mayor sono tra i più pittoreschi di Madrid: tra questi il **barrio de Lavapiés,** che deve il suo nome a un'antica fonte utilizzata per il rituale atto di lavarsi i piedi prima di accedere a un luogo di culto, e il **barrio de la Morería (La Latina)** ovvero l'antico quartiere moresco dove si possono assaggiare le migliori *tapas* di tutta la città.

Nella parte orientale del nucleo urbano si trova la città settecentesca e ottocentesca dove ci sono i musei del Prado e di Reina Sofia. Nei pressi si estende il polmone verde della città, il **parco del Buen Retiro**, 118 ettari tra prati, aiuole, un piccolo lago e diversi edifici e monumenti; vicino si sviluppa il quartiere **barrio de las Letras**, dove hanno vissuto alcuni dei grandi letterati spagnoli del *Siglo de Oro* come Lope de Vega, Quevedo, Góngora e Cervantes.

Il museo del Prado ospita capolavori come *Las Meninas* di Velázquez del periodo barocco.

Tra le opere di architettura ottocentesca merita una visita la **stazione ferroviaria di Atocha**, grande edificio in ferro e vetro costruito con la collaborazione di Eiffel, il progettista dell'omonima torre parigina.

LA MOVIDA E LO STADIO

La **movida**, ovvero la vita notturna di Madrid, si vive a nord, nei quartieri di **Malasana**, **Chueca** e **Salesas**. E proprio in questi quartieri il regista cinematografico madrileno Pedro Almodovar ha ambientato alcuni dei suoi film più famosi.

Per gli amanti del calcio vale una visita lo **stadio Santiago Bernabeu** del Real Madrid, costruito nel 1954 con adiacente un museo sulla storia della squadra.

Barcellona

Parc Güell,il parco pubblico, situato nella parte superiore della città, disegnato da Antoni Gaudí.

Plaça de Catalunya, la piazza più centrale e importante della città, quella che unisce il centro storico con l'Eixample ottocentesco..

LA DESTINAZIONE PREFERITA DAI GIOVANI

Capoluogo della Catalogna, è per popolazione la seconda città della Spagna. Affacciata al Mediterraneo, Barcellona è stata profondamente rinnovata in occasione delle Olimpiadi del 1992. Sono stati ristrutturati i vecchi quartieri storici, sono sorti nuovi edifici architettonici moderni, è stata attrezzata una spiaggia lunga 5 km, interrata la ferrovia ed è stato costruito un anello autostradale esterno.

La città negli ultimi decenni ha del resto mostrato una notevole capacità di **rinnovamento urbanistico** con interventi di recupero che hanno valorizzato e rilanciato quartieri degradati. Inoltre, grazie ai suoi musei, è divenuta un **polo internazionale di arte e architettura moderna e contemporanea**.

Già importante scalo cartaginese nel III secolo a.C., la città fu in seguito dominio romano, divenendone colonia sotto Augusto. Occupata poi dai Visigoti, dai Franchi e dagli Arabi, entrò a far parte del regno di Aragona nel XII secolo, sviluppandosi come attivo porto commerciale e rivaleggiando con Venezia e Genova nel Mediterraneo occidentale. Nel XVII secolo si ribellò alla corona spagnola affermando per un lungo periodo, grazie alla protezione francese, la propria autonomia. Nel corso del XX secolo fu centro di rivendicazioni separatiste e uno dei centri della resistenza antifascista. Ancora oggi vi permane forte il **sentimento autonomista** e una consolidata identità regionale che poggia anche sulla storica rivalità con Madrid.

UNA CITTÀ CHE NON DORME MAI

È una delle mete più visitate ed amate dal turismo giovanile per la vitalità che la contraddistingue, i suoi locali e la sua *movida*, cioè la vita notturna.

Il **barrio gótico** è il cuore della città medievale (*Ciutat Vella*), dov'è possibile visitare la **cattedrale** in stile gotico **di Santa Croce e Sant'Eulalia**. Nel suo labirinto di strette vie sorgono i più importanti palazzi nobiliari e pubblici, come il **municipio**, il **Palazzo Reale** e il **Palazzo della Generalitat**, sede amministrativa del presidente e del governo regionale.

A ovest, tra i luoghi di maggiore richiamo c'è ***La Rambla***, un grande viale situato tra Plaça Catalunya, centro della città moderna, e il porto antico dove si trova la statua di Cristoforo Colombo. È l'anima più vivace della città: vi si esibiscono artisti di strada, vengono allestite bancarelle e si accede a ***La Boqueria***, il mercato più famoso e antico della Spagna.

Imperdibile una visita al popolare quartiere **El Raval**: dopo un lungo periodo di degrado è stato oggetto di una importante **riqualificazione**, con la ristrutturazione di molti edifici, l'apertura di ristoranti, alberghi e l'innovativo museo di arte

contemporanea, il **MACBA**, inaugurato nel 1985. Il quartiere, dove sorge anche l'Hospital de Sant Pau che oggi ospita una biblioteca e una scuola d'arte, si è sempre caratterizzato per una forte presenza di etnie differenti; infatti è stato per molto tempo chiamato Barrio Xino, "quartiere cinese". Nel quartiere della Ribera, caratterizzato da un dedalo di vie strette, si trovano la **chiesa di Santa Maria del Mar**, il **museo Picasso** e il **palazzo della Musica Catalana**.

IL MODERNISMO CATALANO

A Barcellona dominano gli splendidi esempi del cosiddetto **modernismo catalano,** che ha nell'architettura bizzarra ed eccentrica di **Antoni Gaudí** la massima espressione. Tra le opere del visionario architetto il **Parc Güell**, un parco pubblico con numerosi inserti architettonici situato nella zona alta della città, le opere civili come la **Casa Batlló** e la Casa Milá, detta **La Pedrera** e, infine, la celeberrima **Sagrada Familia,** cattedrale incompiuta e tuttora in costruzione sulla base del progetto iniziale del grande architetto. Queste opere si trovano nel quartiere elegante dell'**Eixample** e lungo la strada **Passeig de Gràcia**.

Il **parc de la Ciutadella** costituisce il polmone verde della città; costruito a partire dal 1873 sugli antichi terreni della fortezza cittadina, ospita una imponente cascata artificiale, lo zoo cittadino, il Parlamento catalano e vari edifici testimonianza dell'Expo 1888.

Tra i musei vanno infine segnalati la **Fondazione Miró** e la **Fondazione Tapies** e, nel quartiere collinare di Montjuic, il **Museo Nazionale di Arte Catalana**.

Per gli appassionati di calcio merita una visita lo stadio dove gioca il Barcellona, il **Camp Nou** e il museo della squadra blaugrana.

La Sagrada Familia, una delle principali attrazioni della città, tanto da diventarne uno dei principali simboli.

Casa Batlló, costruita nel 1904, è uno dei gioielli architettonici di Gaudí, la cui prima fonte di ispirazione fu la natura.

IL PORTOGALLO

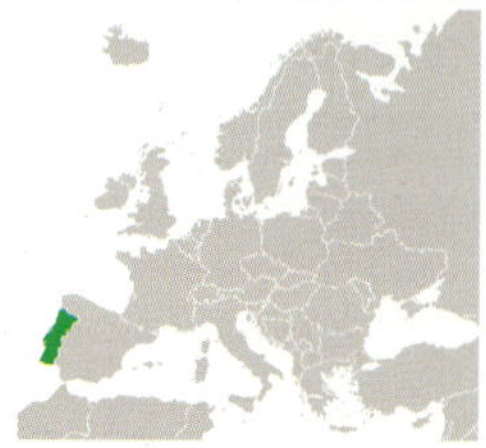

7 Lezione
IL TERRITORIO, I PAESAGGI E LA GEOGRAFIA UMANA

IL TERRITORIO
Il Portogallo occupa la parte ovest della penisola iberica, si affaccia all'Oceano Atlantico ed è il **paese più occidentale** dell'Europa continentale. Il suo territorio è **diviso in due** dal maggiore rilievo montuoso del paese: la Serra da Estrela, che rappresenta la continuazione della Cordigliera Centrale spagnola. La **regione settentrionale** è prevalentemente montuosa ed è occupata dagli arrotondati rilievi della Meseta Iberica, interrotti dalle valli incassate dei fiumi Minho, Duero (*Douro,* in portoghese), Mondego. La **regione meridionale** è invece pianeggiante e collinare. A sud della Serra da Estrela si susseguono infatti la pianura formata dai fiumi Tago (*Tejo* in portoghese) e Sado, la regione collinare dell'Alentejo e infine la stretta fascia pianeggiante dell'Algarve.

Le **coste** sono generalmente basse e sabbiose, mentre in alcuni tratti della regione settentrionale e a sud dell'Algarve si presentano alte e rocciose con spettacolari falesie.

Appartengono al Portogallo anche gli arcipelaghi di origine vulcanica delle **Azzorre** e delle **Madeira**, situati nell'Oceano Atlantico rispettivamente a 1500 km e 500 km di distanza dalle coste portoghesi.

superficie	92 225 km²
popolazione (2016)	10 341 330
densità	112 ab./km²
lingua	portoghese
religione	cattolici (69%) non religiosi (6%)
moneta	euro
ordinamento dello stato	repubblica
capitale	Lisbona
sigla	P

IL CLIMA
Nella regione settentrionale prevale un **clima** di tipo **oceanico**, mite e piovoso. Nelle regioni meridionali il clima è di tipo **mediterraneo**, piuttosto caldo e arido.

LA POPOLAZIONE E LE CITTÀ
La **popolazione** portoghese è pari a poco più di 10 milioni di abitanti. La maggioranza è concentrata nella fascia costiera e nella **regione del nord**, più densamente popolata rispetto alle zone brulle e aride dell'interno e del meridione. Contrariamente al passato, negli ultimi due decenni la crescita demografica è progressivamente rallentata e oggi anche in Portogallo è vicina allo zero. La rete urbana è dominata da **due città**, Lisbona, la capitale, e Porto.

LA STORIA
La posizione geografica del paese, che si affaccia sull'Oceano Atlantico e occupa l'estremità occidentale dell'Europa, ha molto influenzato la sua storia. Dalla fine del Quattrocento, infatti, con l'inizio delle grandi esplorazioni geografiche, le **navi portoghesi** dominarono per circa un secolo le **rotte marittime** sia verso le Americhe sia verso l'Africa e l'Oriente.

LE VIE DI COMUNICAZIONE
La **rete stradale** portoghese si sta gradualmente espandendo in tutto il paese; le strade principali in genere sono in buone condizioni. I **collegamenti ferroviari** non sono molto efficienti e anche gli autobus sono piuttosto lenti.
Per quanto riguarda gli **aeroporti**, gli scali internazionali sono quelli di Lisbona, Porto e Faro.

I portoghesi avevano appreso dagli arabi le **tecniche di navigazione più avanzate** e grazie a queste costruirono rapidamente un **vasto impero coloniale** che comprendeva porti commerciali e **grandi possedimenti** lungo le coste africane, nella penisola arabica, in India, in Malesia e in Indonesia. Essi controllavano il **commercio mondiale delle spezie**, quello degli schiavi e dell'oro. In America, inoltre, colonizzarono le coste del Brasile.

Agli inizi dell'Ottocento, il Brasile, la colonia più vasta dell'impero, divenne indipendente e il Portogallo entrò in crisi. Nel 1926, dopo un **colpo di stato militare**, fu instaurato un regime di stampo fascista che confinò il paese nell'isolamento e nell'arretratezza economica. Solo nel 1974, con la fine della dittatura, il Portogallo è tornato alla democrazia.

L'ECONOMIA

L'ingresso, nel 1986, nell'Unione Europea ha permesso al Portogallo di migliorare la propria economia che era in uno stato di grave arretratezza. Nonostante i contributi finanziari ottenuti dall'UE, il paese resta uno dei meno sviluppati dell'Europa occidentale e recentemente è stato coinvolto nella pesante crisi finanziaria del 2009-2010. Vi è infine un forte squilibrio tra le regioni costiere, progredite, e le regioni interne, specie quelle meridionali, dove ci sono ancora molte zone povere. L'agricoltura è ancora organizzata in modo tradizionale. I punti di forza del **settore agricolo** sono la produzione di vini (Porto e Madeira) e quella delle querce da sughero, del quale il Portogallo è il primo produttore mondiale. Importante è anche la pesca di merluzzi, tonni, pesce azzurro. Nel **settore secondario** è abbastanza fiorente l'industria mineraria, che estrae grandi quantità di tungsteno utilizzato nella produzione dell'acciaio. In espansione sono anche i settori dell'elettronica, della farmaceutica, dell'automobile. In Portogallo, poi, importanti gruppi industriali nazionali operano nel campo aerospaziale, della cantieristica navale e petrolchimica.

IL TURISMO

Negli ultimi vent'anni il turismo si è particolarmente sviluppato, soprattutto nella regione costiera dell'Algarve, nell'area di Lisbona e a Fatima, il cui santuario è ogni anno meta di milioni di pellegrini. Il numero di turisti stranieri che hanno visitato il Portogallo nel 2015 è stato di circa **15 milioni di visitatori**.

QUANDO ANDARE?

Il clima portoghese è temperato e il tempo è quasi sempre bello da aprile a ottobre e tutto l'anno nell'Algarve. In generale, le precipitazioni si concentrano tra novembre e marzo: le regioni più piovose sono quelle nell'estremo nord e nella regione montuosa della Serra da Estrela, al centro del paese. L'alta stagione va all'incirca dalla metà di giugno a settembre, ad eccezione dell'Algarve, dove si protrae fino a inverno inoltrato.

IL TURISTA CURIOSO

❶ Grandi esploratori e navigatori portoghesi furono tra gli altri Bartolomeo Diaz, il primo a raggiungere e doppiare il Capo di Buona Speranza (1487) in Africa e Ferdinando Magellano, la cui spedizione (1519-1522) fu la prima a circumnavigare il mondo.

❷ Non solo il Brasile, ma anche l'Angola, il Mozambico, la Guinea Bissau in Africa e piccoli territori asiatici erano possedimenti coloniali portoghesi.

COMPETENZA LOCALIZZAZIONE

❶ Lavora con la carta:

a. Qual è la massima elevazione del paese? **b.** Quali sono i 3 aeroporti principali? **c.** A quale golfo è affacciato il sud del paese?

La spiaggia di Albufeira sulla costa dell'Algarve.

La valle del Douro dove si producono il vino e l'olio migliori del Portogallo.

8 Lezione — LA CULTURA, LE TRADIZIONI E IL PATRIMONIO STORICO E ARTISTICO

L'ARTIGIANATO

La **ceramica** è una delle arti più antiche del Portogallo. Tra gli oggetti più diffusi spicca il "gallo portoghese ", un gallo nero con la cresta rossa che è diventato uno dei simboli del paese. Tipiche e molto famose sono gli ***azulejos***, piastrelle in terracotta usate per la decorazione di case, chiese, monumenti. Il nome probabilmente risale alla parola portoghese *azul* che significa "azzurro" e rimanda al colore dominante nel paesaggio del paese.

LE FESTE E LE TRADIZIONI

Tra le manifestazioni popolari molto diffusa è la corrida portoghese, chiamata ***tourada***, che a differenza di quella spagnola non prevede l'uccisione del toro. In ambito musicale, il **fado** è un genere di musica popolare che si ispira al tipico sentimento portoghese della *saudade* ovvero la malinconia, e che racconta temi di emigrazione, di lontananza, di separazione, dolore, sofferenza.

LA GASTRONOMIA

La cucina portoghese è piuttosto varia. Molte ricette propongono un singolare abbinamento tra carne e pesce, soprattutto nell'*Alentejo* dove il pollo e il maiale vengono associati ai molluschi, in particolare alle vongole. È comunque il **baccalà**, preparato in svariati modi, il piatto tipico della cucina nazionale; tra le varianti le ***pastéis de bacalhau***, crocchette di baccalà e il ***bacalhau à brás***, in cui il pesce è preparato con cipolle e patatine fritte e mescolato a olive e prezzemolo. Sempre tra i piatti di pesce le sardine grigliate sono spesso gustate come *street food*.

Immancabili sono le zuppe, di vegetali, di carne o di pesce. Tra queste molto diffusa è la ***caldeirada a pescador***, a base di pesce, pomodori e peperoni, la ***caja***, a base di pollo, riso, limone e menta e la più famosa ***caldo verde***, una zuppa di patate, cipolle, cavoli ricci e salsiccia di maiale (*chouriço*).
Il classico piatto di carne è il ***cozido***, un bollito misto con verdure e insaccati, mentre nell'area di Porto è famosa la ***tripas a moda do Porto***, uno stufato di trippa con fagioli, pepe nero e cumino.

Tra i **vini** il paese è conosciuto in tutto il mondo per quelli liquorosi come il ***Madeira*** e soprattutto per il **Porto**. Una certa importanza ha anche il ***vinho verde***, vino giovane della regione del Minho.

LISBONA

La capitale si estende lungo l'estuario del Tago ed è dominata dal **Castello di São Jorge.** Proprio sul pendio che dal castello porta al fiume, si sviluppa la città vecchia ovvero l'**Alfama** che mantiene la sua antica atmosfera di pittoresco labirinto di vicoli e piazzette e rimane una delle aree più vivaci della città con molti locali tradizionali dove si può ascoltare il *fado*.

Nel nucleo centrale **La Baixa**, la parte bassa della città, si trova la ***Praça do Comércio***, la piazza più celebre, da cui, attraverso un arco di trionfo si entra in *Rua Augusta*, una via piena di negozi e attività commerciali. Da qui si può raggiungere il caratteristico **Bairro Alto**, incamminandosi attraverso strade tortuose o tramite un *electrico*, ovvero gli **elevador da Bica** e **da Gloria**, molto simili a tram e una delle principali attrazioni della capitale **lusitana**.

Non mancano importanti musei come il **Gulbenkian,** il **Museo nazionale degli Azulejos** che possiede maioliche prodotte tra XV e XX sec., e il **Museo nazionale di Arte Antica.**

Le città principali	abitanti (2016)
Lisbona	509 312
Porto	218 231
Braga	181 553
Coimbra	135 592

Lusitani
Antico popolo indoeuropeo che abitò l'attuale Portogallo.

COMPETENZA DIGITALE

1 Lavora con internet

Il *fado*, è uno dei simboli del Portogallo.
Fai una ricerca e trova notizie su:

a. Che cosa significa il suo nome?
b. Quali sono le sue origini?
c. Chi sono i cantanti più famosi di *fado* in Portogallo?

Azulejos sulla parte esterna della chiesa a Cascais.

Un concerto di fado a Lisbona.

9 Lezione
LE RISORSE TURISTICHE

Tra le città portoghesi che attirano il **TURISMO CULTURALE**, oltre alla capitale, ci sono i centri storici di **Guimarães**, **Porto**, sulla foce del fiume Douro, **Evora** e **Coimbra**, quest'ultima famosa per la sua prestigiosa università, una delle più antiche d'Europa.

Per quanto riguarda il **TURISMO RELIGIOSO** numerosi sono i monasteri meta di pellegrinaggi come quelli di **Alcobaça, Batalha** e **Tomar** dove è rintracciabile il tipico stile manuelino o tardo gotico portoghese. Tuttavia il luogo religioso che ha la maggiore capacità attrattiva è **Fatima** grazie al suo celebre santuario dedicato alla Madonna. La città attira ogni anno circa 6 milioni di pellegrini.

Meta di **TURISMO BALNEARE** sono gli arcipelaghi delle **isole Azzorre,** nell'Oceano Atlantico a 1500 km dalla costa, e le **isole** di **Madeira** a 600 km a nord della costa del Marocco, frequentate tutto l'anno per il clima sub-tropicale. La destinazione balneare per eccellenza è però la regione dell'**Algarve** grazie a località come **Faro, Lagos, Albufeira**, e **Tavira**, che oltre al clima mediterraneo e a un paesaggio con spiagge bianche che si alternano a scogliere rocciose.

In Portogallo si trovano luoghi di notevole bellezza naturale, con ambienti che attraggono il **TURISMO NATURALE**.

Fra le aree protette che offrono suggestivi paesaggi montani si distinguono il **parco di Peneda-Gerês**, nella regione del Minho e il **parco della Serra da Estrela** che è la più estesa area protetta del paese.

Negli ambienti marittimi si segnalano il **parco naturale del Litoral Norte**, e la riserva naturale di **Dunas de São Jacinto**. Ambienti fluviali e palustri sono quelli tutelati del **parco naturale di Vale do Guadiana** e della **Ria Formosa**. Aree protette sono anche l'isola di **Madeira** e alcune zone delle nove isole delle **Azzorre**.

Porto
Centro storico di Porto sul fiume Douro.

Lisbona
Torre di Belem.

UNESCO

Il patrimonio dell'UNESCO
Convento del Cristo a Tomar
Monastero dos Jerónimos e Torre di Belém a Lisbona
Centro storico di Évora
Centro storico di Porto
Centro storico di Guimarães
Università di Coimbra

Per la lista completa vai su: http://whc.unesco.org/en/list/

SCRIVI UN TESTO IN 200 PAROLE

Lavora con il testo, la carta, internet e le immagini seguendo i punti elencati

a. Descrivi le principali risorse turistiche di Lisbona.

b. Riassumi le principali località del turismo balneare.

LA GRECIA

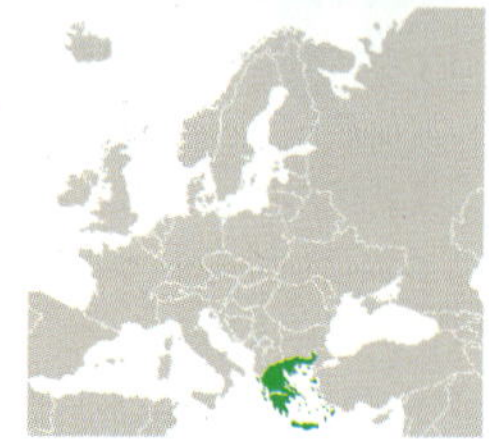

1 IL TERRITORIO E I PAESAGGI

Lezione

superficie	131 957 Km²
popolazione (2016)	10 783 748
densità	82 ab./Km²
lingua	greco
religione	ortodossi (92%), musulmani
moneta	euro
ordinamento dello stato	repubblica
capitale	Atene
sigla	GR

IL TERRITORIO

La Grecia è una **penisola**, tutta protesa e aperta sul mare con i rilievi che occupano oltre i due terzi della superficie totale, mentre il 20% circa del territorio è formato da più di 2000 isole affacciate ai mari Ionio, Egeo e di Creta. Esse in genere formano piccoli arcipelaghi: Ionie, Sporadi, Cicladi, Dodecaneso.

I RILIEVI

Il territorio, costituito da rilievi giovani, è **instabile geologicamente** e quindi soggetto a frequenti terremoti. I rilievi occupano la gran parte della superficie del paese e, benché disposti in modo disordinato, rappresentano un elemento costante.

A nord-est si elevano le pendici meridionali dei **monti Rodopi** che si prolungano nella penisola Calcidica. Le maggiori elevazioni si raggiungono però nella Grecia centrale e occidentale, dove i monti, appartenenti al sistema alpino, si suddividono in una serie di **catene parallele alla costa**, di cui la principale è quella del **Pindo**. A quest'ultima si uniscono a est altri gruppi, tra cui il massiccio dell'**Olimpo**, la cima più elevata di tutta la Grecia. I rilievi, che spesso superano i 2000 m di altitudine, sono presenti anche a sud, nella penisola del **Peloponneso**.

Quest'ultimo, separato dal resto del paese dal taglio dell'istmo di Corinto, costruito tra il 1886 e il 1893, si allunga verso la parte meridionale del paese e si suddivide in ulteriori ramificazioni peninsulari.

LE PIANURE

Le superfici pianeggianti occupano una parte ridotta del territorio, pari a circa il 20% del totale e si trovano nella fascia nord-orientale e orientale affacciata al Mar Egeo. Si tratta delle **pianure di Tessaglia, Macedonia** al confine con la Turchia della Tracia.

LE VIE DI COMUNICAZIONE

Nell'insieme il paese è dotato di un discreto sistema di trasporti. La **rete stradale** si estende per circa 120 000 km e recentemente è stata potenziata con diverse autostrade che collegano i maggiori centri con il ponte Rion Autirion che collega il nord con il Peloponneso.

Molto sviluppati sono i **servizi marittimi** e i collegamenti tra le isole. I **porti** più importante sono il Pireo ad Atene, seguito da quelli di Salonicco e Patrasso.

Gli **aeroporti** più importanti sono quelli di Atene, Rodi, Salonicco e Creta.

I FIUMI E LE COSTE

Benché la rete idrografica sia ovunque povera con **fiumi brevi** e dalla scarsa portata, nelle fasce pianeggianti scorrono i maggiori corsi d'acqua, tutti diretti all'Egeo: essi sono il Peneo, l'Aliakmon e l'Axios che sfociano nel golfo di Salonicco e la Marizza che segna il confine terrestre con la Turchia.

Con i monti che si spingono quasi ovunque fino al litorale, le **coste** sono **alte e frastagliate**, ricche di golfi e insenature e si estendono per oltre 15 000 km.

LE ISOLE

Le **oltre 2000 isole** greche sono in gran parte occupate da rilievi; esse si suddividono in piccoli arcipelaghi come quelli delle Ionie (Corfù, Cefalonia, Zante, Itaca), delle Sporadi settentrionali (Sciro, Skiatos, Scopelo) e meridionali (che comprendono tra le altre Samo e le isole del Dodecaneso come Rodi e Scarpanto) e delle Cicladi (Nasso, Andro, Milo), cui si aggiungono l'Eubea e l'isola di Creta. Quest'ultima, la più meridionale e grande della Grecia, presenta un territorio montuoso con qualche piana costiera.

IL CLIMA

Il clima, fortemente **influenzato dal mare**, è ovunque **mediterraneo** con inverni miti ed estati calde. Le precipitazioni sono scarse. Nelle zone montuose interne il clima può diventare **continentale**, con piogge frequenti, inverni freddi e nevosi.

I PAESAGGI DELL'INTERNO

Le **regioni interne** presentano un paesaggio contraddistinto da **altopiani** e da **catene montuose** coperte da boschi di conifere con gole profonde e pendii spogli; sulle colline sono diffusi i cipressi. In ogni caso la disposizione dei rilievi rende difficili le comunicazioni e limita le attività economiche e gli insediamenti: i centri abitati sono pochi e sorgono in piccole conche fluviali.

I PAESAGGI COSTIERI

Nelle **regioni costiere** si concentrano le attività e gli insediamenti principali, soprattutto laddove si trovano piccole, ma fertili pianure. In genere però i monti incombono sul mare; la costa è così formata da promontori rocciosi alternati a splendide spiagge sabbiose ed è orlata da scogli, isole e isolotti.

La vegetazione è quella tipica della **macchia mediterranea** formata da arbusti e alberi bassi sempreverdi. Tra le piante più diffuse si trovano ulivi, alberi da frutto oltre ad abeti, querce, pini di Aleppo. Parte del litorale è destinata alle attività del turismo balneare.

QUANDO ANDARE?

La primavera e l'autunno sono i periodi migliori per visitare la Grecia, quando il tempo è piacevolmente tiepido in quasi tutte le località ma le temperature non sono troppo elevate e le spiagge e i siti archeologici sono poco frequentati. L'inverno è comunque mite soprattutto nelle zone costiere e nelle isole.
Per il turismo balneare, tuttavia , l'estate, da giugno a settembre, resta il periodo ideale: il cielo è sempre blu, il sole non manca mai e le precipitazioni sono del tutto assenti.

IL TURISTA CURIOSO

❶ La penisola di Monte Athos in Calcidica costituisce una repubblica monastica autonoma, preclusa alle donne. Sono ammessi solo visitatori maschi.

❷ Nell'isola greca di Zante nel 1778 nacque il poeta Ugo Foscolo.

❸ Le isole del Dodecaneso furono occupate dagli italiani dal 1912 alla fine della Seconda guerra mondiale.

COMPETENZA LOCALIZZAZIONE

❶ **Lavora con la carta**

Osserva la carta e rispondi alle domande.

a. Come si chiama la penisola greca situata a nord-est e divisa a sua volta in tre sottili penisole?
b. Come si chiama la regione intorno ad Atene?
c. Che altezza raggiunge il monte Olimpo, il più alto della Grecia?
d. Quali sono le 5 isole Ionie più grandi?
e. Qual è la maggiore elevazione dell'isola di Creta?
f. In quale arcipelago si trova l'isola di Santorini (o Santorino)?

Un tratto di pianura nella Macedonia greca.

Il canale di Corinto collega il Golfo di Corinto con il Mar Egeo, tagliando in due l'istmo che li separa.

2 Lezione — LA GEOGRAFIA UMANA

LA POPOLAZIONE E LE CITTÀ

La distribuzione della popolazione sul territorio non è omogenea per via della presenza dei rilievi. Le aree più densamente popolate sono le pianure e le zone costiere. Le città sono numerose e molto spesso sono anche importanti porti marittimi. Tra tutte spicca la capitale **Atene** che raccoglie, nel fitto ed esteso agglomerato, insieme al porto del Pireo, circa 1/3 della popolazione nazionale. Seconda città greca è **Salonicco**, centro industriale e portuale situato nel nord del paese. Terzo centro greco è **Patrasso**, maggiore città del Peloponneso.

Attualmente l'**andamento demografico** è segnato da un **calo** della popolazione. Ciò si deve sia al calo naturale sia a un saldo migratorio che è tornato a essere negativo negli ultimissimi anni a seguito della pesante crisi economica che ha investito il paese. Molti greci, come in passato, sono **tornati a emigrare**, mentre si è arrestato il flusso di arrivi dai paesi più poveri. In ogni caso il paese ospita un gran numero di rifugiati in fuga da guerre e povertà provenienti dagli stati del Medio Oriente.

Per quanto riguarda la **religione** prevale la confessione cristiano-ortodossa, mentre sotto il profilo linguistico il greco moderno appartiene alla famiglia indoeuropea, con un proprio alfabeto.

L'ECONOMIA

La Grecia presenta oggi un livello di **sviluppo economico al di sotto della media** delle nazioni che fanno parte dell'Unione Europea. In questo quadro molto ha inciso la recente crisi economica e finanziaria che ha coinvolto il paese, costringendolo ad adottare pesanti misure di taglio alla spesa pubblica. Importante, ma in parte ancora tradizionale, è l'**agricoltura** che si basa sulle colture di cereali nelle zone interne e su quelle mediterranee come ulivo, vite, agrumi lungo le coste. L'**industria** è recente e localizzata nelle aree delle città principali (Atene, Salonicco): in espansione sono i settori elettronico e chimico, oltre a quelli più tradizionali come il tessile, il cantieristico e l'alimentare. Nel terziario rilevanti sono le funzioni commerciali legate ai **porti**. A questo proposito la navigazione marittima assume un ruolo di primissimo piano per il paese, che dispone di una tra le migliori flotte mercantili europee.

IL TURISMO

Un solido punto di forza dell'economia è costituito dal **turismo**, soprattutto **balneare**, ma anche **culturale**. Nel 2015 i visitatori sono stati circa **20 milioni**, attratti dal clima mite, dalle splendide isole e dai numerosi tesori archeologici.

Le città principali	abitanti (2016)
Atene	664 046
Salonicco	315 196
Patrasso	170 896
Iraklion (Candia)	151 324
Larissa	146 926

Famiglia indoeuropea
Il gruppo delle lingue derivate dagli indoeuropei, popolazioni che arrivarono migliaia di anni fa in Europa. Sono le più diffuse in Europa.

COMPETENZA DIGITALE

1 Lavora con internet

Le isole greche attirano milioni di turisti da tutto il mondo.
Fai una ricerca e trova notizie su:

a. Quali sono le isole più frequentate?
b. Per quali motivi vengono scelte?
c. Da quali paesi proviene il maggior numero di turisti?

Il porto del Pireo ad Atene, il più importante dell'Europa del Mediterraneo.

L'isola di Mykonos in Grecia.

3 Lezione LA CULTURA E LE TRADIZIONI

L'ARTIGIANATO

L'artigianato greco si basa su un'ampia varietà di prodotti che vanno dalle **ceramiche**, soprattutto riproduzioni di vasi antichi, ai **tappeti** filati a mano, tra i quali sono molto diffusi i *flokati*, fatti con lana grezza di pecora, agli utensili in rame e stagno, alla lavorazione del **pizzo**, quest'ultima molto diffusa sulle isole (Rodi, Samo). Importranti poi le **spugne** (isola di Kalymnos) e i **gioielli in argento** in particolare a Ioannina, nell'Epiro, e in Macedonia. Ad Atene vale la pena fare un giro al **mercato delle pulci di Monastiraki**, dove si possono trovare riproduzioni di antichità, ma anche oggetti artigianali autentici.

LE FESTE E LE TRADIZIONI

Le tradizioni popolari sono prevalentemente legate alle **feste religiose**. In Grecia particolarmente sentite sono quelle dei santi patroni e della Settimana Santa. La **Pasqua ortodossa** è una delle celebrazioni più solenni e si festeggia con processioni e riti nelle chiese e nei monasteri. In tutte le feste hanno parte preponderante la musica, il canto e la danza. Tra i balli più famosi della tradizione greca ricordiamo il *syrtós*, di origine isolana, da cui deriva il *sirtaki*, la danza popolare più celebre del paese. Una festa molto sentita è quella del Carnevale; quello più famoso si svolge a Patrasso e dura tre settimane. Tra le altre manifestazioni, vi è la ***Bourboulia***, che consiste in un corteo di donne che si travestono a tal punto da diventare irriconoscibili.

L'ENOGASTRONOMIA

La cucina greca è a base di ingredienti semplici e unisce influssi turchi e orientali con caratteristiche balcaniche e soprattutto mediterranee. È basata su carne, pesce, svariate verdure e condimenti con olio d'oliva. Fra le ricette tipiche si può assaggiare la ***musakàs***, uno sformato di melanzane, carne e formaggio, i ***dolmades***, involtini di riso e carne trita racchiusi in foglie di vite. La cucina greca fa un grande uso dello **yogurt**, generalmente di pecora o anche di capra associato spesso a piatti di carne, prevalentemente di agnello, oppure è la base per la preparazione dello ***tzatziki,*** una salsa fatta di yogurt, cetrioli, aglio e olio di oliva. Il formaggio più diffuso è la ***feta***, di capra a pasta semidura, indispensabile ingrediente della tradizionale **insalata greca** fatta di pomodori, cipolle, cetrioli, olive, olio d'oliva e origano.

Il **vino** greco è resinato, cioè stagionato in botti con aggiunta di resina di pino, di solito bianco. Tra i distillati è celebre l'***ouzo***, a base di anice e bevuto come aperitivo in genere allungato con l'acqua.

LA MUSICA TRADIZIONALE GRECA

La tradizione musicale della Grecia risale a tempi antichissimi ed è strettamente associata al caratteristico suono del *bouzouki*, un cordofono appartenente alla categoria dei liuti a manico lungo. Importato dall'Anatolia ed elemento di espressione folcloristica, è lo strumento principale della cosiddetta *rebetika*, una musica tradizionale molto celebre in Grecia. L'origine del termine *rebetika* (o *rembetika*) è incerta e deriva forse dal turco *rembet*, che significa "*fuorilegge*". Si tratta di un genere musicale che si diffuse in Grecia a partire dal 1923, anno che segnò la fine dell'Impero Ottomano e il riconoscimento della Repubblica di Turchia. Questo importante evento costrinse quasi due milioni di greci che vivevano in Asia Minore a fuggire nella Grecia continentale. Senza denaro e costretti a vivere nelle baraccopoli sorte nelle periferie delle grandi città, molti profughi greci si dedicarono ad attività non sempre lecite. Così la musica *rebetika* fuse le canzoni degli emarginati e quelle più raffinate dei profughi dell'Asia Minore che raccontavano la loro esperienza e la loro cultura. Le canzoni vengono ancora oggi cantate nelle taverne e nei locali.

COMPETENZA DIGITALE

1 Lavora con internet

Il *sirtaki* è una danza popolare greca.
Fai una ricerca e trova notizie su:

a. Quali sono le sue origini?
b. Per quali motivi è diventata famosa?

La danza del *sirtaki* durante una festa popolare.

La *musakàs*, uno dei piatti più diffusi e tipici della Grecia.

4 Lezione

LE RISORSE TURISTICHE

Pochi paesi al mondo posseggono un patrimonio artistico e culturale come quello greco. Le testimonianze delle civiltà cretese e micenea, della vita medievale e della cultura turca e bizantina sono numerose e costituiscono un'attrazione per il **TURISMO CULTURALE**. Nel Peloponneso i resti archeologici sono moltissimi a cominciare da **Delfi**, situata alle pendici del monte Parnaso, e dove si trova il tempio di Apollo insieme al teatro e allo stadio. A **Micene** il sito archeologico conserva i resti dell'antica *polis*. Poco distante il teatro di **Epidauro**, che risale al IV sec. a.C. e che è uno dei meglio conservati. **Olimpia**, rinomata per gli antichi giochi olimpici, e l'antica città di **Sparta** ospitano i resti di templi, teatri e statue antiche. La città bizantina di **Mystra,** nel sud del Peloponneso, è dominata dal castello, ai piedi del quale ci sono palazzi medievali e chiese bizantine affrescate.

Nella penisola Calcidica oltre la città di **Salonicco,** che conserva importanti testimonianze delle conquiste romane e ottomane, uno dei luoghi più suggestivi è il **Monte Athos**, con il monastero costruito sulla cima del monte. Altrettanto interessante è la località di **Meteora**, situata in Tessaglia, importante centro della chiesa ortodossa con i suoi particolari monasteri costruiti a picco su alte torri naturali di roccia.

Per quanto riguarda il **TURISMO BALNEARE** e **NATURALISTICO** le mete più frequentate sono le oltre 2000 **isole** del Mar Egeo. Ci sono le verdi isole **Ionie** (Corfù, Cefalonia, Zante e Itaca), le alberate **Sporadi settentrionali** (Scopelo, Sciro), le brulle **Sporadi meridionali** (Samo e le isole del Dodecaneso) e le ventose **Cicladi** (Santorini, Mykonos, Milo, Paros e molte altre). Questi piccoli arcipelaghi, oltre alle splendide spiagge e al mare cristallino, offrono anche siti archeologici di interesse. **Creta** conserva i resti della civiltà minoica a *Cnosso* oltre a essere un centro di turismo balneare. Caratteristiche analoghe si hanno a **Rodi**

Atene
L'Acropoli di Atene dove sorge il Partenone, tempio dedicato alla dea Atena, di cui restano le colonne e la struttura portante, mentre i frontoni sono conservati al British Museum di Londra.

Il patrimonio dell'UNESCO
Acropoli di Atene
Sito archeologico di Delfi
Sito archeologico di Epidauro
Città medievale di Rodi
Le Meteore
Monte Athos
Monumenti paleocristiani e bizantini di Salonicco
Sito archeologico di Olimpia
Sito archeologico di Micene e Tirinto
Antica città di Corfù

Per la lista completa vai su: http://whc.unesco.org/en/list/

Micene
La Porta dei Leoni è l'entrata principale dell'antica *polis* di Micene.

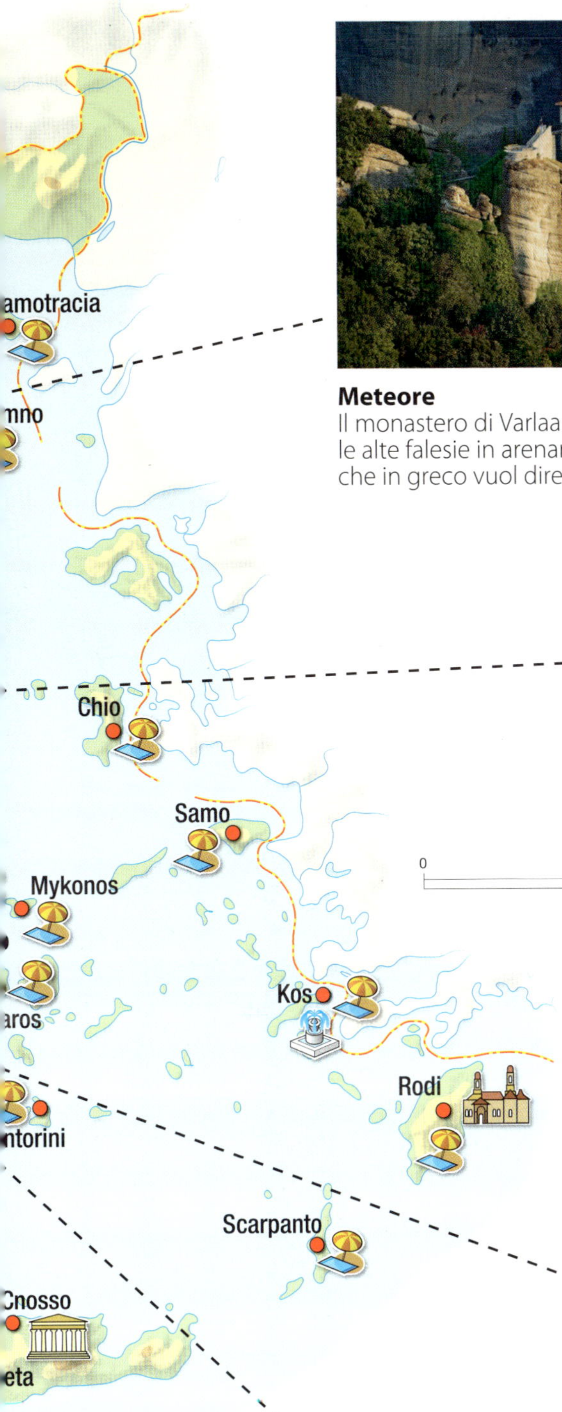

Meteore
Il monastero di Varlaam, situato in cima a una delle alte falesie in arenaria chiamate Meteore, parola che in greco vuol dire "sospeso".

Siti archeologici
Centri d'Arte
Aree naturalistiche
Stazioni balneari
Tradizioni
Centri religiosi
Benessere
Località montane

0 100 200
chilometri

Delfi
I resti del tempio di Apollo a Delfi che risalgono al IV secolo a.C. circa.

Cicladi
Case di pescatori sul mare nell'isola di Milo.

Epidauro
Il teatro di Epidauro che ancora oggi viene utilizzato per spettacoli teatrali e concerti.

SCRIVI UN TESTO IN 200 PAROLE

Lavora con il testo, la carta, internet e le immagini seguendo i punti elencati

a. Presenta i principali siti archeologici del Peloponneso.
b. Descrivi alcune caratteristiche dei piccoli arcipelaghi delle isole della Grecia.

Il Partenone di Atene si innalza nel punto centrale dell'Acropoli.

Il quartiere Plaka, uno dei più antichi, situato ai piedi dell'Acropoli e molto frequentato dai turisti per l'atmosfera vivace e i locali.

LA CAPITALE DEL MONDO CLASSICO

Atene, capitale della Grecia e capoluogo della regione dell'Attica, sorge ai margini di una pianura costiera circondata da rilievi montuosi. La città è il principale centro economico e culturale del paese, nonché uno degli agglomerati urbani più popolosi dell'Unione Europea.

LA CULLA DELLA CIVILTÀ

Principale centro del mondo greco antico e **culla della civiltà occidentale**, Atene era già nel II millennio a.C. una delle sedi della **civiltà micenea**. A partire dal VII secolo a.C. con la nascita dei primi ordinamenti democratici divenne la *polis* più rappresentativa di tutta la Grecia. Ma è nel V secolo a. C., dopo la vittoria sui Persiani e durante l'età di Pericle, che la città raggiunse la massima espansione e il culmine del suo prestigio, imponendosi come **potenza marittima e commerciale** e **centro culturale e artistico** di fondamentale importanza. In seguito, a partire dagli scontri con la rivale Sparta, l'altra potenza ellenica, conobbe un lungo periodo di decadenza. Con i Romani (146 a.C.) divenne, infatti, centro di secondaria importanza e tale rimase anche in età bizantina. Una ripresa si ebbe con la quarta crociata all'inizio del XIII secolo, ma nel 1456 cadde sotto il dominio ottomano, da cui si liberò, dopo essere stata quasi completamente distrutta dai turchi, nel 1833. L'anno successivo divenne capitale del regno greco.

LA CITTÀ DI OGGI

Atene sede dei Giochi Olimpici antichi, ha ospitato nel 2004 le **Olimpiadi**, l'evento sportivo più seguito al mondo. In questa occasione sono stati realizzati importanti interventi urbanistici, mirati a valorizzare e recuperare non solo il patrimonio storico e architettonico, ma anche le infrastrutture fondamentali, incluse la metropolitana e la rete stradale.

Da sempre basata sui commerci marittimi grazie alla presenza del porto del Pireo, Atene risente oggi come tutto il resto del paese della crisi economica globale; il suo fascino artistico rimane comunque immutato, offrendo un vastissimo patrimonio storico e culturale.

Luogo simbolo della città e per eccellenza dell'antichità classica è l'**Acropoli**, dal greco "città alta", il più grande complesso architettonico ed artistico lasciato dalla civiltà greca al mondo. Visitare l'Acropoli è come leggere la storia della stessa Atene. Vi si trovano il **Partenone**, un tempio dorico voluto da Pericle e dedicato alla dea Atena, la cui struttura fu abbellita dalle sculture del celebre artista Fidia; l'*Eretteo*, santuario legato a culti arcaici e famoso per la *Loggia delle Cariatidi*, sculture femminili usate come colonne; i *Propilei*, l'ingresso monumen-

Un'anfora del IV sec. a. C. conservata al Museo Archeologico Nazionale di Atene, il più importante al mondo per le collezioni di opere e resti dell'antica Grecia.

tale dell'Acropoli; il *Teatro di Dioniso*, il più antico teatro di tutto il mondo classico; il *Tempio di Atena Nike* e altri templi minori. Su una collina più bassa si trova l'**Areopago**, nell'antica Grecia centro della vita sociale e politica della città.

Ai piedi dell'Acropoli, vicino all'*Agorà*, l'antica piazza pubblica, si snoda uno dei più antichi e caratteristici quartieri di Atene, la **Plaka**. L'area conserva l'impronta delle dominazioni bizantina e turca con vie strette e tortuose popolate da innumerevoli negozi, taverne e musicisti di strada che suonano il *sirtaki*, la famosa danza popolare greca.

Altro quartiere particolare è **Monastiraki**, celebre soprattutto per il suo affollato mercato delle pulci che si tiene dal 1910. Ma la zona è da visitare anche per i suoi bei monumenti e le moschee islamiche lasciate dagli Ottomani.

Il cuore della città è **piazza Syntagma**, chiamata anche Piazza Costituzione, nella quale si trovano la sede del parlamento e la tomba del Milite Ignoto; qui si può assistere a una delle attrazioni turistiche ateniesi, la **cerimonia del cambio della guardia presidenziale**.

Poco lontano dalla piazza non bisogna lasciarsi sfuggire il **Tempio di Zeus Olimpo**, uno dei templi più grandi di tutta la Grecia. I lavori per la sua costruzione richiesero oltre 700 anni: avviati nel VI secolo a.C. da Pisistrato, furono interrotti per mancanza di fondi. Diversi altri governi cercarono in seguito di completarlo, ma toccò ad Adriano portare a termine l'opera nel 131 d.C.

I MUSEI

Il patrimonio artistico di Atene trova spazio anche nei numerosi musei cittadini. Tra i più importanti, il **Museo Archeologico Nazionale**, ospita oggetti che risalgono dal neolitico alla tarda epoca romana. La maschera funebre in oro di Agamennone, le pitture murali di Thera, il bronzo di Artemision, l'efebo di Maratona e la coppa di Nestore sono solo alcuni dei tesori custoditi dal museo. Il **Museo dell'Acropoli**, recentemente rinnovato, raccoglie esclusivamente reperti rinvenuti sull'Acropoli.

Il **Museo di Arte Islamica** espone una delle collezioni di arte islamica più significative al mondo. Collocato in due palazzi neoclassici, consta di oltre 8000 oggetti che coprono un periodo compreso tra il XII e il XIX secolo; ne fanno parte tessuti, oggetti, tappeti da preghiera, piastrelle e ceramiche.

Infine il **Museo Benaki** espone opere appartenenti alla cultura nazionale, per esempio armi in bronzo, rari elmi, gioielli e vasellame del periodo arcaico e preziosi monili d'oro del III secolo a.C.

IL PIREO

Il **porto del Pireo**, fondato da Temistocle nel 482 a.C., è il più grande della Grecia e uno dei maggiori del Mediterraneo. Da qui partono tutti i traghetti per le isole e le navi per il Medio Oriente e per altri paesi europei. Vale una visita il **Museo navale** che ripercorre con una esposizione di modellini la storia marittima della Grecia dall'antichità a oggi.

MALTA E CIPRO

5 *Lezione*

IL TERRITORIO, I PAESAGGI, LA CULTURA, LE TRADIZIONI E IL PATRIMONIO STORICO E ARTISTICO

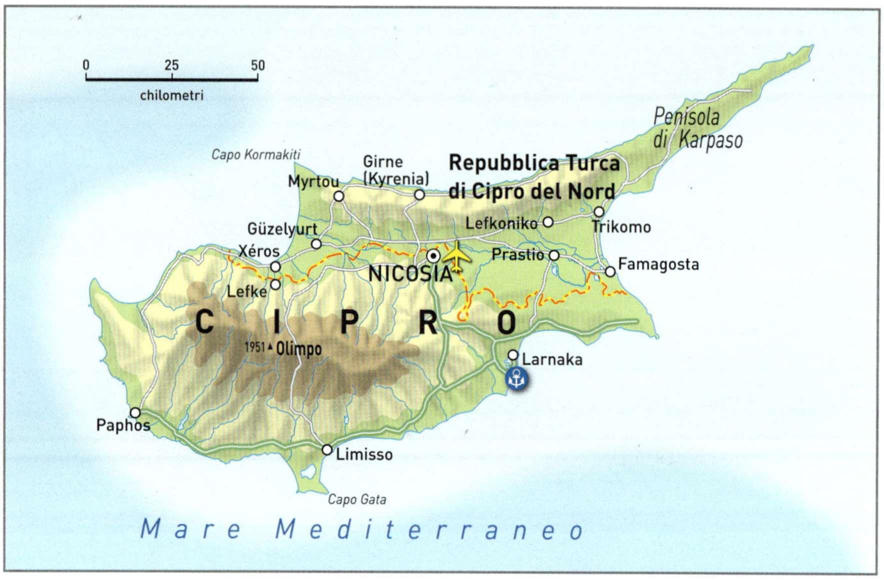

autostrade
strade principali
aeroporti principali
porti principali

	Cipro	Malta
superficie	9251 Km² (di cui 5 896 Km² nella Cipro greca)	316 Km²
popolazione (2016)	1 165 307 (di cui 848 319 nella Cipro greca)	434 403
densità	124 ab./Km²	1375 ab./Km²
lingua	greco e turco (uff.)	inglese e maltese (uff.), italiano
religione	ortodossi (Cipro greca), musulmani (Cipro turca)	cattolici (93%)
moneta	euro (Cipro greca), lira turca (Cipro turca)	euro
ordinamento dello stato	repubblica	repubblica
capitale	Nicosia	Valletta
sigla	CY	M

LE VIE DI COMUNICAZIONE

A **Malta** la **rete stradale** è abbastanza efficiente (si guida tenendo la sinistra). L'aeroporto internazionale è quello di Luqa (o della Valletta). I **collegamenti marittimi** sono operati dalla compagnia italiana Grimaldi Lines e dalla compagnia maltese Virtu Ferries Limited. **Cipro** possiede una **rete stradale** di 19 525 km, in buona parte asfaltata, che raggiunge le principali città. È collegata al resto del mondo per **via aerea** e dispone di più scali aeroportuali, il maggiore è quello internazionale di Larnaca.

DUE STATI INSULARI

Gli **stati** completamente **insulari** della regione del Mediterraneo orientale sono Malta e Cipro. **Malta** è un piccolo arcipelago dal territorio prevalentemente ondulato costituito da un tavolato calcareo. **Cipro** è, invece, un'unica isola in prevalenza montuosa e la terza per estensione del Mediterraneo dopo Sicilia e Sardegna. Benché per la sua posizione appartenga geograficamente all'Asia, essa rientra per cultura e storia in Europa. L'isola è oggi di fatto divisa in due stati: la **comunità greco-cipriota**, largamente maggioritaria, organizzata nella Repubblica di Cipro che, estesa nel centro e nel sud dell'isola, è l'unica riconosciuta a livello internazionale; la **comunità turco-cipriota**, nel nord, è invece sotto l'amministrazione della Repubblica Turca di Cipro del Nord.

LA POPOLAZIONE E L'ECONOMIA

A Cipro la popolazione è di poco superiore al milione di abitanti, mentre a Malta non raggiunge i 500 000 abitanti; la maltese **La Valletta** e la cipriota **Nicosia** sono i centri maggiori dei due stati.

Per quanto riguarda la **religione** il cattolicesimo prevale a Malta, la confessione cristia-

IL TURISTA CURIOSO

A Malta l'italiano è stato lingua ufficiale fino al 1943 e il maltese risente dell'influenza della nostra lingua.

no-ortodossa nella Cipro greca, l'islamismo nella Cipro turca. Le lingue sono differenti le une dalle altre: il **maltese**, idioma di origine araba, e il **turco**, di origine asiatica, sono scritti con l'alfabeto latino, il **greco** è un idioma indoeuropeo con un proprio alfabeto.

L'**economia** dei due paesi presenta condizioni intermedie tra le nazioni più ricche dell'Europa e quelle meno sviluppate. Molto importanti sono le attività finanziarie e quelle commerciali legate ai porti. Il turismo riveste un ruolo di primo piano per entrambi i paesi.

La spiaggia di Turtle Beach a Cipro.

L'ARTIGIANATO, LE TRADIZIONI E LA GASTRONOMIA

Malta è famosa per gli **oggetti in oro e argento**, che ebbero un forte sviluppo durante l'epoca dei Cavalieri e ancora oggi rappresentano l'eccellenza dell'arcipelago. A Gozo poi è fiorente l'artigianato dei **merletti a tombolo**. **Cipro** è invece famosa per la produzione di **ricami**. Particolarmente noti sono quelli realizzati nei piccoli villaggi montani di Lefkara.

Numerose sono le **feste religiose** nelle isole dell'arcipelago **maltese**. Alcune sono diventate nazionali come la festa di Santa Maria.

In ambito **gastronomico** una specialità **cipriota** è il *mezé*, una serie di portate con antipasti a base di carne e olive, salse come lo *tzatziki* e l'*humus*, un cestino di pane fresco, verdure grigliate o marinate e poi la carne come il *souvlaki* e il *kleftiko*. Alla base dei piatti tradizionali della cucina **maltese** ci sono le influenze più diverse e lo si capisce assaggiando la *tal-Lampuki*, una torta salata di pesce, i *qarabali*, cioè le zucchine ripiene, e i *kannoli*, dolci alla ricotta di origine siciliana.

L'ISOLA DI CIPRO TRA MARE, MITO E STORIA

Cipro è la più grande isola del Mediterraneo orientale, situata a sud della Turchia, in una posizione strategica anche per la sua vicinanza al Medio Oriente. Luogo di miti e leggende sulla nascita della dea Afrodite, coniuga la bellezza del suo paesaggio fatto di coste sia rocciose sia sabbiose alla ricchezza del suo patrimonio storico e artistico, eredità delle civiltà succedutesi nel corso dei millenni.

La capitale **Nicosia**, divisa in due parti dalla linea verde che separa la Repubblica di Cipro dalla parte settentrionale dell'isola, è una delle città più antiche e offre architetture gotiche e ottomane. Oltre alle mura veneziane che circondano il centro storico, vi sono importanti attrattive come il **Museo Archeologico**, che ospita la più ampia collezione di antichità di Cipro, dall'era neolitica fino all'epoca romana, e il **Museo Bizantino**. Altri punti di interesse sono il Buyuk Han, un caravanserraglio d'epoca ottomana, e la cattedrale di Agios Ioannis (San Giovanni), una piccola chiesa in stile franco-bizantino.

Interessanti sono anche **Paphos**, l'antica capitale romana, **Choirokoitia**, sito neolitico tra i più importanti del Mediterraneo orientale e, situato sui Monti Troodos, il **Monastero di Kykkos,** fondato verso la fine dell'XI secolo e che ospita l'icona della Vergine dipinta, secondo la tradizione, dall'Apostolo Luca.

L'isola di Cipro attira ogni anno molti turisti per la bellezza del suo **mare**. Poco distante da Nicosia c'è la dorata Turtle Beach, famosa per la presenza delle tartarughe marine. Un'altra bella spiaggia è quella di Kyrenia (o Gyrne), molto freqentata e famosa per il suggestivo **castello medievale di Sant'Ilario**. Sempre sul lato occidentale si trova la penisola di Akamas, un vero e proprio paradiso per gli appassionati della mountain bike e del trekking. Qui, immersi in una macchia mediterranea rigogliosa e tra montagne suggestive, ci si può immergere nelle insenature con il mare più limpido dell'isola. All'inizio della regione di Paphos c'è infine la spiaggia di Petra Tou Romiou, una delle più note, dove, secondo il mito, sarebbe nata proprio Afrodite, dea dell'amore e della bellezza.

L'arcipelago maltese, visto dal satellite.

QUANDO ANDARE?

Il clima di **Malta** è mediterraneo, con inverni miti e piovosi ed estati calde e soleggiate. Le isole dell'arcipelago possono essere visitate tutto l'anno. Per il turismo balneare il periodo estivo è il migliore. Il clima di **Cipro** è mediterraneo sulla costa, con inverni miti e piovosi ed estati calde e soleggiate; diventa freddo nelle zone montuose in inverno. Per visitare le città e i resti archeologici, i periodi migliori sono da aprile a maggio e da ottobre a novembre. La stagione balneare è lunga.

6 Lezione

ALLA SCOPERTA DI MALTA

CARTA INTERATTIVA IN DIGITALE

L'ITINERARIO

Malta e Comino in 5 giorni

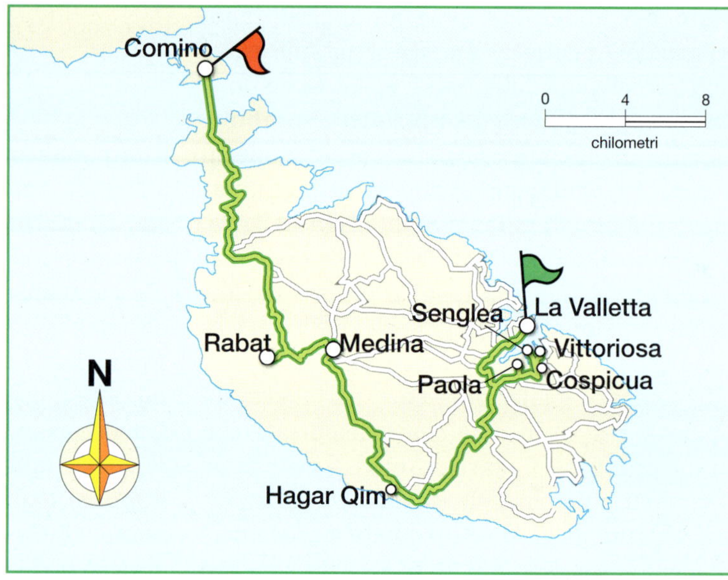

Oltre all'isola di Malta, che è quella più grande, l'arcipelago maltese, situato al centro del Mediterraneo tra la Sicilia e il Nordafrica, comprende anche Gozo e Comino e altre isole più piccole. Di antichissimo popolamento, queste terre hanno visto la presenza delle civiltà di fenici, cartaginesi, romani, arabi e normanni, che hanno lasciato tracce indelebili, nonché l'occupazione dei francesi e dei britannici. Tuttavia l'impronta più importante è stata lasciata dai *Cavalieri di San Giovanni di Gerusalemme*, noti anche come Cavalieri di Malta, un ordine che forniva assistenza medica durante le crociate e le spedizioni religiose; essi hanno fatto dell'isola il loro nucleo centrale con la fondazione nel XVI secolo della Valletta. La città, un vero gioiello barocco che ha sostituito Medina come capitale della nazione, vanta una storia lunga e illustre.

La Valletta, posta su una penisola che si affaccia su porti e insenature su entrambi i lati, è il centro principale da cui parte l'itinerario che ci porta alla scoperta dei tesori dell'isola di Malta: templi e siti che includono resti romani, edifici normanni, medievali, barocchi.

Accanto al passato millenario, l'arcipelago offre anche una natura incontaminata e un paesaggio costiero incorniciato da un mare blu e da splendide spiagge come quella di *Blue Lagoon*, una delle principali mete turistiche dell'isola di Comino, una piccola baia con una ricca fauna marina che la rende il luogo ideale per le immersioni subacquee e lo *snorkelling*.

La Valletta, Malta.

❶ GIORNO
La Valletta

Arrivo a La Valletta, una città che stupisce per la fusione di elementi orientali e occidentali. La visita del centro storico comincia da **piazza della Repubblica**, sulla quale si affaccia la **Biblioteca nazionale**. Si procede verso la maestosa e imperdibile **Concattedrale di San Giovanni**, una chiesa dall'architettura barocca, costruita tra il 1573 e il 1578, e all'interno della quale si possono ammirare gli affreschi di Mattia Preti (artista italiano) e due tele del Caravaggio: *Decollazione di San Giovanni Battista* e *San Girolamo*. Si raggiunge il **Palazzo del**

Gran Maestro, che ospitava il Parlamento del governo maltese, oggi trasferito nel nuovo edificio realizzato dall'architetto Renzo Piano vicino al City Gate. Si continua con il **museo nazionale di Archeologia** e il **museo nazionale della Guerra**, che racconta la sofferenza del paese durante il secondo conflitto mondiale. La visita si conclude con una passeggiata agli ***Upper Barrakka Gardens***, splendidi giardini colonnati che offrono uno dei panorami più belli di Malta.

❷ GIORNO
Vittoriosa - Senglea - Cospicua

Poco distante dalla capitale troviamo **Cottonera**, meglio nota come "le tre città", che si identifica con gli agglomerati di **Vittoriosa**, **Senglea** e **Cospicua**. Le tre città sono una testimonianza della storia dell'arcipelago. Vennero edificate dai Cavalieri di Malta e furono l'epicentro della resistenza di Malta durante il "grande assedio" ottomano del 1565.

❸ GIORNO
Paola - Hagar Qim

Poco distante da Cospicua si trova il sobborgo di **Paola**, che ospita due dei più importanti siti preistorici di Malta: l'***Ipogeo di Hal Saflieni*** e i templi di Tarxien. Il primo è una necropoli sotterranea risalente al 3600 a.C. alla quale si accede esclusivamente con visite guidate, mentre i **templi di Tarxien** consistono in strutture megalitiche decorate da bassorilievi.

Nel lato occidentale dell'isola troviamo i **templi di Hagar Qim** e di **Mnajdra**, siti preistorici suggestivi e molto ben conservati. Si ritiene che siano stati progettati in modo da essere allineati con gli spostamenti solari.

❹ GIORNO
Medina - Rabat

Arrivo a **Medina**, antica città fenicia e prima capitale dell'isola di Malta. Un tempo chiamata "città notabile", sede dell'aristocrazia, oggi per la tranquillità che si respira nei vicoli viene chiamata la città "silenziosa". Visita della **Cattedrale di San Paolo**, un gioiello di architettura inizialmente di stampo normanno, ma dopo la distruzione del terremoto del 1693 fu ricostruita in stile barocco.

Nelle vicinanze c'è **Rabat**, nota per le catacombe di San Paolo, patrono dell'isola, che risalgono al 300 d.C.

❺ GIORNO
Comino

A 15 minuti di traghetto da Malta si trova l'isola totalmente disabitata di **Comino**, una **riserva naturale** e avifaunistica, dove si trova uno dei luoghi naturali più belli dell'arcipelago, **Blue Lagoon**, famosa per il suo mare incontaminato e cristallino. Con un'imbarcazione si possono raggiungere le **grotte di Santa Maria**.

Templi di Tarxien, Malta.

La spiaggia di Blue Lagoon sull'isola di Comino, la piccola isola dell'arcipelago maltese che si trova tra Malta e Gozo.

ORGANIZZA TU UN ITINERARIO
L'isola di Gozo

Procurati una mappa di Gozo e costruisci un itinerario che includa i monumenti, le architetture e le località più interessanti. Con Google Maps visualizza il punto di partenza e quello di arrivo e, dopo aver deciso con quale mezzo sia meglio muoversi, calcola i tempi di permanenza e le distanze. Per ogni luogo scrivi in poche righe le principali caratteristiche e attrattive.

Distanza > 60 km circa

Durata > 4 giorni

Luoghi da visitare

1. Victoria
2. Dwejra - Gharb
3. Xaghra - Ramla Bay
4. Xewkija

LA TURCHIA

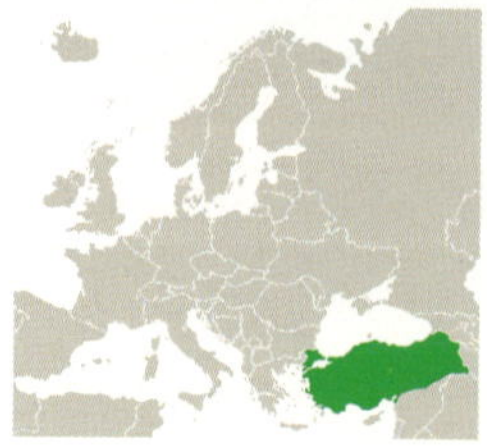

7

Lezione

IL TERRITORIO, LA GEOGRAFIA UMANA, LA CULTURA E LE TRADIZIONI

superficie	785 347 Km²
Popolazione (2016)	78 741 053
densità	100 ab./Km²
lingua	turco (uff.), curdo
religione	musulmani
moneta	lira turca
ordinamento dello stato	repubblica
capitale	Ankara
sigla	TR

IL TERRITORIO

Situata a cavallo tra Asia ed Europa, la Turchia si estende per il 97% del suo territorio in Asia. La **parte europea** è pianeggiante e occupa la zona orientale della regione della Tracia; la **sezione asiatica**, posta al di là del Mar di Marmara e degli stretti del Bosforo e dei Dardanelli, è occupata dalla tozza **penisola dell'Anatolia**, costituita da un ampio altopiano elevato tra 700 e 1000 m e attraversato da **numerose catene montuose**.

L'Anatolia è delimitata a nord dai monti del Ponto e a sud da quelli del Tauro; queste catene convergono a est, ai confini del paese, in un territorio sismico e vulcanico, nel gruppo dell'**Ararat**, che supera i 5000 m. Le uniche pianure asiatiche sono quelle costiere di Adana e Adalia. La rete fluviale è limitata: i fiumi principali sono il Kizilirmak (fiume Rosso, 1128 km) che sfocia nel Mar Nero e il Meandro diretto all'Egeo; al paese appartengono gli alti corsi dei fiumi **Eufrate** e **Tigri**. Numerosi i laghi, in gran parte salati, come quelli di **Tuz** e **Van**.

Il **clima** è **mediterraneo** lungo le coste, continentale all'interno.

LA POPOLAZIONE

La Turchia, con **oltre 78 milioni di abitanti**, è di gran lunga il paese più popolato tra quelli del Mediterraneo orientale. La crescita naturale è costante, anche se in calo rispetto al passato. La natalità, pur sostenuta, è infatti diminuita; in ogni caso il paese non conosce il fenomeno di invecchiamento della popolazione tipico delle nazioni europee. Va aggiunto che l'incremento del numero di abitanti si deve anche all'immigrazione, a cui contribuisce l'arrivo di rifugiati in fuga dalle zone di guerra del Medio Oriente, prima di tutte la Siria.

La popolazione è concentrata nella piccola parte europea del territorio e lungo le coste del Mar Nero e del Mediterraneo. La rete urbana turca è dominata da **Istanbul**, la vecchia capitale, estesa sulle due rive del Bosforo, a cavallo tra Europa e Asia. **Ankara**, scelta come capitale per la sua posizione centrale nel cuore dell'Anatolia, è la seconda città turca per dimensioni. Al Mediterraneo si affaccia **Smirne**, notevole porto e terza città del paese.

Per quanto riguarda le caratteristiche culturali della popolazione, la **lingua turca** è un

LE VIE DI COMUNICAZIONE

Il sistema dei trsporti è piuttosto sviluppato. La **rete stradale** è stata incrementata di recente e le condizioni delle strade sono tutte molto buone.

Le **ferrovie** dello stato gestiscono un servizio che copre tutto il paese. Il *Bosphorus Express* parte da Istanbul e arriva a Bucarest, da dove ci sono delle coincidenze per Chisinau (Moldova) e Budapest (Ungheria).

I **trasporti marittimi** collegano diversi paesi europei alla Turchia, ma nessun traghetto arriva a Istanbul, approdano tutti a Smirne, Adalia o Kusadasi.

Gli **aeroporti** internazionali sono a Istanbul, Ankara, Smirne e Adalia e collegano tutte le città europee e del mondo.

idioma di origine asiatica, scritto con l'alfabeto latino; la **religione** nettamente prevalente è quella **islamica**. Dal punto di vista etnico è presente, nella regione del Kurdistan, una forte minoranza curda, la cui lingua è invece di origine indoeuropea.

L'ECONOMIA

Sotto il profilo economico, la Turchia è un paese in **rapida crescita** grazie soprattutto allo sviluppo del settore industriale. Il turismo svolge un ruolo importante e la Turchia è **uno dei 10 paesi più visitati** al mondo; va però detto che i recenti e ripetuti **attentati terroristici** hanno gravemente compromesso questa fondamentale risorsa economica.

LE FESTE, LE TRADIZIONI E LA GASTRONOMIA

Tra le tante feste tradizionali turche vale la pena ricordare la **danza dei dervisci rotanti** che si svolge a Konya, in Anatolia centrale, celebrata da danzatori sufi che fanno rapidissime giravolte come esercizio spirituale. Infine l'artigianato **turco** spicca per la lavorazione di tappeti ***kilim*** e poi **gioielli in argento**.

La cucina turca ha addirittura influenzato quella di altre regioni, dal Medio Oriente all'India del Nord, ai Balcani. La **tradizione** è quella **ottomana**, quando i sultanati elaborarono una straordinaria ricchezza di piatti e preparazioni. Tra i piatti tipici occupa un posto di primo piano il ***kebab***: carne di agnello, manzo o pollo, cotta alla brace e servita con salse allo yogurt, ingrediente fondamentale. È un piatto che ha fatto il giro del mondo, diventando *ghiros* in Grecia e *shawarma* nelle culture arabe. Molto diffusi il ***pilav***, ossia riso dal chicco lungo servito con verdure, pesce o carne e l'immancabile tocco speziato, e i ***dolma***, involtini di foglia di vite con un ripieno di riso o legumi.

I piatti preparati con la pasta fillo, la sottile pasta sfoglia, si chiamano *börek*. La frutta fresca e secca (datteri, uvetta, pistacchi ecc.) viene utilizzata in preparazioni dolci e salate. Tra i dolci la specialità turca più rinomata è il ***baklava***, una sfoglia farcita con frutta secca e bagnata con sciroppo di zucchero oppure miele.

QUANDO ANDARE?

I periodi più indicati per fare un viaggio in Turchia sono la primavera, da aprile a giugno e l'autunno, da settembre a novembre, stagioni nelle quali, sia sulle coste dell'Egeo sia a Istanbul, il clima è mite. In piena estate nelle località turistiche della costa fa molto caldo ideale per il soggiorno balneare. Da maggio a ottobre piove poco, tranne che sulla costa del Mar Nero. Per la Turchia orientale sono invece indicati i mesi estivi, anche perché d'inverno alcune strade sono bloccate dalla neve.

COMPETENZA LOCALIZZAZIONE

1 Lavora con la carta

Osserva la carta e rispondi alle domande.

a. Dove si trova la città di Bursa? In Europa o in Asia? Ed Edirne?
b. Quale altezza raggiunge il monte Ararat, la massima elevazione del paese? Dove si trova?
c. Dove si trova la Cappadocia? E il Kurdistan? E la regione turca dell'Armenia?

Dervisci rotanti.

Il ponte sul Bosforo.

Kebab, piatto a base di carne, tipico della cucina turca.

8 Lezione — LE RISORSE TURISTICHE

Per il **TURISMO CULTURALE** la destinazione turistica principale è **Istanbul**. Segue **Ankara**, la capitale turca con l'antica cittadella o *Hisar*, la cui struttura presenta particolari architettonici della tradizione turca; altri siti di interesse sono il Mausoleo di Ataturk, fondatore della Repubblica Turca, e il Museo delle civiltà anatoliche. **Bursa** ruota tutta attorno alle moschee, ai mausolei e agli altri edifici nati all'epoca in cui è stata la prima capitale dell'impero ottomano.

Tra i numerosi siti archeologici, sulla costa occidentale, vale la pena vedere **Efeso**, antica città ionica, quindi **Priene** e **Mileto**, mentre ad **Aspendos** si trova un meraviglioso teatro romano. Si possono visitare anche le rovine dell'antica **Troia**, la leggendaria città omerica e lo splendido sito dell'antica città di **Pergamo**, sulle alture della piccola città di *Bergama*. Verso l'interno, tra i monti del Tauro si erge il **Nemrut Daği**, sulla cui sommità si trovano i resti della tomba santuario del re Antioco I di Commagene risalenti al I Sec. a.C..

Riguardo il **PATRIMONIO NATURALE** la **Cappadocia** e il **parco nazionale di Göreme** uniscono al paesaggio suggestivo la presenza di santuari con testimonianze dell'arte bizantina, siti rupestri e città sotterranee ricavate nella roccia. Non meno interessante è il sito di **Pamukkale**, le cui acque termali hanno creato un ambiente singolare con piscine naturali di calcare bianco.

Il **TURISMO BALNEARE** si concentra sulle coste egee e mediterranee. Tra le zone più belle spicca la baia di **Adalia**, uno dei principali centri turistici. Altre località ancora più interessanti sono **Kas**, **Alanya**, **Kemer**, **Kekova** e **Fethiye**, che unisce alla bellezza del paesaggio la presenza di tombe rupestri e di tombe licie. Sul Mar Egeo molto frequentati sono i centri di **Marmaris** e **Bodrum**, l'antica Alicarnasso.

Bursa
La Grande Moschea di Bursa, costruita in stile selgiuchide tra il 1396 e il 1400 è una delle più belle della Turchia.

Il patrimonio dell'UNESCO
Aree storiche di Istanbul
Parco nazionale di Göreme e siti rupestri della Cappadocia
Hattusa
Nemrut Daği
Hierapolis-Pamukkale
Sito archeologico di Troia
Moschea Selimiye e suo complesso sociale
Bursa e Cumalıkızık: la nascita dell'Impero ottomano
Pergamo e il suo paesaggio culturale
Efeso

Per la lista completa vai su: http://whc.unesco.org/en/list/

Fethiye
La spiaggia di sabbia bianca di Ölüdeniz, nei pressi di Fethiye.

Efeso
La biblioteca di Celso costruita durante il regno dell'imperatore Traiano tra il 98 e il 117 a.C. è uno degli edifici più belli del sito archeologico.

Cappadocia
I "camini delle fate" a Göreme, nel cuore della Cappadocia. Un paesaggio quasi lunare di estrema bellezza.

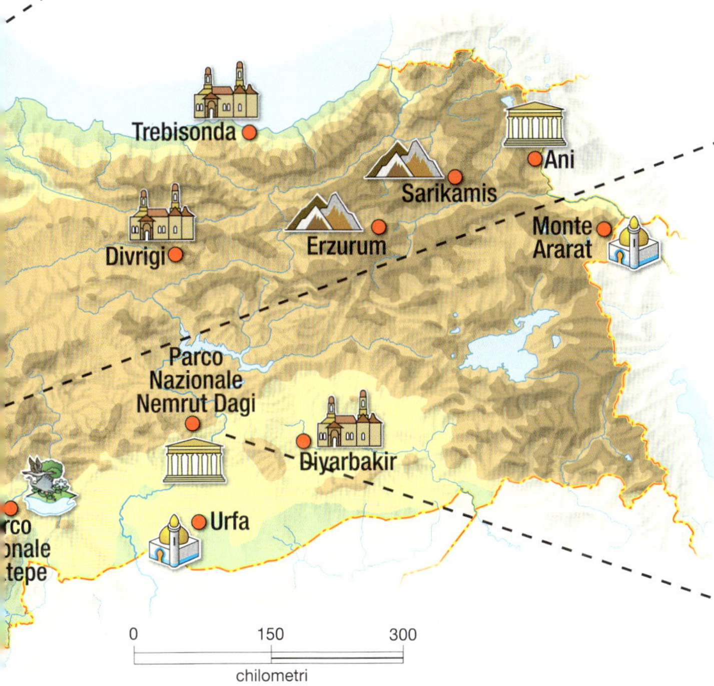

Nemrut Daği
Il monte fu scoperto nel 1881 da un ingegnere tedesco, incaricato dagli ottomani di perlustrare la zona.

Dalyan
La regione della Licia, nella zona sud-occidentale della Turchia, è caratterizzata da magnifiche tombe rupestri ancora oggi ben conservate.

- Siti archeologici
- Centri d'arte
- Aree naturalistiche
- Stazioni balneari
- Tradizioni
- Centri religiosi
- Benessere
- Località montane

SCRIVI UN TESTO IN 200 PAROLE

Lavora con il testo, la carta, internet e le immagini seguendo i punti elencati

a. Descrivi le principali risorse archeologiche della Turchia

b. Elenca le principali località balneari della costa turca.

La grandiosa basilica di Santa Sofia con i suoi quattro minareti.

Una delle stanze Interne del Palazzo Topkapi arredate con raffinati baldacchini e tappeti pregiati.

LA MAGICA COSTANTINOPOLI

Situata sullo stretto del Bosforo, la città di **Istanbul** per la sua posizione geografica è divisa tra due continenti, quello asiatico e quello europeo.

Fondata dai greci intorno al 660 a.C., con il nome di **Bisanzio**, la città ebbe subito grande importanza per la sua posizione sul Mar Nero. Fu capitale dell'Impero Romano d'Oriente a partire dal IV secolo con il nome di *Nova Roma*, rinominata poi in **Costantinopoli**; divenne quindi, durante il Medioevo, il cuore dell'immenso Impero bizantino. In seguito alla conquista degli Ottomani nel 1453, la città continuò a mantenere il nome ufficiale di Costantinopoli. È solo a partire dal 1923, con la nascita della Repubblica Turca, che la città prese il nome definitivo di **Istanbul**.

Nello stesso anno, pur rimanendo uno dei centri più importanti della nuova Repubblica, Istanbul perse il suo ruolo di capitale a favore di Ankara.

I TESORI DELLA CITTÀ

Istanbul è il centro della vita economica e culturale della Turchia. Con più di 14 milioni di abitanti rappresenta uno degli agglomerati urbani più estesi e popolosi d'Europa e dell'Asia occidentale. La città può essere suddivisa in tre grandi zone, collegate tra loro da diversi ponti. Sul promontorio tra la profonda insenatura del Corno d'Oro e il Mar di Marmara c'è il quartiere **Sultanahmet** che ospita la maggior parte delle attrazioni turistiche.

La **basilica di Santa Sofia,** costruita tra il 532 e il 537 d.C. per volere di Giustiniano, è tra i più importanti simboli della città ed è famosa non solo per la sua complessa vicenda storica, ma anche per essere una delle più grandi opere architettoniche al mondo. La caratteristica dell'edificio è l'immensa cupola centrale rivestita da pregevoli mosaici risalenti al periodo bizantino. Con l'arrivo dei turchi nel 1453 Santa Sofia fu trasformata in moschea fino a diventare dal 1934 uno dei musei più visitati del Paese.

Il **Palazzo Topkapi**, simbolo del potere e della magnificenza dei sultani dell'Impero ottomano, è composto da diversi edifici e giardini che si affacciano sul Bosforo. Di particolare interesse sono l'*harem*, un insieme di lussuosi appartamenti riservati esclusivamente al sultano regnante, alle mogli, ai figli e alle concubine, e i gioielli del tesoro, tra i quali un diamante da 86 carati.

La **Moschea Sultanahmet**, più nota come **Moschea Blu** dal colore delle maioliche che rivestono le pareti interne, fu realizzata dal sultano Ahmed esattamente di fronte alla basilica di Santa Sofia per competere in bellezza e grandiosità con l'opera di Giustiniano.

La **Cisterna Basilica**, concepita come deposito d'acqua, fatta costruire nel 532 d.C. dall'imperatore

Giustiniano per l'approvvigionamento idrico della città, si presenta come una struttura sotterranea in cui ci sono dodici file di 28 colonne alte 9 metri.

Meritano una visita anche la **Moschea di Solimano il Magnifico**, opera di Mimar Sinan, uno dei più importanti architetti del XVI secolo, il quale si ispirò alla chiesa bizantina di Santa Sofia, e l'**Ippodromo**, centro della vita pubblica dell'antica Costantinopoli.

Sempre nella zona europea di Istanbul, ma al di là del Corno d'Oro (il porto naturale della città) e del celebre **Ponte di Galata**, si trova la zona di **Beyoğlu** con **piazza Taksim**, cuore della città e luogo d'incontro nonché sede delle celebrazioni nazionali. Nel distretto di **Galata** si erge una grossa **torre** costruita a scopo difensivo dai genovesi che avevano fondato una colonia in questa zona; dalla torre è possibile ammirare una splendida vista della città, del Corno d'Oro e del Mar di Marmara.

Sulla sponda asiatica del Bosforo si estendono i **quartieri** asiatici di **Üsküdar** e di **Kadiköy**, diventati parte della città solo nell'Ottocento; essi offrono, oltre ai negozi, caffè e ristoranti, attrazioni come la splendide moschee ottomane.

Il cuore pulsante di Istanbul sono i suoi mercati, luoghi in cui si coglie l'antica atmosfera degli scambi e del commercio. Il **Gran Bazar**, in turco *Kapali Carsi*, è il più grande e famoso mercato coperto della città, una vera e propria istituzione. Al suo interno, in un intricato dedalo di stradine, è possibile acquistare oggetti di ogni tipo.

Il ponte di Galata attraversato da un flusso costante di persone che si spostano tra Beyoğlu ed Eminönü, mentre i pescatori gettano in acqua le loro lenze e un'incessante processione di venditori ambulanti offre di tutto.

Il Gran Bazar con i suoi vivaci colori regala uno spettacolo unico agli occhi di migliaia di turisti.

LE ISOLE DEI PRINCIPI

A pochi chilometri di distanza dalla costa asiatica di Istanbul ci sono le isole dei Principi, in turco *Adalar*, arcipelago del Mar di Marmara costituito da nove verdissime isole, raggiungibili con traghetti e aliscafi. Il nome deriva dal fatto che servirono come luogo di ritiro o di reclusione dei principi bizantini. Oggi sono una frequentata meta del turismo d'élite.

SEI PRONTO PER LA VERIFICA?

LOSAI? RIPASSA CON LO SMARTPHONE

IN 1 ORA

1 Dopo aver studiato le unità, completa la sintesi utilizzando le parole proposte. Attenzione, ce ne sono 5 in più. ..... / 10

UNITÀ 13 – LA PENISOLA IBERICA

● La Spagna occupa gran parte della penisola iberica ed è il quarto paese d'Europa per superficie. Ad essa appartengono gli .... delle Baleari e delle Canarie. Più della metà del territorio è occupato dalla Meseta, vasto .... diviso in due dalla Cordigliera Centrale. Le montagne più estese sono i Pirenei. Le pianure occupano solo l'11% del paese e le coste sono alte e rocciose sul litorale atlantico mentre quelle mediterranee sono, in genere, basse e sabbiose.

● Il clima a nord è di tipo atlantico, mite e piovoso, e l'ambiente si presenta con una .... rigogliosa. La Spagna centrale ha un aspetto arido e la vegetazione è scarsa. La Spagna orientale presenta il .... tipico mediterraneo. Nelle pianure costiere si concentrano le attività agricole: a sud, in Andalusia, si ha un clima molto caldo e il paesaggio all'interno è .... Lungo le coste ci sono molti centri balneari di fama.

● La Spagna ha una popolazione di 46 milioni di abitanti, con una densità molto bassa, concentrata soprattutto nelle città più economicamente sviluppate e sulla costa. La natalità è diminuita e si assiste al fenomeno della .... zero e dell'invecchiamento della popolazione. Lo stato è diviso in 17 comunità autonome e, di fatto, ha un assetto federale. Alcune ...., come i Baschi e i Catalani, rivendicano da anni una piena autonomia.

● Le ceramiche di Talavera, le spade di Toledo e i variopinti .... di Siviglia, sono tra i prodotti artigianali più noti. L'enogastronomia risente di influssi arabi e del lungo periodo coloniale. Famosa è la *paella*, il *gazpacho* e le *tapas*, piccoli assaggi che accompagnano l'aperitivo.

● La grande festa dei fuochi, Las Fallas, è tra le manifestazioni più importanti della Spagna come pure la Settimana Santa, la Corrida, ora vietata in Catalogna, e il flamenco, ... tipica, iscritta nell'elenco del patrimonio culturale dell'UNESCO. Dopo Italia e Cina, la Spagna ha il numero maggiore di .... tutelati da questa organizzazione.

UNITÀ 14 – I PAESI DEL MEDITERRANEO ORIENTALE

● La Grecia è una penisola il cui territorio è per i 2/3 costituito da montagne. La rete .... è povera e i fiumi hanno un corso breve. I piccoli arcipelaghi comprendono 2000 isole il cui clima è fortemente influenzato dal mare.

● La Grecia è meno sviluppata delle altre nazioni della UE; la crisi economica ha costretto il governo ad adottare pesanti .... restrittive alla spesa pubblica. Il primario ha una produttività ridotta a causa del territorio impervio e dell'aridità. Buono è il commercio, che si avvale di un'importante flotta ...., e il turismo sia balneare, soprattutto sulle isole, che culturale grazie all'immenso patrimonio ....

● Moltissime sono le località dove sono presenti testimonianze artistiche e culturali: ad Atene si trova l'Acropoli, ... dell'UNESCO, con il Partenone, ma anche Delfi con i resti del tempio di Apollo. Un luogo di grande interesse è costituito dalle Meteore, un insieme di .... costruiti a picco su torri di ....

● Le isole greche sono famose in tutto il mondo per il mare cristallino e le splendide spiagge ma, oltre a ciò, in questi luoghi è possibile visitare resti di .... antiche, come a Creta dove si trovano testimonianze dell'arte minoica.

● La parte europea della Turchia si affaccia sugli stretti del Bosforo e dei Dardanelli e presenta un territorio pianeggiante. Il resto del Paese è costituito dalla .... dell'Anatolia delimitata dai monti Ponto e Tauro.

● La Turchia ha 78 milioni di abitanti che sono di religione musulmana e che parlano una lingua di origine asiatica scritta con l'alfabeto .... È un paese che sta crescendo economicamente e dove ha una grande importanza il turismo sia culturale che naturalistico.

● Il *kebab*, che è a base di .... arrostita, servita con salse a base di yogurt, è la specialità gastronomica turca più famosa nel mondo dove è diventato un diffuso esempio di *street food*, mentre il *baklava*, a base di frutta secca e .... , è il dolce più rinomato.

● La lunga storia della Turchia offre al turismo culturale una grande varietà di testimonianze romane, ... e ottomane. Le città di Ankara, la capitale, e Smirne sono ricche di attrazioni soprattutto architettoniche, ma è Istanbul, sullo stretto del Bosforo, ad attrarre il maggior numero di visitatori. La basilica di Santa Sofia, il palazzo di Topkapi, sede del .... , e la Moschea Blu sono solo un esempio dell'immensa ricchezza artistica della città.

Parole da inserire: misure • roccia • danza • altopiano • bizantine • frutta • idrografica • monasteri • archeologico • tradizioni • vegetazione • latino • brullo • patrimonio • crescita • reddito • arcipelaghi • carne • architettonico • mercantile • paesaggio • sultano • penisola • attività • siti • etnie • miele • civiltà • ventagli

ZTE ONLINE
Mettiti alla prova
con 20 esercizi interattivi

2 Indica se le frasi sono vere o false. (2 punti ciascuna) ..... / 14

a. In Galizia il litorale ha profonde insenature dette *rias*. V F
b. Le principali testimonianze della dominazione araba si trovano in Andalusia. V F
c. La *tortilla* è a base di riso e pesce. V F
d. Tenerife è l'isola più importante delle Baleari. V F
e. In Grecia la pianura occupa il 20% del totale del territorio. V F
f. L'Alfama è la parte vecchia della città di Lisbona. V F
g. Cipro è la sesta isola per estensione del Mediterraneo. V F

3 Indica la risposta corretta. ..... / 2

a. I tre più importanti musei di Madrid ci sono:
❑ Prado
❑ Reina Sofia
❑ MUSAC
❑ Thyssen-Bornemisza
❑ Fondazione Mirò

b. Quali tra queste isole appartengono alla Grecia?
❑ Cicladi
❑ Ionie
❑ Eolie
❑ Egadi
❑ Sporadi

4 Associa ogni termine o località al luogo di appartenenza. (1 punto ciascuna) ..... / 9

a. Formentera	❑ 1. Madrid
b. Marmaris	❑ 2. Isole Ionie
c. Basilica Cisterna	❑ 3. Costa del Sol
d. Museo Guggenheim	❑ 4. Baleari
e. Corfù	❑ 5. Mar Egeo
f. Pireo	❑ 6. Istanbul
g. Marbella	❑ 7. Atene
h. La Valletta	❑ 8. Bilbao
i. Plaza Major	❑ 9. Malta

5 Scrivi la definizione dei termini proposti. (5 punti ciascuna) ..... / 15

a. Meseta ....
....
....
b. Alentejo ....
....
....
c. Turtle beach ....
....
....

6 Rispondi alle domande. (10 punti ciascuna) ..... / 50

a. Quali sono le maggiori produzioni agricole della Spagna?
....
....
....
b. Quali sono le più importanti testimonianze della dominazione araba in Spagna?
....
....
....
c. A cosa deve la sua fama la città di Istanbul?
....
....
....
d. Quali sono i motivi della forte affluenza di turisti in Grecia?
....
....
....
e. Quali sono le principali caratteristiche della popolazione maltese?
....
....
....

PUNTEGGIO TOTALE
..... / 100

GEOGRAPHY HIGHLIGHTS – CLIL

THE CRETAN RESORT CYCLE

Crete is the largest island in Greece, and the fifth largest in the Mediterranean Sea. The island is famous for the **remains** of ancient civilisations, glorious beaches, impressive mountainscapes, fertile valleys and steep **gorges**, and its rich gastronomic culture. Actually, Tourism in Crete has undergone a gradual evolution over the ages, which has transformed it into a primary source of income, employment and improvement of the quality of life for the locals. However, to increase demand, the government has focused on providing a larger number of beds, and on concentrating tourist arrivals in space and time, rather than planning a balanced growth of Tourism. Therefore, various social and environmental **strains** have resulted, such as environmental **degradation**, cultural pollution, commercialisation of human relations and negative demonstration effects.

Tourism in **Crete** has been **marked** by the following stages.

The era of '*Wealthy*' *Explorers* • Art, History and Literature attracted the wealthy archaeologists, painters, architects, classicists and historians in the **1. ......** this small number of visitors was **accommodated** by locals, since there were no hotels.

The era of *Cruisers* • When the *Cruise Age* began in the early **2. ......**, a larger number of people could afford a cruise to the Eastern Mediterranean including Crete. Yet only a few tourists came to Crete.

World War II and the *Civil War* • In **3. ......** , the Greek government tried to increase tourists arrivals by opening *Heraklion* airport, but the War destroyed the few infrastructure. After World War II, a Civil War between the Right and the Communist movements stopped the Tourism growth. From **4. ......** only three new hotels of a capacity of *82* beds were built .

The *Reconstruction* of the *Tourism industry* • After the Civil War, Crete **enjoyed** political stability, and the island's infrastructure was partially restored. The *Greek Tourism Board* promoted Crete by *charter cruises* with a stopover at the island. In the **5. ......** small seaside villages started to attract the first excursionists. In the **6. .....**, more hotels with modern facilities were built on the north coast, close to urban centres and airports. The local economy changed, farmers decreased, shopkeepers increased; the local population started to demand imported products, formerly consumed only by tourists.

The era of *Organised Mass Tourism* • The *Heraklion* airport became international in **7. ....** and *charter flights* started to land. *Mass Cretan Tourism* began with an **upturn** in tourist arrivals.

In **8. ....** Greece entered the **EU**. Foreign tour operators began to invest in Crete and pushed its economy forward. **Today**, most Cretan resorts are at the point of maximum tourist impact, reaching the *saturation* or ***stagnation stage***. In order to **forestall** the ***decline stage***, the government has forbidden further construction of hotels in saturated areas and promoted alternative Tourism activities, as golf courses or casinos. Negative impacts can be **tackled** by focusing on economic, social and environmental sustainability, **preserving** culture, environment and involving the tourists. Despite the negative consequences of **unplanned** evolution of Tourism in Crete, the island has some of the few unspoiled beaches in the Mediterranean. Many coastal areas, mainly in the underdeveloped southern part, have kept their natural beauty. The economic role of coastal resorts for the local communities suggests that Tourism will restart in the future.

07

❶ Fill in the blanks with the correct time sequence. Then, listen & check.

... 20th century - ...1939 - ... 19th century - ... 1950s - ... 1981 - ... 1960s - ... 1940 to 1950 - ... 1971

❷ Match the highlighted words in the text to their synonyms.

1. characterized = ... 2. lodged = ... 3. prevented = ... 4. blocked out = ... 5. have = ... 6. rise = ...
7. traces = ... 8. ravines = ... 9. stresses = ... 10. pristine = ... 11. safeguarding = ... 12. deterioration = ...

❸ Read the text and choose the correct option.

1. Crete is the largest island in:
   A. the Mediterranean sea
   B. Greece
   C. in eastern Europe
   D. southern Europe

2. Tourism stages in Crete are:
   A. a slow start & steady growth
   B. a quick growth & decline
   C. a quick start & decline
   D. a slow start, growth & stagnation

3. The tourist demand may increase thanks to:
   A. the numbers of beds
   B. more jobs for locals
   C. a balanced Tourism development
   D. concentration of tourist arrivals

4. Mass Tourism in Crete began in:
   A. the 1960s
   B. 1981
   C. 1971
   D. early 20th century

5. Crete was included in the route of charter cruises:
   A. before World War II
   B. after the Civil War
   C. since the era of wealthy explorers
   D. after World War II

6. The restart of Tourism in Crete depends on:
   A. the building of new hotels
   B. the building of infrastructure
   C. sustainable Tourism management
   D. the building of new airports

❹ Read the text and fill in with the required information.

1. Early steps of Cretan Tourism: ....
2. Changes due to World War II: ....
3. Government efforts after the wars: ....
4. Period of Tourism development: ....
5. Consequent social change: ....
6. Factors activating Mass Tourism: ....
7. Today's stage of Cretan Tourism: ....
8. Factors determining forecasts for the future: ....

REVISION & PRODUCTION

❺ Translate

Tourism is the biggest industry in Greece. Yet, in the past decade, Tourism has suffered a slight but steady decline, experiencing a serious slowdown, due to a severe global economic crisis and to the saturation of main Greek resorts, including Crete. In the age of greater awareness of the negative impact pollution has on our planet, Tourism does not appear as an environmentally friendly industry. Transportation, over-development and depletion of natural resources are but a few factors. Linking visitors with local culture, nature and the environment in a harmonious manner, is a way to forestall the negative trend. Crete has much to offer in sustainable Tourism, from one-day visits to ancient sites or olive oil factories, traditional villages and folklore museums; to week-long nature and adventure tours; and Green hotels operating on an ecologically-friendly basis complete with organic gardens and bird sanctuaries.

❻ Write a short article describing the negative social, cultural and environmental impacts of unplanned Tourism in Crete (200 words).

UNITÀ 15 I PAESI DELL'EUROPA CENTRO-ORIENTALE

1 Lezione — IL TERRITORIO E I PAESAGGI

LE VIE DI COMUNICAZIONE

Il sistema dei trasporti è abbastanza efficiente in tutta la regione anche se mantiene una marcata polarizzazione sulle capitali. La **rete autostradale** risulta ancora in evoluzione.

La **rete ferroviaria** è in espansione soprattutto in direzione orientale.

Per i **trasporti via mare,** in area baltica lungo la costa polacca, svolgono un ruolo principale i **porti** di Danzica e Stettino. Tra gli **aeroporti internazionali** ci sono quelli di Bratislava (che serve per i voli *low cost* anche la vicina Vienna), Varsavia, Praga e Budapest.

IL TERRITORIO

Gli stati dell'**Europa centro-orientale**, estesi tra il Mar Baltico e i rilievi dei Balcani, sono quattro: **Polonia**, **Repubblica Ceca**, **Slovacchia** e **Ungheria**. Il territorio della regione è in prevalenza pianeggiante. La pianura polacca a nord e quella ungherese a sud, infatti, ne occupano la maggior parte. Tra queste **due immense pianure** s'interpongono, al centro, i **rilievi della Boemia** e un tratto dei **Carpazi**. L'intera regione è poi punteggiata di colline, mentre la costa affacciata al Mar Baltico è bassa e sabbiosa.

LA REGIONE SETTENTRIONALE

La **regione settentrionale** è occupata dalla pianura polacca, coperta da grandi foreste miste che si succedono alle coltivazioni e alle città. Una fitta rete di corsi d'acqua la percorre, mentre, specie a nord, è disseminata d'innumerevoli laghi e stagni e interrotta da morbide colline che sfumano in direzione del Baltico.

LA REGIONE CENTRALE

Nella regione centrale si estende **l'area montuosa**, costituita dai rilievi dei Carpazi e della

QUANDO ANDARE?

I paesi dell'Europa centro-orientale presentano un clima caratterizzato da inverni piuttosto freddi ed estati calde. Le precipitazioni sono relativamente scarse. La stagione ideale per visitarli è la tarda primavera o l'inizio dell'estate, mentre nei mesi invernali le temperature rigide e la neve limitano gli spostamenti.

	Repubblica Ceca	Polonia	Slovacchia	Ungheria
Superficie	78 866 km²	312 685 km²	49 034 km²	93 030 km²
Popolazione (2016)	10 553 843	37 967 209	5 426 252	9 830 485
Densità	134 ab/km²	121 ab/km²	111 ab/km²	106 ab/km²
Lingua	ceco (ufficiale), polacco, rumeno, russo, slovacco, tedesco, ucraino, ungherese	polacco (ufficiale), bielorusso, tedesco, ucraino	slovacco (ufficiale), ungherese, ceco	ungherese
Religione	cattolici (11%), non religiosi (41%), protestanti	cattolici (88%), non religiosi (8%) ortodossi	cattolici (62%), non religiosi (13%), protestanti (8%), greco-cattolici	cattolici (39%), protestanti (15%), non religiosi (18%)
Moneta	corona ceca	zloty	euro	fiorino ungherese
Ordinamento dello stato	repubblica	repubblica	repubblica	repubblica
Capitale	Praga	Varsavia	Bratislava	Budapest
sigla	CZ	PL	SK	H

Boemia. Le catene carpatiche, poste tra Slovacchia e Polonia, sono formate da più gruppi. Negli Alti Tatra si raggiungono i 2663 m, altezza che costituisce la massima elevazione di tutta l'area. I rilievi sono coperti da estese foreste e gli insediamenti e le attività principali si svolgono intorno ai villaggi ai piedi delle maggiori catene.

LA REGIONE MERIDIONALE

Nella regione meridionale si estende la **piana ungherese**. Qui il paesaggio assume l'aspetto particolare della *puszta*, l'arida steppa ungherese, caratterizzata da una sterminata landa desolata priva di alberi, in cui è diffuso l'allevamento brado.

I FIUMI E I LAGHI

I principali **corsi d'acqua**, che svolgono un ruolo importante come vie di trasporto, sono la Vistola (con 1074 km è il più lungo fiume polacco e della regione) con il tributario Bug, l'Oder (Odra) e l'Elba con l'affluente Moldava (Vltava) per il versante nord; il Danubio con l'affluente Tibisco per il versante sud. Il bacino lacustre più esteso è il **Balaton**, il "mare ungherese", con forma allungata e bassissimi fondali; si tratta di un lago tettonico, cioè originato dallo sprofondamento di una parte di territorio.

IL CLIMA

Il **clima** è prevalentemente di tipo **continentale**, con estati brevi e calde e inverni piuttosto lunghi e rigidi. Solo la costa beneficia in una certa misura dell'influsso mitigatore del mare, mentre nelle zone montuose più elevate il clima è di tipo alpino.

IL TURISTA CURIOSO

Attila, il re degli Unni entrato nella nostra storia come un condottiero tanto spietato da essere soprannominato il «flagello di Dio», in Ungheria è invece un eroe nazionale: oltre a essere un nome piuttosto comune nel paese, a Budapest gli sono state addirittura intitolate piazze e strade.

COMPETENZA LOCALIZZAZIONE

1 Lavora con la carta

Osserva la carta e rispondi alle domande.

a. Quali sono i confini terrestri della Polonia? E della Repubblica Ceca?

b. Quali sono i quattro gruppi montuosi che fanno parte dei Carpazi Occidentali? Qual è la massima elevazione del territorio ceco?

c. Il Danubio attraversa due capitali; quali sono?

d. Le altre due capitali sono bagnate da altri due fiumi: quali rispettivamente?

La pianura polacca.

I monti Tatra, al confine tra Polonia e Slovacchia.

Una fattoria a Hortobagy, nella puszta ungherese.

2 Lezione — LA GEOGRAFIA UMANA

LA POPOLAZIONE E LE CITTÀ

Nella regione spicca per numero di abitanti la Polonia, che conta più della metà della popolazione dell'area. Tutti e quattro i paesi hanno una densità superiore alla media europea. Le **maggiori concentrazioni** di abitanti si trovano lungo il corso dei fiumi principali, dove sorgono le città più importanti.

I quattro paesi della regione hanno in comune **bassi indici di fertilità**. Sul fronte migratorio, ad eccezione della Polonia, che continua a essere un paese di emigrazione, gli altri paesi hanno visto negli ultimi anni l'arrivo di lavoratori stranieri. Il saldo migratorio è quindi positivo in Slovacchia, Ungheria e soprattutto nella Repubblica Ceca, uno tra gli stati europei oggi a maggiore immigrazione; nel paese metà dei lavoratori stranieri presenti provengono dall'Ucraina, poi da altri paesi dell'Est e dall'Asia, specie dal Vietnam.

Nel complesso la situazione demografica globale è di declino demografico in Ungheria, paese in cui il saldo naturale negativo non è compensato dal pur positivo saldo migratorio, di crescita zero in Polonia, dove i due saldi si compensano, e di crescita in Slovacchia e soprattutto nella Repubblica Ceca, grazie soprattutto all'immigrazione.

PAESI ETNICAMENTE OMOGENEI

Ogni paese presenta al proprio interno una sostanziale **omogeneità etnica**; in tutti esistono delle minoranze, ma il loro peso è in genere limitato. Nella regione si parlano in maggioranza **lingue slave** come il polacco, lo slovacco e il ceco. Fa eccezione l'Ungheria, che costituisce un'area linguistica del gruppo ugro-finnico. La **religione** prevalente è ovunque quella **cattolica**, anche se nella Repubblica Ceca e in Ungheria vi è un nutrito numero di protestanti.

Le città principali	abitanti (2016)
Varsavia (PL)	1 735 442
Lodz (PL)	706 004
Cracovia (PL)	761 873
Breslavia (PL)	634 487
Poznan (PL)	545 680
Praga (CZ)	1 259 079
Budapest (H)	1 744 665
Bratislava (SK)	422 932

L'ECONOMIA

In campo economico le nazioni dell'Europa centro-orientale si collocano a un livello intermedio tra i più ricchi paesi occidentali e gli stati meno avanzati dell'est europeo o della regione balcanica. L'ingresso nell'Unione Europea, avvenuto nel 2004, ha contribuito al miglioramento delle prospettive economiche di tutti e quattro i paesi.

Il settore **primario** è in fase di rapida meccanizzazione, mentre hanno un ruolo di primo piano l'industria della meccanica di precisione, dell'ottica nella Repubblica Ceca, dell'elettronica e della farmaceutica in Ungheria, delle macchine agricole in Polonia. La produzione automobilistica è in crescita in tutti e quattro i paesi, grazie agli investimenti effettuati da **aziende straniere**.

Il **terziario** è un settore in rapida espansione, soprattutto nel comparto delle banche e del commercio.

UN TURISMO IN CRESCITA, SPECIE NELLE GRANDI CITTÀ

Il **turismo** è una notevole fonte di ricavi, specialmente per la Repubblica Ceca e l'Ungheria: **Budapest** e **Praga** sono mete turistiche con visitatori provenienti da ogni parte del mondo.

COMPETENZA DIGITALE

1 Lavora con internet

I paesi dell'Europa centro-orientale sono recentemente diventati destinazioni turistiche.
Fai una ricerca e trova notizie su:

a. Quali sono le città e le località più frequentate?

b. Da quali paesi proviene il maggior numero di turisti?

Špindlerův Mlýn, situata nei monti dei Giganti, è una delle più conosciute e frequentate località di montagna della Repubblica Ceca.

La Polonia è la prima produttrice mondiale di segale e la quarta produttrice di avena.

3 Lezione

LA CULTURA E LE TRADIZIONI

LA CIVILTÀ CONTADINA

La volontà di conservare le tradizioni e il patrimonio culturale del mondo rurale ha portato alla realizzazione nei centri urbani di maggior interesse turistico di numerosi "**musei all'aria aperta**" (detti *skanzen*), **di carattere etnografico**: sono stati ricostruiti in aree verdi attrezzate a parco gli edifici delle campagne, in modo da ricreare l'aspetto dei villaggi agricoli di un tempo e far conoscere le caratteristiche della vita contadina legate soprattutto agli antichi mestieri agricoli.

L'ARTIGIANATO

L'artigianato presenta grande varietà di materiali e prodotti. Molto diffusa è la presenza di **tessili** e **oggetti in legno**, in genere riccamente decorati, così come **vasellame** in terracotta dipinta, cui si aggiungono più pregiate **ceramiche d'arte** che ormai hanno raggiunto grande notorietà nel mondo come le porcellane *Herend* in Ungheria. Particolarmente apprezzata è la produzione di vetri e **cristalli di Boemia** nella Repubblica Ceca.

LA GASTRONOMIA

Le caratteristiche della gastronomia della regione sono diversificate, in relazione alla varietà degli ingredienti. Grande importanza ha la **patata** e significativo è il peso dell'allevamento, in particolare suino, che fornisce una grande quantità di **insaccati**.

L'Ungheria è forse il paese che ha una maggior varietà di piatti: hanno molta importanza gli **ortaggi** e i **legumi** spesso conditi con la spezia locale, cioè la **paprika**, un peperoncino rosso polverizzato. Tra i piatti tipici di quest'area d'Europa si possono ricordare il ***barszcz***, una zuppa di barbabietole rosse, e il ***golabki***, involtini di cavoli ripieni di carne, verdure e riso molto diffusi in Polonia. La ***kapustnica***, una minestra di cavolo con patate e carne di maiale, e il ***bryndzove halusky***, gnocchetti di patate con pecorino e pancetta, si possono assaggiare nella Repubbliche Ceca e in Slovacchia. In Ungheria il ***gulash***, uno spezzatino di carne in umido con verdure e paprika, è il piatto nazionale.

In tutti i paesi dell'area la **birra** è la bevanda che accompagna i pasti.

I **vini** più pregiati della regione sono quelli ungheresi che si producono nelle regioni come Villany. Il **Tokaj** è uno dei passiti più rinomati, ma si vinificano anche ottimi rossi come il **Cabernet Franc**.

LA MUSICA POPOLARE

È forse nella cosiddetta musica popolare che più si sono conservate le tradizioni, benchè siano state rivisitate nella direzione della *world music*, anche per andare incontro ai gusti attuali, soprattutto dei giovani. Paese di spicco per le iniziative musicali è l'Ungheria, che da oltre quarant'anni è interessata da un vivace movimento di *folk revival* incentrato sul ballo *tanchaz*, in particolare a Budapest.
Inoltre recentemente c'è un rinnovato interesse per la musica delle comunità ebraiche, detta *klezmer*, che accompagna balli e rappresentazioni per matrimoni ed altre celebrazioni. In misura minore ha conosciuto una certa valorizzazione la *musica rom*, soprattutto in forme contaminate con altri generi più attuali quali l'*hip-hop*.

COMPETENZA DIGITALE

1 Lavora con internet

Il *gulash* è un piatto diffuso in tutta l'Europa centro-orientale.
Fai una ricerca e trova notizie su:

a. Quali sono le origini del *gulash*?

b. Quali sono le varianti della ricetta?

Il *gulasch*, piatto tipico ungherese.

Un violinista gitano in abiti tradizionali in Ungheria.

4 *Lezione* LE RISORSE TURISTICHE

Tra i grandi **PARCHI NATURALI** che consentono di apprezzare la varietà dei paesaggi, sono da menzionare nella Repubblica Ceca il **parco dei Monti dei Giganti** e in Ungheria il **parco nazionale di Hortobágy**, nel cuore della *puszta*. Il parco ha una superficie di 8000 km^2 e ospita mandrie di cavalli, bufali e bovini grigi.

Il **TURISMO CULTURALE** di questa zona dell'Europa si concentra soprattutto nelle **capitali** dei singoli paesi. Tuttavia i **musei contadini all'aperto** di interesse etnografico, che testimoniano gli antichi insediamenti agrari tradizionali, sono molto visitati; in particolare valgono una visita quelli di **Přerovnad Labem** in Boemia, di **Martin** in Slovacchia e di **Szentendre** nei pressi di Budapest.

Il **TURISMO LACUSTRE** trova la sua massima espressione nei centri balneari della sponda meridionale del lago **Balaton**, chiamato anche il "mare ungherese", attraversato dalla **Penisola di Tihany**, una delle principali mete turistiche della zona. Il lago, balneabile tra giugno e agosto, è molto frequentato.

Molto significativo è il **TURISMO TERMALE**, in particolare nella Repubblica Ceca e ancor più in Ungheria: oltre a **Budapest**, dove si trovano una decina di centri termali, si possono prendere in considerazione le cittadine ceche di **Karlovy Vary** e **Marianske Lázně**, di antica tradizione turistica.

Il **TURISMO MONTANO** presenta alcune località di interesse sui monti Tatra come la stazione slovacca di **Poprad**. Mentre sui monti Matra-Bükk la località ungherese di **Lillafured** offre la possibilità di svariate attività.

Riguardo il **TURISMO RELIGIOSO** hanno avuto crescente valorizzazione i centri principali delle **comunità ebraiche**, come **Třebič** nella Repubblica Ceca.

Repubblica Ceca
Karlovy Vary è la città termale più frequentata della Repubblica Ceca.

Ungheria
Una veduta del lago Balaton.

Il patrimonio dell'UNESCO
Centro storico di Praga, Rep. Ceca
Santuario di San Giovanni Nepomuceno a Zelená Hora, Rep. Ceca
Giardini e castello a Kroměříž, Rep. Ceca
Quartiere ebraico e Basilica di San Procopio a Třebíč, Rep. Ceca
Città storica di Banská Štiavnica, Slovacchia
Chiese in legno dei Carpazi, Slovacchia
Budapest, le sponde del Danubio e il quartiere del Castello di Buda, Ungheria
Parco nazionale di Hortobágy, Ungheria
Paesaggio delle coltivazioni della regione del vino Tokaj, Ungheria

Per la lista completa vai su: http://whc.unesco.org/en/list/

Repubblica Ceca
La cattedrale di Santa Barbara a Kutná Hora, una delle chiese gotiche più famose dell'Europa centrale.

Slovacchia
Gerlachovský štít è la cima più elevata (2655 m) della catena degli Alti Tatra.

Slovacchia
La chiesa cattolica-ortodossa in legno costruita nel 1932 con tre grandi cupole a cipolla a Dobroslava.

Ungheria
Contadino con abiti tradizionali ungheresi nel Parco nazionale di Hortobágy.

SCRIVI UN TESTO DI 200 PAROLE

Lavora con il testo, la carta, internet e le immagini seguendo i punti elencati

a. Descrivi le principali risorse turistiche termali della Repubblica Ceca.

b. Elenca le principali località montane dell'Ungheria.

Ponte Carlo nel centro storico di Praga.

Chiesa di Nostra Signora di Tyn a Praga.

UN CROCEVIA DI CULTURE

La capitale della Repubblica Ceca è situata in area collinare sulla Moldava (*Vtlava*), al centro della regione storica della Boemia.

Per secoli crocevia di culture diverse, da quella slava, ebraica, a quella tedesca, è nota soprattutto per il suo **straordinario patrimonio artistico** e per il fatto di essere una delle più belle città d'Europa e quindi una delle mete più frequentate del turismo internazionale, tanto da risultare al 20° posto tra le principali destinazioni al mondo. Il particolare fascino della città deriva dalla forte unitarietà architettonica del centro storico che la caratterizza rispetto alla maggior parte delle capitali europee.

LA STORIA E IL PATRIMONIO ARTISTICO

Sorta attorno a un primo nucleo fortificato tra IX e X secolo, (***Vyserad*** e ***Hradcany***, sedi politiche e vescovili), con edifici su entrambi i lati del fiume, conobbe una successiva unificazione dei borghi in un unico centro storico (***Stare Mesto***, o "Città Vecchia") e un allargamento a nuove zone (***Mala Strana***, o "Piccolo quartiere"). La città ha avuto un periodo di definitiva affermazione tra la metà del XIV secolo e l'inizio del XVI. In particolare sotto il regno di **Carlo IV**, re boemo e imperatore, cui si deve il **ponte** omonimo sulla Moldava, essa si espanse secondo un preciso disegno urbanistico verso sud a oriente del fiume (*Nove Mesto* o "Città Nuova ") e conobbe la costruzione di diverse chiese e dell'università **Karolinum**, prima di ulteriori aggiunte edilizie nel XVII secolo da parte di grandi mercanti tedeschi e della Chiesa controriformista: il patrimonio architettonico gotico ereditato si arricchì così di edifici barocchi di pregio.

Divenuto un'unica municipalità alla fine del Settecento, il centro storico sulla destra della Moldava si articola, nella Città Vecchia, in un fitto intreccio di piccole vie che nella Città Nuova lascia spazio invece a strade più larghe disposte a scacchiera. Nella Città Vecchia, attorno alla piazza **Staromestske** o piazza della Città Vecchia, nota anche per il grande **orologio astronomico** del XVI secolo di pertinenza dell'antico municipio, si concentrano gli spazi e i monumenti di maggior richiamo turistico come la gotica chiesa di **Nostra Signora di Tyn**, quella di **San Nicola** e il grande **monumento a Jan Hus,** teologo rettore del Karolinum ,condannato come eretico a inizio Quattrocento, e poco distante il **ghetto ebraico *Josefov*** con un antico **cimitero** del XV secolo. Nella Città Nuova trovano sede, nei pressi della rettangolare **Piazza San Venceslao**, protettore dei Boemi e qui raffigurato in una statua equestre, e della via **Na Prikope**, musei e istituzioni culturali quali il **museo nazionale**, il **museo del comunismo**, il **teatro nazionale** e i principali uffici pubblici.

Al di là della Moldava, e della piccola isola di Kampa, sui rilievi a occidente il centro storico muta sensibilmente aspetto: ospita larghi spazi verdi costituiti dai grandi giardini di eleganti palazzi nobiliari tra i quali il più importante è il **Wallenstein**, e il **Castello**, ***Prazsky Hrad***, con al centro la **cattedrale di San Vito**. Sulla più occidentale collina di Petrin, di proprietà di enti religiosi, ci sono i **giardini** dei **Kinsky** e del **Seminario** arcivescovile. In questa zona vale la pena di fare un salto nel **vicolo degli orafi**, alla **Galleria Nazionale** e al **Museo Franz Kafka**, dedicato al famoso scrittore ceco.

LE RECENTI TRASFORMAZIONI

Le mutazioni urbanistiche avvenute dalla fine del regime comunista, con l'inserimento di moderne strutture commerciali, hanno riguardato soprattutto aree periferiche della città, dove fin dall'inizio del Novecento erano stati costruiti i maggiori impianti industriali e, dal secondo dopoguerra, nuovi grandi quartieri dedicati alla classe operaia in crescita.

Segni del cambiamento avvenuto, e più in generale della globalizzazione, hanno interessato però anche il centro storico, non solo con la trasformazione in senso turistico di attività e spazi: emblematica a tale riguardo è la costruzione della **Casa danzante**, avvenuta nel 1996 su disegno degli architetti Milunic e Gehry, che con le sue facciate oblique e curve, tipiche dello stile postmoderno, richiama appunto una coppia di ballerini, da cui anche il nome di "Ginger e Fred", attori del musical americano di inizio Novecento.

L'Orologio Astronomico di Praga, situato sulla Torre del Municipio.

Il Cimitero Ebraico di Praga risale al XV secolo ed è situato nel quartiere di Josefov vicino alla Sinagoga.

MUSEI E MANIFESTAZIONI

Tra le manifestazioni più apprezzate sono da ricordare il **festival estivo di musica antica** e il **festival musicale della primavera di Praga**. Tra i musei storici ci sono quello della città di Praga e del Castello, il museo ebraico, presso la sinagoga Klausen, e quello dedicato a Alfons Mucha, pittore, grafico e scultore ceco di maggior spicco dell'*art nouveau* locale, della quale rimangono diverse tracce negli edifici di inizio Novecento.

Il Palazzo del Parlamento ungherese.

LA CITTÀ SUL DANUBIO

La capitale ungherese concentra nella sua area metropolitana un ungherese su quattro. Negli ultimi decenni il ruolo di Budapest come destinazione turistica è notevolmente cresciuto, in ragione delle sue molteplici attrattive storiche e culturali, ma anche come risultato di un notevole sforzo di promozione, che ottiene particolari successi nel segmento del turismo congressuale. Il tradizionale ruolo di importante città della musica viene consolidato al di fuori dell'offerta "colta", che vanta istituzioni come l'**Opera** e l'**Accademia Liszt,** con iniziative nell'ambito della musica sia folk sia pop quali il **Sziget Festival** estivo, che attrae centinaia di migliaia di giovani.

Tra i musei di maggior interesse sono imperdibili la **Galleria nazionale** e il **museo delle Belle Arti** sulla Piazza degli Eroi, il **museo nazionale** di carattere storico e il **museo etnografico**.

L'EVOLUZIONE URBANISTICA DI FINE OTTOCENTO

Adagiata sulle rive del Danubio, in posizione favorevole per i collegamenti con l'Europa centrale e in particolare con Vienna, la città nasce nella forma e con il nome attuale nel 1872 dalla fusione degli antichi centri di **Buda, Obuda e Pest**. Centro di confine in età romana, della quale sono visibili i resti e le rovine di Aquincum, qualche chilometro a nord dell'attuale centro, diviene punto di incrocio di importanti assi commerciali. Distrutta dall'invasione mongola del Duecento, vede radicarsi nella rinascita dei secoli successivi una netta distinzione tra i diversi nuclei urbani, situazione che ancora oggi in gran parte mantiene: ai nobiliari e ricchi spazi collinari a occidente del fiume (Buda e Obuda) si contrappongono quelli produttivi e popolari della piana a oriente (Pest).

Di dimensioni piuttosto modeste in età moderna, Budapest cresce impetuosamente e assume la struttura viaria attuale a fine Ottocento parallelamente alla nascita dell'industria e al riconoscimento del ruolo di capitale del nuovo Regno d'Ungheria sotto la corona degli Asburgo: ne è interessata in particolare Pest, il cui disegno urbanistico viene organizzato su alcune spaziose vie radiali intersecate da un paio di grandi anelli concentrici (*korut* o *ring*), dando così una struttura unitaria all'abitato del centro storico.

IL PATRIMONIO ARCHITETTONICO

Sui viali principali prodotti da questa sistemazione si inseriscono i numerosi palazzi ufficiali, sede di istituzioni, musei, teatri, università, che costituiscono parte importante del patrimonio architettonico cittadino con la vicina **Piazza degli**

Eroi, un complesso monumentale in stile neoclassico che celebra le figure mitiche e storiche della nazione ungherese; così ministeri e musei vengono collocati in questa parte della città attorno al **Parlamento**, che sul modello inglese viene costruito affacciato sul Danubio.

Le due parti della città vengono unite da ponti di notevole valore ingegneristico come il **Ponte delle Catene** e quello **della Libertà**, mentre al di là del fiume vengono erette, tra il Palazzo Reale e il vicino borgo nobiliare, una struttura a belvedere che si chiama **Bastione dei pescatori** e, su una collina appena più a sud, un'imponente statua di **San Gerardo**. In questa fase la città aggiunge ai primi bagni termali, compreso quello di epoca turca, numerosi analoghi stabilimenti, anche di grandi dimensioni. Di particolare pregio i **Gellert**, all'interno di un lussuoso hotel liberty, e gli **Szechenyi**, che ancor oggi costituiscono una presenza caratteristica della capitale ungherese.

Il bastione dei Pescatori e la statua di Stefano I.

Il Ponte delle Catene.

Il Castello di Buda visto dal Danubio.

Sempre a fine Ottocento nascono anche i primi parchi urbani, tra i quali spiccano in particolare il **Varosliget**, dietro Piazza degli Eroi, e l'insieme dell'**isola Margherita**, che si allunga per più di un chilometro nel mezzo del Danubio.

Nel corso del Novecento la città si espande oltre il secondo e terzo ring, mentre tra gli anni Novanta e Duemila, con il passaggio al nuovo sistema economico di mercato, sorgono all'esterno del centro grandi *mall* e centri commerciali, mentre nel nucleo storico, soprattutto nell'affollatissima area dell'**ex ghetto ebraico**, dove si trovano ancora tre sinagoghe, i cortili centrali dei grandi isolati ottocenteschi sono adibiti a bar e luoghi di ritrovo.

LA POLONIA

5 *Lezione*

IL PATRIMONIO STORICO, ARTISTICO E NATURALE E LE RISORSE TURISTICHE

UN PAESE POLICENTRICO

La Polonia è il paese più esteso e popolato dell'Europa centrale ed è quello che presenta la maggiore varietà di risorse turistiche. Possiede un ricco patrimonio artistico, che non si limita alla sola capitale Varsavia. La Polonia dispone di un **tessuto urbano policentrico** con metropoli regionali di notevole importanza turistica, come **Breslavia, Stettino** e soprattutto **Danzica**, sul Baltico, e **Cracovia**, l'antica capitale.

Lusazia
La ricostruzione di un antico insediamento dell'età del ferro nel Museo Archeologico di Biskupin, in Lusazia, regione storica della Polonia a ovest di Varsavia.

Danzica
La città polacca di Danzica che sorge lungo la costa meridionale del Mar Baltico, anticamente faceva parte della Lega Anseatica.

VARSAVIA

Il nucleo storico della capitale è di notevole valore architettonico. Sviluppatosi dall'inizio del XIV secolo attorno a una fortezza e ampliatosi tra il XVI e il XVIII secolo, nella sua forma attuale è una fedele ricostruzione di quello originario, completamente distrutto durante la Seconda guerra mondiale.

La parte centrale del nucleo urbano è strutturata su grandi assi viari disposti a griglia; di questi il principale è la **via Reale**, lunga circa 4 km. Il **Castello Reale** è il monumento principale della parte più antica (*Stare Miasto*), e il **museo nazionale** è la sua istituzione culturale di maggior rilievo. A nord del centro storico, oltre il **Barbacane**, una torre difensiva, si trovano la **città nuova** (*Nowe Miasto*), in realtà risalente alla fine del XIV secolo, ricca di chiese, e la **Cittadella**, fortezza del XIX secolo affacciata sulla Vistola. Nelle parti più esterne della città trovano spazio parchi e palazzi storici, tra i quali i **Giardini Sassoni**, realizzati nel XVIII secolo e i parchi **Lazienki** e **Wilanow** con edifici in stile neoclassico.

CRACOVIA

Cracovia è una città molto vivace con un suo carattere e una sua anima. Il patrimonio architettonico appartiene al passato: le strutture più alte che dominano il paesaggio sono le **guglie delle chiese antiche**. La città vecchia circondata da grandi parchi è ricca di fascino. La piazza principale, **Rynek Głowny,** ovvero la **piazza del mercato**, è circondata da edifici storici, musei e chiese. La **chiesa di San Adalberto**, che risale al X secolo, è una delle più antiche. Il più importante dei musei, il **Czartoryski**, possiede una straordinaria collezione di opere d'arte provenienti da tutta Europa.

IL TURISMO BALNEARE E MONTANO

Durante l'estate le **spiagge sabbiose** a nord di Danzica, benché spesso battute dal vento, come quelle di **Sopot** e di **Jatrzebie Gora,** sono molto frequentate.

Il turismo montano e invernale offre alcune località di interesse, anche se di minore attrattiva rispetto ad altre parti d'Europa: nota **stazione sciistica** sui monti Tatra è **Zakopane**.

IL TURISMO NATURALISTICO

La Polonia possiede grandi **parchi naturali** che consentono di apprezzare la varietà dei paesaggi. Valgono una visi-

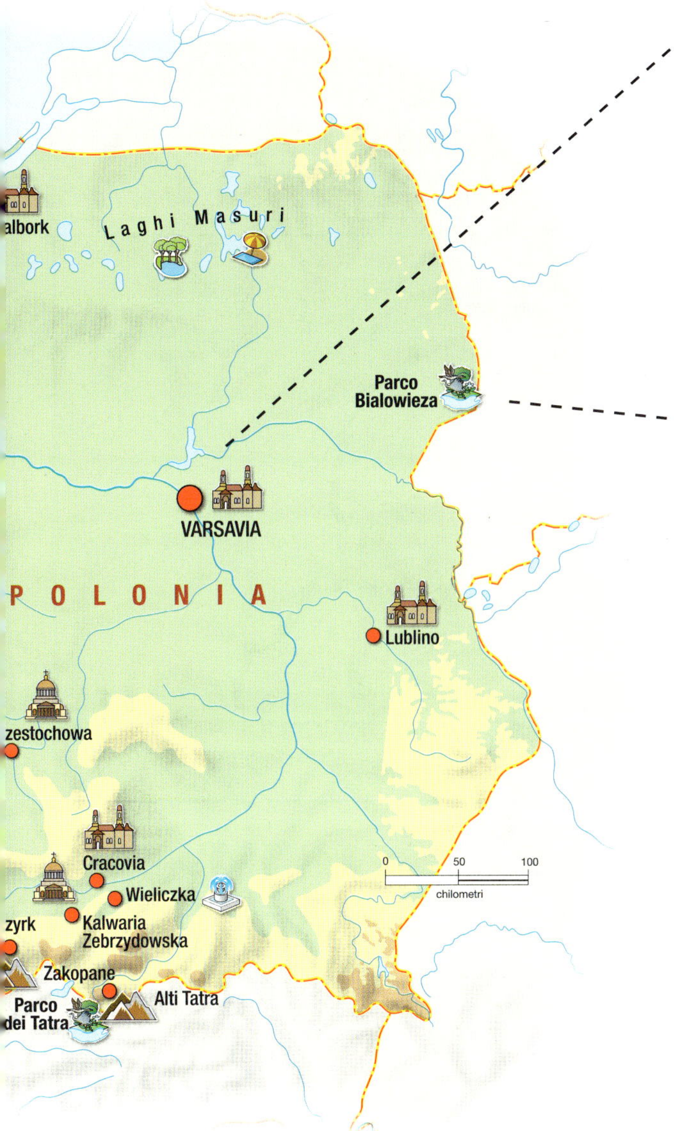

Varsavia
Il castello reale di Varsavia era la residenza dei monarchi polacchi fino alla fine del Settecento. Risale al XIV secolo ed è stato costruito dai duchi di Masovia.

Bialowieza
Una mandria di bisonti europei nel Parco nazionale di Bialowieza.

Centri d'Arte
Aree naturalistiche
Stazioni balneari
Centri religiosi
Stazioni termali
Località montane
Mete Lacuali

Il patrimonio dell'UNESCO
Centro storico di Cracovia
Miniere di sale di Wieliczka e di Bochnia
Auschwitz, Birkenau e Monowitz
Centro storico di Varsavia

Per la lista completa vai su: http://whc.unesco.org/en/list/

ta quello di **Bialowieza**, ex riserva reale ai confini orientali del paese, coperta da estese foreste in cui è stato reintrodotto il bisonte europeo, il **parco nazionale Slowinski**, con dune e laghi, e quello transfrontaliero dei **Tatra**, condiviso con la Slovacchia.

IL TURISMO RELIGIOSO E DELLA MEMORIA

Meta principale del turismo religioso è **Czestochowa**, in Polonia, che ha nel grande convento di **Jasna Gora** una pittura su tavola che raffigura una madonna nera che si ritiene provenga da Gerusalemme e che è tra le più venerate in Europa.

Per il turismo della memoria è tristemente noto il campo di concentramento di **Auschwitz** con le aree di Birkenau e Monowitz. Il **museo Auschwitz-Birkenau** è stato visitato nel 2016 da più di 2 milioni di persone, provenienti da tutto il mondo. Il 13 giugno 2013 al blocco 27 di Auschwitz-Birkenau, è stata aperta una mostra permanente intitolata: *Shoah*.

SCRIVI UN TESTO DI 200 PAROLE

Lavora con il testo, la carta, internet e le immagini seguendo i punti elencati

a. Descrivi le principali attrattive turistiche di Varsavia.

b. Presenta le localita termali della Polonia.

6
Lezione

ALLA SCOPERTA DELLA POLONIA

CARTA INTERATTIVA IN DIGITALE

L'ITINERARIO

Le regioni della "piccola Polonia" e della Slesia in 5 giorni

L'itinerario propone un significativo tour di alcune delle risorse turistiche della Polonia. Si visitano interessanti città come Cracovia, la vecchia capitale e Breslavia che ha fatto parte del Regno di Prussia. Il patrimonio architettonico è esemplificato dai castelli della regione della Slesia.

Le bellezze naturali del paese si possono ammirare visitando il parco nazionale dei Tatra che offre suggestivi panorami della catena dei Carpazi.

Per il turismo della memoria è doverosa una sosta all'ex campo di concentramento di Auschwitz mentre per il turismo religioso tappa essenziale è Czestochowa.

Il castello reale del Wawel a Cracovia.

❶ GIORNO
Cracovia

Arrivo a Cracovia. Visita del **Castello Wawel**, sede di incoronazione dei re polacchi quando la città era capitale del regno. Si prosegue verso la **Cattedrale**, la **Chiesa di Santa Maria** e la Piazza del Mercato (**Rynek Glowny**). L'**Università Jagellonica** è la più antica università polacca fondata nel 1364. Il quartiere **Kazimierz** è noto per essere stato il centro della comunità ebraica dal XIV secolo fino alla Seconda guerra mondiale. Si può concludere la giornata con una passeggiata nel **Parco Planty**, che circonda il centro storico sul luogo delle antiche mura abbattute a inizio Ottocento.

❷ GIORNO
Auschwitz e Birkenau

L'ex campo di concentramento di Auschwitz (oggi Oswieam), è un grande monumento all'aperto dove è possibile visitare le baracche dove alloggiavano i prigionieri e le camere a gas con i crematori. Un percorso storico dal forte impatto emotivo. Vale la pena visitare anche il Museo di Auschwitz-Birkenau che raccoglie fotografie, documenti storici, oggetti appartenuti ai prigionieri e altre testimonianze.

❸ GIORNO
I Tatra

Partenza per **Zakopane**, cittadina posta a oltre 1100 m di altitudine e che costituisce il maggior centro polacco di turismo montano e invernale; visita al Museo dei Tatra e alla sede del **parco nazionale**

La scritta *Arbeit macht frei* che vuol dire "il lavoro rende liberi" all'ingresso del campo di concentramento di Auschwitz.

Municipio in stile gotico di Breslavia.

dei Tatra e successiva escursione con funivia al Kasprowy Wierch, il monte a sud della città (1987 m), da dove è possibile ammirare le aspre vette, le conche e i laghi glaciali dei Carpazi. Rientro a Cracovia in serata.

❹ GIORNO
Czestochowa

Partenza per Częstochowa; visita della città e del **Santuario di Jasna Gora della Madonna Nera**. La leggenda vuole che sia stata dipinta da san Luca che, essendo contemporaneo alla Madonna, ne avrebbe dipinto il vero volto. Il santuario è uno dei più importanti centri di culto cattolico della Polonia. Ogni anno vi giungono oltre quattro milioni di pellegrini.

❺ GIORNO
Breslavia e i castelli della Bassa Slesia

La visita di Breslavia parte da **Rynek**, la piazza del mercato, dal **Ratusz**, il municipio in stile gotico e dal Fondaco dei tessuti. Si prosegue con la **Chiesa del Santo Nome di Gesù**, in uno stile barocco tra i più ricchi in Polonia e con la **Ostrów Tumski** (Isola della Cattedrale), che costituisce il centro storico più antico della città, ricostruito in buona parte dopo le distruzioni della Seconda guerra mondiale; qui si trovano la cattedrale gotica di **San Giovanni Battista** e la **Collegiata della Santa Croce**. Da vedere anche il giardino giapponese e il **Palazzo del Centenario**, uno dei primi al mondo in cemento armato. Successivamente si può fare un'escursione alle fortezze di **Kłodzko**, poco a sud di Breslavia, ricca di gallerie sotterranee, e di **Srebrna Góra**, una tra le più grandi d'Europa. Si conclude con una visita al **parco nazionale dei Monti Stolowe**, dal quale si gode di una vista panoramica dei monti Sudeti. Rientro a Breslavia.

ORGANIZZA TU UN ITINERARIO
Il lago Balaton e il Danubio meridionale

Procurati una mappa della dell'Ungheria e costruisci un itinerario che includa i monumenti, le architetture e le località più interessanti. Con Google Maps visualizza il punto di partenza e quello di arrivo e, dopo aver deciso con quale mezzo sia meglio muoversi, calcola i tempi di permanenza e le distanze. Per ogni luogo scrivi in poche righe le principali caratteristiche e attrattive.

Distanza 800 km

Durata 5 giorni

Luoghi da visitare

1. Székesfehérvàr
2. Veszprém
3. Tihany
4. Badacsony
5. Keszthely
6. Héviz
7. Kaposvar
8. Pécs

1
Lezione

IL TERRITORIO E I PAESAGGI

Estonia	
superficie	45 227 km²
popolazione (2016)	1 315 944
densità	29 ab./km²
lingua	estone (ufficiale), russo
religione	protestanti (11%), ortodossi (16%), non religiosi (54%)
moneta	euro
ordinamento dello stato	repubblica
capitale	Tallinn
sigla	EW

Lettonia	
superficie	64 573 km²
popolazione (2016)	1 968 957
densità	30 ab./km²
lingua	lettone (ufficiale), russo, lituano
religione	protestanti (14%), ortodossi (29%), non religiosi (38%), cattolici (19%)
moneta	euro
ordinamento dello stato	repubblica
capitale	Riga
sigla	LV

Lituania	
superficie	65 300 km²
popolazione (2016)	2 888 558
densità	44 ab./km²
lingua	lituano (ufficiale), russo, polacco
religione	cattolici (77%), non religiosi (6%), ortodossi (5%)
moneta	euro
ordinamento dello stato	repubblica
capitale	Vilnius
sigla	LT

IL TERRITORIO

I paesi baltici comprendono **tre piccole repubbliche**: Estonia, Lettonia e Lituania. Il loro territorio, bagnato dal Mar Baltico, è quasi totalmente occupato da **estese pianure**, in alcuni tratti movimentate da alture di modesta altezza. Si tratta di **colline moreniche** che, al pari dei numerosi laghi e di ampie zone paludose, testimoniano l'intensa azione di modellamento dei ghiacciai. Ovunque la costa è bassa e sabbiosa, con dune e vaste zone acquitrinose. In tutta la regione c'è grande abbondanza di acque.

Fra i numerosi **fiumi**, che scorrono in direzione del Baltico, spiccano la Dvina Occidentale (o Daugava), in Lettonia, e il Nemunas, in Lituania. Alla loro foce sorgono alcune delle principali città, ma i porti, con l'eccezione di quello protetto di Riga, sono ostruiti per due o tre mesi l'anno dal ghiaccio. Frequenti sono le conche occupate da **paludi e laghi**, perlopiù di piccole dimensioni: il maggiore è il lago Peipus (o dei Ciudi), in Estonia. Il **clima** è **continentale** e freddo; nel sud si avverte l'influenza del mare, che mitiga le temperature e favorisce la piovosità.

LA POPOLAZIONE E LE CITTÀ

I tre paesi hanno un numero limitato di abitanti, di cui circa la metà risiedono in Lituania. A ciò si aggiunge il fatto che da oltre un decennio la **popolazione** di tutti e tre i paesi **continua a calare**. Questo andamento negativo, che accentua il già grave fenomeno di invecchiamento della popolazione, è dovuto a diverse cause, in primo luogo al bassissimo indice di fecondità, e poi al saldo migratorio negativo, con l'eccezione dell'Estonia, vede l'emigrazione di molti giovani attratti dai paesi dell'Europa occidentale e dagli Stati Uniti. La **densità di popolazione** è bassa. Gli abitanti si concentrano lungo le coste o nelle città.

La **rete urbana** non ha grandi centri. La principale città per numero di abitanti e funzioni economiche è **Riga**, capitale della Lettonia. Altri centri importanti sono **Tallinn**, la capitale dell'Estonia, **Vilnius,** la capitale della Lituania, e **Kaunas**. Differenze, anche sensibili, permangono fra le tre repubbliche dal punto di vista etnico. Per quanto riguarda le **lingue**, i lituani e i lettoni parlano idiomi affini, appartenenti al gruppo baltico; viceversa, l'estone è una lingua molto simile al finnico.

Riguardo la **religione**, la situazione è molto eterogenea e solo in Lituania vi è una chiara maggioranza con la prevalenza dei cattolici. In tutte le repubbliche i **tre gruppi etnici nazionali** sono affiancati da **minoranze**, soprattutto di russi, particolarmente numerosi in Estonia e Lettonia.

L'ECONOMIA

Le tre repubbliche baltiche hanno conosciuto una ripresa economica con l'ingresso nell'Unione Europea, avvenuto nel 2004. Ciò ha favorito gli investimenti esteri soprattutto da parte di aziende tedesche e svedesi. I paesi baltici, tuttavia, registrano **redditi per abitante molto al di sotto della media UE** e hanno risentito pesantemente della recente crisi mondiale.

Nel **settore primario** la principale attività è costituita dall'allevamento, in particolare dei bovini con cospicue quantità di carne, latte e formaggi. Tra le colture sono diffuse quelle di cereali, patate, barbabietole da zucchero e lino. Dalle estese foreste si ricava molto **legname**. Discreta anche la pesca.

Il **settore secondario** è ancora poco diversificato. Prevalgono le industrie tradizionali, come quelle alimentari, tessili e del legno. Solo nelle principali città hanno sede stabilimenti di elettronica e chimica, mentre lungo la costa si trovano i cantieri navali.

Il **settore terziario** è caratterizzato da una specializzazione nel trasporto marittimo, soprattutto nei porti della Lettonia, in particolare quello di Riga, l'unico accessibile nei mesi invernali, e di Ventspils. Il **turismo** è concentrato nelle tre capitali.

QUANDO ANDARE?

Il periodo migliore per un viaggio nei paesi baltici è quello della tarda primavera e dell'estate, quando le giornate sono più lunghe e le temperature più elevate. La stagione invernale riserva comunque la possibilità di praticare diversi sport sulla neve e su ghiaccio e garantisce paesaggi suggestivi.

IL TURISTA CURIOSO

❶ I tre paesi insieme sono un po' più grandi della metà dell'Italia, ma la loro popolazione è inferiore a quella della sola Lombardia.

❷ Vilnius fu per secoli un centro di cultura ebraica; la comunità ebrea fu sterminata durante l'occupazione tedesca, dal 1941 al 1944.

❸ La Lettonia è il paese dove ci sono più donne. Ogni 100 donne ci sono appena 85 uomini, mentre in Italia il rapporto è di 94 uomini ogni 100 donne.

LE VIE DI COMUNICAZIONE

Il sistema dei trasporti usufruisce di una rete di vie di comunicazione piuttosto efficiente sia stradale che ferroviaria. Buoni sono i collegamenti tra i tre stati, incentrati soprattutto sulla connessione tra le capitali. Servizi di trasporto marittimo legano la regione alla Scandinavia e, in particolare, dall'Estonia alla Finlandia.

Le città principali	abitanti (2016)
Tallinn (EW)	411 063
Riga (LV)	643 368
Vilnius (LT)	539 707
Kaunas (LT)	304 012

COMPETENZA LOCALIZZAZIONE

❶ Lavora con la carta

Osserva la carta e rispondi alle domande.

a. Con quali paesi confina la regione?
b. Quali sono i due golfi in cui si articola il Mar Baltico?
c. Qual è la massima altitudine della regione? Dove si trova? In quale paese lungo le coste sono molto diffuse le aree paludose?
d. Quali sono i 5 aeroporti principali?

Tartu in Estonia.

La fortezza di Daugavpils in Lettonia.

La Chiesa di Pokrovo-Nicola, Klaipéda in Lituania.

2 Lezione — LA CULTURA E LE TRADIZIONI

LE COSTRUZIONI TIPICHE

L'edilizia rurale ha in comune il permanere di una certa vivacità delle tradizioni popolari, soprattutto nelle aree rurali.

Elemento principale dell'edilizia tradizionale e rurale in tutta la regione è il **legno**; pietra e mattoni in età medievale e moderna sono stati riservati agli edifici di maggior pregio come fortezze e chiese. In esse si leggono le origini delle **influenze culturali esterne**, soprattutto tedesca, russa e, per la componente dei palazzi istituzionali tardo settecenteschi, anche italiana.

L'ARTIGIANATO E LE FESTE

La produzione artigianale di maggior pregio riguarda i **tessuti**, ornati con vivaci motivi a ricamo, e il **legno**, soprattutto gli attrezzi da cucina in legno di ginepro, tipici dell'Estonia. Il materiale di uso artigianale più peculiare della regione, e il più prezioso, è l'**ambra**, una resina fossile di uso ornamentale, che già dall'antichità era oggetto di un importante commercio internazionale. È traslucida, di un colore che può variare dal rossiccio al giallo e può contenere insetti che sono rimasti imprigionati al momento della sua formazione.

La tradizione è ancora piuttosto vivace nella **musica** e nella **danza**, che attingono a repertori folclorici: nella regione i **festival di musica popolare** hanno ancora un largo seguito, mentre in particolare in Estonia ha trovato diffusione internazionale, attraverso l'opera del musicista contemporaneo Arvo Pärt, la composizione corale.

L'ENOGASTRONOMIA

Le tradizioni alimentari e le cucine nazionali sono abbastanza omogenee nei tre paesi. Come per altri paesi dell'Europa del nord, la **colazione** è un pasto piuttosto abbondante con yogurt, cereali, cibi salati e persino una prima portata di zuppe o minestre.

Ingredienti di base sono i cereali come segale, orzo, avena, dai quali si producono i tipici **pani neri**. Patate, barbabietole, cavoli, latte e i suoi derivati sono i protagonisti di molte ricette. Tra le **carni** prevale il maiale, cucinato in modi diversi: affumicato e in gelatina, mentre le ricette di **pesce** sono a base di aringhe, spratti, anguille, lucci, trote.

Tra i piatti tipici e più diffusi ci sono le **zuppe** come la ***seljanka*** estone, le lettoni ***zivju piena zupa*** (di pesce, a base di latte) o ***skaba putra*** (a base di orzo) e il lituano ***barščiai*** (a base di barbabietole rosse). In Lituania si possono assaggiare i ***cepelinai***, una sorta di calzone di patate farcito di pancetta, formaggio o carne; in Lettonia tra i piatti di carne si trova il ***cūkgalas galerts***, carne di maiale in gelatina e in Lituania il ***vedarai***, un salsicciotto cucinato al forno con le patate. Tra i **dolci** tipico lettone è il ***debess manna*** "manna del cielo", un budino a base di succo di mirtillo o ribes.

Molto diffusa è la **birra**, anche di orzo e segale; in tutti e tre i paesi è abbondante la produzione di **vodka** così come quella di altri distillati tra i quali il *midus* lituano e l'*allažu kimelis* lettone. Sono molto apprezzati anche i succhi di bacche, tra il quali si ricorda per particolarità il ***bērzu sula***, un succo ricavato dalla betulla.

COMPETENZA DIGITALE

❶ Lavora con internet
Il *Jauna Muzika*, il Festival di musica elettronica ed elettroacustica che si svolge a Vilnius, in Lituania, è un evento molto seguito. **Fai una ricerca** e trova notizie su:

a. Quando è nato?
b. Quali sono gli artisti che lo frequentano?

Un mercato che vende oggetti di artigianato a Tallinn, in Estonia.

Un piatto di aringhe affumicate.

3 Lezione

ALLA SCOPERTA DEI PAESI BALTICI

CARTA INTERATTIVA IN DIGITALE

L'ITINERARIO

Da Vilnius a Riga in 4 giorni

Lettonia e Lituania, le due piccole repubbliche che si affacciano sul Mar Baltico, custodiscono culture e tradizioni originali e ricchissime. Ciò che le accomuna, sono i paesaggi verdi e tranquilli dell'interno disegnati da foreste e corsi d'acqua, ma anche spiagge sabbiose dove potersi rilassare.

Ognuno di questi paesi può vantare una capitale splendida: Vilnius ricca di edifici medievali e chiese, Riga che tra gli antichi e tortuosi vicoli nasconde monumenti dal romanico al gotico, al barocco.

❶ GIORNO

Vilnius

Per ammirare una vista mozzafiato sulla città, bisogna andare al **museo del Castello Superiore**, sulla collina di Gediminas, un'altura di 48 metri coronata da una torre di mattoni rossi risalente al XIII secolo: è in questo luogo che Vilnius venne fondata. Ma è sicuramente nel cuore della città che si nasconde il vero gioiello della capitale: il **centro storico barocco** più ampio d'Europa, sviluppatosi tra il XV e il XVI secolo. Nelle sue viuzze tortuose si incontrano splendide e antiche chiese che conservano le atmosfere del passato.

❷ GIORNO

Kaunas e Klaipėda

Spostandosi da Vilnius in direzione ovest a circa 100 km si raggiunge **Kaunas**, seconda città lituana, che presenta un centro storico dall'impianto medioevale ben conservato in cui spiccano la **cattedrale gotica Arkikatedra bazilika** e il **Rotušė** il municipio.

Terza città della Lituania e unico porto del paese, **Klaipėda** è la base per le escursioni lungo la costa e in particolare verso la "laguna dei Curi": da qui ci si dirige infatti con uno dei frequenti traghetti verso Neringa (un quarto d'ora di viaggio), alla visita del **parco nazionale Kuršių Nerija**, con punti panoramici sulla penisola e sul cosiddetto "Sahara lituano", una zona di alte dune.

Proseguendo verso il confine lettone si arriva a **Palanga**, il più importante centro balneare del paese.

❸ GIORNO

Liepāja e Kuldiga

Terza città della Lettonia, località portuale e di turismo balneare, **Liepāja** presenta un centro storico di interesse architettonico, con diversi edifici tardo ottocenteschi e un quartiere in stile *Jugendstil* (Liberty). L'area di maggiore interesse è costituita da un parco che si estende per circa tre chilometri lungo la costa.

Percorsi circa 60 km in direzione nord-est, si raggiunge **Kuldiga**, città che ha mantenuto un centro storico di particolare pregio architettonico sviluppatosi quando la città era importante centro anseatico. Si prosegue per Ventspils.

❹ GIORNO

Ventspils e Riga

Visitato rapidamente il centro portuale di Ventspils, ci si dirige alla riserva naturale di **Slitere** (30 km ca a nord-est): istituita fin dagli anni Cinquanta nel nord della Curlandia, presenta larghe distese di foreste e ampi tratti di paludi, costituendo un suggestivo punto panoramico sull'antistante arcipelago estone.

L'itinerario si chiude raggiungendo **Riga**, la città più grande e cosmopolita dei paesi baltici; la capitale è un mix di fascino medievale e contemporaneo, ma soprattutto vanta la più ricca collezione di architettura *art nouveau* d'Europa.

ORGANIZZA TU UN ITINERARIO

L'Estonia

Procurati una mappa dell'Estonia e costruisci un itinerario che includa i monumenti, le architetture e le località più interessanti. Con Google Maps visualizza il punto di partenza e quello di arrivo e, dopo aver deciso con quale mezzo sia meglio muoversi, calcola i tempi di permanenza e le distanze. Per ogni luogo scrivi in poche righe le principali caratteristiche e attrattive.

Distanza > 600 km circa

Durata > 4 giorni

Luoghi da visitare

1. Saaremaa
2. Tallinn
3. Parco nazionale Lahemaa
4. Narva

4 Lezione

LE RISORSE TURISTICHE

La principale motivazione per un **TURISMO CULTURALE** è costituita dalla visita delle tre capitali. **Riga**, la capitale lettone presenta nel suo nucleo più antico *Vecriga*, "città vecchia", un intrico di stradine e vicoli con edifici che ricordano il passato anseatico. **Vilnius**, la capitale lituana, ha nel suo centro storico *Senamiestis*,"città vecchia", pregevoli chiese in stile gotico e barocco e una sinagoga tardo ottocentesca. La capitale estone **Tallinn** presenta nella parte bassa e più antica del suo centro storico *Vanalinn*, "città vecchia", edifici che sono stati sedi delle corporazioni medievali, numerose chiese e il palazzo del municipio (*Raekoda*).

Altre cittadine di interesse storico e culturale sono le lettoni **Sigulda** e **Kuldiga**, **Kaunas** in Lituania, **Tartu** e **Kuresaare** in Estonia, quest'ultima, sull'isola di Saaremaa, è un centro termale con uno dei castelli meglio conservati dell'intera regione baltica. Elementi significativi del patrimonio culturale sono anche le **fortezze** di epoca medievale, costruiti dagli ordini monastico-militari e da quello dei Cavalieri Teutonici. In particolare vale la pena di vedere i **castelli di Trakai**, **Kaunas** e **Vilnius** in Lituania e quelli di **Kuresaare**, **Paide** e **Rakvere** in Estonia.

I parchi naturali, specie lungo il litorale, attirano il **TURISMO NATURALISTICO**. Particolare notorietà ha la **penisola lituana di Neringa** (o di Curlandia), con dune alte fino a 70 m e piccoli villaggi tradizionali. Molto frequentate sono anche la riserva naturale di **Slitere**, in Lettonia, l'**isola di Saaremaa** e il **parco nazionale di Lahemaa**, in Estonia, la cui costa frastagliata si presenta ricca di paesaggi diversi e di tracce della storia estone dalla preistoria all'età moderna.

Per quanto riguarda il **TURISMO BALNEARE** sono diversi i centri costieri, tra i quali **Pärnu** (Estonia), **Jùrmala** (Lettonia) e **Palanga** (Lituania).

Estonia
Uno spettacolo di danza e musica popolare nel museo a cielo aperto di Tallinn.

Estonia
Il castello di Kuressaare sull'isola di Saaremaa.

Il patrimonio dell'UNESCO
Vilnius, Lituania
Riga, Lettonia
Tallinn, Estonia
penisola di Curlandia, Lituania

Per la lista completa vai su: http://whc.unesco.org/en/list/

Lettonia
Il centro storico di Riga, che conserva tra gli altri il Duomo luterano, la grande chiesa gotica di San Giovanni e il castello.

Estonia
Il centro storico di Tallinn, con i suoi bellissimi edifici di origine medievale.

Estonia
Il parco nazionale di Lahemaa.

Lituania
La chiesa ortodossa di *Šventosios Dvasios cerkvė*, Vilnius.

SCRIVI UN TESTO IN 200 PAROLE

Lavora con il testo, la carta, internet e le immagini seguendo i punti elencati

a. Descrivi le principali risorse artistiche dell'Estonia.
b. Presenta le principali risorse naturali della Lettonia.
c. Elenca le principali stazioni balneari della Lituania.

SEI PRONTO PER LA VERIFICA?

LOSAI? RIPASSA CON LO SMARTPHONE

IN 1 ORA

1 Dopo aver studiato le unità, completa la sintesi utilizzando le parole proposte. Attenzione, ce ne sono 5 in più. ...../ 10

UNITÀ 15 – I PAESI DELL'EUROPA CENTRO-ORIENTALE

- Gli stati dell'Europa centro-orientale si estendono dal Mar Baltico ai Balcani, su un territorio prevalentemente pianeggiante interrotto solo dai .... della Boemia, caratterizzati da un paesaggio lievemente ondulato e, per un tratto, dai Carpazi. Nella parte più a sud c'è l'arida .... ungherese, mentre la fascia di pianura a ovest del Danubio è un territorio fertile. Numerosi i fiumi che sono un'importante via di trasporto. Il lago Balaton è il bacino lacustre più esteso. Il clima è .... tranne che sulle coste e sulle montagne.

- Il Paese più popoloso è la Polonia. Le capitali sono le città dove si concentra la maggior parte della .... Sono nazioni dove l'indice di .... è basso e dove, negli ultimi tempi, si è assistito, ad eccezione della Polonia, all'arrivo di lavoratori stranieri. Ovunque si parlano lingue slave, tranne che in Ungheria dove la lingua appartiene al ceppo ugro-finnico.

- Dopo l'........................ nella Ue nel 2004, questi paesi hanno visto migliorare il loro .... economico. Il primario si sta modernizzando e produce cereali, barbabietole e, soprattutto, patate. La produzione di birra è molto diffusa. Le industrie più importanti sono ottica, farmaceutica e anche quella della .... di precisione. L'importanza di banche e commercio sta crescendo mentre limitato appare il contributo del turismo all'economia.

- I musei all'aria aperta, gli *skanzen*, rispecchiano la volontà di preservare le tradizioni del passato. L'artigianato presenta una grande varietà di prodotti, dalle ceramiche ungheresi ai .... di Boemia. La paprika è uno degli ingredienti più ricorrenti dei piatti tipici ed è diffuso ovunque un piatto a base di barbabietole rosse, il *barszcz*.

- Tra le principali risorse turistiche vanno menzionati i musei .... all'aperto. Il turismo balneare è praticato sulle coste polacche e, soprattutto, sulle sponde del lago Balaton. Da .... riveste un'importanza rilevante il turismo ...., soprattutto a Budapest e nella località ceca di Karlovy Vary. Da non dimenticare infine il turismo della memoria nei campi di concentramento di Auschwitz, Birkenau e Monowitz.

UNITÀ 16 – I PAESI BALTICI

- Estonia, Lettonia e Lituania si affacciano sul Mar Baltico e il loro territorio è quasi completamente pianeggiante, interrotto dalle .... moreniche e dai numerosi laghi di origine .... Ci sono numerosi fiumi alla cui foce sorgono le più importanti città ....

- Gli abitanti si concentrano in Lituania e in tutte e tre le nazioni si assiste ad un .... dell'indice di fecondità e a un aggravamento del fenomeno dell'.................. della popolazione. La maggior concentrazione della popolazione si ha lungo le coste e nelle città. Le lingue parlate sono appartenenti al gruppo baltico tranne in Estonia dove si registra un .... simile al finnico.

- Dopo l'entrata nella UE nel 2014, l'economia ha avuto una significativa ripresa grazie anche agli investimenti esteri. Nel .... riveste importanza l'allevamento di bovini mentre la produzione industriale è ancora limitata. Nel terziario spiccano il .... marittimo e il turismo, che si concentra nelle città principali.

- La gastronomia è limitata dai prodotti dell'.................. che non gode di un clima favorevole. Abitudine comune è un'abbondante colazione a base di yogurt, cereali e alimenti salati. Bevanda .... è la birra e anche la produzione di vodka e di distillati è molto diffusa.

- Tessuti ricamati e oggetti in .... sono i prodotti più lavorati dall'artigianato ma è la lavorazione dell'ambra che gode di un significativo commercio internazionale.

Parole da inserire: calo • continentale • colline • rilievi • portuali • agricoltura • primario • trasporto • steppa • industria • invecchiamento • glaciale • plastica • cristalli • sponde • termale • idioma • pianura • ricercata • nazionale • contadini • meccanica • fertilità • popolazione • livello • decenni • ingresso • legno

ZTE ONLINE
Mettiti alla prova con 20 esercizi interattivi

2 Indica se le frasi sono vere o false. (2 punti ciascuna) ..... / 14

a. La Polonia è ancora un paese d'emigrazione. V F
b. La Vistola, con i suoi 2074 km, è il fiume più lungo della Polonia. V F
c. La religione prevalente nell'area centro-orientale europea è la cristiana ortodossa. V F
d. Il *Tokaj* è un vino passito che si produce in Ungheria. V F
e. Il reddito per abitante dei paesi baltici è inferiore alla media europea. V F
f. In tutti i paesi baltici vivono minoranze di russi. V F
g. Il pane bianco fa parte delle tradizioni alimentari dei paesi baltici. V F

3 Indica la risposta corretta. ..... / 2

a. Le tre principali capitali dell'Europa centro – orientale sono:
❑ Varsavia ❑ Budapest ❑ Riga
❑ Bucarest ❑ Praga

b. Quali sono le località dove si pratica turismo termale?
❑ Budapest ❑ Marianske Lazne
❑ Danzica
❑ Tatra ❑ Karlovy Vary

4 Associa ogni termine o località alla città o regione di appartenenza. (1 punto ciascuna) ..... / 9

a. Danzica ❑ 1. Sopot
b. Lago Balaton ❑ 2. Estonia
c. Monte Garlach ❑ 3. Polonia
d. Barščai ❑ 4. Repubblica Ceca
e. Parco naturale ❑ 5. Lettonia
f. Dvina Occidentale ❑ 6. Bialowieza
g. Arvo Pärt ❑ 7. Lituania
h. Karlovi Vary ❑ 8. Slovacchia
i. Turismo balneare ❑ 9. Ungheria

5 Scrivi la definizione dei termini proposti. (5 punti ciascuna) ..... / 15

a. Skanzen ....
....
b. Gulash ....
....
c. Ambra ....
....

6 Rispondi alle domande. (10 punti ciascuna) ..... / 50

a. Quali sono le caratteristiche climatiche dei paesi dell'Europa centro-orientale?
....
....
....
b. Qual è l'andamento demografico comune ai 4 paesi di questa area?
....
....
....
c. Perché Praga è considerata una delle più belle città europee?
....
....
....
d. Quali sono le principali caratteristiche del territorio dei paesi baltici?
....
....
....
e. Quali sono i motivi dell'importanza del turismo naturalistico nell'area baltica?
....
....
....

PUNTEGGIO TOTALE ..... / 100

GEOGRAPHY HIGHLIGHTS – CLIL

TOUR OF THE BALTIC CAPITALS

DURATION: 7 DAYS ROUTE: TALLINN TO WARSAW - PRICE from: €699.00

This tour of the Baltic Capitals captures the history of a less discovered corner of Europe

ESTONIA, LATVIA, LITHUANIA, POLAND

DAY 1 - ARRIVAL: TALLINN ACCOMMODATION & OVERNIGHT AT HOTEL

Our first stop is **Tallinn**, **Estonia**'s capital., famous for its enchanting and ***World Heritage Historic Centre.*** The city is a popular holiday destination on the *Gulf of Finland*.

Walk the **cobbled** streets and explore scenic ruins or climb the hill of *Toompea*, which is filled with medieval buildings, 14th century churches, turrets, spires and enticing **alleyways**. Within the walls of the Old Town there are lots of excellent restaurants and a **bustling** nightlife. Estonians are true beer lovers so you might like to try an authentic local **brew**.

DAY 2 & 3 - RIGA: ACCOMMODATION - 2 NIGHTS IN HOTEL

Riga is more than 800 years old and its perfect **blend** of medieval centre and modern city infrastructure will enchant you.

The UNESCO World Heritage listed *Old Town* has its own charm. The city is also famous for its fascinating *Art Nouveau* architectural heritage which you can discover as you wander the streets of this ***"Paris of the East"***. A *must-do* is a visit to Riga's most famous Gothic church, *St Peter's*, thought to be about 800 years old. Climb the **spire** and enjoy spectacular views over the city.

DAY 4 & 5 - VILNIUS: ACCOMMODATION - 2 NIGHTS IN HOTEL

The capital of **Lithuania**, **Vilnius** **boasts** an attractive baroque Old Town that is the largest in Eastern Europe and is praised as the *'New Prague'*. Located on the edge of the *Neris River*, with its pine covered hills, friendly people, and blend of old and new, this is a picturesque city **well worth** exploring. You will have time to explore its main sights including *Gediminas Castle* on the top of Gediminas Hill and *Cathedral Square* at the base of the hill, which is dominated by *Vilnius Cathedral* and its 57 metre-high **belfry**. While you're exploring the square between the cathedral and the tower you should hunt for the secret ***stebuklas*** (*miracle*) mosaic-covered **tile**. The tile marks the southern end of the 650 kilometre long human **chain** (2 million people) between **Tallinn** and **Vilnius**, which was formed in protest against Soviet occupation in 1989. Local legend has it that if you find the pretty mosaic-covered tile you should stand on it and turn around three times **clockwise** while making a wish, which shall then be **granted**.

DAY 6 - WARSAW: ACCOMMODATION - 1 NIGHT IN HOTEL

Warsaw, **Poland**'s capital, has been revitalised as a tourist destination. The city was almost entirely destroyed in World War II but a lot of **effort** has gone into its rebuilding. Since the fall of communism, many old buildings have given way to modern skyscrapers, the dilapidated old town has been brightened up, and entertainment and services transformed. Warsaw is noted for the Soviet-era *Palace of Culture and Science*. Also recommended is a visit to the Old Town, which was rebuilt between 1949 and 1963 after being destroyed in World War II. You can visit the *Historical Museum of Warsaw* and *Royal Castle* at nearby *Old Town Square*.

DAY 7 - DEPART WARSAW Your adventure of a lifetime comes to an end today.

COMPREHENSION

❶ **Match the highlighted words from the text to their Italian translation.**

1. che vale la pena ....
2. campanile ....
3. garantito ....
4. acciottolate ....
5. fusione ....
6. catena ....
7. vicoli ....
8. pinnacolo ....
9. in senso orario ....
10. impegno ....
11. fermentazione ....
12. piastrella ....
13. vanta ....
14. movimentata ....

❷ Tick (√) the correct city.

	TALLINN	RIGA	VILNIUS	WARSAW
1. Its Old Town has been completely re-built after WW II.				
2. It features *Art Nouveau* architecture.				
3. Authentic local beers can be tasted.				
4. The Old Town is a World Heritage site.				
5. Its Old Town is the largest in Eastern Europe.				
6. Its Gothic church is 800 years old.				
7. The human string protesting against Communist occupation ended here.				
8. The Polish capital.				

❸ Answer **the following questions.**

1. **How long** does the *Baltic Cities Tour* last?
2. **Which** capital is a popular holiday destination on a gulf?
3. **Which** capital is located on the edge of a river?
4. **Which** capital is dubbed as the *New Prague*?
5. **Which** capital is dubbed as the *Paris of the East*?
6. **Which** capital has a very high bell tower?
7. **Which** capital is famous for a Soviet monument?

❹ Reorder **these words to make meaningful sentences.**

1. lots - the - vibrant - of - **Within** - of - are - there - restaurants - excellent - the - and - nightlife - Old Town - walls - a.
2. old - city - this - **With** - well worth - blend - its - and - of - is - a - new - exploring.
3. revitalised - destination - **Since** - of - Communism - as - a - been - the - tourist - fall - has - the - city.
4. famous - enjoy - views - and - church - **Climb** - spire - the - of Gothic - most - spectacular - Riga's - the - over - city.

REVISION & PRODUCTION

❺ Complete **the following text with the words in bold. Then** listen & check.

artists - nightlife - travel - beginning - south - destroyed - beer - architecture - brews - former - unesco-listed - styles

Just to the west of Russia the three **1. ....** . Soviet states of Estonia, Latvia and Lithuania offer an exciting, off-the-beaten track **2. ....** experience. **3. ....** the tour in Tallinn, with its **4. ....** . Old Town, Gothic churches, medieval castles and palaces, we continue to Riga, famous for its Art Nouveau **5. ....** and vibrant **6. ....** scene. Then experience the romantic city of Vilnius, with its fine food, postcard-perfect historic centre and art galleries then heading **7. ....**, in to Poland and the Czech Republic, stopping at some iconic capital cities. Warsaw and its Old Town, which was rebuilt between 1949 and 1963 after being **8. ....** in World War II in the Renaissance, Gothic and Baroque **9.....**. Prague, where you can find a beautiful astronomical clock, the enchanting *Charles Bridge* where you can watch **10.....** and buskers at work. Czechs have been brewing **11. ....** since the 9th century and invented the world's first Pilsner, so Prague offers a great opportunity to sample some of the world's finest **12. ....** .

❻ Translate **the following passage into Italian.**

Poland's most famous and cultural city is ***Kraków***, which has managed to preserve centuries of amazing architecture and artistic traditions as most of the historic buildings and monuments emerged unscathed from World War II. *Kraków* was the royal capital for 500 years so a *must-see* is the royal *Wawel Castle*, a beautiful renaissance palace which now houses a museum. During the evening the cosmopolitan city offers a buzzing nightlife, with plenty of restaurants, music clubs and bars to explore. *Kraków* is our base to visit the UNESCO listed *Auschwitz-Birkenau* German Nazi Concentration and Extermination Camp, a tribute to the people that perished there during the Holocaust. The camp was originally designed for Polish political prisoners, but became the most notorious camp of World War II.

UNITÀ 17 I PAESI BALCANICI

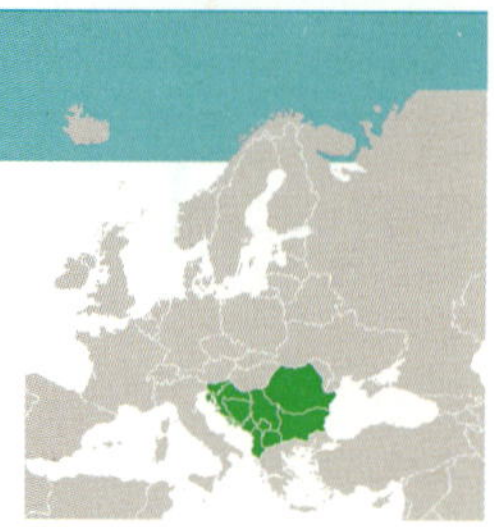

1 *Lezione*

IL TERRITORIO E I PAESAGGI

LE VIE DI COMUNICAZIONE

Le principali direttrici di trasporto della regione hanno orientamento nord-sud. La qualità delle vie di comunicazione, sia stradale sia ferroviaria, risente dell'arretratezza della regione ed è modernamente attrezzata solo in Slovenia e Croazia e attorno alle capitali.
Il **traffico marittimo** ha una certa importanza nella costa adriatica e sul Mar Nero.
Il **traffico aereo** è ridotto e si limita alle sole capitali per i collegamenti internazionali. Gli scali aerei più importanti sono quelli di Tirana, Bucarest e Belgrado.

- ferrovie principali
- aeroporti principali
- porti principali

IL TERRITORIO

Gli stati dell'Europa balcanica sono dieci: Slovenia, Croazia, Serbia, Kosovo, Bosnia ed Erzegovina, Albania, Montenegro, Macedonia, Bulgaria e Romania, situati nel sud-est del continente. Il loro territorio, che occupa gran parte della penisola balcanica, è dominato dalle **catene montuose**.

LE MONTAGNE

Nella regione si estendono numerose catene montuose che in gran parte appartengono al **sistema alpino**. Esse sono geologicamente giovani e instabili, soggette quindi al rischio di scosse sismiche. I principali rilievi sono costituiti dalle **Alpi Dinariche**, disposte a ridosso del litorale adriatico; dai **Carpazi** che includono le **Alpi Transilvaniche** e che si elevano in territorio romeno; dai **Balcani** veri e propri che, insieme ai **monti Rodopi**, si innalzano in direzione del Mar Nero. Tra i numerosi altri gruppi ci sono le ultime propaggini delle Alpi Giulie, situate in territorio sloveno al confine con l'Italia. Tutti questi rilievi costituiscono una **fascia montuosa pressoché continua** e hanno un aspetto aspro e accidentato, anche se nessuna vetta supera i 3000 m di altitudine.

LE PIANURE E I FIUMI

Tra i sistemi montuosi si estendono brevi pianure formate dalle valli dei fiumi. Queste aree pianeggianti, con l'eccezione dell'ampia **Valacchia rumena**, sono però di dimensioni limitate. La maggior parte di esse, come del resto la Valacchia, fa parte del **bacino del Danubio**, il principale fiume che attraversa la regione per sfociare nel Mar Nero. Proprio nel Danubio confluiscono corsi lunghi e ricchi di acqua come la Sava, la Drava e il Tibisco. I fiumi diretti al Mediterraneo sono invece brevi e poveri di acque; qui la costa è alta e rocciosa, molto frastagliata e fronteggiata da oltre 500

QUANDO ANDARE?

Il clima mediterraneo dei paesi che si affacciano al mare è l'ideale per il turismo balneare. I mesi estivi sono quindi perfetti per fare vita di mare ed escursioni nelle isole della Croazia.
Per visitare il resto della regione le stagioni migliori sono la primavera, quando la vegetazione è in piena fioritura, e l'autunno quando le sfumature rosse dei boschi dell'interno rendono il paesaggio magnifico. Durante l'inverno nei Carpazi sono molte le opportunità per praticare sport sulla neve.

	Albania	Bosnia ed Erzegovina	Bulgaria	Croazia	Kosovo	Macedonia	Montenegro	Romania	Serbia	Slovenia
superficie	28 748 Km²	51 209 Km²	111 002 Km²	56 594 Km²	10 908 Km²	25 713 Km²	13 812Km²	238 391 Km²	77 589 Km²	20 273 Km²
popolazione (2016)	2 886 026	3 830 911	7 153 784	4 190 669	1 771 604	2 071 278	622 218	19 759 968	7 076 372	2 064 188
densità	100 ab./Km²	75 ab./Km²	64 ab./Km²	74 ab./Km²	162 ab./Km²	81 ab./Km²	45 ab./Km²	84 ab./Km²	91ab./Km²	102 ab./Km²
lingua	albanese	bosniaco, serbo, croato	bulgaro, turco, greco, romeno, macedone	croato	albanese e serbo	macedone, albanese	montenegrino, albanese	romeno	serbo, albanese	sloveno, italiano, ungherese
religione	musulmani (57%) cattolici (10%) ortodossi (7%)	musulmani (45%), ortodossi (36%), cattolici (15%)	ortodossi (76%), musulmani (10%)	cattolici (86%), ortodossi (4%)	musulmani (95%)	ortodossi(65%), musulmani (32%)	ortodossi(72%), musulmani (19%)	ortodossi (81%), protestanti (6%), cattolici (5%)	ortodossi (85%), cattolici (5%)	cattolici (58%), non religiosi (10%)
moneta	lek	marco convertibile	nuovo lev	kuna	euro	denar	euro	leu	dinaro serbo	euro
ordinam. dello stato	repubblica	repubblica federale	repubblica	repubblica	repubblica	repubblica	repubblica	repubblica	repubblica	repubblica
capitale	Tirana	Sarajevo	Sofia	Zagabria	Priština	Skopje	Podgorica	Bucarest	Belgrado	Lubiana
sigla	AL	BiH	BG	HR	RKS	MK	MNE	RO	SRB	SLO

isole. Il litorale del Mar Nero è, invece, basso e sabbioso, caratterizzato da cordoni litoranei e diverse lagune, oltre che dalle ramificazioni dei fiumi, che confluiscono nell'ampia zona del **delta del Danubio**. Altri canali più piccoli dividono il delta in aree coperte di vegetazione e paludi.

IL CLIMA

Il clima è **mediterraneo** lungo tutta la costa adriatica e **continentale** verso l'interno dove ci sono i rilievi montuosi. Esso diventa più freddo con l'aumentare dell'altitudine, mentre è piuttosto mite tutto l'anno lungo le sponde del Mar Nero.

IL TURISTA CURIOSO

L'Albania fu occupata dagli italiani una prima volta dal 1915 al 1919 e poi ancora dal 1939 al 1943.

COMPETENZA LOCALIZZAZIONE

1 Lavora con la carta

Osserva la carta e rispondi alle domande.

a. Quale canale separa l'Albania dall'Italia?
b. Qual è il monte più alto della Slovenia? Che altezza raggiunge?
c. Che altezza raggiungono in Romania le Alpi Transilvaniche? Con quale monte?
d. In quale parte della costa adriatica sono numerose le isole: in Dobrugia o in Dalmazia?

Il Danubio nei pressi di Požarevac.

Villaggio alle pendici dei monti Carpazi.

Il delta del Danubio.

2 LA GEOGRAFIA UMANA

Lezione

LA POPOLAZIONE

La regione ha una **popolazione complessiva ridotta**. La **Romania**, con poco meno di 20 milioni di abitanti, è il **paese più popoloso** dell'area, seguito da Serbia e Bulgaria. La distribuzione della popolazione non è omogenea per via della conformazione montuosa del territorio; gli abitanti si concentrano nelle poche zone di pianura dell'interno e lungo le coste.

La situazione demografica della regione è piuttosto complessa con un andamento variabile da paese a paese. Con l'eccezione della Slovenia, che è un paese di arrivo per lavoratori stranieri, l'emigrazione verso i paesi dell'Europa occidentale è un dato comune agli altri paesi; l'Italia è meta soprattutto per i romeni e per gli albanesi.

LE CITTÀ

Le città in genere sorgono nei pressi o **lungo i maggiori fiumi**, che per la loro funzione di importanti vie di trasporto e di comunicazione hanno favorito lo sviluppo dei centri abitati e costituito i principali assi di urbanizzazione della regione. Ciò vale soprattutto per il Danubio che presenta, lungo il suo corso e nelle aree vicine pianeggianti, importanti città. Lo stesso è avvenuto lungo il corso della Sava, della Drava, del Vardar in Macedonia e della Marizza in Bulgaria. A differenza delle altre regioni mediterranee i **centri marittimi** sull'Adriatico non sono in genere molto grandi e sono superati per numero di abitanti dalle città costiere del Mar Nero, come Varna e Burgas in Bulgaria, Costanza in Romania. Le tre città principali sono **Bucarest** capitale della Romania, **Belgrado** della Serbia e **Sofia** della Bulgaria, le uniche a superare il milione di abitanti.

UNA MOLTEPLICITÀ DI POPOLI

La regione è caratterizzata da una molteplicità di popoli con **culture diverse** che convivono sullo stesso territorio e che nel corso della storia hanno dato vita a conflitti. Tra le numerose etnie della regione prevalgono i popoli **slavi** e slave sono lingue come lo sloveno, il serbo-croato, il macedone e il bulgaro. Una lingua a sé è l'albanese, mentre il rumeno è un idioma di origine latina.

In campo religioso predomina la fede **cristiano-ortodossa**, professata da rumeni, serbi, macedoni e bulgari; **cattolici** sono invece sloveni e croati, mentre una minoranza di protestanti si trova nella Transilvania, in Romania. L'islamismo, presente da secoli nella regione, è maggioranza tra gli albanesi, i kosovari e i bosniaci. Tra le varie etnie i **Rom** sono numerosi in Romania e Bulgaria.

Le città principali	abitanti (2016)
Bucarest (RO)	2 110 878
Belgrado (SRB)	1 233 878
Sofia (BG)	1 221 292
Tirana (AL)	811 649
Zagabria (HR)	793 049
Lubiana (SLO)	285 857

L'ECONOMIA

L'economia dei paesi balcanici, fatta eccezione per la Slovenia, è caratterizzata da **sistemi produttivi poco redditizi.** Il settore **primario**, con un numero di addetti elevato rispetto al resto d'Europa, risulta ancora oggi **scarsamente meccanizzato e poco specializzato.** L'**industria** ha ancora un peso ridotto sulle economie nazionali: i settori principali sono quelli della siderurgia e della chimica in Romania, della meccanica in Serbia e Slovenia. Un po' ovunque sono diffusi gli stabilimenti tessili e dell'abbigliamento, spesso delocalizzati da imprese occidentali. Il **turismo**, soprattutto quello balneare, è la grande risorsa dei paesi affacciati all'Adriatico e che dispongono di buone attrezzature, come Slovenia e Croazia.

COMPETENZA DIGITALE

1 Lavora con internet

La costa della Dalmazia in Croazia è una delle più importanti destinazioni turistiche della regione.

Fai una ricerca e trova notizie su:

a. Quali sono le località più frequentate?

b. Da quali paesi proviene il maggior numero di turisti?

La bella città di Dubrovnik situata lungo la costa della Dalmazia in Croazia.

Preti cristiano-ortodossi al termine di una funzione in Romania.

3 Lezione LA CULTURA E LE TRADIZIONI

L'ARTIGIANATO

Nei villaggi tradizionali, ancora molto diffusi nelle campagne, è largamente utilizzato il **legno**. Diversi i laboratori presenti che producono elementi di arredo, come tavolini e letti, e oggetti quali scatole, bauletti e cornici, lavorati prevalentemente a mano.

Anche la lavorazione delle **ceramiche** ha una lunga tradizione. In Serbia, per esempio, sono molto famose le ceramiche di Zlakusa per le loro eccellenti qualità che derivano da una combinazione unica di materiali quali l'argilla e una pietra particolare chiamate *vrsta* (un tipo di calcite). Nei Balcani recenti investimenti per preservare le arti e i mestieri tradizionali hanno aiutato l'artigianato in generale.

LE FESTE E LA MUSICA

Le tradizioni mantengono una certa importanza soprattutto nella celebrazione di festività o cerimonie religiose. In particolare in queste occasioni la **musica popolare,** che ha subito nei secoli l'influenza turco-ottomana conserva una certa vitalità tanto nei caratteri melodici quanto nella strumentistica.

Le contaminazioni sono varie. Un caso è ad esempio costituito dal ***manele,*** una musica derivata principalmente dalle canzoni d'amore turche, greche, arabe e serbe e diffuso tra i giovani in tutti i Balcani. Nato come musica da matrimonio, si è oggi ibridato con il pop e la dance music. Ha raggiunto una certa popolarità anche la musica bulgara che presenta una grande varietà di ritmi e melodie che si basano sulle antiche canzoni chiamate *lad*.

LA GASTRONOMIA

La cucina dei Balcani risente della varietà culturale dei diversi paesi. Tra i piatti tipici della regione, soprattutto in Serbia e Croazia sono molto diffusi i ***raznjici***, spiedini di carne, cipolle e peperoni cotti alla griglia, e i ***cevapcici***, polpette di carne di montone, tipici dell'entroterra, la ***musaka***, uno sformato di melanzane e carne tritata e il ***kacamak***, una polenta cucinata con il latte.

In Macedonia e Montenegro si possono assaggiare il ***turator***, una minestra a base di yogurt, cetrioli e noci e il ***kebàp***, lo spezzatino d'agnello. La ***piftia***, un pasticcio di carne di maiale e i ***sarmale***, involtini di carne in foglia di verza sono in Bulgaria i piatti più tradizionali. In Romania e in tutta la parte centro-meridionale della regione una specialità è il ***pastrami***, carne di manzo, maiale o montone conservata in salamoia, mentre i ***mititei*** sono polpette di carne bovina mista a carni di maiale e di pecora con l'aggiunta di pepe nero, aglio, e coriandolo.

I **vini** balcanici si stanno affermando sul mercato europeo; è il caso di quello prodotto dall'antico vitigno *Mavrud* in Bulgaria o del *Prokupac* in Serbia. In Romania, invece, i vitigni più rinomati sono il *Feteasca Neagra*, il *Bohotin-Coloviu* e il *Tomaioasa Romaneasca*.

COMPETENZA DIGITALE

❶ Lavora con internet

I paesi dei Balcani sono una terra di festival e di musica.

Fai una ricerca e trova notizie su:

a. Le caratteristiche delllla musica balcanica: strumenti utilizzati, generi e principali artisti degli anni Novanta del secolo scorso e Duemila.

Goran Bregovic e la sua orchestra

Un piatto di spiedini e polpette della cucina croata.

4 Lezione

LE RISORSE TURISTICHE

Le **capitali** costituiscono le destinazioni più importanti del **TURISMO CULTURALE**. **Bucarest** è la capitale che attrae più visitatori seguita da **Belgrado**, **Sofia**, **Lubiana** e **Zagabria**. Centri di forte richiamo turistico sono alcune cittadine della **Dalmazia**, che conservano testimonianze romane e veneziane: è il caso di **Pola**, **Zara**, **Spalato**, e soprattutto **Dubrovnik**, il cui centro storico, con palazzi costruiti tra età medioevale e moderna, è tra i più integri e belli del Mediterraneo. A testimonianza della resistenza all'espansione ottomana, si conservano diversi **monasteri fortificati** soprattutto tra Macedonia, Serbia (Studenica, Manasija, Ravanica) e Bulgaria (Rila).

Lungo l'Adriatico, la **costa dalmata** presenta numerose località ed è la meta privilegiata del **TURISMO BALNEARE**. È il caso della penisola d'**Istria**, con centri come Pirano, Parenzo e Rovigno, seguita dalle numerose isole della costa centro-settentrionale quali Hvar, Korkula e del golfo del **Quarnaro** come Losinj e Rab. Piccole baie di particolare bellezza si trovano anche lungo il litorale montenegrino, dove si può raggiungere il borgo medievale di **Sveti Stefan**.

Anche l'**Albania** offre paesaggi marittimi ancora incontaminati che si trovano ad esempio nella **penisola di Karaburun** e nella baia di Grama. Le migliori spiagge attrezzate sono a **Himara** e a **Llaman**.
Lungo il Mar Nero una certa importanza hanno le località bulgare di Varna e Burgas.

Per quanto riguarda il **TURISMO NATURALISTICO** i siti e i **parchi naturali** più noti sono quelli delle **grotte di Skocjan** e di **Postumia** in Slovenia, dei **laghi di Plitvice** e dell'arcipelago di **Brioni** in Croazia, quelli montani del **Durmitor** in Montenegro, del **Pirin** in Bulgaria, e quello del **Delta del Danubio** in Romania.

Slovenia
L'interno delle grotte di Postumia.

Il patrimonio dell'UNESCO

Grotte di Skocjan/San Canziano e di Postojna/Postumia, Slovenia
Laghi di Plitvice, Croazia
Palazzo di Diocleziano a Spalato, Croazia
Monastero di Rila, Bulgaria
Parco nazionale del Durmitor, Montenegro
Monastero di Studenica, Serbia

Per la lista completa vai su: http://whc.unesco.org/en/list/

Croazia
La grande fontana di Onofrio nel centro storico Dubrovnik.

Croazia
Il parco nazionale dei Laghi di Plitvice.

Bosnia
Il ponte ottomano del XVI secolo a Mostar, in Bosnia ed Erzegovina, che attraversa il fiume Narenta.

Serbia
Il Monastero di Studenica.

Albania
Una delle spiagge della riviera albanese.

SCRIVI UN TESTO IN 200 PAROLE

Lavora con il testo, la carta, le immagini e organizza le informazioni seguendo i punti elencati

a. Descrivi le principali località della Slovenia.
b. Elenca le principali località balneari sull'Adriatico.

5
Lezione

ALLA SCOPERTA DELLA SLOVENIA E DELLA CROAZIA

CARTA INTERATTIVA IN DIGITALE

L'ITINERARIO

La Slovenia e la Dalmazia settentrionale in 5 giorni

Situata tra l'Europa occidentale e orientale, la Slovenia ha porti veneziani sulle coste, antiche fattorie all'interno e tipici paesaggi montani sulle Alpi Giulie.

La costa della Dalmazia, frastagliata e con molte insenature, golfi e isole, ha visto crescere e svilupparsi piccoli porti protetti dalla bora, basi ideali per le imbarcazioni da pesca, caratteristica della sua economia, insieme al turismo.

❶ GIORNO
Lubiana

La visita della città parte dal castello (*Grad*), posto su una collina in posizione dominante sull'ansa del fiume Ljubljanica che attraversa il centro storico: questa, a pianta ortogonale presenta uno stile architettonico barocco e liberty, simile a quello delle città austriache. Scesi dalla collina sul versante settentrionale lungo il fiume si percorre la città vecchia, di origine medievale. Si parte dalla piazza del mercato generale facendo una sosta alla **cattedrale barocca** di **San Nicola**, e alla **Fontana dei fiumi**, che è uno dei simboli di Lubiana. Una volta superato il fiume attraverso il famoso **Triplice Ponte** si visitano il **Museo Nazionale** e il Museo d'Arte Moderna, quindi l'ottocentesco **Parco Tivoli**.

❷ GIORNO
Bled

Lasciata la città in direzione nord-ovest a una cinquantina di chilometri si raggiunge il piccolo lago di **Bled** in un ambiente pittoresco circondato da foreste e montagne dove sostare prima di iniziare la visita al castello medievale che risale all'XI secolo e dal quale si gode di un bel panorama. Da lì ci si dirige a piedi, a qualche chilometro di distanza, alla spettacolare **gola di Vintgar** lungo un percorso scavato tra imponenti pareti verticali all'interno nel parco nazionale del Tricorno-Triglav.

La torre dell'Orologio nel centro della città di Fiume.

❸ GIORNO
Postumia - Fiume

Lasciata Lubiana, ci si dirige verso **Postumia (Postojna)**, a circa 50 km a sud-est della capitale, per visitare le famose grotte: seconde al mondo per estensione, si snodano nella roccia calcarea per circa 20 km.

Si prosegue quindi in direzione del golfo del Quarnaro, verso **Fiume (Rijeka)**. La visita della città, ricca di numerosi edifici di valore architettonico costruiti in epoca asburgica, non può non includere la medievale **torre dell'orologio**, la **Porta Romana** e la **chiesa di Nostra Signora del Mare di Tersatto**, raggiungibile tramite una lunga scalinata, su una collina che sovrasta la città e il golfo.

Baška, località storica dell'isola di Krk.

Il lago di Bled in Slovenia.

La fontana dei tre fiumi carniolani, nota anche come Fontana del Robba, è uno dei monumenti più famosi di Lubiana.

❹ GIORNO
Buccari - isola di Krk

Appena usciti da Fiume, a 15 km circa, si arriva a **Buccari**, antico porto militare di aspetto medioevale con un castello e mura turrite. La strada litoranea corre a mezza costa consentendo di godere del panorama costiero. Da Buccari si raggiunge l'isola di **Krk (Veglia)**, la più estesa isola della Croazia, attraversando un ponte che la unisce alla terra. Intorno all'isola si articola una corona di isolotti e scogli che danno vita a uno scenario incantevole.

❺ GIORNO
Plitvice e Zara

Arrivati a Segna (Senj) ci si spinge nell'entroterra per raggiungere, a oltre 50 km, i laghi di **Plitvice**, nel cuore del parco nazionale in un territorio di fitte foreste, ricco di corsi d'acqua, laghi e cascate. Qui si articola un itinerario di quasi una ventina di chilometri tra due sistemi di 16 laghi comunicanti, dalle acque di colori diversi. Proseguendo verso la costa, si arriva a **Zara (Zadar)** sorta su una piccola penisola in fondo a una stretta baia. La città conserva tracce di una lunga storia: già possedimento romano, bizantino, veneziano, austriaco e italiano. Di impianto viario romano, Zara è racchiusa da un sistema murario costruito prevalentemente in età moderna su resti preesistenti: all'interno di esso tra i numerosi edifici storici meritano una visita la chiesa a pianta circolare di **San Donato**, tra i migliori esempi di architettura bizantina della costa (risalente al IX secolo e costruita sull'area di un foro romano), la chiesa romanica di **Santa Maria** con un pregevole campanile e il **Duomo** o cattedrale di Sant'Anastasia, dalle evidenti influenze stilistiche italiane. Il museo archeologico raccoglie reperti provenienti da tutta la Dalmazia settentrionale.

ORGANIZZA TU UN ITINERARIO
La Croazia meridionale

Procurati una mappa della Croazia meridionale e costruisci un itinerario che includa i monumenti, le architetture e le località più interessanti. Con Google Maps visualizza il punto di partenza e quello di arrivo e, dopo aver deciso con quale mezzo sia meglio muoversi, calcola i tempi di permanenza e le distanze. Per ogni luogo scrivi in poche righe le principali caratteristiche e attrattive.

Distanza 800 km

Durata 5 giorni

Luoghi da visitare

1. L'isola di Korkula
2. La penisola di Peljesac
3. Il parco nazionale dell'isola Mljet
4. Dubrovnik

LA ROMANIA

6 Lezione — IL PATRIMONIO STORICO, ARTISTICO E NATURALE E LE RISORSE TURISTICHE

UN PAESE DA SCOPRIRE

La Romania è il paese più esteso dell'area dei Balcani ed è quello che presenta la maggiore varietà di paesaggi e caratteri culturali con influenze romane, ungheresi, bizantine, turche e russe.

Tra le strutture ricettive, negli anni più recenti, è cresciuta l'attenzione per lo sviluppo dell'ospitalità rurale e dell'agriturismo.

I PARCHI NAZIONALI

Numerosi sono i parchi nazionali, coperti da distese di conifere e querce e che ospitano una ricca fauna di orsi bruni, lupi, linci e cinghiali. Tra essi, nella parte centrale del paese, nell'area dei Carpazi, si trovano il **parco nazionale di Retezat**, ricco di laghi glaciali, il **parco nazionale Piatra Craiului**, ideale per l'alpinismo, il **parco nazionale Cheile Bicazului-Hasmas**, con gole e formazioni di interesse geologico e, infine il **parco nazionale dei Monti Rodna**.

La più estesa area umida europea è poi costituita dal **parco del delta del Danubio**, habitat naturale di numerose specie vegetali, pesci e uccelli. È abitato anche da gatti selvatici, volpi, lupi, cervi e cinghiali. Il delta si è formato, e continua a formarsi, attorno ai tre canali principali del Danubio e ospita anche il più grande canneto del mondo. Tutta l'area è interessata da interventi di salvaguardia ambientale e di valorizzazione turistica sostenibile.

LE CITTÀ DI INTERESSE ARTISTICO

Molti centri di interesse storico e artistico sono situati in **Transilvania**, regione storica ai piedi dei Carpazi, caratterizzata da un bellissimo paesaggio naturale e da alcune delle città medievali meglio conservate in Europa. Qui si trovano le località di **Sighisoara**, **Cluj-Napoca**, **Brasov** e **Târgu Mures**, con centri storici di impronta medioevale dove per secoli le mura, le torri e le chiese fortificate hanno protetto gli abitanti dalle invasioni dell'impero ottomano. Non lontane da esse sopravvivono diverse tracce della storia locale come le **chiese fortificate sassoni**.

Sighisoara
Sighisoara, cittdina medievale della Transilvania arroccata su una collina e fortificata da mura del XIV secolo.

UNESCO

Il patrimonio dell'UNESCO

Delta del Danubio (riserva della Biosfera)

Per la lista completa vai su: http://whc.unesco.org/en/list/

BUCAREST

In ragione della presenza di musei, gallerie, monumenti ed edifici di fine XIX secolo oltre che per tratti urbanistici di impronta francese, Bucarest è stata anche chiamata la "Parigi dei Balcani" nell'Ottocento. Ha risentito negativamente di un devastante terremoto verificatosi nel 1977 e delle vicende legate al recente passato comunista, quando la forte espansione dei quartieri periferici è stata accompagnata dalla demolizione di una larga parte degli edifici più antichi del centro per lasciar spazio a moderne ed enormi sedi istituzionali come il **Palazzo del Parlamento**. La città non ha goduto quindi per lungo tempo di un'immagine attraente, ma ora le cose stanno decisamente cambiando e la città è diventata dinamica e in rapida trasformazione. Si può iniziare a esplorare la città da **Piata Universitatii**, centro degli eventi culturali e punto di partenza per le vie del centro storico.

Oltre all'interessante quartiere di **Curtea veche**, dalla struttura viaria tradizionale, sono molto interessanti il **museo nazionale di storia**, in particolare per il cosiddetto "tesoro dei Goti", il **museo nazionale d'arte** e il **museo del contadino romeno**: come quest'ultimo, a carattere etnografico è il Museo all'aria aperta **Satului** ("del villaggio"), realizzato all'interno del Parco Herastrau, con oltre 70 edifici smontati provenienti da tutta la Romania.

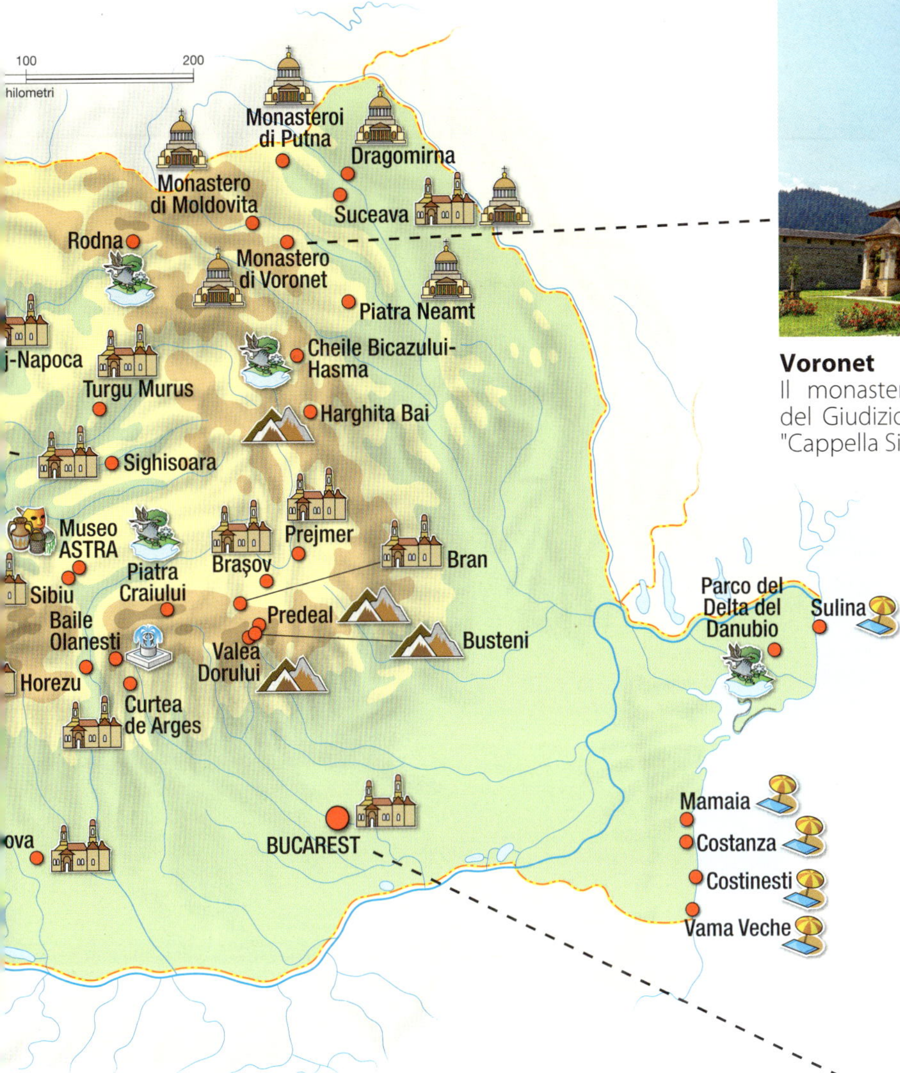

Voronet
Il monastero di Voronet famoso per l'affresco del Giudizio Universale e considerato da molti la "Cappella Sistina d'Oriente".

Transilvania
Chiesa lignea tradizionale del Maramureș nel nord della Transilvania.

Bucarest
Il Parlamento è il secondo palazzo amministrativo più grande al mondo dopo il Pentagono.

GLI EDIFICI RELIGIOSI E I CASTELLI

Testimonianza della società tradizionale delle campagne, i numerosi **edifici religiosi** rivestono una particolare notorietà, soprattutto i **monasteri della valle dell'Olt**, mentre un riconoscimento di patrimonio UNESCO hanno ricevuto le chiese di legno del **Maramureș**, nell'estremo nord-est e alcuni monasteri della **Bucovina**, nella regione della Moldavia, tutti impreziositi da grandi pitture parietali, anche esterne. Una notevole attrazione turistica sono le **fortificazioni** e i **castelli**, il più conosciuto dei quali è quello di **Bran**, in Transilvania, noto come il **castello di Dracula,** ovvero del conte Vlad, strenuo oppositore dell'avanzata turca nel XV secolo. Arroccato su una parete rocciosa all'interno di una stretta gola il castello ha una struttura che si è evoluta nel corso dei secoli; i caratteri gotici, le scalinate strette e tortuose, i passaggi sotterranei e le torri che gli conferiscono un sapore misterioso e affascinante. Il castello, che oggi ospita il **Museo di arte medievale**, ha ispirato l'autore irlandese Stoker che, lo ha inserito nel suo romanzo horror *Dracula*.

IL TURISMO BALNEARE

Crescente apprezzamento all'estero ha avuto nell'ultimo decennio il turismo balneare, che offre strutture alberghiere di grandi dimensioni. La località di maggior richiamo, per le ampie spiagge sabbiose, è **Mamaia**, ormai quasi un sobborgo di Costanza.

SCRIVI UN TESTO IN 200 PAROLE

Lavora con il testo, la carta, internet e le immagini seguendo i punti elencati

a. Trova informazioni sulla leggenda di Dracula il Vampiro e rintraccia le località dove il personaggio storico, da cui è nata la leggenda, è vissuto.
b. Descrivi uno dei parchi naturali rumeni.

1 IL TERRITORIO E I PAESAGGI

Lezione

autostrade
strade principali
ferrovie principali
aeroporti principali
porti principali

IL TERRITORIO

La regione è composta da tre paesi, **Ucraina, Bielorussia** e **Moldavia**, estesi nell'Europa orientale tra gli stati baltici e il Mar Nero. Il territorio è dominato dalle **aree pianeggianti**. Queste appartengono alle immense pianure dell'Europa orientale e in tutta la regione danno vita a un **ambiente uniforme**, ravvivato in alcuni punti da modestissimi rilievi collinari: è il caso dei monti della Bielorussia e delle ondulazioni del Ripiano Podolico e delle alture del Donec in Ucraina. Le uniche montagne si innalzano nell'Ucraina occidentale, dove il territorio è occupato da un tratto della catena dei **Carpazi orientali**, che culminano poco oltre i 2000 m. Anche nella penisola ucraina della Crimea, sul Mar Nero, si elevano alture di una certa entità con i monti Taurici. Unico paese affacciato al mare è appunto l'Ucraina che presenta una costa in genere bassa e sabbiosa, spesso caratterizzata da cordoni litoranei e lagune.

I FIUMI E I LAGHI

Tutta la regione è **ricca di acque**. Molti fiumi attraversano la pianura e costituiscono un'ottima via di comunicazione: i principali scorrono da nord a sud per sfociare nel Mar Nero. Essi sono il **Dnepr** (2285 km), terzo fiume d'Europa per lunghezza, con i suoi affluenti Beresina e Pripjat e il **Dnestr** (1352 km). Il Dnepr è navigabile per 1900 km ed è collegato tramite un sistema di canali alla Vistola e quindi al Mar Baltico; il fiume è molto importante anche per la produzione idroelettrica, con il suo corso regolato da grandi **laghi artificiali** come i bacini di Kiev, di Kahovka e soprattutto di Kremencug. Sempre al Mar Nero si dirige il Bug Meridionale, così come il Danubio che rientra in territorio ucraino solo per il ramo settentrionale del suo vasto delta. Il Donec settentrionale confluisce nel Don russo e tributa così le proprie acque al Mar d'Azov, che costituisce la sezione nord-orientale del Mar Nero. Un percorso inverso, da sud a nord, ha invece la Dvina Occidentale che si getta nel Mar Baltico. La regione è anche disseminata da piccoli laghi naturali e dalle **paludi**: è il caso della vasta area palustre interna costituita dal fiume Pripjat in Bielorussia e delle zone paludose del litorale ucraino, solo in parte bonificate.

IL CLIMA

Il clima è **continentale**, con estati calde e inverni rigidi; lungo il Mar Nero la costa della Crimea ha invece un clima mite, di tipo **mediterraneo**.

LE VIE DI COMUNICAZIONE

La rete delle vie di comunicazione è nettamente inferiore rispetto a quelle dei paesi dell'Europa occidentale. La motorizzazione privata è ancora a livelli piuttosto bassi e il servizio ferroviario relativamente arretrato per velocità e tipo di servizi. In Ucraina sono molto utilizzate, specialmente per il trasporto merci, le vie d'acqua interne, costituite dai fiumi principali. Sempre in Ucraina, Odessa ha tradizionalmente costituito il principale porto del Mar Nero, prima che le vicende politiche recenti (conflitto nella parte russofona del paese) ne compromettessero l'operatività. Il movimento aereo è piuttosto ridotto: l'aeroporto di Kiev, il più importante tra gli internazionali nella regione, si colloca solo attorno al 60° posto in Europa.

	Ucraina	Bielorussia	Moldova
superficie	603 700 km^2*	207 600 km^2	33 700 km^2
popolazione (2016)	45 245 894 *	9 498 364	3 553 056
densità	75 ab./km^2	46 ab./km^2	105 ab./km^2
lingua	ucraino (uff.), russo	bielorusso e russo (uff.)	moldavo (uff.), russo, ucraino
religione	ortodossi (70%), non religiosi (11%), cattolici (7%)	ortodossi (48%),cattolici (7%), non religiosi (41%)	ortodossi (93%)
moneta	grivnia	rublo bielorusso	leu moldavo
ordinamento dello stato	repubblica	repubblica	repubblica
capitale	Kiev	Minsk	Chişinău
sigla	UA	BY	MD

* compresa la Crimea e la città di Sebastopoli annesse alla Russia

QUANDO ANDARE?

Il clima marcatamente continentale della regione rende preferibili i viaggi nelle stagioni intermedie, soprattutto in primavera, quando le precipitazioni sono scarse. Il prolungato gelo e le conseguenti difficoltà di spostamento sconsigliano la stagione invernale.

I PAESAGGI REGIONALI

In **Ucraina** il corso del Dnepr separa la regione occidentale da quella orientale. Nella **regione occidentale** le fertili terre nere, dal colore molto scuro per la ricchezza di *humus*, vengono intensamente sfruttate per l'agricoltura e l'allevamento. È questo il paesaggio della **steppa** erbosa, con vasti campi coltivati a cereali per i quali l'Ucraina in passato è stata definita il "granaio d'Europa".

La **regione orientale** è invece spiccatamente industriale con grandi città legate alle attività estrattive, specie nel grande bacino minerario del Donec. Il paese presenta poi a sud, al di là dell'istmo di Perekop, la penisola di Crimea dall'ambiente spiccatamente mediterraneo, mentre a ovest, nell'area occupata dai Carpazi, il paesaggio è montano.

Nel nord della regione la **Bielorussia** è costituita da una vasta pianura attraversata da molti fiumi (tra tutti il Pripjat e la Dvina Occidentale) che scorrono lenti, tra coltivazioni e grandi boschi di pioppi, betulle e ontani. In alcuni tratti si trovano morbide ondulazioni collinari, in genere di origine morenica, piccoli laghi e vaste paludi.

Nel sud-est della regione la **Moldova** presenta un paesaggio pianeggiante ma intervallato da colline, prevalentemente agricolo e attraversato dal fiume Dnestr.

IL TURISTA CURIOSO

❶ L'Ucraina è il secondo paese per estensione in Europa dopo la Russia.

❷ La Bielorussia è l'unico paese europeo in cui è ancora in vigore ed eseguita la pena di morte.

COMPETENZA LOCALIZZAZIONE

❶ Lavora con la carta

Osserva la carta e rispondi alle domande.

a. Con quali paesi confina l'Ucraina? E gli altri due paesi dell'Europa orientale?
b. Qual è il nome e l'altezza della massima elevazione della regione? Dove si trova?
c. Quale fiume segna il confine occidentale della Moldova? Di quale fiume è affluente?
d. Quali importanti città ucraine sorgono sul corso del Dnepr?
e. Qual è la caratteristica fisica della regione bielorussa della Polesia?
f. A quale stato appartiene la regione della Volinia?
g. Quali sono le maggiori vie di comunicazione? Quali città collegano?

I Carpazi occidentali in Ucraina.

Paesaggio agricolo in Moldova.

Il fiume Dnepr in inverno quando è ghiacciato.

2 Lezione LA GEOGRAFIA UMANA

LA POPOLAZIONE E LE CITTÀ

L'intera regione ha una popolazione di circa **60 milioni di abitanti**. Di questi la gran parte risiede in Ucraina che è il paese più popoloso. Le **densità** di popolazione sono piuttosto basse, con l'eccezione della Moldova. I valori massimi si hanno **lungo il corso dei fiumi** (Dnepr e Dnestr soprattutto). Questi ultimi hanno favorito lo **sviluppo urbano** grazie alla loro funzione di importanti vie di trasporto.

Da molti anni i paesi conoscono un **costante calo demografico;** ciò si deve a un saldo naturale fortemente negativo con la mortalità molto superiore alla natalità e con indici di fertilità tra i più bassi d'Europa. Va comunque aggiunto che il calo demografico è meno marcato in Moldova, dove però, a differenza degli altri due paesi dell'area, anche il saldo migratorio è negativo.

La maggior parte della popolazione ucraina e bielorussa risiede in città, mentre in Moldova l'insediamento è in larga parte rurale. Proprio in Moldova l'unico vero centro urbano è di fatto la capitale **Chisinau**. Più articolata risulta la rete urbana della Bielorussia, dove però il 20% degli abitanti risiede nella capitale **Minsk**. L'Ucraina è il paese col maggior numero di città; **Kiev**, la capitale, situata sulle rive dello Dnepr, è la più abitata e importante di tutta la regione, mentre **Odessa** sul Mar Nero rappresenta il principale porto marittimo.

ETNIE E SCONTRI

Dal punto di vista linguistico ucraini e bielorussi parlano **lingue slave**, mentre il moldavo è un idioma neolatino apparentato con il romeno. Ovunque si trovano cospicue minoranze di russi, con cui i rapporti sono stati spesso anche conflittuali. È il caso ad esempio del conflitto armato scoppiato nel 2014 nelle regioni russofone orientali dell'Ucraina e, sempre nello stesso anno, dell'annessione da parte di Mosca della penisola della Crimea (non riconosciuta però dalla comunità internazionale).

Anche in Moldova si sono registrate difficoltà nelle relazioni politiche con la Russia, soprattutto per l'appoggio dato da quest'ultima alla secessione della regione della Transnistria (a oriente del Dnestr). Sotto il profilo religioso i tre paesi presentano una certa uniformità con il prevalere della fede **cristiano-ortodossa**.

Le città principali	abitanti (2016)
Kiev (UA)	2 887 974
Harkov (UA)	1 430 165
Odessa (UA)	993 185
Dnepropetrovsk (UA)	979 046
Minsk (BY)	1 921 807
Chişinău (MD)	681 100

L'ECONOMIA

I tre paesi hanno economie arretrate e poco efficienti; migliori condizioni presenta la Bielorussia, mentre la Moldova, mantenendo il suo carattere prevalentemente rurale ed agricolo, continua ad essere il paese meno avanzato della regione.

Nel complesso i tre paesi hanno un ambiente abbastanza favorevole per l'**agricoltura**, in particolare nelle fertilissime terre dell'Ucraina, coltivate a cereali. L'**industria** è presente soprattutto in Ucraina e Bielorussia. Nel **terziario** il fenomeno turistico nella regione è soprattutto culturale; il turismo balneare lungo il Mar Nero, in seguito alla perdita del controllo della Crimea da parte ucraina, non ha molta rilevanza.

COMPETENZA DIGITALE

❶ Lavora con internet

Il porto di Odessa è il più importante del Mar Nero.
Fai una ricerca e trova notizie su:

a. Quali sono le sue origini e da chi venne fondato?
b. Quali sono le sue principali funzioni commerciali?

Il porto di Odessa in Ucraina.

Gli sterminati campi coltivati in Ucraina.

3 Lezione
LA CULTURA E LE TRADIZIONI

UNA CULTURA OMOGENEA

Nell'area le forme di cultura materiale e le tradizioni risultano piuttosto omogenee in quanto influenzate da vicende storiche comuni: matrice slava, cristianizzazione di origine bizantina, dominio russo e poi sovietico.

L'insediamento tradizionale nelle campagne è costituito soprattutto da **edifici in legno**, pressoché nell'intera regione; tra i tipi edilizi principali situati anche al di fuori dei centri abitati spiccano per particolarità e interesse i castelli, i monasteri fortificati e le chiese; queste ultime sono anche costruite in pietra o mattoni secondo i classici **canoni di origine bizantina** con pianta greca e cupole, spesso fusi con quelli delle chiese più tipicamente rurali, con interno tripartito e portici colonnati.

L'ARTIGIANATO E TRADIZIONI

Tra i prodotti dell'artigianato, si distinguono gli **oggetti in legno** e i **tessili**, soprattutto capi d'abbigliamento in lino e i tappeti di lana di origine moldava. Le **icone**, tavole dipinte con raffigurazioni religiose tipiche della religione ortodossa, si trovano dappertutto.

Tra le tradizioni tipiche dell'Ucraina ci sono le ***pysanky***, le **uove di Pasqua dipinte**. La più vasta collezione si trova al museo della città di Kolomyya. Un'altra tradizione è quella ucraina delle **danze popolari** come quelle ***hutsul*** e cosacche, legate alle usanze contadine.

L'ENOGASTRONOMIA

Le tradizioni gastronomiche si basano sugli ingredienti più diffusi della regione. Nella **cucina bielorussa** la maggior parte dei piatti utilizzano la patata e la carne come nel caso dello *zrazy*, un piatto di carne di manzo arrotolata ripiena di salsiccia, verdure, funghi e patate, o dello *babka*, una torta salata fatta di patate grattuggiate. Persino i pasticcini, chiamati *pirazhki*, hanno come ingrediente di base la patata.

Un maggiore utilizzo di ortaggi, erbe e spezie si ha nella **cucina ucraina**, il cui piatto tradizionale è rappresentato dal *borsch*, una zuppa di barbabietole accompagnata dalla carne; meritano di essere assaggiati anche i *varenyky*, dei ravioli di patate, e l'insalata *shuba* preparata con aringhe sottaceto e barbabietole.

Nella **cucina moldava**, che attinge sia alle tradizioni rumene che a quelle ucraine, è ancora più diffusa la presenza di verdure; tra gli ingredienti più tipici si trova il formaggio *bryndza*, una specie di pecorino e tra le portate principali il *balmus*, una polenta cucinata con latte e formaggio.

In tutta la regione la principale bevanda alcolica è la **vodka**, distillato ottenuto dalla fermentazione di frumento, segale e patate; solo in Moldova, in particolare nel sud, si ha una discreta produzione vinicola, soprattutto vini rossi, piuttosto corposi, che riesce anche a essere esportata nei paesi vicini e in Europa occidentale.

COMPETENZA DIGITALE

1 Lavora con internet

Le chiese ortodosse hanno particolarità architettoniche che le distinguono da quelle cattoliche.

Fai una ricerca e trova notizie su:

a. Quali sono le loro caratteristiche?

b. Quali sono le più importanti dell'Europa orientale?

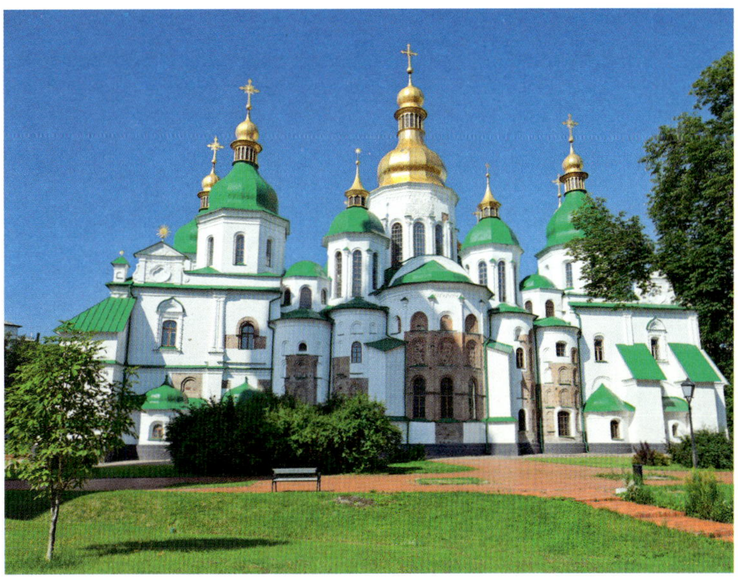

La cattedrale ortodossa di Santa Sofia a Kiev, in Ucraina.

Un'immagine sacra tipica dell'arte bizantina.

4 Lezione — LE RISORSE TURISTICHE

Bielorussia
Il parlamento in piazza Indipendenza a Minsk.

Per il visitatore straniero, il **TURISMO CULTURALE** si concentra nelle capitali dei singoli paesi. Prima per importanza anche per funzioni economiche e dimensioni demografiche, è **Kiev**, la capitale ucraina, che ha un passato di rilievo e pregevoli caratteristiche urbanistiche, tra le quali spicca la presenza di vaste aree di verde pubblico, pari a circa 300 tra parchi e giardini. Situata lungo il corso del fiume Dnepr, possiede chiese di origine medievale ed edifici d'epoca barocca ispirati ai modelli dell'Europa occidentale.

Minsk, capitale della Bielorussia, presenta una struttura urbanistica fedele ai modelli d'epoca sovietica. La cattedrale di Santo Spirito e della Vergine Maria sono gli edifici religiosi principali. La Biblioteca nazionale di Bielorussia è il maggiore polo culturale del paese, con 8 milioni di volumi. L'edificio, alto 72 m, è composto di 22 piani e ha una forma molto singolare.

I principali punti di interesse di **Chisinau,** capitale della Moldova, sono la Porta Sacra del 1841, la Cattedrale ortodossa con annesso parco, la cattedrale della Natività di Cristo con torre campanaria; il palazzo del governo e il mercato dei fiori aperto giorno e notte. Poi ci sono il teatro nazionale Eminescu e il Museo Puskin (scrittore russo qui esiliato).

Al di fuori delle capitali, valgono una visita **Lviv** (Leopoli), con un centro storico d'epoca asburgica, e la vivace **Odessa** sulla costa del Mar Nero. Tra i **monasteri** si possono visitare il Pečerska Lavra (o Monastero delle Grotte) a Kiev e, in Moldova, quello di Tipova, il più grande tra quelli rupestri dell'Europa orientale.

La penisola della **Crimea**, è la destinazione principale del **TURISMO BALNEARE** con località come **Jalta,** che nella sua baia offre diverse spiagge, e **Sebastopoli,** vivace centro turistico estivo.

Moldova
Una veduta aerea del parco centrale di Chişinău.

Il patrimonio dell'UNESCO
Parco nazionale della Foresta di Białowieża, Bielorussia
Complesso del Castello di Mir, Bielorussia
Castello di Njasviž, Bielorussia
Kiev: cattedrale di Santa Sofia, Ucraina
Centro storico di Leopoli, Ucraina
Foreste primordiali dei faggi dei Carpazi, Ucraina
Residenza dei metropoliti bucovini e dalmati a Černivci, Ucraina
Chiese in legno della regione dei Carpazi, Ucraina

Per la lista completa vai su: http://whc.unesco.org/en/list/

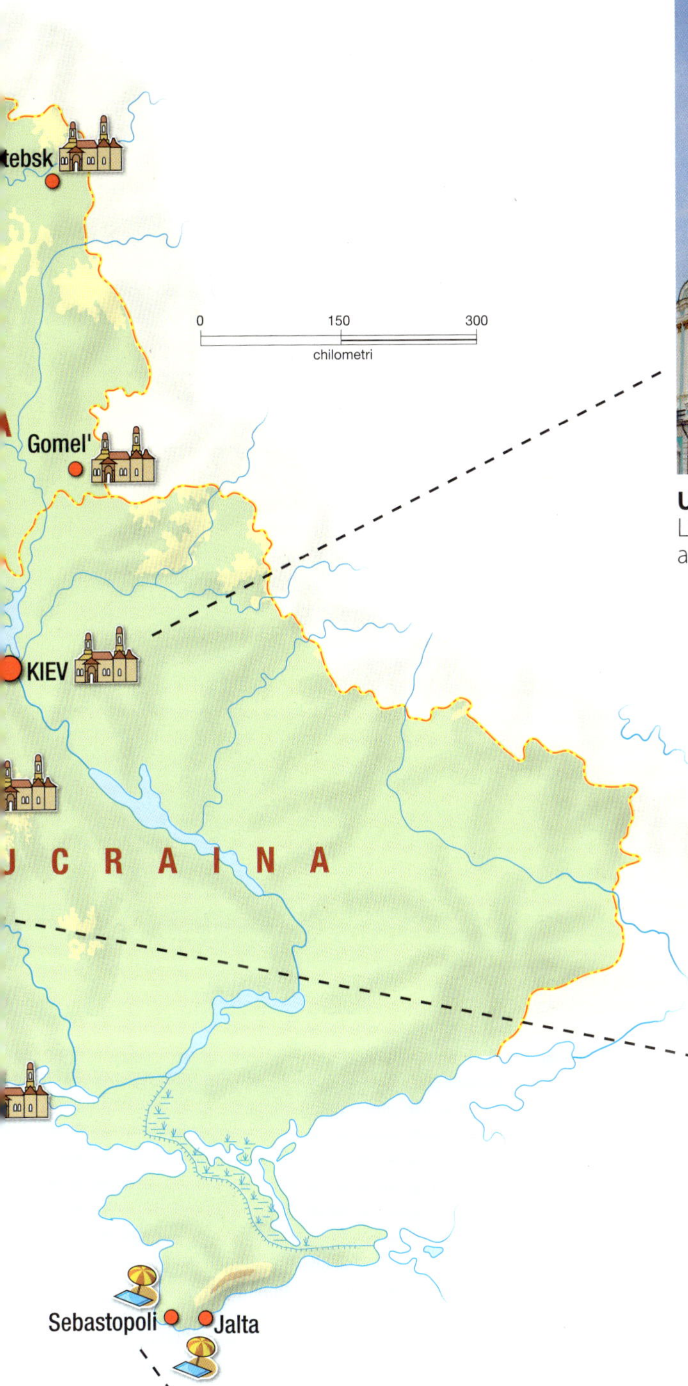

Ucraina
La chiesa barocca di Sant'Andrea a Kiev.

Moldova
Il monastero rupestre di Tipova.

Ucraina
La città di Sebastopoli nella penisola della Crimea.

SCRIVI UN TESTO IN 200 PAROLE

Lavora con il testo, la carta, le immagini e organizza le informazioni seguendo i punti elencati

a. Descrivi le principali località di interesse culturale.
b. Elenca le principali località termali della regione.

5 Lezione

ALLA SCOPERTA DELL'UCRAINA

CARTA INTERATTIVA IN DIGITALE

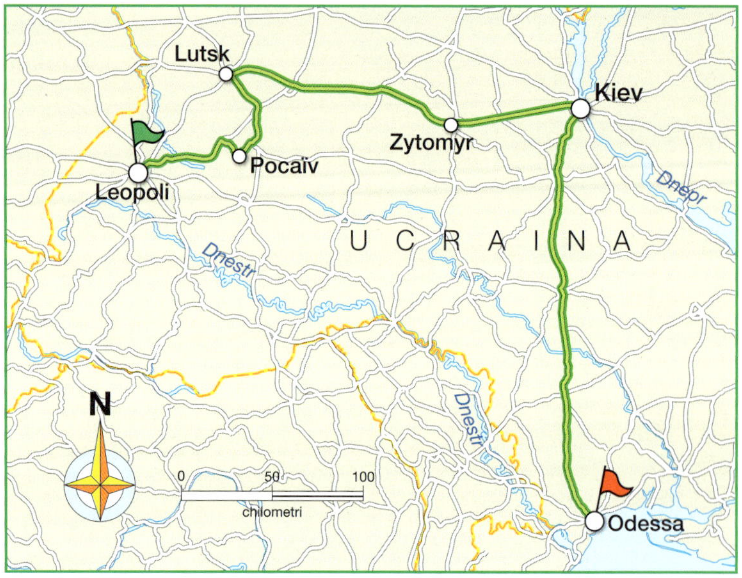

L'ITINERARIO

Attraverso l'Ucraina: dalla Galizia al Mar Nero in 5 giorni

L'itinerario parte dalla regione ucraina della Galizia e passando dalla capitale Kiev, arriva fino a Odessa nella penisola della Crimea sul Mar Nero. È un percorso di interesse storico-culturale con gli sterminati paesaggi della steppa dove il tempo sembra essersi fermato. Quasi ogni città possiede la sua cattedrale, vecchia di qualche secolo, e molte hanno musei d'arte e interessanti opere di architettura popolare all'aperto.

❶ GIORNO
Leopoli

La visita di **Leopoli** (Lviv) può iniziare dal municipio e dal centro storico raccolto intorno alla quadrata piazza Rynok (o del mercato), su cui si affacciano pregevoli palazzi tardo-rinascimentali. Si prosegue poi attraverso il quartiere Seredmistia per fermarsi per una visita al **museo storico**. A poca distanza si trovano numerosi edifici religiosi che attestano l'appartenenza a pieno titolo della città alla cultura mitteleuropea: nello spazio di poche centinaia di metri si possono vedere la **cattedrale dell'Assunzione** (ortodossa) con la torre che è anche simbolo della città, la chiesa domenicana, la cattedrale latina e la **cattedrale armena**. Spostandosi verso sud-est si incontrano tratti delle antiche mura, prima di procedere verso il quartiere di Pidzamce, anticamente sede del castello medievale. Nel prospekt Svobody, il principale asse viario del centro storico, ricco di negozi e locali, si raggiunge il **museo etnografico e dei mestieri** dove sono documentate la cultura materiale e le tradizioni delle varie comunità etniche che nel passato hanno animato la vita locale, non ultima quella ebraica.

Vista dall'alto della cattedrale dell'Assunzione di Leopoli.

❷ GIORNO
Pocaiv - Lutsk - Zytomyr

Durante il lungo spostamento verso la capitale (550 km ca.), vale la pena fare una deviazione dalla direttrice principale verso **Pocaiv** a un centinaio di chilometri da Leopoli. Si tratta di un piccolo centro rurale, dotato di un grande complesso monastico che, fondato nel XIII secolo, costituisce un importante centro religioso. Si prosegue verso **Lutsk** per visitare l'interessante castello di Liubart (XIV sec.), la cattedrale di San Pietro e Paolo con tunnel sotterranei e una sinagoga e, infine, **Zytomir**,

Il teatro dell'opera di Odessa.

fondata nell'VIII secolo al centro di una regione boscosa. La cattedrale è l'edificio più importante della città.

❸ GIORNO
Kiev

La visita della capitale ucraina può iniziare dal **museo nazionale di storia** dove di particolare interesse è la sezione dedicata alle culture protoslave. Si prosegue poi per la **cattedrale di San Michele** dell'XI secolo che, dedicata al santo, protettore della città, ha sette cupole dorate. Poco lontano la **cattedrale di Santa Sofia** è il monumento più importante della città: fondata all'inizio dell'XI secolo dal principe Jaroslav e successivamente più volte rimaneggiata, ha una struttura bizantina con cinque navate, diverse cupole e mosaici e affreschi. A qualche centinaio di metri si trova la **Porta d'Oro**, una delle porte cittadine medievali ancora in piedi; il monumento è sopravvissuto all'assedio mongolo che distrusse la città nel 1237. Nella zona sud-ovest della città, si possono visitare importanti musei come il **museo dell'arte russa** che raccoglie numerose opere di importanti artisti russi e ucraini. Si conclude la giornata nella **piazza Maidan** o dell'Indipendenza, punto centrale della citta dove si può sostare in uno dei numerosi caffè.

❹ GIORNO
Kiev

Nel secondo giorno dedicato alla città, ripartendo dalla zona della cattedrale di San Michele e dell'attiguo **complesso monastico di Kiev Pechersk Lavra** si raggiunge la **chiesa di Sant'Andrea**, dalla quale ci si sposta, lungo l'omonima "discesa", verso il Dnepr: si visitano le aree verdi lungo il fiume, prima di una visita al **Monastero delle Grotte** (Lavra), esteso complesso architettonico situato in una zona collinare e cinto da mura.
Si prosegue con la visita alla **galleria ARTRast** che raccoglie opere d'arte moderna contemporanea. Si conclude con il **Museo dell'architettura e di vita popolare** di Pyrohiv, situato nella zona a sud della città, ricco di edifici rurali provenienti da tutto il paese e qui ricostruiti fedelmente. Nel pomeriggio trasferimento a Odessa.

❺ GIORNO
Odessa

Città dall'antico e tormentato passato e oggi affermato porto commerciale, Odessa presenta un impianto urbanistico e tratti architettonici neoclassici. L'importanza del Mar Nero, della flotta navale e degli scambi commerciali con i paesi del Mediterraneo, avviati già nel III secolo dall'antica colonia greca *Odessos*, è evidente nel Museo Archeologico. Oggi il traffico è assai ridotto rispetto al periodo sovietico. Il monumento più noto della città è forse la **scalinata** immortalata nel più famoso dei film, la *Corazzata Potëmkin* di Ejzenstejn, con i suoi 192 gradini, firmata dall'architetto italiano Franz Boffo.
Il **museo d'arte occidentale e orientale** è il principale della città, con importanti collezioni dal XVI al XX secolo compese opere di Caravaggio, Mignard, Hals. Valgono una visita anche il **Monastero di San Il'ja** (ortodosso di rito greco), il **Teatro dell'Opera** e il **Museo archeologico**. La città offre diverse spiagge e centri termali.

ORGANIZZA TU UN ITINERARIO
La Moldova

Procurati una mappa della Moldova e costruisci un itinerario che includa i monumenti, le architetture e le località più interessanti. Con Google Maps visualizza il punto di partenza e quello di arrivo e, dopo aver deciso con quale mezzo sia meglio muoversi, calcola i tempi di permanenza e le distanze. Per ogni luogo scrivi in poche righe le principali caratteristiche e attrattive.

Distanza 800 km

Durata 6 giorni

Luoghi da visitare

1. Chișinău
2. Tipova
3. Balti
4. Rezina
5. Bendery
6. Soroca
7. Orhei

I PAESI CAUCASICI

6 Lezione
IL TERRITORIO E LA GEOGRAFIA UMANA

autostrade
strade principali
ferrovie principali
aeroporti principali
porti principali

IL TERRITORIO

I paesi caucasici sono tre: **Georgia**, **Armenia** e **Azerbaigian**. Situati tra Mar Nero e Mar Caspio, nel Caucaso meridionale in una regione di confine tra Europa e Asia, facevano anch'essi parte dell'Unione Sovietica, da cui hanno ottenuto l'indipendenza nel 1991. Il loro territorio, a elevato **rischio sismico**, è costituito in prevalenza da **montagne** giovani con le aspre **catene montuose del Caucaso** dalle numerose cime oltre i 4000 m che si alternano ad altopiani e valli fluviali.

La regione è **ricca di acque**: numerosi sono i laghi montani, i bacini artificiali e i fiumi; tra questi ultimi i maggiori, che scorrono in valli estese tra le catene montuose, sono il Kura e l'Arasse, diretti al Mar Caspio. Non meno importante è il Rioni, fiume della Georgia, che si affaccia al Mar Nero con una fertile pianura.

Il **clima** varia in base all'altitudine; è di tipo **continentale** rigido sui versanti più elevati, mentre diventa caldo in basso, umido nella costa del Mar Nero, arido lungo il Mar Caspio. I versanti montuosi sono ricoperti da estese foreste, mentre altrove predomina la steppa.

LA POPOLAZIONE

Con 17 milioni di abitanti, la regione ha un peso demografico piuttosto ridotto, ma è densamente popolata, soprattutto in considerazione del territorio che è montuoso e accidentato.

L'andamento demografico vede una crescita della popolazione solo in Azerbaigian. Il tasso di urbanizzazione risulta abbastanza elevato e le tre capitali, **Tbilisi**, **Erevan** e **Baku**, concentrano le attività economiche più importanti e quasi un terzo della popolazione complessiva dell'area.

La regione è sempre stata un **luogo di incontro e scontro** tra popoli diversi. Di recente è stato il caso delle guerre combattute nel Nagorno-Karabakh, un territorio dell'Azerbaigian a maggioranza armena, nell'Ossezia del Sud e nell'Abkhazia, regioni situate in Georgia, ma oggi di fatto indipendenti grazie al sostegno della Russia. Non si può non ricordare il **genocidio della popolazione armena** (2 milioni di morti) per mano dei turchi agli inizi del Novecento e dalla successiva migrazione forzata di massa.

LE VIE DI COMUNICAZIONE

La **rete stradale** può considerarsi discreta per quanto riguarda i collegamenti tra le maggiori città; molto precarie sono invece le condizioni delle strade per raggiungere i centri minori. La **rete ferroviaria** è lenta, ma è in corso di miglioramento. Il modo migliore per muoversi è quello di utilizzare gli **autobus** che funzionano abbastanza bene.
Gli **aeroporti** principali sono quelli delle capitali dei tre paesi.

	Armenia	Georgia	Azerbaigian
superficie	29 743 km^2	69 500 km^2	86 570 km^2
popolazione (2016)	2 998 577	4 490 498	9 705 643
densità	101 ab/ km^2	65 ab/ km^2	112 ab/ km^2
lingua	armeno (uff.), curdo, russo	georgiano	azero (uff.), russo
religione	cristiani	ortodossi (55%), musulmani (20%)	musulmani (96%)
moneta	Dram	Lari	Manat
ordinamento dello stato	repubblica	repubblica	repubblica
capitale	Erevan	Tbilisi	Baku
Sigla	ARM	GE	AZ

QUANDO ANDARE?

Il periodo migliore per visitare i paesi caucasici è quello primaverile ed estivo, quando le precipitazioni sono quasi assenti e il tempo è abbastanza soleggiato. In estate le temperature variano tra i 28 e i 30°C. La stagione sciistica, invece, va da gennaio a febbraio nelle località armene e dell'Azerbaigian.

Per quanto riguarda la **religione**, numerose sono le fedi professate: i musulmani sono la maggioranza in Azerbaigian con minoranze cristiane ed ebraiche, mentre i cristiani prevalgono in Georgia e in Armenia, pur appartenendo a chiese diverse (ortodossi in Georgia e "gregoriani" in Armenia).

Per le **lingue** la situazione è più articolata: alle tre lingue nazionali che sono il georgiano, l'armeno e l'azero, si contrappongono molti altri idiomi, tra i quali il russo.

L'ECONOMIA

I tre Stati sono complessivamente **arretrati**; la maggioranza della popolazione dispone di un tenore di vita modesto. In tutta la regione l'**agricoltura** è discretamente importante; ad essa si affianca qualche area industriale. Più dinamica è la situazione dell'Azerbaigian grazie all'estrazione del petrolio di Baku, dal quale deriva una potente industria petrolchimica. Il **turismo** è in crescita anche se è un settore di recente promozione.

IL TURISTA CURIOSO

❶ Gli armeni all'estero sono circa cinque milioni, residenti perlopiù in Russia, Usa e Francia.

❷ Il Caucaso è stato definito la "montagna delle lingue" per la presenza di numerosi gruppi etnici e linguistici.

COMPETENZA LOCALIZZAZIONE

❶ Lavora con la carta

Osserva la carta e rispondi alle domande.

a. Con quali stati confinano i paesi caucasici?
b. A quali mari si affacciano?
c. Quali sono i monti più elevati? In che stato si trovano?
d. Quale tra le tre capitali si trova lungo la costa?
e. Qual è e dove si trova il lago maggiore della regione?
f. Quali sono i porti della regione?

Le distese di prati a pascolo in Georgia.

Una veduta delle montagne del Caucaso.

Un lago montano in Armenia.

7
Lezione

LE RISORSE TURISTICHE

Un decimo circa del territorio dei paesi caucasici è protetta, ma quello nel quale la consapevolezza ambientale è più sviluppata è la Georgia dove sono presenti strutture e attrezzature per un **TURISMO NATURALISTICO**. Nella regione si contano oltre **venti parchi nazionali**, tra i quali quelli di alta montagna di **Shahdagh** in Azerbaigian e **Borjomi-Kharagauli** in Georgia, quello forestale di **Hickan** e quelli di aree umide e semidesertiche di **Shirvan** in Azerbaigian e del **lago Arpi** in Armenia. In questi parchi, nelle riserve e in altre aree di interesse naturalistico, tra le quali la regione dello **Svaneti**, ampie sono le possibilità di effettuare trekking e *birdwatching*, mentre la meta più frequentata per praticare l'alpinismo è il **monte Kazbek** in Georgia. Purtroppo è ancora limitata la diffusione della pratica degli sport invernali, in ragione del modesto livello economico di gran parte della popolazione locale.

Per quanto riguarda il **TURISMO CULTURALE** le principali destinazioni sono le **capitali** dei tre paesi dove si trovano le gallerie, i musei, i monumenti più importanti. Tra queste l'azera **Baku** si sta rivelando la più frequentata. La città ha diversi punti di interesse come la **Torre della Vergine**, il **Palazzo dei Shirvanshakh**, la **Città Murata** e il **tempio di Ateshgah** e le moderne Flame Towers Anche **Tbilisi**, in Georgia, situata ai piedi delle mura della fortezza di Narikala, ha un centro storico molto interessante con i suoi vicoli tortuosi, i cortili nascosti e i balconi in legno. La capitale armena **Erevan** ha splendidi edifici russi che risalgono all'Ottocento nel suo nucleo centrale e ospita una decina di musei, diverse gallerie e chiese.

Un'altra risorsa che attira il **TURISMO TERMALE** è costituita da alcuni centri della Georgia come **Borjomi**, stazione termale nota dalla fine dell'Ottocento per le sue acque minerali e sulfuree.

Armenia
Il fiume Debed nei pressi della città di Alaverdi dove forma una gola.

Il patrimonio dell'UNESCO
Monasteri di Haghpat e Sanahin, Armenia
Cattedrale e chiese di Echmiadzin e sito archeologico di Zvartnots, Armenia
Monastero di Geghard e Alta Valle dell'Azat, Armenia
Città-fortezza di Baku con il Palazzo di Shirvanshah e la Torre della Vergine, Azerbaigian
Riserva statale di Qobustan, Azerbaigian
Cattedrale di Bagrati e Monastero di Gelati, Georgia
Monumenti storici di Mtskheta, Georgia
Alto Svaneti, Georgia

Per la lista completa vai su: http://whc.unesco.org/en/list/

Azerbaigian
Esempi di arte rupestre nella riserva di Qobustan a circa 60 km da Baku.

orgia
entro storico di Mtskheta dove è situata la Cat-
rale di Svetitskhoveli, antica chiesa ortodossa.
città si trova alla confluenza dei fiumi Kura e
gvi.

Georgia
Il centro storico di Tbilisi.

Armenia
Il lago di Sevan è uno dei più grandi laghi ad alta quota al mondo.

Azerbaigian
La Città Vecchia di Baku con sullo sfondo il quartiere residenziale delle Flame Towers.

SCRIVI UN TESTO IN 200 PAROLE

Lavora con il testo, la carta, internet e le immagini seguendo i punti elencati

a. Descrivi i parchi naturali della regione del Caucaso.

b. Presenta i punti di interesse culturale delle tre capitali caucasiche.

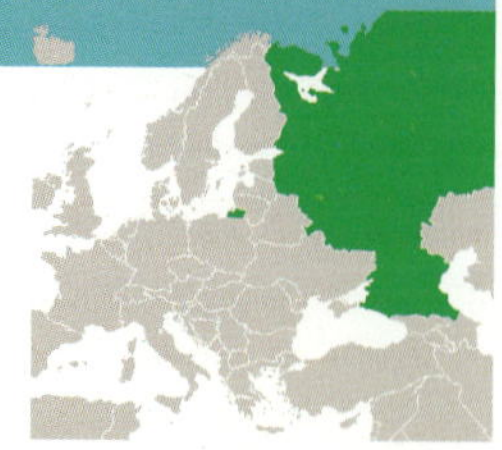

1 Lezione

IL TERRITORIO E I PAESAGGI

superficie	17 075 400 km² (25% in Europa e 75% in Asia)
popolazione (2016)	142 355 415 (77% in Europa e 23% in Asia)
densità	8 ab./Km²
lingua	russo
religione	ortodossi (54%), non religiosi (31%), musulmani (8%)
moneta	rublo
ordinamento dello stato	repubblica
capitale	Mosca
sigla	RUS

- autostrade
- strade principali
- ferrovie principali
- aeroporti principali
- porti principali

LE VIE DI COMUNICAZIONE

La rete dei trasporti è concentrata nella parte europea del territorio. La rete delle **comunicazioni stradali** e **ferroviarie** è piuttosto sviluppata nel settore europeo e nella fascia meridionale della Siberia, dove corre la ferrovia Transiberiana. La **navigazione fluviale** ha enorme importanza e posiede un articolato sistema di canali e la stessa capitale Mosca è collegata ai mari Baltico, Bianco, Nero, d'Azov e Caspio. Anche il **trasporto aereo** è ben organizzato e dispone di 250 grandi aeroporti. I più importanti sono quelli di Mosca e San Pietroburgo.

IL TERRITORIO

La Russia è il **più grande paese** del pianeta; occupa infatti uno spazio sterminato tra l'Europa orientale e l'Asia settentrionale, estendendosi da nord a sud per 3000 km, ma soprattutto da ovest a est, dove la distanza è di quasi 10 000 Km. Il territorio russo comprende quindi sul planisfero ben 11 fusi orari tra le località più occidentali poste sul Mar Baltico e quelle orientali dell'Oceano Pacifico. Le sue dimensioni sono superiori a quelle dell'intera Europa o dell'Oceania.

Quasi la metà del territorio si trova a una **latitudine settentrionale**, a nord del 60° parallelo. A questo si deve l'ambiente difficile, soprattutto dal punto di vista climatico. Il paese ha un lungo perimetro di coste (50 000 km) che sono in gran parte inutilizzabili perché sono affacciate a mari freddi, ghiacciati per molti mesi l'anno. Tutti questi fattori, insieme alle **enormi distanze**, condizionano notevolmente l'attività umana, rendendo difficili gli insediamenti in molte aree, l'utilizzo delle risorse naturali e i trasporti.

Il territorio è in prevalenza occupato da **immense pianure** (russa e siberiana) che sono le aree più antiche del continente euroasiatico. Le catene montuose si trovano invece ai margini meridionali e nella sezione orientale.

LA RUSSIA EUROPEA

Il paese si divide in Russia europea e Russia asiatica. La parte europea è costituita dalla Russia vera e propria, il cui **limite è posto lungo i monti Urali**. Al di là di questa catena montuosa si trova la parte asiatica che comprende la regione della Siberia. Alla Russia europea appartiene anche il territorio di Kaliningrad, che si trova tra Lituania e Polonia. La parte europea del paese, pur essendo molto grande, è quella meno estesa, ma costituisce la regione più popolata, quella che produce la maggior parte del reddito e che ospita le città principali e le attività economiche più avanzate.

IL PAESAGGIO DELLA RUSSIA EUROPEA SETTENTRIONALE

La Russia europea settentrionale è affacciata ai mari settentrionali con coste piatte, spesso paludose e ricoperte di ghiacci per buona parte dell'anno. Ghiacciati per molti mesi all'anno sono anche i fiumi come la Dvina Settentrionale e la Pečora, che sfociano nel Mar Glaciale Artico. Il paesaggio è dominato da **terreni pianeggianti**, interrotti da lunghe ondulazioni collinari (monti Timani) e da grandi laghi di origine glaciale. Nella zona più settentrionale, dove l'inverno dura dai nove ai dieci mesi all'anno, domina la **tundra**, un'ampia distesa di muschi e licheni con qualche arbusto nano. A sud si estende la **taiga**, caratterizzata da foreste di conifere, ma anche da alberi a foglie caduche come la betulla, tipica del paesaggio russo.

IL PAESAGGIO DELLA RUSSIA EUROPEA CENTRALE

La Russia centrale occupa una fascia compresa tra il Baltico e gli Urali centro-meridionali e in quest'area vive il maggior numero di abitanti e si trovano le attività agricole e industriali più importanti del paese. Il territorio è **pianeggiante**, anche se diventa collinare a ovest di Mosca nel Rialto Centrale Russo; a est, dove scorre l'alta valle del Volga e dell'affluente Oka, è più uniforme e monotono. La regione è la più disboscata della Russia. Verso sud si trovano le **fertili "terre nere"**, cioè terre dal colore molto scuro per la ricchezza di *humus*, con estese coltivazioni.

IL PAESAGGIO DELLA RUSSIA EUROPEA MERIDIONALE

La parte meridionale si estende nel vasto territorio di pianura attraversato dal medio e basso corso del Volga fino al Caucaso e tra il Mar Nero e il Mar Caspio. Il Volga costituisce un'importante asse dello sviluppo urbano ed economico del paese. Lungo le sue sponde, specie sulla riva occidentale, si addensa la popolazione e si trovano importanti città. La vegetazione più diffusa è quella della **steppa boscosa**, una distesa erbosa inframmezzata da alberi, ma in direzione del Mar Caspio la copertura vegetale si fa sempre più rada.

QUANDO ANDARE?

Il periodo migliore per visitare il paese va da fine maggio ai primi di settembre: le temperature sono piacevoli e le giornate lunghe.
L'inverno è gelido: la temperatura è sotto lo zero per alcuni mesi. Si registrano mediamente 175 giorni di gelo all'anno (cioè con minime sotto lo zero).
L'estate, da giugno ad agosto, è mite o addirittura calda: le temperature medie estive a Mosca assomigliano a quelle di città come Parigi o Berlino, ma le variazioni sono notevoli, per cui non mancano giornate calde e afose, in cui si possono toccare i 35 °C, ma ci sono anche giornate fresche e piovose, con massime intorno ai 15-16 gradi.

IL TURISTA CURIOSO

❶ La Russia intera è grande una volta e mezza l'Europa e 56 volte l'Italia.

❷ A Ojmjakon, nella Siberia orientale, le temperature invernali possono scendere fino a - 78°C.

COMPETENZA LOCALIZZAZIONE

❶ Lavora con la carta

Osserva la carta e rispondi alle domande.

a. Con quali paesi confina la Russia europea?
b. Dove si trova la regione della Carelia?
c. Dove sfocia il Volga? A delta o a estuario?
d. Su quale golfo si affaccia San Pietroburgo?

Il paesaggio della tundra nella Russia settentrionale.

L'arcipelago di Vaalam, parte nord-orientale del lago Ladoga.

Il fiume Volga durante l'inverno quando è ghiacciato, a Nižnij Novgorod.

2 Lezione LA GEOGRAFIA UMANA

LA POPOLAZIONE E LE CITTÀ

Con più di **142 milioni di abitanti** la Russia è il nono paese più popolato al mondo, il primo in Europa. La densità media è però molto bassa: con circa 8 abitanti per km^2 il paese è tra i meno densamente abitati al mondo. La popolazione si distribuisce sul territorio in modo molto squilibrato, infatti, la **parte asiatica** del paese è **quasi spopolata** con sterminati spazi privi di insediamenti umani. Al contrario la Russia europea concentra la maggioranza della popolazione, cioè oltre i tre quarti degli abitanti. Le densità più alte si hanno nella parte centro-meridionale, dove il clima è meno rigido.

Dopo il drammatico **calo demografico** verificatosi nel ventennio 1990-2010 con la riduzione della natalità e l'aumento della mortalità che ha causato una perdita di oltre 4 milioni di abitanti, il paese è oggi a **crescita zero**. Recentemente la natalità è in ripresa e anche la speranza di vita sta aumentando, tuttavia è lontana dai livelli occidentali: la durata media della vita è, infatti, di 66 anni, cioè 10 anni in meno rispetto ai valori dell'Europa occidentale.

La popolazione russa è **molto urbanizzata**: gli abitanti residenti in città, pari a circa 4 cittadini su 5, continuano a crescere, soprattutto nelle grandi metropoli. Le città principali che sorgono nella Russia europea sono: la capitale **Mosca** e la seconda città russa, **San Pietroburgo**. Sulle rive del fiume Oka, alla confluenza con il Volga, si trova **Nižnij Novgorod**, ricca di monumenti e importante centro industriale. Sul Volga sorgono altri centri, come Samara, Kazan, Saratov, Volgograd e Astrahan. A nord il porto di **Murmansk**, nella penisola di Kola, è libero tutto l'anno dai ghiacci.

UN QUADRO ETNICO COMPOSITO

La Russia è caratterizzata da un'**estrema varietà di popoli**; sono oltre 100 le etnie che vivono sul suo territorio. Ciascuna di queste, quali tatari, ucraini, ciuvasci, finnici, lapponi, samoiedi, eschimesi, tedeschi, ceceni, possiede usi, costumi, tradizioni e spesso anche religione e lingua proprie. La maggioranza, pari a oltre l'80%, è comunque costituita da **russi**, popolo di **lingua slava** (il russo utilizza l'alfabeto cirillico) e di **religione cristiano-ortodossa** che, nel corso della sua storia, si è diffuso in tutte le aree del paese.

L'ECONOMIA

A partire dal nuovo millennio l'economia russa ha vissuto una **fase di crescita** e il paese è stato inserito tra le potenze emergenti dei **BRICS** (Brasile, Russia, India, Cina e Sudafrica), collocandosi al nono posto mondiale per reddito globale.

Un elemento di debolezza strutturale dell'economia russa è costituito dal fatto che essa si regge in larga parte sulla **vendita di petrolio, gas naturale e altre materie prime** (metalli, legname) di cui il paese è ricco. Inoltre enormi sono le disparità nello sviluppo tra le varie parti del territorio con la regione di Mosca che concentra da sola un terzo del reddito nazionale.

IL TURISMO

Il turismo sta diventando una voce importante dell'economia del paese; è un **settore in crescita** con circa **20 milioni di turisti** all'anno, diretti soprattutto a Mosca e a San Pietroburgo, le mete più frequentate.

Le città principali	abitanti (2016)
Mosca	12 166 000
San Pietroburgo	4 993 000
Novosibirsk	1 497 000
Ekaterinburg	1 379 000
Nižnij Novgorod	1 212 000
Samara	1 164 000

COMPETENZA DIGITALE

1 Lavora con internet

La Russia è uno dei paesi europei che sta registrando un turismo in crescita.

Fai una ricerca e trova notizie su:

a. Quali sono le destinazioni più frequentate?

b. Da quali paesi proviene il maggior numero di turisti?

Una delle sale dell'Ermitage a San Pietroburgo.

La Piazza Rossa con la chiesa di San Basilio a Mosca.

3 Lezione
LA CULTURA E LE TRADIZIONI

L'ARTIGIANATO

La Russia ha sviluppato un ricco artigianato popolare. Per quanto riguarda le lavorazioni in **legno**, l'oggetto più noto è costituito dalle **matrioske**, un insieme di bambole dipinte, che si compone di pezzi di diverse dimensioni inseriti uno dentro l'altro. I ***palekh*** sono scatole laccate con disegni in miniatura. Anche le **icone**, un'antica espressione artistica religiosa cristiana, sono dipinte su tavole di legno. Tutte le chiese russo-ortodosse ne sono ricche.

Il legno è un materiale così diffuso che viene anche utilizzato per la costruzione delle tipiche case di villeggiatura chiamate **dacie,** caratterizzate da finestre finemente intagliate.

Per quanto riguarda i tessuti sono molto diffusi gli scialli chiamati ***babushka***, in lana e ricamati con motivi floreali, da sempre caratteristici dei costumi russi femminili.

Più ricercate le lavorazioni in oro e pietre preziose tipiche dell'arte dell'oreficeria: molto diffusa è la ***yantar***, ovvero l'**ambra** della costa baltica, nella provincia di Kaliningrad.

LE FESTE E LE TRADIZIONI

Tra le feste il **Capodanno** è molto atteso e sentito: "Nonno Gelo" (**Ded Moroz**), la versione slava di Babbo Natale, vestito di rosso o blu e con la barba bianca, distribuisce doni ai bambini, accompagnato dalla sua nipotina **Snegurochka**. I più tradizionalisti ripetono la cerimonia la notte del 14 gennaio e la chiamano **Capodanno Vecchio**, secondo il "calendario giuliano", in vigore in Russia fino al 1918 e che fa slittare ogni data di 13 giorni rispetto al "calendario gregoriano". Per questo motivo il **Natale ortodosso** viene festeggiato il 7 gennaio. Tuttavia la festa più importante della chiesa russo-ortodossa è la **Pasqua**, sentita con calore dalla popolazione.

Tra la fine di febbraio e l'inizio di marzo, si celebra la ***Maslenitsa***, una festa pagana di addio alla stagione invernale, durante la quale si brucia un fantoccio di paglia che simboleggia l'inverno e si preparano le ***bliny***, frittelle dolci di forma rotonda.

Sono ancora molto diffusi i canti e i balli popolari, caratterizzati da coreografie spettacolari; i ballerini indossano i tipici costumi colorati e le danze sono accompagnate dalla ***balalaika***, un liuto con una cassa a forma triangolare con tre corde.

L'ENOGASTRONOMIA

La cucina russa è piuttosto varia per aver subito le influenze delle culture e delle etnie presenti nel suo vasto territorio. Gli ingredienti di base sono i **cereali** e gli **ortaggi**. Molto diffuse la **polenta** e le **zuppe**. Non mancano piatti di carne come il ***zharkoye***, uno stufato di manzo cucinato e servito in una terrina di terracotta o il ***kholodets***, una sorta di spezzatino di vitello o maiale cotto con cipolle e carote. Tra i pesci è molto apprezzato lo storione preparato al forno. È molto diffuso anche il **caviale,** sia quello nero di storione, il *beluga,* sia quello rosso di salmone. La maggior parte dei piatti è accompagnata dalla ***smetana***, la panna acida usata anche nelle minestre, nelle insalate o negli antipasti. La panna viene anche mescolata con marmellata e zucchero per le tradizionali frittelle dolci, come i ***syrniki***, ripieni di ricotta.

La bevanda più diffusa è il **tè**, di solito nero, molto forte e servito "alla maniera russa", ovvero con cardamomo, limone, marmellate e panna. La vera protagonista di tutti i brindisi è la **vodka** bevanda superalcolica ottenuta dalla distillazione del grano, della segale e talvolta della patata.

IL CIRCO

In Russia la cultura circense ha una lunga tradizione e risale all'XI secolo quando i giullari chiamati *skomorokhi* cantavano, facevano giochi di prestigio e rappresentavano scene satiriche. Il primo circo stabile è nato a San Pietroburgo nel 1877, mentre oggi quello più famoso è il Nikulin a Mosca. Il circo russo deve la sua fama soprattutto ai clown, agli acrobati e ai domatori di animali.

COMPETENZA DIGITALE

1 Lavora con internet

Le matrioske sono uno degli oggetti più caratteristici dell'artigianato russo.

Fai una ricerca e trova notizie su:

a. Qual è la loro storia?

b. Perché sono diventate così famose?

Una tipica dacia russa.

Un negozio che vende matrioske in legno a Mosca.

4 Lezione

IL PATRIMONIO STORICO, ARTISTICO E NATURALE

L'ARTE RUSSA

La conversione del paese al cristianesimo ortodosso, sin dal X secolo, ha fatto in modo che l'architettura russa venisse influenzata principalmente da quella bizantina. Fiorirono così le **chiese** con le tipiche **cupole a bulbo**, dorate o impreziosite da gemme e mosaici. Durante il Medioevo, dal momento che questi complessi religiosi dovevano essere difesi dalle scorrerie dei popoli invasori, vennero costruite massicce mura con alte torri; queste strutture furono racchiuse in imponenti fortezze, ovvero i **cremlini** (letteralmente "cittadella fortificata"), di cui il più famoso è quello di Mosca. Oggi molte di queste costruzioni sono adibite a museo.

Dal XVIII secolo, con le riforme di Pietro il Grande e la maggiore apertura all'Occidente, iniziò il periodo di laicizzazione della cultura russa e si impose il **barocco** con le sue varie correnti. L'architetto italiano Bartolomeo Rastrelli fu autore di molti edifici, fondendo il barocco con il rococò: esempi ne sono il **Palazzo d'Inverno** e la **cattedrale della Resurrezione di Smol'nyj** di **San Pietroburgo** o il **palazzo di Caterina**, residenza estiva degli zar, nella vicina **Carskoe Selo.**

Durante il regno di Caterina II (fine XVIII secolo) dominò anche lo **stile neoclassico** rintracciabile nella **reggia di Pavlovsk**, che si trova nell'omonima città russa, e nel **palazzo di Gatčina,** che fu una delle residenze preferite dagli imperatori.

L'architettura russa della prima metà del XIX secolo continuò le tradizioni del classicismo dando vita, durante il regno di Alessandro I, al cosiddetto **stile impero**, caratterizzato dal forte influsso palladiano e dall'austera monumentalità e semplicità geometrica.

Il **periodo sovietico** ha portato alla costruzione di numerosi edifici del cosiddetto **classicismo socialista**; di questo stile ne sono esempi i 7 grattacieli, detti le "sette sorelle", e gli ampliamenti delle **stazioni della metropolitana** a Mosca.

A metà degli anni Cinquanta del secolo scorso nasce comunque un'arte alternativa a quella ufficiale e negli anni Settanta, in un clima di tensione tra artisti d'avanguardia e potere politico, si sviluppano l'arte concettuale e la pungente **sots art,** che ha come protagonisti Vitalij Komar e Alexander Melamid che avevano l'intento di creare una continuità con l'americana pop art.

COMPETENZA DIGITALE

1. **Fai una ricerca** e presenta il Museo Ermitage di San Pietroburgo.

L'interno della chiesa di Rostov, una delle città più antiche della Russia e centro turistico del cosiddetto Anello d'Oro.

Komsomolskaya: una delle belle stazioni della metropolitana di Mosca. Il soffitto della sala interna, in stile barocco, è ornato da motivi floreali.

LE CITTÀ D'ARTE E L'ANELLO D'ORO

Oltre alle due principali mete turistiche **Mosca** e **San Pietroburgo**, sono molte altre le città russe ricche dal punto di vista artistico e culturale.

Kazan', nella regione del Tatarstan, è circondata da mura bianche e torri e conserva splendidi monumenti da cui svettano le cupole delle chiese ortodosse come la **cattedrale dell'Annunciazione**, i minareti **della moschea Qol-Şärif** e la **Torre Sjujumbike,** la torre di guardia pendente, simbolo della città. **Velikij Novgorod**, non lontana da San Pietroburgo, è una delle città più antiche della Russia; posta sulle rive del fiume Volchov conserva un **cremlino**, cioè una fortezza, con mura in mattoni rossi alte 15 m e ben 9 torri, mentre la sua cattedrale è uno dei maggiori luoghi religiosi del paese.

La città di **Kaliningrad**, che occupa un territorio della Russia delimitato da Polonia e Lituania, presenta alcuni monumenti importanti come la **cattedrale di Königsberg**, un edificio in stile gotico baltico, ovvero in mattoni rossi; vicino si trova, in un piccolo mausoleo, la tomba del filosofo Immanuel Kant che nacque nella città, all'epoca tedesca in quanto appartenente alla Prussia orientale.

Fanno parte di un percorso turistico tra i più frequentati le città storiche dell'**Anello d'Oro** situate a nord-est di Mosca e che nel Medioevo furono importanti centri di riferimento civile e religioso. Si tratta di vere e proprie **città-museo** tra le quali spicca **Suzdal',** caratterizzata da chiese e monasteri dalle limpide facciate bianche come la Cattedrale della Natività e il monastero di Sant'Eutimio. Poi cisono **Vladimir** con la Porta d'Oro e la cattedrale della Dormizione, **Kostroma**, dove vale la pena vedere il monastero Ipatiev con all'interno il palazzo dei Romanov, **Rostov Velikij** nota soprattutto per il suo cremlino con le mura di pietra bianca e le sue undici torri, da cui emergono le cupole della cattedrale della Dormizione, **Yaroslavl'** con il monastero della Trasfigurazione e, infine, **Sergiev Posad,** meta del turismo religioso russo.

LA LETTERATURA E IL BALLETTO

La cultura russa ha avuto grande importanza in tutti gli ambiti. Dalla fine del Settecento in poi, lo sviluppo della **letteratura** russa ha dato un enorme contributo alla narrativa mondiale e i suoi autori sono a pieno titolo tra i più conosciuti e letti tuttora, si tratta in particolare dei **realisti russi** della seconda metà dell'Ottocento come **Nikolaj Gogol'**, **Fëdor Dostoevskij** e **Lev Nikolaevic Tolstoj**.

Di grande tradizione è anche il **balletto**. Infatti, la compagnia **"Balletti russi"**, fondata nel 1909, fu la più influente in Europa per tutto il XX secolo. Numerosi sono i teatri e le compagnie di balletto russe: i più famosi sono il teatro **Mariinskij** di San Pietroburgo e il teatro **Bolshoi** a Mosca. Qui sono celebri le classiche rappresentazioni del *Lago dei cigni* di Čajkovskij o **Romeo e Giulietta** di Shakespeare con le musiche di **Prokof'ev**.

La cattedrale dell'Assunzione a Tula costruita a metà del Settecento.

Il Cremlino di Mosca è una cittadella fortificata nel centro storico di Mosca. È la parte più antica della città ed è sede delle istituzioni governative della Russia.

5 Lezione

LE RISORSE TURISTICHE

In Russia sono molti i **PARCHI NATURALI** che tutelano ambienti diversi. I più importanti sono il parco **costiero baltico nella penisola di Neringa** con gigantesche dune di sabbia, quello palustre del **lago Ladoga**, quelli **montani del Caucaso** e **degli Urali**, quello **fluviale collinare lungo il corso del Volga**.

Molti centri sono meta del **TURISMO TERMALE**. I più grandi sono quelli di **Ejsk** nella Russia europea meridionale, vicino alle coste del Mare di Azov e **Soči**, sulle rive del Mar Nero, importante località di villeggiatura sia estiva che invernale. Le città di Zheleznovodsk, Essentuki, Pyatigorsk e Kislovodsk, fanno parte del complesso delle **Acque minerali del Caucaso**, che offrono oltre 100 sorgenti e vari tipi di fanghi curativi. Inoltre lunga e antica è la tradizione della ***banya***, una specie di sauna. Si possono trovare *banya* ovunque, ma quello storico è il **Sandunóvskie Terme** o **Sanduny** nel centro di Mosca, inaugurato nel 1808.

Nella provincia di Kaliningrad sul **Baltico** si trova **Yantarny** che, con una bella spiaggia sabbiosa, è una frequentata destinazione del **TURISMO BALNEARE** oltre ad avere una grande miniera di ambra. Lungo le coste del **Mar Nero** e del Mare di Azov, nella **regione di Krasnodar**, si trovano diverse località balneari quali **Soči**, **Gelendzhink**, **Novorossijsk**, **Anapa** e **Taman**.
Vicino a queste località fa da cornice la catena montuosa del **Caucaso** dove si trovano le stazioni sciistiche di **Krasnaya Poljana** e **Dombaj** che attirano un **TURISMO MONTANO**.

Per quanto riguarda il **TURISMO RELIGIOSO** il santuario di **Novgorod** è visitato da pellegrini provenienti da tutto il mondo. **Sergiev Posad** (città dell'**Anello d'Oro**) è nota soprattutto per il **monastero della Trinità di San Sergio** che, fondato nel 1345, è il centro spirituale più importante della Chiesa ortodossa russa.

Velikij Novgorod
La cattedrale di Santa Sofia fu fatta costruire tra il 1045 e il 1050.

Mosca
I bagni Sanduny, tra i più antichi della Russia.

Il patrimonio dell'UNESCO
Centro storico di San Pietroburgo
Pogost' Kiži
Il Cremlino e la Piazza Rossa, Mosca
Monumenti storici di Velikij Novgorod e dintorni
Monastero della Trinità di San Sergio a Sergiev Posad
Foresta vergine di Komi, Urali Settentrionali
Caucaso occidentale
Complesso storico e architettonico del Cremlino di Kazan'
Istmo di Curlandia
Centro storico della città di Jaroslavl'

Per la lista completa vai su: http://whc.unesco.org/en/list/

Anapa
Una delle località balneari più frequentate del Mar Nero.

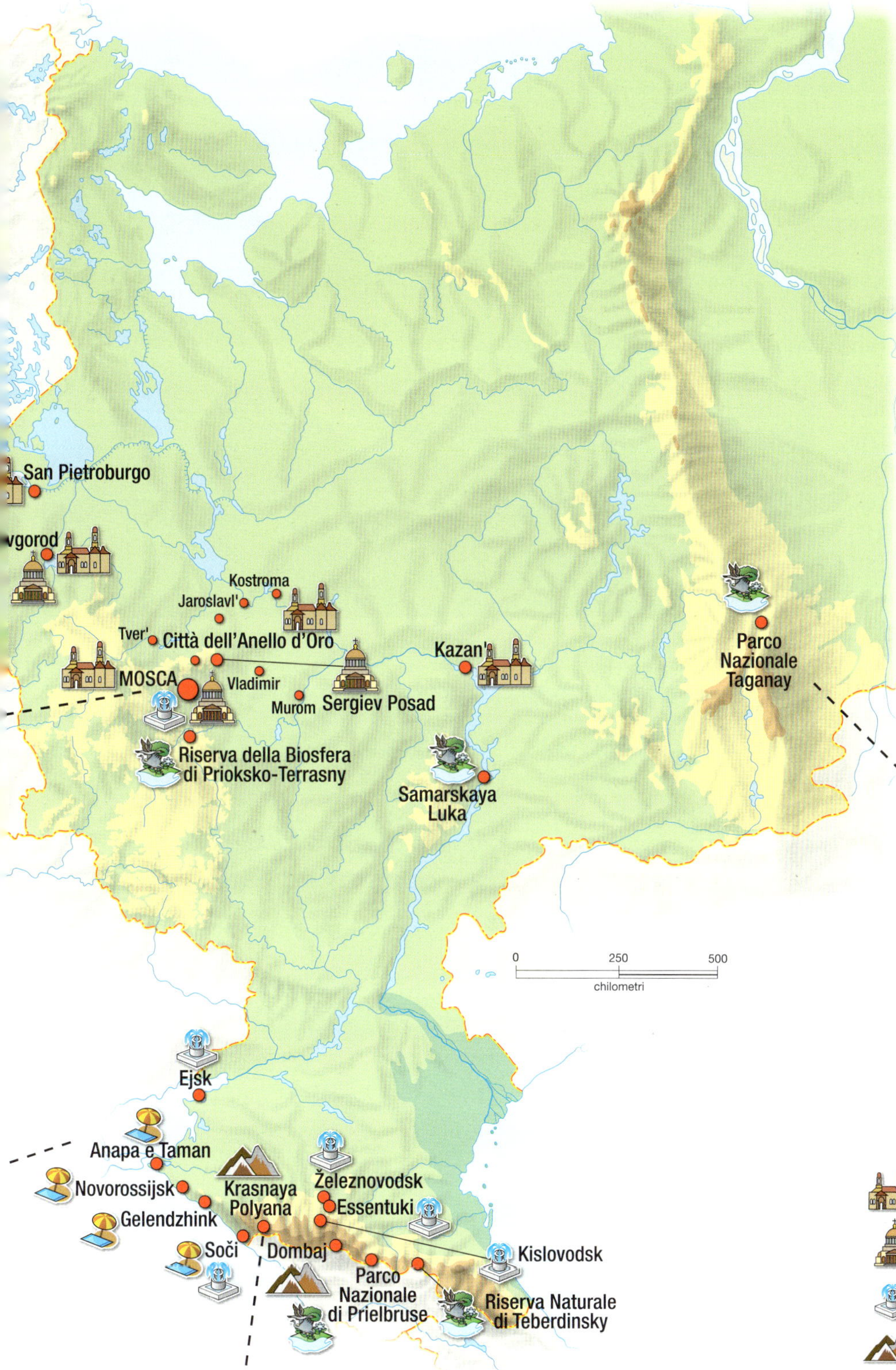

Yantarny
La quasi totalità dell'ambra diffusa nel mondo proviene dalla miniera di Yantarny.

Urali
Il parco nazionale di Taganay, con la più vasta foresta di conifere d'Europa.

Krasnaya Polyana
Situata sul versante meridionale delle montagne del Caucaso, Krasnaya Polyana è un'attrezzata stazione sciistica per gli sport invernali.

Centri d'arte
Centri religiosi
Benessere
Località montane
Aree naturalistiche
Stazioni balneari

SCRIVI UN TESTO DI 200 PAROLE

Lavora con il testo, la carta, internet e le immagini seguendo i punti elencati

a. Descrivi le principali località balneari del Mar Nero.
b. Presenta le caratteristiche del turismo termale.

6 Lezione LA SIBERIA

I PAESAGGI DELLA SIBERIA

Estesa dagli Urali all'Oceano Pacifico, la Siberia, cioè la Russia asiatica, ha una superficie di oltre 12,8 milioni di km², pari a 42 volte l'Italia e superiore a quella dell'intero continente europeo.

Sterminata e quasi disabitata (ha solo 35 milioni di abitanti), la Siberia si contraddistingue per il **clima proibitivo** e un territorio inospitale. È **pianeggiante a ovest** e poi **sempre più montuosa verso est** fino alla costa pacifica. Gran parte dei **terreni rimangono sempre gelati in profondità** (*merzlota*) e ciò rende impossibile l'agricoltura. I **lunghi fiumi** diretti al Mar Glaciale Artico, come l'Ob, lo Jenisej e la Lena, sono **ghiacciati per molti mesi**, provocando durante il periodo del disgelo rovinose piene. Il paesaggio siberiano tradizionale è dominato dalla **taiga**, che è formata prevalentemente da foreste di conifere ed è molto sfruttata per il legname. A nord, invece, si trova la **tundra**.

In questo territorio le principali attività della Russia asiatica sono quelle estrattive delle ricche miniere e dei vasti giacimenti di gas naturale e petrolio. Nella sottile fascia meridionale e lungo la valle dell'Amur, dove il clima è meno freddo, si trovano i principali insediamenti e le maggiori città. Le uniche colture possono essere praticate nel sud della Siberia occidentale, dove si estende la steppa coltivata a cereali, patate e lino.

LA POPOLAZIONE

In Siberia le condizioni ambientali proibitive hanno ostacolato il popolamento. Le principali città hanno così una storia piuttosto recente essendo nate come centri urbani che costituiscono una base per lo sfruttamento delle risorse naturali o come stazioni lungo importanti vie di comunicazione. I maggiori centri siberiani, come **Ekaterinburg** e **Novosibirsk**, si trovano a sud, lungo la Transiberiana, la ferrovia che collega la Russia europea alla costa pacifica.

LA TRANSIBERIANA

Il viaggio di 9289 km sulla **Transiberiana**, la ferrovia più lunga del mondo, che va da Mosca a Vladivostok sul Pacifico, passando in Siberia, in territorio asiatico, costituisce il viaggio per eccellenza quando si pensa alla Russia. Il suo percorso è così lungo che attraversa ben 7 fusi orari. Fu presentata per la prima volta all'Esposizione universale di Parigi nel 1900, con il nome di *Train Transibérien*. Venne costruita in 26 anni, dal 1890 al 1916. Attraversa due continenti, ottantasette città, migliaia di ponti di cui sedici su alcuni dei fiumi tra i più lunghi del mondo. Tra le tappe più importanti, nella parte europea, **Nižnij Novgorod**, una delle più grandi città russe; mentre, attraversati gli Urali, nel tratto asiatico, uno dei punti più suggestivi toccati dalla Transiberiana è il **lago Bajkal**, un'immensa distesa d'acqua dolce nella Siberia meridionale che d'inverno ghiaccia completamente. Oggi la Transiberiana viene utilizzata non solo dai turisti ma anche da milioni di russi per spostarsi nelle città attraversate dalla linea.

La ferrovia Transiberiana che costeggia il lago Baikal.

La stazione di Novosibirsk, importante nodo ferroviario dal quale passa la Transiberiana.

UN TURISMO IN CRESCITA

Anche se le mete preferite dagli stranieri che visitano la Russia rimangono Mosca e San Pietroburgo, la vasta regione siberiana ha conosciuto negli ultimi anni un vero e proprio boom turistico. Tedeschi, statunitensi, danesi, norvegesi, israeliani e britannici sono i visitatori maggiormente interessati a scoprire questa parte di Russia. E sono in particolare le bellezze paesaggistiche di una natura in gran parte incontaminata ad attirare i turisti stranieri: le mete più visitate, naturalmente nei più miti mesi estivi, sono la già citata area del **lago Bajkal**, la **zona montuosa dell'Altaj** e la regione **della Kamčatka**, terra di vulcani dove vive l'orso bruno. Si tratta di tre siti protetti, patrimonio dell'UNESCO. Una certa importanza ha anche la navigazione nell'estremo nord sul **fiume Jenisej**, mentre tra le città ci si può fermare anche a **Irkutsk, Novosibirsk, Ekaterinburg** e **Krasnojarsk**.

Il corso del fiume Kolyma, nella Siberia orientale.

7 Lezione ALLA SCOPERTA DELLA RUSSIA

CARTA INTERATTIVA IN DIGITALE

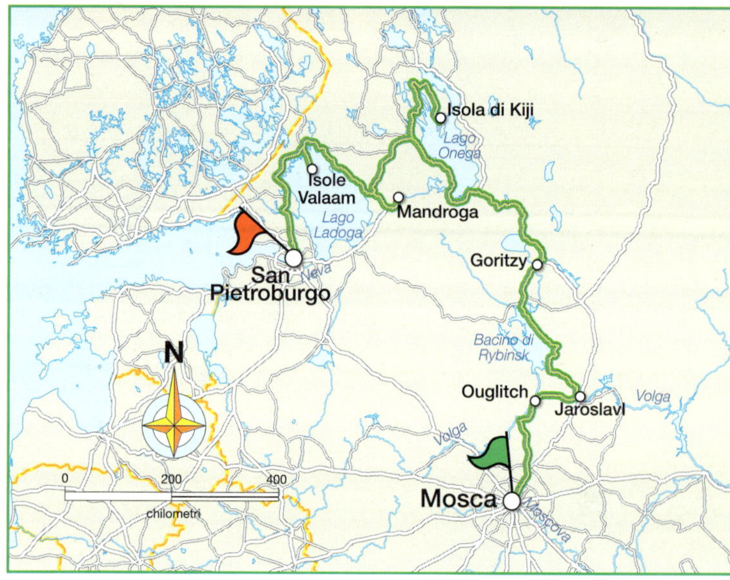

L'ITINERARIO

Una crociera lungo le vie d'acqua russe in 6 giorni

La rete dei fiumi navigabili ha da sempre svolto un importante ruolo nella vita sociale ed economica della Russia. Con una crociera fluviale si attraversano paesaggi incontaminati e si visitano importanti città storiche, assaporando la Russia più autentica. L'itinerario prevede un percorso lungo la "via degli zar", che collega Mosca a San Pietroburgo navigando sui fiumi Neva, Svir e Volga.

Il percorso è uno dei più turistici perché permette di visitare alcune città dell'Anello d'Oro e le località più suggestive della Carelia, una regione suggestiva dal punto di vista naturalistico che ospita i due laghi più grandi d'Europa: il Ladoga e l'Onega. La metà della sua superficie è ricoperta da boschi di conifere.

❶ GIORNO
Ouglitch

La partenza avviene da **Mosca**, prima lungo il fiume Moscova e poi su un canale che collega la città al Volga. La prima tappa è **Ouglitch**, una delle più antiche cittadine russe; meritano una visita la **chiesa di San Dimitri**, lungo il fiume, che colpisce per i suoi paesaggi: pareti rosse e bianche e le classiche cupole a bulbo blu, decorate con stelle dorate; la chiesa della Trasfigurazione, con la facciata gialla orlata di bianco, cupole a bulbo verdi è situata invece all'interno del **cremlino** la fortezza della città.

❷ GIORNO
Jaroslavl

Jaroslavl è una delle più grandi e belle città dell'Anello d'Oro. Tra i monumenti, merita una visita la **cattedrale di Sant'Elia**, costruita nel 1650: colpisce non solo per le tipiche cupole verdi, ma soprattutto per il suo interno completamente rivestito da affreschi e icone. Nel cuore del centro storico, cinto dalle possenti mura del **cremlino** del XVI secolo, si trova il **monastero della Trasfigurazione** fondato nel XII secolo. Qui è possibile ascoltare il suono delle 110 campane azionate con delle cordicelle legate alle dita delle mani, come se fossero i tasti di un pianoforte.

❸ GIORNO
Goritzy

Passando per il bacino artificiale di **Rybinsk**, si arriva a **Goritzy** e qui si può visitare il **monastero di San Cirillo**, raggiungibile in autobus dal molo con un percorso di 8 km attraverso un parco naturale ricco di vegetazione. Il monastero, eretto nel XIV secolo in una posizione incantevole, si trova sulle sponde del lago Bianco. Il bellissimo complesso è particolarmente interessante per l'aspetto architettonico e per il museo, allestito al suo interno, che custodisce circa **1500 icone**, alcune tra le più antiche di Russia.

❹ GIORNO
Isola di Kiji

Attraverso un complesso sistema di canali si entra nel **lago Onega,** della regione della **Carelia,** per raggiungere nella sua parte settentrionale l'isola di **Kiji.** L'isola è molto piccola (misura circa 7 km in lunghezza e 1,5 km in larghezza), ma è diventata patrimonio UNESCO grazie alle sue chiese in legno

Veduta del sito storico con le chiese in legno e la torre presso le isole Kiji

Monastero della Transfigurazione a Vaalam.

del XVIII secolo, con le spettacolari cupole, le cappelle e la torre ottagonale dell'orologio. Un vero e proprio museo a cielo aperto immerso in un bellissimo ambiente naturale. La **chiesa della Trasfigurazione** (1714) è l'edificio più importante dell'isola: possiede 22 cupole con tegole dalla forma particolare, concepite per incastrarsi l'una sull'altra, senza l'utilizzo di chiodi. Accanto a essa sorge la **chiesa dell'Intercessione** (risalente al 1764) con 9 cupole e, in mezzo, un campanile dell'Ottocento.

❺ GIORNO
Mandroga

La navigazione lungo il fiume Svir, che collega i laghi Ladoga e Onega, conduce a **Mandroga,** un piccolo villaggio dove è possibile osservare le tipiche "isbe", le caratteristiche abitazioni contadine costruite in legno, e dove gli abitanti, che indossano abiti tradizionali, si dedicano ad attività artigianali. Nel villaggio si potrà assaporare il folclore russo con una visita al museo della vodka e gustando i famosi *shashlyk*, i tipici spiedini di carne, pollo, pesce o verdure.

❻ GIORNO
Isole Valaam

L'attrattiva maggiore del lago Lagoda è l'isola-monastero di Valaam che fa parte dell'omonimo arcipelago costituito da una cinquantina di isole. Il **Monastero della Trasfigurazione** è stato un importante luogo di culto, ma anche roccaforte contro gli invasori svedesi; più volte distrutto e ricostruito è rimasto chiuso durante il regime sovietico. Oggi il monastero è nuovamente in funzione ed è noto anche per la sua particolare tradizione di canto liturgico, chiamata appunto "canto di Valaam". Infine si prosegue la navigazione sulla **Neva** per arrivare a **San Pietroburgo.**

ORGANIZZA TU UN ITINERARIO
L'Anello d'Oro

Procurati una mappa della Russia e costruisci un itinerario che includa i monumenti, le architetture e le località più interessanti. Con Google Maps visualizza il punto di partenza e quello di arrivo e, dopo aver deciso con quale mezzo sia meglio muoversi, calcola i tempi di permanenza e le distanze. Per ogni luogo scrivi in poche righe le principali caratteristiche e attrattive.

Distanza > 480 km circa

Durata > 7 giorni

Luoghi da visitare

1. Sergiev Posad
2. Pereslavl'-Zalesskij
3. Rostov Velikij
4. Kostroma
5. Suzdal'
6. Vladimir

Mosca

La Piazza Rossa con il Cremlino e la cattedrale di San Basilio.

Il Teatro Bolshoi.

LA CAPITALE PIÙ GRANDE D'EUROPA

Mosca è capitale dello stato dal 1918 ed è sede delle principali attività terziarie e industriali del paese. Su Mosca convergono le maggiori vie di comunicazione: ferrovie, autostrade, aeroporti, vie fluviali. La città è collegata a cinque mari: Bianco, Baltico, d'Azov, Nero e Caspio attraverso una rete di fiumi navigabili. Mosca forma, con i comuni vicini, un'**area metropolitana in continua espansione** di oltre **12 milioni di abitanti**.

La città ha conosciuto negli ultimi vent'anni una profonda **ristrutturazione urbanistica**, assumendo un volto simile a quello delle metropoli occidentali con la nascita di centri commerciali e direzionali.

IL CUORE DI MOSCA

La vera anima della città è il **centro storico** la cui principale testimonianza architettonica è costituita dal **Cremlino**, la cittadella fortificata risalente al Trecento, centro del potere politico e un tempo sede della chiesa russo-ortodossa. Il Cremlino è il cuore di Mosca e dell'intero paese. È da qui che gli zar, i leader del regime comunista e i presidenti post-sovietici hanno governato la Russia. Queste mura di mattoni rossi scandite da alte torri racchiudono secoli di storia. All'interno si trovano le chiese situate attorno alla piazza: la **cattedrale dell'Annunciazione, la cattedrale dell'Arcangelo Michele e dell'Assunzione** realizzate tra il XV e il XVI sec. con la partecipazione di noti architetti italiani.

Nel Cremlino si trova anche il **palazzo dell'armeria** che ospita uno dei più famosi musei d'arte di tutta la Russia; le numerose sale espongono tra le varie opere anche gioielli, capi di abbigliamento, carrozze, armature, armi. Si possono vedere anche le celebri **uova Fabergé**, realizzate durante il periodo degli zar dalla gioielleria Fabergé.

La **Piazza Rossa** misura 700 m per 130 ed è una delle più estese al mondo. Da sempre i governanti l'hanno utilizzata come luogo per le cerimonie pubbliche, infatti, durante il regime sovietico si svolgevano le sfilate militari mentre oggi ospita festival ed eventi culturali. Il nome russo della piazza è *krasnaja ploščad'* e non ha a che fare con il comunismo. *Krasnaja* significa infatti "bello"; questo aggettivo, solo nel XX secolo ha assunto anche il significato di "rosso". La **chiesa di San Basilio**, a sud della piazza, fu fatta costruire dallo zar russo Ivan il Terribile nel 1561 per celebrare la vittoria sui Tartari e la conquista di nuovi territori. La sua planimetria è basata su nove cappelle principali: quella più alta è la chiesa dell'Intercessione della Santa Madre di Dio, mentre le quattro cappelle più

Arbat Street di Mosca.

Arbatskaja: una delle stazioni della metropolitana tra le più antiche di Mosca.

grandi con torri ottagonali sormontate da quattro cupole, sono dedicate ciascuna a una battaglia. Sul lato occidentale della piazza si trova il **Mausoleo di Lenin**, mentre a nord-est ci sono i grandi magazzini **GUM**, un lussuoso edificio ottocentesco di notevole bellezza, che ospita un centro commerciale pieno di negozi.

OLTRE LA PIAZZA ROSSA

Attorno al Cremlino e alla Piazza Rossa ci sono altri edifici pubblici, eleganti palazzi del Settecento e Ottocento, teatri come il Bolshoi, musei quali il **Museo Puškin delle belle arti** e grandi biblioteche.

Il **teatro Bolshoi,** inaugurato nel 1825, è un teatro storico in cui vengono messi in scena balletti, opere e spettacoli di vario genere. Il teatro è associato all'omonima compagnia di danza. L'edificio è stato chiuso per restauri dal 2005 fino al 2011 con l'obiettivo di riportare la struttura agli antichi splendori. Il teatro è un simbolo così importante della Russia che è raffigurato sulla banconota da 100 rubli.

Il periodo sovietico ha ovviamente dato la sua impronta alla città. Stalin, tra il 1947 e 1953, fece costruire le cosiddette **sette sorelle**, ovvero un gruppo di grattacieli molto significativi nel panorama urbano. Sono accomunati dallo stesso stile del classicismo socialista, con al centro la torre principale fatta a gradini che si restringe verso la vetta.

Ancora oggi lo *skyline* di Mosca è in continua evoluzione e diversi nuovi grattacieli sono in costruzione. Il **Centro di affari internazionali**, conosciuto anche come *Moskva-City* nel quartiere Presnenskij, a nord del fiume Moscova, si sta delineando come un grande centro direzionale. I lavori sono ancora in corso, ma la **Torre della Federazione** (2016) e la **Mercury City Tower** (2012) costituiscono già due dei grattacieli più alti d'Europa.

Più del 40% del territorio urbano è destinato a parchi e giardini e la città è una delle capitali più verdi d'Europa. Una grande attrazione turistica è il **parco Gorkij** che è diviso in due aree: la zona ricca di prati, fontane e laghetti e la zona divertimenti, dove si trovano le giostre. Merita una visita anche la **collina dei passeri**, una riserva naturale situata su uno dei colli di Mosca, che è uno dei punti più alti della capitale da cui si gode un bel panorama.

IL QUARTIERE ARBAT

Ad ovest del centro, il quartiere Arbat, che prende il **nome dalla via omonima** che un tempo era frequentato da artisti e poeti, ancora oggi è la **via principale pedonale** e la più famosa e vivace di Mosca, sia per i negozi che per gli artisti di strada che la animano.

LA METROPOLITANA

La metropolitana, aperta nel 1935, è un vero e proprio capolavoro architettonico. Infatti ogni stazione (ce ne sono 200) è stata concepita come una sorta di galleria d'arte con fregi, saloni, mosaici, affreschi, stucchi, sculture, pitture e grandi lampadari.

San Pietroburgo

La chiesa del Salvatore sul Sangue Versato.

La facciata del museo Ermitage.

LA VENEZIA DEL BALTICO

La città è per cultura e tradizioni la metropoli più "europea" del paese. Sorse nel 1703 per volontà dello zar Pietro il Grande, che intendeva così sottolineare l'intenzione di spostare più a ovest il centro politico del paese: San Pietroburgo rimase dunque per circa 200 anni, dal 1713 al 1918 la capitale della Russia.

Il **centro storico** di San Pietroburgo è l'anima della città; ha una struttura geometrica e conserva meravigliosi palazzi, ricchi musei, canali e la celebre prospettiva Nevskij, l'arteria principale della città. Proprio per la sua bellezza e per la presenza di vie d'acqua è chiamato la "Venezia del Baltico". Inoltre, nonostante l'immenso patrimonio culturale il centro storico è ancora un'area residenziale in cui le persone abitano e svolgono le loro attività rendendolo un luogo autentico.

TRA LA NEVA E LA MOYKA

Nella zona compresa tra i fiumi Neva e Moyka s'intrecciano le strade più belle di San Pietroburgo. La **piazza del palazzo** (*Dvortsovaya Ploshchad*) è una delle più straordinarie della città e il più maestoso degli edifici che si affacciano su di essa è il **Palazzo d'Inverno,** è stato costruito tra gli anni 1754 e 1762 su progetto dell'architetto italiano Bartolomeo Rastrelli in stile rococò come residenza invernale degli zar. Conta 1786 stanze. All'interno ospita il **museo statale dell'Ermitage**, una delle più importanti collezioni d'arte del mondo, iniziata con la sua fondatrice la zarina Caterina la Grande e continuata successivamente, anche in epoca sovietica. È talmente vasto che occorrono diverse visite per farsi un'idea delle opere che contiene.

La **fortezza dei Santi Pietro e Paolo** è l'edificio più antico della città e si trova sul fiume Neva: ha una pianta esagonale e include l'omonima **cattedrale** dove sono sepolti quasi tutti gli zar. A est del palazzo d'Inverno sorge il **Palazzo di Marmo**, in stile neoclassico, così chiamato perché per la sua costruzione vennero adoperati marmi di 36 tonalità differenti; nell'aprile del 1992 è diventato una sede distaccata del vicino **Museo Russo** che ospita una mostra permanente di artisti russi e stranieri.

La **cattedrale di Sant'Isacco,** in stile neoclassico, è uno dei monumenti più interessanti dell'architettura russa; la sua cupola è una delle più grandi al mondo e domina lo *skyline* della città.

Il **palazzo dell'Ammiragliato** è una costruzione dell'inizio del XIX secolo, oggi sede della scuola navale della città. Di fronte ai suoi giardini ha inizio la **Prospettiva Nevskij**, la strada principale che attraversa la città. La strada incrocia il **canale Griboedov** all'altezza della **cattedrale di Nostra**

La reggia di Oranienbaum: sorge a Lomonosov, è una residenza imperiale russa e risale al regno di Pietro il Grande.

La reggia di Peterhof sorge sulle rive del Golfo di Finlandia. Fu fatta costruire da Pietro il Grande tra il 1714 e il 1723. Oggi è una delle attrazioni turistiche più popolari di San Pietroburgo.

Signora di Kazan, una costruzione neoclassica che prende ispirazione, con i suoi grandi colonnati, dalla Basilica di San Pietro. Su questo stesso canale sorge la meravigliosa **chiesa del Salvatore sul Sangue Versato** che fu costruita sul luogo dove venne ucciso lo zar Alessandro II di Russia nel 1881. Le pareti interne della chiesa sono rivestite da 7000 m^2 di mosaici e sulle 20 lastre di granito della facciata sono riportati gli eventi principali che hanno contraddistinto il regno di Alessandro. La chiesa ha un campanile alto 81 metri che completa la sua architettura in stile neorusso, unica nel suo genere.

Prospettiva Nevskij termina dopo circa 5 km al **monastero di Aleksandr Nevskij** che ospita le tombe di alcuni dei più importanti artisti russi, tra cui Čajkovskij e Dostoevskij. Di quest'ultimo è possibile anche visitare la **casa-museo** in cui scrisse *I fratelli Karamazov.*

L'ARTE MODERNA E CONTEMPORANEA

Grazie ai numerosi nuovi musei e alle gallerie d'arte, San Pietroburgo è un punto di riferimento internazionale per gli amanti di arte moderna e contemporanea. Oltre ai musei più conosciuti vanno ricordati: il **Loft project ETAGI,** ovvero uno spazio espositivo ricavato da un vecchio panificio; l'**Erarta**, una grande pinacoteca di arte contemporanea che ospita circa 2000 opere e installazioni di 150 artisti; la **RIZZORDI Art Foundation**, uno spazio espositivo di 4000 m^2 ottenuto dalla riconversione di un complesso industriale per ospitare anche biblioteche, un auditorium e sale per i progetti dei giovani artisti.

LE NOTTI BIANCHE

Una delle caratteristiche più affascinanti di San Pietroburgo è il fenomeno delle cosiddette **notti bianche** dovuto alla particolare posizione geografica della città, situata sulla linea ideale del 60° parallelo nord. In questo periodo il sole scende al di sotto dell'orizzonte per non più di 9°, non facendo mai mancare la luce crepuscolare. Il fenomeno raggiunge l'apice il 21 giugno quando le ore di luce sono ben 17. Questo è il momento migliore dell'anno per visitare San Pietroburgo, perché in quest'occasione in città si svolgono diverse manifestazioni, eventi e spettacoli.

LE REGGE DI PETERHOF E ORANIENBAUM

Pietro il Grande volle costruire la **reggia di Peterhof** tra il 1714 e il 1723, sul golfo di Finlandia a circa 30 km da San Pietroburgo, affinché potesse essere comparata a quella di Versailles. Il complesso comprende anche dei bellissimi parchi.

Sempre sul golfo di Finlandia, a ovest di san Pietroburgo, la **reggia di Oranienbaum**, realizzata in stile barocco, sorge al centro di un vasto parco alla francese decorato con fontane, sculture, ponti e padiglioni. Caterina II vi fece realizzare anche il Palazzo Cinese per la collezione di oggetti provenienti dalla Cina.

SEI PRONTO PER LA VERIFICA?

LOSAI? RIPASSA CON LO SMARTPHONE

IN 1 ORA

1 Dopo aver studiato le unità, completa la sintesi utilizzando le parole proposte. Attenzione, ce ne sono 5 in più. ..... / 10

UNITÀ 17 – I PAESI BALCANICI

- Il territorio delle dieci nazioni che costituiscono l'area balcanica è prettamente montuoso, le catene sono geologicamente giovani e quindi a rischio sismico e presentano altitudini sotto i 3000 m. Le pianure occupano le .... dei fiumi e la maggior parte appartiene al bacino del Danubio che attraversa la regione prima di sfociare nel Mar Nero.

- Ad eccezione della Slovenia, tutte le altre nazioni sono terre di emigrazione verso l'Europa occidentale. La popolazione è un insieme di etnie differenti la cui convivenza non è stata sempre .... Le lingue sono in maggioranza di ceppo .... e la religione più praticata è quella cristiano-ortodossa. In Albania, nel Kosovo e in Bosnia si ha invece una maggioranza islamica.

- L'economia di tutta l'area è ancora .... ad eccezione della Slovenia. L'agricoltura è poco moderna e le industrie hanno una scarsa importanza. Anche il terziario è poco redditizio.

- Il turismo culturale vede nelle .... , in particolare Bucarest con i suoi musei, le gallerie e i monumenti, i centri di maggior attrazione come pure alcune cittadine della Dalmazia, in particolare Dubrovnik. La costa dalmata inoltre offre numerosi centri .... Poco diffuso il turismo montano, in crescita quello naturalistico in particolare in Romania dove si trovano diversi .... nazionali ricchi di .... e di una numerosa fauna di lupi, orsi e linci. Da ricordare anche il Delta del Danubio e la Transilvania con importanti centri di origine medievale.

UNITÀ 18 – I PAESI ORIENTALI

- Il territorio di Ucraina, Bielorussia e Moldova è occupato da vaste .... interrotte da alcuni rilievi collinari e da un tratto dei Carpazi orientali. La regione è ricca di ...., che svolgono una funzione anche nei trasporti, e di laghi artificiali per la produzione di energia elettrica. I laghi naturali formano un ambiente paludoso. Il clima è continentale tranne sulle sponde del Mar Nero, dove è di tipo mediterraneo.

- I tre paesi hanno un'economia ancora arretrata con un'agricoltura che si avvantaggia di un ambiente favorevole e con buone risorse minerarie. Le produzioni più sviluppate sono quelle tipiche dell'industria di base. I trasporti, in particolare via ...., hanno un ruolo importante mentre il turismo balneare non è diffuso con l'unica eccezione della località di Jalta. Il turismo .... si concentra nelle tre capitali.

UNITÀ 19 – LA RUSSIA

- La Russia è lo stato più grande del mondo e comprende ben 11 .... orari. La maggior parte del territorio è posto a nord del 60° parallelo ed è in prevalenza occupato da sterminate pianure. I monti .... dividono la parte asiatica da quella europea che è la più popolata e quella che produce più reddito.

- La popolazione, di 143 milioni di abitanti, ha una densità tra le più basse del pianeta e in particolare la parte .... è quasi del tutto spopolata. È composta da oltre 100 etnie, la più numerosa ed importante delle quali è quella russa. La religione più diffusa è quella cristiano-ortodossa.

- Le matrioske, bambole dipinte inserite l'una nell'altra, e le icone sono le espressioni più note dell'artigianato russo. La gastronomia è varia e utilizza cereali e .... che sono alla base delle zuppe. Apprezzato in tutto il mondo è il caviale, in particolare la varietà *beluga*. Molto utilizzata infine è la .... acida. Il tè è la bevanda più diffusa tra la popolazione.

- Moltissime sono le opere dell'...................... russa in tutti i campi: le chiese con le .... a bulbo, tipiche della tradizione bizantina, le imponenti fortezze, dette cremlini, di origini medievali e le innumerevoli testimonianze in stile .... come il Palazzo d'Inverno di San Pietroburgo. Da non dimenticare il "classicismo comunista" di cui sono esempio 7 imponenti grattacieli a Mosca. Famoso in tutto il mondo è il corpo di ballo del teatro Bolshoi.

- Il turismo russo non si avvale solo delle grandi città ma offre anche opportunità nelle numerose aree protette, nelle località termali e sulle .... del Mar Nero dove si trovano buone .... climatiche. Recentemente la Siberia, con un territorio che è 42 volte quello italiano, ha attratto turisti in cerca di bellezze paesaggistiche e di spazi incontaminati.

Parole da inserire: musica • slavo • conifere • fiumi • fusi • cupole • ortaggi • acqua • coste • barocco • parchi • condizioni • impressionista • panna • rilievi • valli • asiatica • pianure • culturale • tundra • ferrovia • Urali • capitali • arte • balneari • pacifica • arretrata

ZTE ONLINE
Mettiti alla prova con 20 esercizi interattivi

2 Indica se le frasi sono vere o false. (2 punti ciascuna) ..... / 14

a. La capitale Kiev sorge lungo le sponde del Dnepr. V F
b. Jalta si trova in Crimea. V F
c. In Dalmazia si trovano testimonianze antiche romane e veneziane. V F
d. Bucarest ha subito molte demolizioni di antichi edifici sotto il fascismo. V F
e. L'Anello d'Oro comprende una serie di città a nord-est di Mosca. V F
f. Gogol' è stato una grande scrittore realista russo. V F
g. Il Palazzo d'Inverno racchiude il famoso museo Puškin. V F

3 Indica la risposta corretta. ..... / 2

a. Le tre principali attrazioni di San Pietroburgo sono:
- ❏ Fortezza di San Pietro e Paolo
- ❏ Chiesa del Salvatore sul Sangue Versato
- ❏ Museo Ermitage
- ❏ Reggia di Pavlovsk
- ❏ Basilica di San Basilio

b. Il turismo culturale è praticato soprattutto nelle città di:
- ❏ Kiev
- ❏ Monte Kozbek
- ❏ Jalta
- ❏ Minsk

4 Associaa ogni termine o località alla città o regione di appartenenza. (1 punto ciascuna) ..... / 9

a. Teatro Bolshoi	❏ 1. Crimea
b. Sebastopoli	❏ 2. Caucaso
c. Odessa	❏ 3. Bucarest
d. Acque minerali	❏ 4. Mar Nero
e. Foresta di Bialowieza	❏ 5. Mosca
f. Prospettiva Nevskij	❏ 6. Bielorussia
g. Pirano	❏ 7. San Pietroburgo
h. Turismo religioso	❏ 8. Slovenia
i. Curtea veche	❏ 9. Novograd

5 Scrivi la definizione dei termini proposti. (5 punti ciascuna) ..... / 15

a. Babushka ....
....
....

b. Dacia ....
....
....

c. Icona ....
....
....

6 Rispondi alle domande. (10 punti ciascuna) ..... / 50

a. Quali sono le caratteristiche del settore primario dei Paesi Balcanici?
....
....
....

b. Qual è l'andamento demografico comune ai 3 Paesi dell'Europa orientale?
....
....
....

c. Perché l'intera area caucasica è stata a lungo un luogo di scontro tra popoli diversi?
....
....
....

d. Quali sono gli elementi di debolezza dell'economia russa?
....
....
....

e. Come è distribuita la popolazione russa sul territorio?
....
....
....

PUNTEGGIO TOTALE ..... / 100

GEOGRAPHY HIGHLIGHTS – CLIL

THE LONG FORGOTTEN COUNTRY

1. The world is finally waking up to the charms of **Moldova**, a little **landlocked** country in Eastern Europe, bordered by Ukraine to the north-east and Romania to the south-west**.** Actually, Moldova has been largely **overlooked** by mass Tourism in the past.

2. Yet, Moldova is a special country, despite its **lack** of fame, and one well worth a visit. Moldova is increasingly known more for its **unspoiled** countryside and superb wine tours and for its particular ***off-the-beaten-track*** charm. Here you can wander round vast monasteries, trek through unspoilt natural landscapes of rural pastures, forests and fertile soil that produce abundant vineyards. You will discover the hinterland with the traditional culture of village life in this fragment of old Europe, get to know the country's rich history and also sample its unique wines.

3. Today, the wine industry is the biggest attraction and the Moldovan grape's slowly "fermenting" fame witnesses the emerging Wine Tourism Industry.

4. Although the country is landlocked, it is very close to the *Black Sea*. Most of the country is hilly, but in the south, it is a small **flatland**. The largest part of Moldova lies between two rivers, the ***Dniester*** and the ***Prut***. In the west, the *Prut* joins the *Danube* before flowing into the Black Sea. In the east, the *Dniester* is the main river, flowing through the country from north to south. Moldova's climate is moderately continental. Its proximity to the Black Sea makes it mild and sunny.

5. Crossing the *Dniester River*, is the **beguiling** separatist region of ***Trans-Dniester***, a narrow strip of land between the Dniester river and the Ukrainian border. *Trans-Dniester* self-proclaimed independence in 1990 after a civil war. Moldova became independent from the Soviet Union in 1991.The *Republic of Trans-Dniester* is not recognised by the international community.

6. The Moldavians are friendly, welcoming people. The country's main cities are: the *capital* ***Chişinău***, in the centre of the country, **Tiraspol** (in the eastern region of Trans-Dniester), ***Bălţi*** (in the north).

7. The official language is Romanian, but Russian is widely spoken. The population is about 3.5 million. 98% of the population are Orthodox Christians.

8. The capital ***Chişinău*** is Moldova's largest and liveliest city and its main transport **hub**. The city's origins date back to **1420**, but much of ***Chişinău*** was destroyed during **WW II** and by a tragic **earthquake** that struck in **1940**. The city was rebuilt in the austere *Soviet style* from the **1950s onwards**.

9. Yet, the centre does have a few architectural gems remaining, and is surprisingly green and peaceful. Besides, as Moldova is closely connected to the greatest Russian poet ***Alexander Pushkin (1799 -1837),*** in **Chişinău,** you can enjoy an itinerary to Pushkin's places, as *Pushkin House Museum* and *his Monument*. There are two large parks: *Parcul Catedralei*, and *Ştefan cel Mare şi Sfant*. The best museums, hotels, restaurants and cafes are a few steps away.

COMPREHENSION

❶ **Match the highlighted words from the text to their Italian translation.**

1. incantevole ....
2. in avanti ....
3. terremoto ....
4. pianura ....
5. zona poco battuta ....
6. centro ....
7. circondato da terre ....
8. mancanza ....
9. trascurato ....
10. incontaminato ....

❷ **Read the text and identify which paragraph... (*one paragraph can be matched* twice).**

A. Introduces the main attractions in the capital of Moldova		F. Gives further geographical information about the country	
B. Provides some historical information about the country		G. Informs about the country's language, demographic growth and religious faith	
C. Says why Moldova is worth a visit		H. Highlights Moldova's oenological production	
D. Details the geographical location		I. Tells about the attitude of the local people	
E. Introduces Moldova's capital		J. Underlines how much Moldova has been overlooked	

❸ Match these words to their correct definition.

1. severe, in manner or appearance
2. to be of good value
3. when popularity is not achieved rapidly
4. referred to an area where not many people live or go
5. proclaimed or described by oneself
6. started or made at a particular time in the past

A. off-the-beaten-track
B. to date back to
C. austere
D. self-proclaimed
E. slowly fermenting fame
F. to be well worth

Candle of gratitude, Soraca, Maldova.

❹ Read the text and fill in with the required information.

1. Moldova's location: ....
2. Reasons for visiting Moldova: ....
3. Emerging industry: ....
4. Moldova's hydrographic system :..
5. All about Trans-Dniester: ....
6. Moldova's main cities: ....
7. Language and Religion: ....
8. All about Chişinău: ....

REVISION & PRODUCTION

❺ Complete the following text with the words in bold. Then listen & check.

rocks - fortress - surroundings - bank - cascades - homage - invaders - community - gorge - central - cellars - tasting - guide - centre - bordering

SIGHTSEEING IN MOLDOVA

Here are some of the most popular destinations in Moldova which can be visited in a 1 day itinerary.

Chişinău town tour and Wine Cellars: Chişinău is a modern town in the 1. .... of Moldova. The tour includes the historical centre, the cultural buildings on the main boulevard *Stefan cel Mare*, the main square, two 2..... parks, churches and museums, the Central Market, and the WWII Memorial. An English speaking 3. .... will drive you through the underground *Cricova & Milestii Mici* Wine 4. ..... Wine 5. .... dinner on the premises.

Saharna Monastery and Waterfalls: Saharna monastery, built in medieval times as a defence against 6. ....from the east, is situated in a picturesque 7. .... on the western bank of the *Dniester* river near *Saharna* village, 110 km to the north of Chişinău. Covered with forests, the Saharna river canyon, about 16 km long, forms the '*Moldovan Niagara Falls*' with lots of rapids and 8. ....

Soroca town: Medieval Fortress, Gipsies and their King, the Candle of Gratitude: Soroca town, located 160 km north of Chişinău on the western 9. .... of the Dniester river, was, once, a medieval defence system against the invasions of Tartars, Cossacks, Ottomans and Slavs. Today, it is a small town on the Dniester river 10. .... Ukraine. It is famous for: its 11. ...., Moldova's largest Gipsy 12. .... and the "**Candle of Gratitude**" monument, which is a 13. .... to all the anonymous heroes that have kept safe the culture, the language and the history of Moldova. It was built in the 14. ...., up on a mountain that opens to a very nice view of the town and its 15. ....

View to the parliament building in Chişinău.

❻ Write six meaningful sentences using the words defined in ex. 3.

I
ISLANDA
REYKJAVÍK
Akureyri
Ísafjördur
Seydisfjördhur
Mar Glaciale Artico
Mar di Norvegia
Mar di Barents
Circolo Polare Artico
Oceano Atlantico
Føroyar (Dan.)
I. Shetland (R.U.)
I. Orcadi
I. Ebridi
IRLANDA
DUBLINO
Belfast
Cork
REGNO UNITO
Glasgow
Edimburgo
Aberdeen
Liverpool
Manchester
Birmingham
Bristol
LONDRA
Plymouth
Can. di San Giorgio
la Manica
Str. di Dover
Mare del Nord
NORVEGIA
OSLO
Bergen
Stavanger
Kristiansand
Ålesund
Trondheim
Dovrefjell 2286
Narvik
Tromsø
Hammerfest
Capo Nord
Vadsø
Lapponia
Alpi Scandinave
SVEZIA
STOCCOLMA
Göteborg
Uppsala
Örebro
Jönköping
Sundsvall
Umeå
Luleå
Gällivare
Vänern
Vättern
Gotland
FINLANDIA
HELSINKI
Tampere
Turku
Vaasa
Oulu
Kuopio
Rovaniemi
Golfo di Botnia
Golfo di Finlandia
Mar Baltico
Skagerrak
DANIMARCA
COPENAGHEN
Ålborg
Odense
Malmö
Bornholm
ESTONIA
TALLINN
LETTONIA
RIGA
LITUANIA
VILNIUS
RUSSIA
Kaliningrad
BIELORUSSIA
MINSK
Gomel
Dvina Occ.
Dnepr
RUSSIA
MOSCA
San Pietroburgo
Petrozavodsk
Lago Ladoga
Lago Onega
Lago dei Ciudi
Pskov
Murmansk
Penisola di Kanin
Kolgujev
Mar Bianco
Arcangelo
Severodvinsk
Mezen
Dvina Sett.
Narjan-Mar
Pečora
Syktyvkar
Monti Urali
Narodnaja 1894
Vologda
Lago di Rybinsk
Jaroslavl'
Nižnij Novgorod
Kazan'
Vjatka
Perm'
Ekaterinburg
Ufa
Jamantau 1640
Kama
Volga
Samara
Orenburg
Ural
Saransk
Smolensk
Tula
Voronez
Saratov
Don
Volgograd
Astrahan
Rostov-Na-Donu
Stavropol
Krasnodar
Armavir
Vladikavkaz
Grozny
Ob
KAZAKISTAN
Mar Caspio
Aktau
Caucaso
Elbrus 5633
4466
GEORGIA
TBILISI
AZERBAIGIAN
BAKU
ARMENIA
EREVAN
IRAN
IRAQ
SIRIA
LIBANO
UCRAINA
KIEV
Poltava
Harkov
Doneck
Dnepropetrovsk
Krivoj Rog
Herson
Odessa
Crimea
Sebastopoli
Kerč
Mar d'Azov
Dnestr
Leopoli
MOLDAVIA
CHIŞINĂU
Mar Nero
POLONIA
VARSAVIA
Danzica
Białystok
Stettino
Breslavia
Cracovia
Vistola
Oder
GERMANIA
BERLINO
Amburgo
Brema
Kiel
Hannover
Elba
Colonia
Bonn
Lipsia
Dresda
Francoforte s.M.
Monaco
Danubio
Reno
PAESI BASSI
AMSTERDAM
Rotterdam
BELGIO
BRUXELLES
LUSSEMBURGO
REP. CECA
PRAGA
SLOVACCHIA
BRATISLAVA
AUSTRIA
VIENNA
Graz
UNGHERIA
BUDAPEST
Carpazi
ROMANIA
BUCAREST
Cluj-Napoca
Iași
Costanza
Danubio
FRANCIA
PARIGI
Lilla
Le Havre
Brest
Nantes
Loira
Senna
Strasburgo
Digione
Lione
Rodano
Massiccio Centrale 1885
Bordeaux
Tolosa
Marsiglia
Nizza
MONACO
Golfo di Biscaglia
Golfo del Leone
SVIZZERA
BERNA
Zurigo
LIECHT.
Alpi
Monte Bianco 4810
SPAGNA
MADRID
Barcellona
Valencia
Saragozza
Bilbao
Gijón
La Coruña
Vigo
Valladolid
Duero
Tago
Ebro
Córdoba
Siviglia
Cadice
Málaga
Murcia
Pirenei
Pico de Aneto 3404
ANDORRA
Baleari
Maiorca
Minorca
Ibiza
Str. di Gibilterra
PORTOGALLO
LISBONA
Porto
ITALIA
ROMA
CITTÀ DEL VATICANO
SAN MARINO
Milano
Torino
Genova
Venezia
Bologna
Firenze
Ancona
Napoli
Bari
Catanzaro
Palermo
Catania
Sicilia
Sardegna
Sassari
Cagliari
Corsica
Ajaccio
Mar Tirreno
Mar Adriatico
Mar Ionio
Can. d'Otranto
VALLETTA
MALTA
Mar Mediterraneo
SLOVENIA
LUBIANA
CROAZIA
ZAGABRIA
BOSNIA-ERZEGOVINA
SARAJEVO
SERBIA
BELGRADO
MONTENEGRO
PODGORICA
KOSOVO
PRIŠTINA
MACEDONIA
SKOPJE
ALBANIA
TIRANA
BULGARIA
SOFIA
Varna
GRECIA
ATENE
Salonicco
Patrasso
Peloponneso
Creta
Rodi
Mar Egeo
TURCHIA
ANKARA
Istanbul
Bosforo
M. di Marmara
Bursa
Smirne
Samsun
Adana
Adalia
Lago di Van
NICOSIA
CIPRO
MAROCCO
ALGERIA
TUNISIA

I LUOGHI TURISTICI PIÙ BELLI E VISITATI DEI PAESI EUROPEI

I 10 monumenti più visitati

1. La Tour Eiffel, Parigi, Francia
2. La basilica di San Pietro, Città del Vaticano
3. La Sagrada Familia, Barcellona, Spagna
4. L'Acropoli, Atene, Grecia
5. Notre Dame, Parigi
6. La reggia di Versailles, Francia
7. Stonehenge, Regno Unito
8. Il palazzo di Westminster, Londra
9. Il palazzo di Shonbrunn, Vienna, Austria
10. La statua della sirenetta, Copenaghen

Le 10 spiagge più belle

1. Playa de Ses Illetes, Formentera, Spagna
2. Elafonissi, Creta, Grecia
3. Woolacombe Beach, Devon, Regno Unito
4. Iztuzu, Turchia
5. Baia del Fico, Cipro
6. Porto Limionas, Zante, Grecia
7. Egremmi, Lefkada, Grecia
8. Playa de Bolonia, Tarifa, Spagna
9. Praia da Marinha, Carvoeiro, Portogallo
10. Côte des Basques, Biarritz

I 10 luoghi religiosi più visitati

1. La basilica di San Pietro, Città del Vaticano
2. Il santuario di Fatima, Portogallo
3. Il santuario di Nostra Signora di Lourdes, Francia
4. Il monastero di Jasna Góra, Częstochowa, Polonia
5. La cattedrale di Santiago di Compostela, Spagna
6. La cattedrale di Canterbury, Regno Unito
7. La cattedrale di Nostra Signora di Reims, Francia
8. Il monte Podbrdo a Medjugorje, Bosnia ed Erzegovina
9. La cattedrale di Saint-Gatien, Tours, Francia
10. La cattedrale dei Santi Pietro e Paolo, Šiauliai, Lituania

I 10 parchi naturali più belli

1. Il parco nazionale del Tricorno, Slovenia
2. Il parco nazionale di Oulanka, Finlandia
3. Il parco nazionale di Peneda-Gerês, Portogallo
4. Il parco nazionale della Svizzera Sassone, Germania
5. Il parco nazionale Sarek, Svezia
6. Il parco nazionale Kalkalpen, Austria
7. Il parco nazionale Rago, Norvegia
8. Il parco nazionale di Port-Cros, Francia
9. Il parco nazionale di Ordesa e Monte Perdido, Spagna
10. La riserva della biosfera del delta del Danubio, Romania

I 10 musei più visitati

1. Il museo del Louvre, Parigi, Francia
2. I Musei Vaticani, Città del Vaticano
3. Il British Museum, Londra, Regno Unito
4. La Tate Gallery, Londra
5. La National Gallery, Londra
6. Il Centro nazionale d'arte e di cultura Georges Pompidou, Parigi
7. Il museo d Orsay, Parigi
8. Il museo statale Ermitage, San Pietroburgo, Russia
9. Il Museo Nacional Centro de Arte Reina Sofia, Madrid
10. Il museo di Pergamo, Berlino, Germania

II
Europa
Mar di Barents
Capo Nord
Hammerfest
Vadsø
Murmansk
Penisola di Kola
Narjan-Mar
Pečora
1894
Monti Urali
Mezen
Mar Bianco
Arcangelo
Severodvinsk
Syktykvar
Ekaterinburg
Perm'
Vjatka
Ufa
1640
Kazan'
Nižnij Novgorod
Volga
Samara
Orenburg
Saratov
Volgograd
Atyrau
Astrahan
Aktau
Mar Caspio
R U S S I A
Vologda
Jaroslavl'
MOSCA
Tula
Smolensk
Voronež
Lago Onega
Petrozavodsk
Lago Ladoga
San Pietroburgo
Carelia
Lapponia
Tromsø
Narvik
Luleå
Oulu
Umeå
Vaasa
Golfo di Botnia
F I N L A N D I A
Tampere
Turku
HELSINKI
TALLINN
ESTONIA
Pskov
RIGA
LETTONIA
LITUANIA
VILNIUS
MINSK
BIELORUSSIA
Gomel'
Kaliningrad
RUSSIA
Białystok
Islanda
Isafjördur
REYKJAVÍK
Akureyri
ISLANDA
Seydisfjördhur
Circolo Polare Artico
Mar di Norvegia
N O R V E G I A
S V E Z I A
Penisola Scandinava
Alpi Scandinave
Trondheim
Ålesund
Sundsvall
Bergen
OSLO
Stavanger
Uppsala
STOCCOLMA
Örebro
Göteborg
Jönköping
Kristiansand
Ålborg
Malmö
COPENAGHEN
DANIMARCA
Odense
Kiel
Mar Baltico
Mare del Nord
0 250 500
chilometri
Fær Øer
DAN.
Is. Shetland
Is. Orcadi
Is. Ebridi
Aberdeen
Scozia
Glasgow
Ecimburgo
Belfast
DUBLINO
IRLANDA
Cork
Liverpool
Manchester
REGNO UNITO
Galles
Inghilterra
Birmingham
Bristol
LONDRA
Plymouth
La Manica
G. di St. Malo
O C E A N O   A T L A N T I C O
PAESI BASSI
AMSTERDAM
Rotterdam
BELGIO
BRUXELLES
Lilta
Le Havre
Brest
Normandia
LUSSEMBURGO
PARIGI
Nantes
Loira
F R A N C I A
Digione
Strasburgo
Vosgi
Lione
Bordeaux
Massiccio Centrale
Tolosa
Marsiglia
MONACO
Costa Azzurra
Golfo di Biscaglia
Golfo del Leone
Amburgo
Brema
BERLINO
Hannover
Colonia
G E R M A N I A
Francoforte s.M.
Selva Nera
Monaco
Baviera
Reno
Elba
Danubio
Danzica
Stettino
Vistola
P O L O N I A
VARSAVIA
Breslavia
Cracovia
Sudeti
PRAGA
REP. CECA
SLOVACCHIA
BRATISLAVA
VIENNA
AUSTRIA
LIECHT.
BUDAPEST
UNGHERIA
Giura
BERNA
SVIZZERA
M. Bianco
4807
Alpi
Milano
Torino
Genova
Bologna
LUBIANA
SLOVENIA
ZAGABRIA
CROAZIA
BOSNIA ERZEGOVINA
SARAJEVO
Alpi Dinariche
S. MARINO
Appennini
ITALIA
CITTÀ D. VATICANO
ROMA
Mar Ligure
Corsica
Ajaccio
Sassari
Sardegna
Cagliari
Napoli
Bari
Mar Tirreno
Palermo
Sicilia
Catania
Reggio di Calabria
Mar Ionio
VALLETTA
MALTA
Mar Adriatico
Leopoli
Carpazi
KIEV
U C R A I N A
Poltava
Harkov
Dnepropetrovsk
Doneck
Krivoj Rog
Rostov-Na-Donu
MOLDAVIA
CHIȘINĂU
Iași
Herson
Odessa
Crimea
Sebastopoli
Mar d'Azov
Kerč
Krasnodar
Stavropol
Armavir
Grozny
Cecenia
Caucaso
Elbrus 5663
Vladikavkaz
BAKU
GEORGIA
TBILISI
AZERBAIGIAN
ARMENIA
EREVAN
R O M A N I A
Alpi Transilvaniche
BUCAREST
Costanza
Mar Nero
BELGRADO
SERBIA
MONTENEGRO
PODGORICA
PRIŠTINA
KOSOVO
SKOPJE
MACEDONIA
TIRANA
ALBANIA
Balcani
Rodope
SOFIA
BULGARIA
Varna
Penisola Balcanica
Salonicco
G R E C I A
Patrasso
ATENE
Mar Egeo
Creta
Istanbul
Bursa
Smirne
ANKARA
T U R C H I A
Samsun
Adana
Adalia
NICOSIA
CIPRO
LIBANO
DAMASCO
SIRIA
Mosul
BAGHDAD
I R A Q
Tabriz
I R A N
La Coruña
Gijón
Vigo
Bilbao
Porto
Valladolid
PORTOGALLO
Saragozza
Pirenei
ANDORRA
ANDORRA-LA-VELLA
3404
LISBONA
MADRID
Castiglia
S P A G N A
Catalogna
Barcellona
Valencia
Isole Baleari
Córdoba
Siviglia
Andalusia
Murcia
Cadice
Málaga
Punta Tarifa
Gibilterra R.U.
Str. di Gibilterra
Tangeri
RABAT
Casablanca
MAROCCO
Orano
ALGERI
A L G E R I A
Annaba
TUNISI
TUNISIA
Mar Mediterraneo

Mar Glaciale Artico
Mar di Barents
Mar di Norvegia
Oceano Atlantico
Mare del Nord
Mar Baltico
Golfo di Botnia
Golfo di Finlandia
Mar Bianco
Mar Nero
Mar Caspio
Mar Mediterraneo
Mar Tirreno
Mar Ionio
Mar Egeo
Mar Adriatico
Golfo di Biscaglia
Golfo del Leone
Circolo Polare Artico
0 250 500
km
ISLANDA
REYKJAVÍK
Akureyri
Seydisfjördhur
Ísafjördur
Føroyar (Dan.)
I. Shetland (R.U.)
I. Orcadi
I. Ebridi
NORVEGIA
OSLO
Bergen
Trondheim
Stavanger
Kristiansand
Ålesund
Tromsø
Narvik
Hammerfest
Vadsø
Dovrefjell 2286
Kebnekaise 2111
SVEZIA
STOCCOLMA
Göteborg
Malmö
Uppsala
Örebro
Jönköping
Sundsvall
Umeå
Luleå
Gällivare
Götaland
Gotland
Lapponia
Penisola Scandinava
Alpi Scandinave
FINLANDIA
HELSINKI
Turku
Tampere
Vaasa
Oulu
Kuopio
Rovaniemi
Carelia
ESTONIA
TALLINN
LETTONIA
RIGA
LITUANIA
VILNIUS
RUSSIA
Kaliningrad
BIELORUSSIA
MINSK
Gomel
RUSSIA
MOSCA
San Pietroburgo
Murmansk
Penisola di Kola
Penisola di Kanin
Arcangelo
Severodvinsk
Petrozavodsk
Vologda
Jaroslavl'
Nižnij Novgorod
Kazan'
Vjatka
Perm'
Ekaterinburg
Ufa
Samara
Orenburg
Saratov
Saransk
Tula
Smolensk
Voronez
Volgograd
Rostov-Na-Donu
Krasnodar
Armavir
Stavropol
Vladikavkaz
Grozny
Pskov
Syktyvkar
Pečora
Narjan-Mar
Mezen
Narodnaja 1894
Jamantau 1640
Monti Urali
Siberia
Elbrus 5633
Caucaso
KAZAKISTAN
Atyrau
Aktau
Astrahan
UCRAINA
KIEV
Harkov
Doneck
Dnepropetrovsk
Krivoj Rog
Poltava
Leopoli
Odessa
Herson
Sebastopoli
Crimea
Kerč
Carpazi
MOLDAVIA
CHIŞINĂU
ROMANIA
BUCAREST
Cluj-Napoca
Iaşi
Costanza
BULGARIA
SOFIA
Varna
SERBIA
BELGRADO
KOSOVO
PRIŠTINA
MACEDONIA
SKOPJE
ALBANIA
TIRANA
MONTENEGRO
PODGORICA
BOSNIA-ERZEGOVINA
SARAJEVO
CROAZIA
ZAGABRIA
SLOVENIA
LUBIANA
UNGHERIA
BUDAPEST
SLOVACCHIA
BRATISLAVA
REP. CECA
PRAGA
AUSTRIA
VIENNA
Graz
POLONIA
VARSAVIA
Danzica
Stettino
Breslavia
Cracovia
Białystok
GERMANIA
BERLINO
Amburgo
Brema
Hannover
Colonia
Bonn
Lipsia
Dresda
Francoforte s.M.
Monaco
Kiel
DANIMARCA
COPENAGHEN
Odense
Ålborg
PAESI BASSI
AMSTERDAM
Rotterdam
BELGIO
BRUXELLES
LUSSEMBURGO
SVIZZERA
BERNA
Zurigo
LIECHT.
FRANCIA
PARIGI
Lilla
Le Havre
Brest
Nantes
Bordeaux
Tolosa
Marsiglia
Nizza
Lione
Digione
Strasburgo
Normandia
Bretagna
Massiccio Centrale 1885
Monte Bianco 4810
MONACO
ANDORRA
Pirenei
Pico de Aneto 3404
REGNO UNITO
LONDRA
Birmingham
Manchester
Liverpool
Bristol
Plymouth
Edimburgo
Glasgow
Aberdeen
Belfast
Scozia
Galles
Inghilterra
Cornovaglia
Ulster
IRLANDA
DUBLINO
Cork
la Manica
Str. di Dover
Can. di San Giorgio
SPAGNA
MADRID
Barcellona
Valencia
Saragozza
Bilbao
Valladolid
Gijón
La Coruña
Vigo
Siviglia
Córdoba
Málaga
Murcia
Cadice
Penisola Iberica
Galizia
Andalusia
Catalogna
Castiglia
Baleari
Maiorca
Minorca
Ibiza
PORTOGALLO
LISBONA
Porto
Str. di Gibilterra
ITALIA
ROMA
Milano
Torino
Genova
Venezia
Bologna
Firenze
Ancona
Napoli
Bari
Catanzaro
Palermo
Catania
Cagliari
Sassari
Sardegna
Sicilia
Corsica
Ajaccio
SAN MARINO
CITTÀ DEL VATICANO
MALTA
VALLETTA
Can. d'Otranto
GRECIA
ATENE
Salonicco
Patrasso
Peloponneso
Creta
Rodi
TURCHIA
ANKARA
Istanbul
Bursa
Smirne
Adalia
Adana
Samsun
Anatolia
Bosforo
M. di Marmara
CIPRO
NICOSIA
LIBANO
SIRIA
Aleppo
IRAQ
BAGHDAD
Mosul
IRAN
Tabriz
GEORGIA
TBILISI
ARMENIA
EREVAN
AZERBAIGIAN
BAKU
MAROCCO
RABAT
Casablanca
Tangeri
ALGERIA
ALGERI
Orano
Annaba
TUNISIA
TUNISI

III
Penisola iberica
Golfo di Biscaglia
Oceano Atlantico
Mar Mediterraneo
Golfo del Leone
FRANCIA
SPAGNA
PORTOGALLO
MAROCCO
ALGERIA
ANDORRA
Guienna
Guascogna
Linguadoca
Cévenne
Pirenei
Catalogna
Aragona
Navarra
Prov. Basche
Cantabria
Asturie
Galizia
Minho
Trás-os-Montes
Beira
Ribatejo
Estremadura
Alentejo
Algarve
Castiglia-León
Castiglia-La Mancha
Comunità Valenciana
Murcia
Andalusia
La Rioja
Meseta Sett.
Meseta Mer.
Cordigliera Cantabrica
Sistema Iberico
Sistema Centrale
Serranía de Cuenca
Sierra de Guadalupe
Monti di Toledo
Sierra Morena
Cordigliera Betica
Sierra Nevada
Serra da Estrela
Serra de Caldeirão
Rif
Atlante del Tell
Isole Baleari
Minorca
Maiorca
Ibiza
Formentera
Isole Berlenga
Bordeaux
Arcachon
Montauban
Tolosa
Bayonne
Biarritz
Pau
Tarbes
Lourdes
Mont-de-Marsan
Carcassonne
Narbona
Béziers
Sète
Montpellier
Nîmes
Arles
Avignone
Aix-en-Provence
Marsiglia
Millau
Mende
Perpignano
Capo di Creus
Figueras
Gerona
Costa Brava
Badalona
Barcellona
Hospitalet
Sabadell
Tarrasa
Tarragona
Costa Dorada
Tortosa
C. di Tortosa
Vinaroz
Lérida
Huesca
Saragozza
Calatayud
Monreal del Campo
Castellón de la Plana
Sagunto
Valencia
Golfo di Valencia
Gandía
Denia
Cabo de la Nao
Costa Blanca
Alicante
Elche
Elda
Murcia
Cartagena
C. di Palos
Albacete
Almería
C. di Gata
Vera
Adra
Motril
Granada
Mulhacén 3482
Jaén
Costa del Sol
Málaga
Torremolinos
Marbella
Antequera
Córdoba
Siviglia
Huelva
Jerez de la Frontera
Cadice
San Fernando
Golfo di Cadice
Algeciras
Gibilterra (R.U.)
Tarifa
P. Marroqui
Stretto di Gibilterra
Ceuta (Sp.)
Tangeri
Tétouan
Ouezzane
Melilla (Sp.)
Orano
Mostaganem
Chéliff
Algeri
Blida
Mahón
La Puebla
Palma
Irún
San Sebastián
Guernica
Bilbao
Baracaldo
Santander
Torrelavega
Gijón
Avilés
Oviedo
Luarca
P. de Estaca de Bares
El Ferrol
La Coruña
C. Finisterre
Santiago de Compostela
Lugo
Orense
Vigo
Viana do Castelo
Porto
Vila Real
Aveiro
Coimbra
Leiria
Fátima
Tomar
Santarém
Castelo Branco
Portalegre
Lisbona
C. da Roca
Setúbal
Beja
Faro
Sagres
C. de S. Vicente
Badajoz
Mérida
Cáceres
Salamanca
Zamora
León
Palencia
Valladolid
Burgos
Logroño
Vitoria
Pamplona
P. di Roncisvalle 1057
Vignemale 3303
Monte Perdido 3355
Pico de Aneto 3404
Andorra la Vella
C. de Perthus 1577
Moncayo 2313
Numancia
2228
Aranda de Duero
Segovia
Ávila
2592
Alcalá de Henares
Madrid
Guadalajara
1839
Cuenca
Toledo
1279
Ciudad Real
Calatrava
Valdepeñas
Picos de Europa 2648
Cañada 2154
Peña Negra 2124
1991
1699
Miño
Duero
Esla
Carrión
Ebro
Tago
Zêzere
Mondego
Guadiana
Sado
Guadalquivir
Segura
Júcar
Gállego
Segre
Aragón
Garonna
Adour
Tarn
Rodano
Canale del Mezzogiorno
SCALA 1 : 5.000.000
0 50 100 150 200
chilometri

Francia e Benelux
SCALA 1 : 5.000.000
0 50 100 150 200
chilometri
IRLANDA
Snowdon
Monti Cambrici
Galles
Baia di Cardigan
Canale di San Giorgio
Fishguard
Sheffield
Nottingham
Inghilterra
Leicester
Birmingham
REGNO UNITO
Northampton
Cambridge
Ipswich
Norwich
Norfolk
The Wash
Oxford
Luton
Essex
Newport
Cardiff
Canale di Bristol
Bristol
Reading
LONDRA
Tamigi
Stonehenge
Somerset
Kent
Dover
Folkestone
Devon
Southampton
Dorset
Exeter
Portsmouth
Brighton
I. di Wight
Cornovaglia
Plymouth
La Manica
Passo di Calais
Mare del Nord
Den Helder
Isole Frisone Occ.
Waddenzee
Groninga
Frisia
Assen
Brema
Weser
Hannover
Zaanstad
Zwolle
Olanda
PAESI BASSI
Haarlem
AMSTERDAM
Utrecht
L'Aia
Apeldoorn
Enschede
Osnabrück
Mittellandkanal
Rotterdam
Dordrecht
Arnhem
Vestfalia
Gottinga
Nimega
Breda
Tilburg
Eindhoven
Essen
Dortmund
Duisburg
Wuppertal
Kassel
Düsseldorf
Colonia
Ostenda
Bruges
Gand
Anversa
Fiandre
BRUXELLES
BELGIO
Maastricht
Bonn
Scisto Renano
Dunkerque
Calais
Boulogne-sur-Mer
Ypres
Tournai
Lilla
Roubaix
Waterloo
Namur
Liegi
Botrange
GERMANIA
Mons
Charleroi
Massiccio
Wiesbaden
Francoforte s. M.
Artois
Douai
Valenciennes
Ardenne
Bastogne
Magonza
LUSSEMBURGO
Dieppe
Amiens
Piccardia
Saint-Quentin
Alderney
Cap de la Hague
Cherbourg
Le Havre
Rouen
Beauvais
Guernsey
B. della Senna
Isole Normanne (R.U.)
Jersey
Cotentin
Caen
Cergy-Pontoise
Saint-Lô
Normandia
Saint-Denis
Reims
Thionville
Verdun
Metz
Saarbrücken
Karlsruhe
Stoccarda
Golfo di Saint-Malo
Saint-Malo
Évreux
Nanterre
PARIGI
Châlons-s.-M.
Champagne
Lorena
Nancy
Strasburgo
Morlaix
Le Mont-Saint-Michel
Versailles
Créteil
Brest
Monti d'Arrée
Saint-Brieuc
Évry
Chartres
P. di San Matteo
Bretagna
Alençon
Fontainebleau
Troyes
Svevia
Rennes
Maine
Épinal
Friburgo
Quimper
Laval
Le Mans
Orleanese
Grand Ballon
Alsazia
Vosgi
Foresta Nera
Châteaubriant
Orléans
Plateau de Langres
Langres
Mulhouse
Winterthur
Lorient
Auxerre
Borgogna
Basilea
Zurigo
Angers
Angiò
Turenna
Blois
Besançon
Belle Île
Saint-Nazaire
Nantes
Tours
Digione
Loira
Lucerna
Bourges
Nevers
Berry
Dôle
BERNA
SVIZZERA
La Roche-sur-Yon
FRANCIA
Chalon-s.-S.
Franca Contea
Giura
Lago di Neuchâtel
Losanna
Jungfrau
Alpi Lepontine
Oceano Atlantico
Vandea
Poitou
Châteauroux
Poitiers
Moulins
Lago di Ginevra
Ginevra
Sion
Sempione
Montluçon
Mâcon
Monte Bianco
Cervino
M. Rosa
Lago Maggiore
I. di Ré
La Rochelle
Vichy
Bourg-en-Bresse
Chamonix
Alpi Pennine
Varese
I. d'Oléron
Limoges
Puy de Dôme
Lione
Villeurbanne
Megève
Aosta
Milano
Gironda
Cognac
Limosino
Clermont-Ferrand
Vienne
Chambéry
Alpi Graie
Angoulême
Puy de Sancy
Saint-Étienne
Moncenisio
ITALIA
Massiccio Centrale
Grenoble
Torino
Périgueux
Pelvoux
Briançon
Delfinato
Alpi Cozie
Le Puy
Monti Mézenc
Plomb du Cantal
Monviso
Alessandria
Bergerac
Bordeaux
Guienna
Cevenne
Cuneo
Genova
Arcachon
Gap
M. Pelat
Colle di Tenda
Savona
Golfo di Guascogna
Alpi Marittime
Digne
Montauban
Avignone
Provenza
Nizza
San Remo
Mont-de-Marsan
Guascogna
Nîmes
Tarascona
Arles
MONACO
Santander
Bilbao
San Sebastián
Bayonne
Biarritz
Tolosa
Montagne Noire
Montpellier
Camargue
Aix-en-Provence
Cannes
Pau
Canale del Mezzogiorno
Sète
Marsiglia
Tolone
Saint-Tropez
Costa Azzurra
Prov. Basche
Cordigliera Cantabrica
P. di Roncisvalle
Lourdes
Linguadoca
Carcassonne
Narbona
Golfo del Leone
Vitoria
Pamplona
Somport
Vignemale
Pico de Aneto
Ax-les-Thermes
Navarra
Monte Perdido
Andorra la Vella
ANDORRA
Perpignano
Pirenei
Col de Perthus
Burgos
Aragón
Tudela
Huesca
Sistema Iberico
SPAGNA
Gerona
Valladolid
Saragozza
Lérida
Catalogna
Badalona
Barcellona
Calatayud
Tarragona
Duero
Ebro
Mar Mediterraneo
Corsica
Bastia
Calvi
M. Cinto
M. Rotondo
Ajaccio
M. Incudine
Porto Vecchio
Bonifacio
Bocche di Bonifacio

Isole britanniche

Europa del Nord

VII
Europa centrale
SCALA 1 : 5000000
0 50 100 150 200
km
Mare del Nord
Skagerrak
Kattegat
Mar Baltico
Golfo di Danzica
Golfo di Pomerania
G. di Kiel
G. di Meclemburgo
I. Frisone Occ.
I. Frisone Or.
I. Frisone Sett.
DANIMARCA
COPENAGHEN
Jutland
Limfjorden
Hjørring
Frederikshavn
Ålborg
Randers
Holstebro
Viborg
Århus
Horsens
Esbjerg
Kolding
Odense
Fiona
Sjælland
Roskilde
Næstved
Sønderborg
Svendborg
Lolland
Falster
Nykøbing
Bornholm
Gr. Belt
Picc. Belt
SVEZIA
Götaland
Småland
Göteborg
Borås
Jönköping
Västervik
Visby
Gotland
Varberg
Oskarshamn
Växjö
Kalmar
Öland
Karlskrona
Helsingør
Helsingborg
Kristianstad
Malmö
Liepāj
Klai
RUS
Kalini
PAESI BASSI
AMSTERDAM
L'Aia
Rotterdam
Groninga
Zwolle
Enschede
Nimega
Eindhoven
BELGIO
Liegi
Namur
LUSSEMBURGO
Ardenne
GERMANIA
BERLINO
Amburgo
Brema
Flensburg
Schleswig
Husum
Kiel
Schleswig-Holstein
Cuxhaven
Wilhelmshaven
Emden
Bremerhaven
Lubecca
Wismar
Rostock
Stralsund
Rügen
Usedom
Schwerin
Meclemburgo-Pomerania Occ.
Neubrandenburg
Neustrelitz
Oldenburg
Bassa Sassonia
Bassopiano Germanico
Wittenberge
Eberswalde
Hannover
Wolfsburg
Braunshweig
Osnabrück
Bielefeld
Münster
Hildesheim
Hameln
Salzgitter
Magdeburgo
Sassonia-Anhalt
Brandeburgo
Potsdam
Francoforte s. O.
Wittenberg
Cottbus
Renania Sett.-Vestfalia
Gelsenkirchen
Hamm
Paderborn
Essen
Bochum
Dortmund
Duisburg
Düsseldorf
Wuppertal
Hagen
Remscheid
Leverkusen
Aquisgrana
Colonia
Bonn
Siegen
Kassel
Gottinga
Nordhausen
Harz
1142
Halle
Lipsia
Merseburg
Erfurt
Turingia
Jena
Gera
Zwickau
Chemnitz
Dresda
Görlitz
Sassonia
Marburg
Assia
Eisenach
Fulda
Rhön
950
Selva di Turingia
982
Botrange
694
Massiccio Scistoso Renano
Eifel
Coblenza
Limburg
Wiesbaden
Francoforte s. M.
Offenbach
Magonza
Renania-Palatinato
Darmstadt
Treviri
Hunsrück
818
Saarland
Saarbrücken
Worms
Würzburg
Mannheim
Ludwigshafen
Heidelberg
Heilbronn
Bamberg
Franconia
Fürth
Norimberga
Giura di Franconia
Karlsruhe
Pforzheim
Baden-Baden
Stoccarda
Ratisbona
Ingolstadt
Tubinga
Ulm
Württemberg
Giura di Svevia
Augusta
Dachau
Monaco
Baviera
Svevia
Foresta Nera
Friburgo
1493
L. di Ammer
L. di Chiem
Rosenheim
Passau
Friedrichshafen
Lago di Costanza
Elba
Weser
Ems
Reno
Meno
Danubio
Isar
Inn
Lech
Havel
Mittellandkanal
Aller
Saale
Mulde
Neisse
Oder
FRANCIA
Lorena
Alsazia
Vosgi
Verdun
Metz
Nancy
Strasburgo
Offenburg
Mulhouse
Langres
Besançon
Doubs
Saône
Mosa
Mosella
Giura
Chambéry
Grenoble
SVIZZERA
BERNA
Zurigo
Basilea
Liestal
San Gallo
Appenzell
Zug
Lucerna
Neuchâtel
L. di Neuchâtel
Losanna
Montreux
Lago di Ginevra
Ginevra
Sion
Martigny
Jungfrau
4158
Andermatt
S. Gottardo
2108
Alpi Lepontine
Alpi Pennine
Sempione
2005
Cervino
4478
M. Bianco
4807
M. Rosa
4634
Bellinzona
Locarno
Lugano
Coira
S. Moritz
Alpi Retiche
Bernina
4049
Spluga
2115
LIECHTENSTEIN
VADUZ
Bregenz
Silvretta
3411
ITALIA
Aosta
Torino
Moncenisio
2083
Lago Maggiore
Lago di Como
Lago di Garda
Como
Milano
Bergamo
Brescia
Sondrio
Verona
Trento
Bolzano
Resia
1504
Venoste
Brennero
1375
Dolomiti
Belluno
Treviso
Udine
Trieste
Capodistria
Istria
Fiume
AUSTRIA
VIENNA
Tirolo
Innsbruck
Prealpi Bavaresi
Kitzbühel
Alpi
Alti Tauri
Grossglockner
3797
Bassi Tauri
Dachstein
2955
Salisburgo
Bischofshofen
Salzach
Lienz
Carinzia
Alpi Carniche
Villach
Klagenfurt
Drava
Linz
Freistadt
Steyr
Enns
St. Pölten
Klosterneuburg
Eisenstadt
L. di Neusiedl
Stiria
Judenburg
Mur
Graz
Leibnitz
Kapfenberg
SLOVENIA
LUBIANA
Tricorno
2863
Alpi Giulie
Maribor
Novo Mesto
Carso
CROAZIA
ZAGABRIA
Varazdin
Karlovac
Virovitica
Osijek
Sava
953
SERBIA
Novi Sad
Subotica
REP. CECA
PRAGA
Boemia
Monti Metalliferi
1244
Karlovy Vary
Teplice
Kladno
Liberec
Sudeti
Snĕžka
1602
Plzeň
Berounka
Labe
Moldava
Tábor
Selva Boema
České Budějovice
Hradec Králové
Alture Morave
Jihlava
Moravia
Brno
Olomouc
Ostrava
Praděd
1491
Horn
POLONIA
Stettino
Pomerania
Gorzów Wielkopolski
Warta
Noteć
Poznań
Grande Polonia
Zielona Gora
Leszno
Konin
Kalisz
Łódź
Kutno
Płock
VARS
Włocławek
Toruń
Cuiavia
Bydgoszcz
Grudziadz
Vistola
Szczecinek
Kołobrzeg
Koszalin
Słupsk
Gdynia
Danzica
Starogard Gdański
Elbląg
Prussia
Ostróda
Legnica
Slesia
Wałbrzych
Breslavia
Kłodzko
Opole
Czestochowa
Katowice
Tychy
Rybnik
Bielsko-Biała
Beschidi Occ.
Passo di Jablunkov
553
Carpazi
Žilina
Alti Tatra
Bassi Tatra
SLOVACCHIA
Banská Bystrica
Carpazi Bianchi
970
Morava
Váh
Hron
Trnava
Nitra
BRATISLAVA
UNGHERIA
BUDAPEST
Vác
Győr
Tatabánya
Rába
Székesfehérvár
Selva Baconia
704
L. Balaton
Dunaújváros
Kecskemét
Nagykanizsa
Szekszárd
Pannonia
Pécs
Seghedin
Mátra
Kékes
Danubio

Europa balcanica

Europa orientale

X
Italia
SCALA 1 : 4.500.000
0 45 90 135 180
chilometri
A U S T R I A
S V I Z Z E R A
LIECHTENSTEIN
U N G H E R I A
S L O V E N I A
C R O A Z I A
BOSNIA - ERZEGOVINA
F R A N C I A
MONACO
SAN MARINO
CITTÀ DEL VATICANO
ALGERIA
TUNISIA
Corsica (Fr.)
Zurigo
Appenzell
Innsbruck
Neuchâtel
BERNA
Lucerna
VADUZ
Friburgo
Coira
Losanna
Interlaken
Lago di Ginevra
Alpi Bernesi
Jungfrau
Alpi Lepontine
San Gottardo
Alpi Retiche
Alpi Atesine
Alti Tauri
Passo del Brennero
Vetta d'Italia
Grossglockner
Lienz
Graz
Szombathely
Körmend
Lago Balaton
Balatonkeresztúr
Szekszárd
Nagykanizsa
Koprivnica
Pécs
Sion
P. del Sempione
Bellinzona
St. Moritz
Bernina
Stelvio
Ortles
Merano
Bressanone
Alto Adige
Bolzano
Tonale
Trentino
Dolomiti
Alpi Carniche
Klagenfurt
Caravanche
Maribor
Tarvisio
Kranj
Alpi Giulie
Alpi Pennine
Monte Bianco
Aosta
Cervino
M. Rosa
Verbania
Sondrio
Trento
Belluno
Friuli-Venezia Giulia
Udine
Gorizia
LUBIANA
ZAGABRIA
Valle d'Aosta
Alpi Graie
Biella
Varese
Como
Lecco
Bergamo
Bassano del Grappa
Pordenone
Novo Mesto
Monza
Milano
Ivrea
Novara
Brescia
Lago di Garda
Vicenza
Treviso
Trieste
Capodistria
Carso
Karlovac
Sisak
Nova Gradiska
Slavonski Brod
Osijek
Moncenisio
Torino
Vercelli
Lombardia
Lodi
Verona
Veneto
Padova
Mestre
Venezia
Chioggia
Golfo di Venezia
Istria
Rijeka (Fiume)
Pavia
Cremona
Mantova
Rovigo
Rovinj
Krk
Prijedor
Piemonte
Asti
Alessandria
Tortona
Piacenza
Parma
Ferrara
Pula
Cres
Otocac
Bihac
Banja Luka
Doboj
Tuzla
Alpi Cozie
Monviso
Reggio Emilia
Modena
Foce del Po
Rab
Velebit
Alpi Dinariche
Cuneo
Appennino Ligure
Bologna
Emilia-Romagna
Ravenna
Pag
Genova
Rapallo
P. d. Cisa
Savona
Alpi Marittime
La Spezia
Appennino Tosco-Emiliano
Forlì
Cesena
Rimini
Riccione
Zadar
Travnik
Knin
SARAJEVO
Golfo di Genova
Carrara
Massa
Imperia
Sanremo
Nizza
Pistoia
Prato
Viareggio
Lucca
Pesaro
Dugi Otok
Sebenico
Cannes
Pisa
Arno
Firenze
Urbino
Mar Ligure
Livorno
Ancona
Spalato
Brac
Hvar
Toscana
Arezzo
Siena
App. Umbro-Marchigiano
Gubbio
Fabriano
Macerata
Colline Metallifere
Marche
Capraia
Perugia
Fermo
Bisevo
Korcula
Peljesac
Mljet
Dubrovnik
Piombino
Montepulciano
Lago Trasimeno
Foligno
Ascoli Piceno
San Benedetto del Tronto
Arcipelago Toscano
M. Amiata
Umbria
Monti Sibillini
Bastia
Calvi
Isola d'Elba
Grosseto
Orvieto
Teramo
Maremma
Pianosa
Terni
Gran Sasso d'Italia
Pescara
Chieti
Orbetello
Viterbo
Rieti
L'Aquila
Appennino Abruzzese
Abruzzo
Giglio
Montecristo
Tarquinia
Lazio
Isole Tremiti
La Maiella
Civitavecchia
Ajaccio
Roma
Termoli
Gargano
Fiumicino
Frosinone
la Meta
Molise
Isernia
Campobasso
Manfredonia
Tavoliere
Porto-Vecchio
Latina
Appennino Campano
Foggia
Barletta
Bonifacio
Bocche di Bonifacio
Maddalena
Caprera
Anzio
Trani
Bari
Asinara
Santa Teresa
Costa Smeralda
Benevento
Le Murge
Puglia
Golfo dell'Asinara
Caserta
Campania
Golfo di Gaeta
Melfi
Porto Torres
Olbia
Tavolara
Ponza
Isole Ponziane
Ventotene
Napoli
Avellino
Vesuvio
Altamura
Ostuni
Brindisi
Sassari
Ischia
Pompei
Salerno
Potenza
Matera
Taranto
C. Caccia
Alghero
Capri
Golfo di Salerno
Paestum
Cilento
Basilicata
Lecce
Metaponto
Salento
Nuoro
Orosei
Sardegna
Appennino Lucano
Gallipoli
Oristano
Gennargentu
Arbatax
C. Palinuro
G. di Policastro
Golfo di Taranto
Tharros
M. Pollino
C. Santa Maria di Leuca
Campidano
su Nuraxi
Mar Tirreno
Iglesias
Cosenza
Sila
Cagliari
La Sila
Crotone
San Pietro
Carbonia
Calabria
Sant'Antioco
Golfo di Cagliari
C. Carbonara
Lamezia Terme
Catanzaro
C. Teulada
Golfo di Sant'Eufemia
C. Rizzuto
Stromboli
Golfo di Squillace
Ustica
Isole Eolie
Vibo Valentia
Salina
Lipari
Vulcano
Gioia Tauro
Mar Ionio
Appennino Calabro
Milazzo
Messina
Aspromonte
C. San Vito
Palermo
Reggio di Calabria
Trapani
Cefalù
Str. di Messina
Isole Egadi
Segesta
Madonie
Monti Nebrodi
Etna
Marsala
Mazara del Vallo
Sicilia
Catania
Selinunte
Caltanissetta
Enna
Golfo di Catania
Piazza Armerina
Augusta
Agrigento
Gela
Monti Iblei
Siracusa
Ragusa
Mar Mediterraneo
Annaba
TUNISI
Golfo di Tunisi
C. Bon
Pantelleria

Fonti delle illustrazioni

Unità 1
ND Johnson/Shutterstock; Netfalis Remy Musser//Shutterstock; joan_bautista/Shutterstock; Mikhail Markovsky/Shutterstock; /Shutterstock; Boris Stroujko/Shutterstock; M.V. Photography/Shutterstock; peeterv/iStock; newsfocus1/iStock; Samuel Borges Photography/Shutterstock; Hemis/Alamy Stock Photo; Nahlik/Shutterstock; svand/Shutterstock; Jens Ottoson/Shutterstock; turtlx/Shutterstock

Unità 2
Angelafoto/iStock; Bewickswan/Shutterstock; Genaro Melendrez/iStock; f11photo/Shutterstock; Attila Kisbenedek/GettyImages; Colin Underhill/Alamy Stock Photo; Education Images/GettyImages; Atlantide Phototravel/GettyImages; Jurga Jot/Shutterstock; Oleg Mikhaylov/123RF; Joerg Hackermann/123RF; Andrea Spinelli/GettyImages; wjarek/iStock; katattonia82/iStock; hrabar/iStock; Sukhoverkhova Viktoriia//Shutterstock; stocker1970/Shutterstock

Unità 3
Mike Calder/Wikimedia Commons; Alexey Boldin/Shutterstock; Pincasso/Shutterstock; ART COLLECTION/Alamy Stock Photo; chrisdorney/Shutterstock; CIS/Shutterstock; Roberto Carraro/flikr; Simone Padovani/Shutterstock; Khakimullin Alexandr/Shutterstock; Zoltan Gabor/Shutterstock; Smon Patterson/Bridgeman Images

Unità 4
Cultura Creativ (RF)/Alamy Stock Photo; robert paul van beets/Shutterstock; Nejolet Duzen/Shutterstock; J2R/Shutterstock; Alessandro Colle/Shutterstock; LordRunar/iStock; Zoltan Gabor/Shutterstock; Aigneis/Shutterstock; Tim Graham/GettyImages; Stefano_Valeri/Shutterstock; marco regalia/Shutterstock; lightpoet/Shutterstock, nanka/Shutterstock

Unità 5
Don Mammoser/Shutterstock; Pr3t3nd3r/iStock; LMspencer/Shutterstock; karenfoleyphotography/Shutterstock; Noradoa/Shutterstock; David Ramos/GettyImages; DEA/S. VANNINI/GettyImages; Christian Kober/GettyImages; JPstock/Shutterstock; AsiaTravel/Shutterstock

Unità 6
Mapics/Shutterstock; Anton Gvozdikov/Shutterstock; matthewleesdixoniStock; David M G/Shutterstock; IR Stone/Shutterstock; leonid Andronov/Shutterstock; lukaszimilena/Shutterstock; Ginacana/Shutterstock; www.hollandphoto.net/Shutterstock; bloodua123RF; robertharding/Alamy Stock Photo; mRGB//Shutterstock; nimu1956/iStock; Hung Chung Chin/Shutterstock; yulenochekk/iStock; master2/iStock; Onfokus/iStock; JOHN KELLERMAN/Alamy Stock Photo; canadastock/Shutterstock; Faabi/iStock

Unità 7
Leonid Andronov/iStock; carole castelli/iStock; mmac72/iStock; image BROKER/Alamy Stock Photo; FreeProd33/Shutterstock; Gérard MARIN/Wikimedia Commons; Radu Razvan/Shutterstock; Bertl123/iStock; Katatonia82/Shutterstock; joel-t/iStock; canadastock/Shutterstock; LandFoto/iStock; mkalstrom/iStock; WTdenaars/iStock; Petroos/Shutterstock; Flavio Vallenari/iStock; Hemis/Alamy Stock Photo; hardyuno/iStock; Tomas Sereda/iStock; Nikada/iStock; EQRoy/Shutterstock

Unità 8
Dmitry Eagle Orlov/Shutterstock; Freezingtime/iStock; OrangeDukeProduction/iStock; mihaiulia/iStock; Marcin Krzyzak/Shutterstock; VFKA/iStock; Claudine Klodien/Alamy Stock Photo; Kruwt/iStock; Inu/Shutterstock; Jorisvo/iStock; frans lemmens/Alamy Stock Photo; hedepo/iStock; Frantisek Gela//Shutterstock; jvdwolf/iStock; Digital21/iStock; Lya_Cattel/iStock; Greg Balfour Evans/Alamy Stock Photo; IDN/Shutterstock; Jose Ignacio Soto/Shutterstock

Unità 9
Meinzahn/iStock; Zanadastock/Shutterstock; TBE/iStock; ololab/Shutterstock; Alex Raths/iStock; one AND only /Shutterstock; Bryan Kynney/Shutterstock; Takashi Images/Shutterstock; bluejayphoto/iStock; Phish Potography/Shutterstock; RelaxFoto.de/iStock; canadastock/Shutterstock; S-F/Shutterstock; Avantgarde Design/Shutterstock; Pecold/Shutterstock; instamatics/iStock; wrangler/iStock; CCat82/iStock; Aluxum/iStock; anyaivanova/Shutterstock; Nikada/iStock

Unità 10
Linaem/123RF; Peter Way/123RF; blickwinkel/Alamy Stock Photo; VICTOR TORRES/Shutterstock; Lebrecht Music and Arts Photo Libriary/Alamy Stock Photo; robertharding/Alamy Stock Photo; bloody//Shutterstock; hsvrs/iStock; Eric James/Alamy Stock Photo; bluejayphoto/iStock; Flavio Vellenari/iStock; michelangeloop/123RF; Prisma by Dukas Presseagent GmbH/Alamy Stock Photo; Anilah/Shutterstock; DaveLongMedia/iStock; studiomode/Alamy Stock Photo; tma1/iStock; Elena Shchipkova/123RF; tasfoto/123RF

Unità 11
Teemu Tretjakov/Shutterstock; dinozzaver/123RF; Marin Veraja/123RF; Martina Cristofani; Michele-Vacchiano/iStock; prostock-studio/Shutterstock; Ginevra Massari; Chon Kit Leong/123RF; DieterMeyri/iStock; kasto/123RF; Kateryna Moskalenko/Shutterstock; Olga Popova/123RF; grigory-bruev/123RF; Marco Saracco/123RF; moori/123RF

Unità 12
Capture light/123RF; Derek Croucher/Alamy Stock Photo; knape/iStock; Alexander Chalkin/Shutterstock; cinoby/iStock; Marco Prati/Shutterstock; nobleImages/Alamy Stock Photo; Jonathan Goldberg/Alamy Stock Photo; Andrew chittock/Alamy Stock Photo; Ondrej Demi/Shutterstock; stuart emerson/Alamy Stock Photo; Peter Phipp/travelshots.com/Alamy Stock Photo; Image Source/Alamy Stock Photo; Ian Dagnall/Alamy Stock Photo; Ian Arnold Images Ltd/Alamy Stock Photo; robertharding/Alamy Stock Photo; Valery Egorov/123RF; travelbild.com/Alamy Stock Photo; Skowronek/Shutterstock; Justin black/Shutterstock; tazzymoto/Shutterstock; cornfield/Shutterstock; Ian G. Dagnal/Alamy Stock Photo; espiegle/iStock; jciegg/iStock; fotoVoyager/iStock; Ben1183/iStock; Angelafoto/iStock; World History Archive/Alamy Stock Photo; national Geographic Creative/Alamy Stock Photo; Steve Allen/Shutterstock; Joana Kruse/Alamy Stock Photo; MOF/iStock

Unità 13
Lucasz Janist/Shutterstock; dvoevnore/iStock; Kavalenkava/Shutterstock; Jose Luis Vega/Shutterstock; ianmcdonnell/iStock; mmeee/iStock; elkor/iStock; milosk/123RF; Anastasy Yarmolovich/123RF; Iakov Filimonov/123RF; bloodue/123RF; Albrecht Weisser/GettyImages; jose Ignacio Soto/123RF; Alexy Fedorenko/Shutterstock; joserpizarro/123RF; Ken Welsh/GettyImages; Raquel Liz Lopez/123RF; zakochana/iStock; Sion Reddy/Alamy Stock Photo; JeniFoto/Shutterstock; Enriscapes/Shutterstock; Diego Rodriguez de Silva y Velasquez/GettyImages; S-F/Shutterstock; CastecoDesign/Shutterstock; Yevgen Belick/Shutterstock; Alena Birukova/123RF; Nessa Gnatoush/Shutterstock; martin Thomas Photography/Alamy Stock Photo; gvictoria/Shutterstock; Lianem/Shutterstock; Sean Pavone/123RF

Unità 14
DEA/ARCHIVIO J. LANGE/Collaboratore/GettyImages; photostella/123rf; Littleaom/Shutterstock; Pawel Kazmierczak/Shutterstock; jabiru/Shutterstock; PROSIGN/Shutterstock; Lambros Kazan/iStock; Krechet/Shutterstock; Ivan Bastien/iStock; leoks/Shutterstock; Bildarchiv Monheim GmbH/Alamy Stock Photo; Rich Lynch/Shutterstock; Pawel Szczepanski/iStock; UniversalImages/GettyImages; Oleg_P/Shutterstock; INTERPIXELS/Shutterstock; imageBROKER/Alamy Stock Photo; luchschen/iStock; GURCAN OZTURK/GettyImages; ARSELA/iStock; CEMAYDIN//Shutterstock; Aygul Sarvarova/Shutterstock; EvrenKalinbacak/Shutterstock; Yucel OZEL/Shutterstock; leoks/Shutterstock; Kochneva Tetyana/Shutterstock; Way/Shutterstock; K_Boonitrod/Shutterstock; Patricia Hofmeester/Shutterstock; Vlacheslav Lopatin/Shutterstock; Zastavkin/iStock

Unità 15
Tokarsky/iStock; gubernat/123RF; Ferdinando Piezzi/Alamy Stock Photo; Mirvar/Shutterstock; photowrzesien/Shutterstock; Darius Dzunnik/123rf; Jon Arnold Images Ltd/Alamy Stock Photo; Gabor Pall/Alamy Stock Photo; Tomas Sereda/iStock; Jeremy Taylor/iStock; age footstock/Alamy Stock Photo; magmac83/123RF; Anton_Ivanov/Shutterstock; lena:serditova/iStock; Dejan Gospodarek/Shutterstock; robertharding/Alamy Stock Photo; bloodua/123RFTomasz Mazon/Shutterstock; dzievul/123RF; Frans Sellies/GettyImages; Anastasy Yarmodovich/123RF; Vlada Photo/Shutterstock; Emi Cristea/Shutterstock; S-f/Shutterstock; Jose Hanus/Shutterstock; John and Tina Reid/GettyImages; Noppasin/Shutterstock; photo.ua/Shutterstock

Unità 16
Mojito_Mak/iStock; Vladimirs_Gorelovs/iStock; Olga355/iStock; Igor Sokolov/Shutterstock; Maksimilian/Shutterstock; Viktar Malyshchyts/Shutterstock; peterforsbergphotography/Alamy Stock Photo; Krivinis/Shutterstock; Yegorovnich/Shutterstock; KavalenkavaVolha/iStock; Anna Grigorjeva/Alamy Stock Photo

Unità 17
ollirg/Shutterstock; imageBROKER/Alamy Stock Photo; Mauro Toccaceli/Almy Stock Photo; Danilovski/Shutterstock; Gabriel Petrescu/Shutterstock; Zuma Press, Inc/Alamy Stock Photo; Focus and Blur/Shutterstock; Truba7113/Shutterstock; KHlongwangchao/iStock; iascic/iStock; Landscape nature Photo/Shutterstock; Witold Skrypczak/Alamy Stock Photo; tom ch/iStock; Inu/Shutterstock; Cristian Balate/Shutterstock; Francesco Iarrera; radub85/123RF; photosebia/123RF; Robert Dziewulski/Alamy Stock Photo; Grzegorz Petrykowski/iStock; kasto80/iStock; Realy Easy Star/Toni Spagone/Alamy Stock Photo; Ian Wlodarczyk/Alamy Stock Photo

Unità 18
Eduard Kyslynskyy/Shutterstock; made by vitaliebrega.com/GettyImages; Maxal Tamar/Shutterstock; Panther Media GmbH/Alamy Stock Photo; Vitalii Bashkator/Shutterstock; vvoe/Shutterstock; Michal812/Shutterstock; Anton Ivanov/Shutterstock; Calin Stan/Shutterstock; Fedor Selivanov/123RF; Viktoriya Podgornaya/123RF; Irina1977/Shutterstock; dimaberkut/123RF; svic/Shutterstock
Fotokon/Shutterstock; Creative Travel Projects/Shutterstock; Zorik Galstyan/Alamy Stock Photo; Vahan Abrahamyan/Shutterstock; halitomer/Shutterstock; Grisha Bruev/Shutterstock; Sanon Aleskerov/Shutterstock; ETIBARNAME/Shutterstock

Unità 19
BIG_TAV/iStock; Ann Moore/Shutterstock; ppi58/iStock, Gregory A. Pozhvanov/Shutterstock; romanergener/iStock; Leni Kovaleva/Shutterstock; Popova Valeriya/Shutterstock; vvoennyy/123RF; Iain Masterton/Alamy Stock Photo; Maxim Apryatin/Shutterstock; Anna pakutina/Shutterstock; Art Kowalky/Alamy Stock Photo; Antsupov Sergey Valerievich/Shutterstock; Dance60/Shutterstock; oei1/iStock; ITAR-TASS Photo Agency/Alamy Stock Photo; voltan1/123RF; eWilding/Shutterstock; Marina Zezelina/Shutterstock; G&M Therin-Weise/GettyImages; Typehistorian/iStock; can400/iStock; Pro-syanov/iStock; lilyana Vynogradova/Shutterstock; Igor Sin/Alamy Stock Photo; Nicolay Vinokurov/Alamy Stock Photo; Alex's Pictures – Moscow/Alamy Stock Photo; Popova Valeriya/Shutterstock; eFesenko/Shutterstock; Alexandr Shevchenko/Shutterstock; Andrew Catta/Alamy Stock PhotoK; Leonid Andronov/123RF

Verifiche CLIL
JR-stock/Shutterstock; Fizkes/Shutterstock; August_0802/Shutterstock;
Macrovector/Shutterstock; Eviled/Shutterstock; karamysh/Shutterstock;
Kasier/Shutterstock; Patryk Kasmider/Shutterstock; Scanrai/Shutterstock; mikecphoto/Shutterstock; Serghei Starus/Shutterstock; AndrienkoAnanstasiya/Shutterstock; pavalena/Shutterstock; Rainer Lesniewski/Shutterstock; Justin Black/Shutterstock; Ugis Riba/Shutterstock;
RAJU SONO/Shutterstock; Sander van der Werf/Shutterstock;
svand/Shutterstock; Daniel Prudek/Shutterstock;
bepsy/Shutterstock; Sybille Yates/Shutterstock; Zaur Rahimov/Shutterstock;
dovia982/Shutterstock